Weigell/Brand/Safarik (Hrsg.)

Investitions- und Steuerstandort Schweiz

Investitions- und Steuerstandort Schweiz

Chancen und Risiken von Investitionen und Wohnsitzverlegungen

herausgegeben von

Dr. Jörg Weigell
Rechtsanwalt und
Fachanwalt für Steuerrecht in München

Jürg Brand
Fürsprecher und
dipl. Steuerexperte in Zug

Dr. Frantisek J. Safarik
Dipl. Steuerexperte in Basel

bearbeitet von

Jürg *Brand,* Fürsprecher und dipl. Steuerexperte, Zug
Jörg R. *Bühlmann,* Fürsprecher, Bern
Dr. Alexander *Filli,* Advokat und Notar, Basel
Dr. oec. HSG Peter A. *Henggeler,* Unterägeri
Roger *Iff,* Zürich
Andreas *Kolb,* Rechtsanwalt, Bern
Daniel *Lüthi,* Notar, Zürich
Dr. Adrian *Plüss,* Rechtsanwalt, Zürich
Dr. Frantisek J. *Safarik,* dipl. Steuerexperte, Basel
Roland *Staub,* Rechtsanwalt, Zürich
Marianne *Volonté,* Rechtsanwältin, Lugano
Dr. Jörg *Weigell,* Rechtsanwalt und Fachanwalt für Steuerrecht, München

C.H. BECK'SCHE VERLAGSBUCHHANDLUNG
HELBING & LICHTENHAHN
MÜNCHEN UND BASEL 2000

Die Deutsche Bibliothek – CIP-Einheitsaufnahme

Investitions- und Steuerstandort Schweiz : Chancen und Risiken von Investitionen und Wohnsitzverlegungen / hrsg. von Jörg Weigell … Bearb. von Jörg R. Bühlmann … – München : Beck ; München ; Basel : Helbing & Lichtenhahn, 2000
ISBN 3 406 43466 5

ISBN 3 406 43466 5

Wilhelmstraße 9, 80801 München
Druck: C.H. Beck'sche Buchdruckerei, Nördlingen
(Adresse wie Verlag)

Gedruckt auf säurefreiem, alterungsbeständigem Papier
(hergestellt aus chlorfrei gebleichtem Zellstoff)

Vorwort

Die Schweiz war und ist als stabiles Staatswesen mit einer kalkulierbaren Steuer-, Finanz- und Wirtschaftspolitik nicht nur für Unternehmen, sondern auch für natürliche Personen ein attraktiver Standort. Auch Staaten der Europäischen Union bemühen sich deshalb seit geraumer Zeit um die Schaffung entsprechend attraktiver Rahmenbedingungen. Ob diesen Bemühungen allerdings ein nachhaltiger Erfolg beschieden sein wird, bleibt abzuwarten. Das Schlagwort vom „schädlichen Steuerwettbewerb" zeigt, auf welch schwierigem Boden sich die Verbesserungen entwickeln müssen.

Ziel des vorliegenden Werks ist es, jedem potentiellen Investor, der sich für die Schweiz als Steuer- und Wirtschaftsstandort interessiert, einen Einblick in das Steuer- und Wirtschaftsrecht der Schweiz zu geben. Das Buch soll ihm Möglichkeiten aufzeigen, die Vorteile des Standortes Schweiz in seine unternehmerische oder persönliche Planung miteinzubeziehen, und ihn zugleich erkennen lassen, wo neben Chancen auch Risiken und Fallstricke liegen. Diesem Anliegen folgt die Auswahl der Themen und der Aufbau des Buches.

Im ersten Teil werden nach der für das Verständnis unverzichtbaren Darstellung der Grundzüge des schweizerischen Steuerrechts zunächst die wichtigsten Steuerarten (Besteuerung gewerblicher Tätigkeiten, Besteuerung von Kapitalvermögen und Liegenschaften, Besteuerung der Arbeitnehmereinkünfte) dargestellt. Als besondere Schwerpunkte folgen sodann die Besteuerung von Erbschaften und Schenkungen sowie die Darstellung der steuerlichen Voraussetzungen und Folgen eines Wohnsitzwechsels von Deutschland in die Schweiz. Die Darstellung der Grundzüge des schweizerischen DBA-Rechts sowie das „Drei-Säulen-Konzept" des schweizerischen Sozialversicherungssystems runden den ersten Teil des Buches ab.

Der zweite Teil bezieht sich auf die Darstellung der Grundzüge des schweizerischen Gesellschaftsrechts, des Schweizer Bankenrechts (unter Einbeziehung des Bankgeheimnisses), der Voraussetzungen für den Grundstückserwerb und die Grundstücksveräußerung durch Ausländer in der Schweiz sowie das schweizerische Niederlassungs- und Aufenthaltsrecht.

Die Herausgeber hatten das Glück, ein Autorenteam zusammenführen zu können, bei dem sich praktische Berufserfahrungen und wissenschaftlich-publizistische Begabungen ergänzen. Den einzelnen Autoren und allen an der Entstehung des Werks Beteiligten sei an dieser Stelle für das Engagement und den hohen zeitlichen Einsatz herzlich gedankt.

Der Verlag C. H. Beck hat den Vorschlag zum Verlegen dieses Buches gerne aufgenommen. Ihm sowie seinen Mitarbeiterinnen und Mitarbeitern, allen voran Herrn Albert Buchholz, danken wir für die Unterstützung und die kooperative Zusammenarbeit.

Basel, München und Zug im Januar 2000 — Die Herausgeber

Inhaltsverzeichnis

I. Steuer- und Sozialversicherungsrecht

II. Gesellschafts-, Banken- und Niederlassungsrecht

III. Anhang

Abkürzungsverzeichnis

aA	anderer Ansicht
aaO	am angegebenen Ort
Abs.	Absatz
AG	Kanton Aargau, Aktiengesellschaft
AHV	Alters- und Hinterlassenenversicherung
Anh.	Anhang/Anhänge
Art.	Artikel
AS	Amtliche Sammlung der Bundesgesetze und Verordnungen
BBl.	Bundesblatt der Schweizerischen Eidgenossenschaft
BE	Kanton Bern
BFH	Bundesfinanzhof
BGE	Entscheidungen des Schweizerischen Bundesgerichts (Amtliche Sammlung)
BL	Kanton Basel-Land
BMF	Bundesministerium der Finanzen
BStBl.	Bundessteuerblatt
BV	Bundesverfassung der Schweizerischen Eidgenossenschaft
bzw.	beziehungsweise
CHF	Schweizer Franken
DBA	Doppelbesteuerungsabkommen
DBG	Bundesgesetz über die direkte Bundessteuer
DErbSt	deutsches Erbschaftsteuergesetz
dh.	das heißt
Diss.	Dissertation
eidg.	eidgenössisch
EMRK	Konvention vom 4. November 1950 zum Schutz der Menschenrechte und Grundfreiheiten (Europäische Menschenrechtskonvention)
EO	Erwerbsersatzordnung
ESt	Einkommensteuer
ESTV	Eidgenössische Steuerverwaltung
EStV	Einkommensteuerverordnung
EU	Europäische Union
f.	und folgende
ff.	und die folgenden
Fn.	Fußnote
FR	Kanton Freiburg
GE	Kanton Genf
gem.	gemäß
Gen.	Genossenschaft
ggf.	gegebenenfalls
GL	Kanton Glarus
GV	Generalversammlung
HRegV	Handelsregisterverordnung
idR	in der Regel
idS	in diesem Sinn

insb.	insbesondere
IPRG	Bundesgesetz vom 18. 12. 1987 über das Internationale Privatrecht
IRSG	Bundesgesetz vom 20. 3. 1981 über internationale Rechtshilfe in Strafsachen
iSd.	im Sinne des
iSv.	im Sinne von
iVm.	in Verbindung mit
KAG	Kommanditaktiengesellschaft
KG	Kommanditgesellschaft
KMU	Klein- und Mittelunternehmen
KollG	Kollektivgesellschaft
LU	Kanton Luzern
mE	meines Erachtens
mind.	mindestens
mwN	mit weiteren Nachweisen
MWST	Mehrwertsteuer
MWSTG	Bundesgesetz über die Mehrwertsteuer vom 2. September 1999
MWSTV	Mehrwertsteuerverordnung
NW	Kanton Nidwalden
oä.	oder ähnliche
OECD	Organisation für Economic Cooperation and Development
OR	Bundesgesetz vom 30. März 1911 betreffend Ergänzung des Schweizerischen Zivilgesetzbuches (Fünfter Teil: Obligationenrecht)
OW	Kanton Obwalden
resp.	respektive
SG	Kanton Sankt Gallen
sog.	sogenannte(r)(s)
SR	Systematische Sammlung des Bundesrechts
StG	Bundesgesetz vom 27. Juni 1973 über die Stempelabgaben
StHG	Bundesgesetz über die Harmonisierung der direkten Steuern der Kantone und Gemeinden vom 14. Dezember 1990
SUVA	Schweizerische Unfallversicherungsanstalt
SZ	Kanton Schwyz
ua.	unter anderem
uä.	und ähnliche
UeBBV	Übergangsbestimmungen zur Schweizerischen Bundesverfassung
UVG	Unfallversicherungsgesetz
vgl.	vergleiche
VS	Kanton Wallis
VStG	Bundesgesetz vom 13. Oktober 1965 über die Verrechnungssteuer
VStR	Bundesgesetz vom 22. März 1974 über das Verwaltungsstrafrecht
zB	zum Beispiel
ZBJV	Zeitschrift des Bernischen Juristenvereins, Bern
ZG	Kanton Zug
ZGB	Schweizerisches Zivilgesetzbuch vom 10. Dezember 1907
ZH	Kanton Zürich

Ziff.	Ziffer
zT	zum Teil
zzgl.	zuzüglich
zZt.	zur Zeit

Teil I
Steuer- und Sozialversicherungsrecht

A. Grundzüge des schweizerischen Steuerrechts

Jürg Brand[1]

Übersicht

---

[1] Ein besonderer Dank geht an meinen Mitarbeiter, Fürsprecher Daniel *von Gross,* dessen Anregungen einiges zur Abrundung des Textes beigetragen haben.

I. Einleitung

Das Interesse am Steuer- und Wirtschaftsstandort Schweiz hat Tradition. Die Gründe liegen wesentlich in den nachhaltig soliden Leistungsdaten der international stark verwurzelten Volkswirtschaft, in der hervorragenden Infrastruktur und einem bemerkenswerten Klima des sozialen Friedens. Im Umfeld eines verschärften internationalen Standortwettbewerbes steht die Schweiz für ein Zusammenleben in überschaubaren Verhältnissen, für Arbeits- und Lebensqualität sowie für eine besondere Beziehung des Bürgers zu seinem Staat. Durch eine lange Tradition demokratischer Mitwirkungsrechte in föderalistischen Strukturen und durch die Volkswahl verschiedenster Behörden wird die Schweiz anders erlebt und mitgestaltet als dies in vielen Ländern der Fall ist. Der Staat wird in weiten Bereichen als ein der Gemeinschaft verpflichtetes und von ihr auch getragenes Dienstleistungsunternehmen empfunden. Damit wird die Schweiz für Personen und Unternehmen besonders interessant, die eine nachhaltig solide, berechenbare Entwicklung in einem anerkannt kompetitiven, jedoch auch überschau- und mitgestaltbaren Umfeld suchen.

II. Überblick zum schweizerischen Steuerrecht

1. Grundlagen der Steuererhebung

1.1. Gebietskörperschaften als Träger der Fiskalhoheit

Die **Fiskalhoheit** ist in der Schweiz den sogenannten Gebietskörperschaften übertragen. Neben dem **Bund** (Kurzbezeichnung für Schweizerische Eidgenossenschaft) und den **26 Kantonen** gehören auch die **Gemeinden** (inklusive Kirchgemeinden) dazu. Die Kantone haben dabei nicht nur das Recht, direkte Steuern zu erheben, sondern auch die Befugnis, eigene Steuergesetze zu erlassen. Es gibt in der Schweiz folglich neben dem Bundesgesetz über die direkte Bundessteuer noch 26 kantonale Steuergesetze. 1990 hat der Bund das sogenannte **Steuerharmonisierungsgesetz** erlassen, welches den Kantonen in Steuersachen zwar die eigene Gesetzgebungskompetenz belässt, grundlegende Fragen der kantonalen Steuerordnungen indes stark vereinheitlicht. Das Steuerharmonisierungsgesetz ist als **Rahmengesetz** ausgestaltet und durch die Kantone bis zum 1. Januar 2001 in kantonales Recht umzusetzen. Erfolgt diese Umsetzung nicht, wird das Steuerharmonisierungsgesetz als Bundesgesetz für die Erhebung der Kantons- und

Gemeindesteuern direkt anwendbar. Von der Vereinheitlichung ausgenommen und somit weiterhin Sache der Kantone ist die Bestimmung der Steuertarife, Steuersätze und Steuerfreibeträge.

Das föderalistische Steuersystem hat insbesondere den Vorteil, dass es unter den öffentlichen Leistungserbringern zu einer Konkurrenz um das vorhandene Steuersubstrat kommt und dass dieses Substrat nicht plan- und schutzlos dem Fiskus ausgeliefert wird. In der Schweiz besteht eine, wenn auch nicht konsequent umgesetzte Tendenz, die sogenannten direkten Steuern (vereinfacht gesagt jene auf dem Gewinn und Kapital der juristischen und auf dem Einkommen und Vermögen der natürlichen Personen sowie Vermögensgewinnsteuern, wie beispielsweise die Grundstückgewinnsteuer) den Kantonen zu überlassen und die Ausgaben des Bundes über sogenannte indirekte Steuern (vor allem Verkehrssteuern wie beispielsweise die Mehrwertsteuer) zu finanzieren.

1.2. Kontrolle des Fiskus und Einschränkungen der Steuererhebungsmöglichkeiten

Die wirksamste Bremse der Steuererhebungsfreudigkeit der öffentlichen Hand besteht zweifellos darin, dass die Bürger eine direkte Kontrolle über die Steuerhebung ausüben können. Nach der ganz unbestrittenen, tief verwurzelten Lehre und Praxis bedarf jede **Steuererhebung** einer **formellgesetzlichen Grundlage**[2]. Das Gesetz muss sowohl die Regelung von Steuersubjekt (wer bezahlt eine Steuer), Steuerobjekt (auf was wird eine Steuer erhoben), Steuerbemessung (Tarifgestaltung) und die Ausnahmen von der Steuerpflicht enthalten. Steuererhöhungen sind derart nur über Gesetzesänderungen möglich, womit sie dem sogenannten **Referendum**[3] unterliegen.

Eine Schutzfunktion kommt auch den in der Bundesverfassung gewährleisteten Grund- und Freiheitsrechten zu. So ist es den Kantonen und Gemeinden untersagt, Steuern zu erheben, welche beispielsweise gegen das Gebot der Rechtsgleichheit verstossen, welche die Eigentumsgarantie, die Handels-

[2] Dabei reicht es zur Steuererhebung nicht aus, dass einem Gemeinwesen eine Sachkompetenz (zB Abfallbeseitigung) zugewiesen wurde. Damit das Gemeinwesen zur Finanzierung dieser Aufgaben auch Steuern erheben kann, benötigt es neben der Sachkompetenz zusätzlich auch eine besondere Steuererhebungskompetenz. Ist diese nicht gegeben, sind die mit der Aufgabenerfüllung verbundenen Auslagen aus den allgemeinen Mitteln zu bezahlen.

[3] Als Referendum wird die Vorlage eines durch das Parlament ausgearbeiteten Gesetzes- oder Verfassungsprojektes zur Volksabstimmung bezeichnet. Ein Referendum kann fakultativ sein (findet nur statt, wenn eine bestimmte Anzahl Bürger oder definierte Gemeinwesen eine Abstimmung verlangen) oder aber es kann obligatorisch sein (beispielsweise bei Verfassungsänderungen, welche jedenfalls einer Volksabstimmung bedürfen). Neben dem Referendum ist die Initiative (normalerweise als Verfassungsinitiative) das zweite Mittel direktdemokratischer Einflussnahme in der Schweiz. Mit Initiativen verlangen eine bestimmte Anzahl Bürger oder definierte Gemeinwesen die Abstimmung über ein von ihnen ausgearbeitetes Verfassungs- oder Gesetzesprojekt.

und Gewerbefreiheit, die Glaubens- und Gewissensfreiheit[4] oder den Grundsatz des Vorranges von Bundesrecht[5] gegenüber kantonalem Recht verletzen. Entsprechende Rügen können mit dem Rechtsmittel der **staatsrechtlichen Beschwerde**, die hier die Funktion einer Verfassungsbeschwerde hat, vor das Bundesgericht getragen werden. Die Steuergesetzgebung des Bundes ist ebenfalls an diese verfassungsmässigen Schranken gebunden. Allerdings kennt die Schweiz gegenüber Gesetzen und gesetzeskonformen Rechtsanwendungsakten des Bundes keine Verfassungsgerichtsbarkeit. Verfassungswidrige Bundesgesetze sind daher – anders als verfassungswidrige kantonale Gesetze – grundsätzlich anwendbar. Mittels Auslegung ist indes eine möglichst verfassungskonforme Anwendung zu suchen.

Schliesslich führen auch **Doppelbesteuerungsabkommen** und andere Staatsverträge mit abgaberechtlicher Relevanz zu Einschränkungen der staatlichen Abgabeerhebungsfreiheit. Nach schweizerischem Rechtsverständnis benötigen diese Staatsverträge – sofern sie self executing sind – keine speziellen Umsetzungsakte in internes Recht. Sie sind mit der Ratifizierung automatisch Bestandteil der schweizerischen Rechtsordnung und der Steuerpflichtige kann sich auf diese Verträge berufen. Dabei haben die Staatsverträge insoweit eine besondere Stellung, als sie auch den Bundesgesetzen vorgehen.

Neben den juristischen Kontroll- und Beschränkungsmechanismen darf ein bloss faktisches, jedoch enorm effizientes Element einer wirksamen Fiskalkontrolle nicht vergessen gehen: der **Standortwettbewerb** unter den Kantonen. Die durch die Kantone erhobenen direkten Steuern bilden für den Steuerpflichtigen normalerweise die am deutlichsten spürbare Belastung. In der Schweiz stehen nun 26 verschiedene kantonale Steuerverwaltungen im Wettstreit um Kunden[6], was eine heilsame Wirkung auf den Umgangston hat, die Flexibilität der Verwaltung fördert und wesentlich dazu beiträgt, dass die Maximalbelastung mit Einkommenssteuern in der Schweiz gerade im internationalen Vergleich moderat bleibt (vgl. dazu III., Übersicht 1).

---

[4] In einem etwas seltsamen Verhältnis zur Glaubens- und Gewissensfreiheit steht die Tatsache, dass juristische Personen in der Schweiz Kirchensteuern bezahlen müssen. Das Bundesgericht hat befunden, dass juristische Personen keine Entscheidung über ihre Religionszugehörigkeit treffen können. Aus dieser Erkenntnis wird abgeleitet, dass auch kein Kirchenaustritt möglich sei, weshalb die Kirchensteuer, welche den drei anerkannten Landeskirchen (reformiert, römisch-katholisch, altkatholisch) zufliesst, zu recht erhoben werde (vgl. ua. BGE 102 Ia 469ff.). Der Entscheid steht in einer langen Reihe von Steuerurteilen, welche dem Bundesgericht den Ruf eingetragen haben, nicht nur im Zweifel pro fisco Recht zu sprechen. Böse Zungen bezeichnen die bundesgerichtliche Rechtsfindung in Anlehnung an den Sitz des Bundesgerichts in Lausanne denn auch als ‚Lotterie Romande'.

[5] Dieser Verfassungssatz besagt, dass selbst untergeordnetes Bundesrecht, wie etwa gesetzeskonforme Verfügungen, kantonales Recht jeder Stufe bricht (vgl. Art. 2 UeBBV).

[6] Tatsächlich verstehen viele Steuerverwaltungen den Steuerzahler vor allem als Steuerkunden, und sie behandeln ihn nicht als subalternes Knechtlein, über dem möglichst permanent die Fuchtel zu schwingen ist.

Durch Art. 46 Abs. 2 BV[7] und der daraus entwickelten Praxis des Bundesgerichts wird zudem verhindert, dass das gleiche Steuersubstrat durch verschiedene Kantone mehrfach mit der gleichen oder einer ähnlichen Steuer erfasst wird.

Eingebettet in diese Systeme erheben Bund, Kantone und Gemeinden die folgenden Steuern:

Steuern des Bundes

- Steuern vom Einkommen natürlicher Personen (maximale Steuerbelastung 11,5%)
- Steuern vom Ertrag juristischer Personen (effektive maximale Ertragssteuerbelastung[8] 7,77%)
- Verrechnungssteuer[9] (35% auf Kapitalerträgen und Lotteriegewinnen; 15% auf Leibrenten und Pensionen; 8% auf übrigen Versicherungsleistungen)
- Stempelabgaben (1% als Emissionsabgabe; 0,15 bzw. 0,3% als Umsatzabgabe; 1,25 bzw. 5% als Abgabe auf Versicherungsprämien)
- Mehrwertsteuer (7,5%[10] bzw. zum reduzierten Satz von 2,3% und zum Sondersatz von 3,5% für Gastgewerbliche Leistungen)
- Mineralölsteuer
- Tabaksteuer
- Biersteuer
- Zölle und Zollzuschläge

Steuern der Kantone

- Steuern vom Einkommen und vom Vermögen natürlicher Personen
- Steuern vom Ertrag und Kapital[11] juristischer Personen
- Vermögensgewinnsteuern, insbesondere Grundstückgewinnsteuern
- Erbschafts- und Schenkungssteuern mit abgestuften Belastungen je nach der Höhe des übertragenen Vermögens und dem Verwandtschaftsgrad zwischen Erblasser/Schenker und Erben/Beschenkten[12]

---

[7] Verbot der interkantonalen Doppelbesteuerung; Art. 127 Abs. 3 neue BV.

[8] Der gesetzliche Maximalsteuersatz beträgt 8,5%, reduziert sich aber dadurch, dass Steueraufwand als geschäftsmässig begründeter Aufwand wiederum abzugsfähig ist, auf 7,77% effektive Maximalbelastung.

[9] Die Verrechnungssteuerbelastung stellt für in der Schweiz unbeschränkt Steuerpflichtige und Ausländer mit Doppelbesteuerungsabkommensschutz keine definitive Belastung dar. Vielmehr wird sie grundsätzlich zurückerstattet, was ihrem Charakter als Sicherungssteuer entspricht.

[10] Eine Erhöhung des ursprünglich 6,5% betragenden Regelsatzes auf 7,5% ist von Anfang an verfassungsmässig vorgesehen gewesen und per 1. 1. 1999 eingeführt worden. Weitere Erhöhungen bedürften einer Verfassungsänderung, welche nur zustande kommt, wenn die Mehrzahl der Stimmbürger und gleichzeitig die Mehrzahl der Kantone der Änderung zustimmen.

[11] Einbezahltes Grund- bzw. Stammkapital zuzüglich offener und aus versteuerten Gewinnen gebildeten stillen Reserven.

[12] Als einziger Kanton erhebt der Kanton Schwyz keine Erbschaft- oder Schenkungsteuer. Der Kanton Luzern kennt keine Schenkungsteuer. In den übrigen Kantonen ist der Ehegatte oft von der Steuer befreit. Das gleiche gilt oft auch für Nachkommen in der direkten Linie. Dagegen können Erbschaften und Schenkungen an

- Handänderungsabgaben auf Liegenschaften
- Motorfahrzeugsteuern
- Vergnügungssteuern (Billetsteuer, Hundesteuer, uä.).

Steuern der Gemeinden

- Die Gemeindesteuern werden regelmässig als %-Satz der Kantonssteuer erhoben; Daneben gibt es aber auch gemeindeeigene Abgaben, wie beispielsweise die Liegenschaftssteuer oder Billetsteuern[13].

Im Rahmen einer generellen Einführung interessieren die direkten Steuern von Bund und Kantonen sowie gewisse Aspekte des Schenkungs- und Verrechnungssteuerrechts am meisten. Diese Bereiche sollen nachfolgend und zur gedanklichen Vorbereitung auf die Spezialkapitel detaillierter dargestellt werden. Die übrigen Aspekte des schweizerischen Steuerrechts werden dagegen summarisch abgehandelt.

2. Direkte Steuern – ein Überblick

2.1. Direkte Bundessteuer von natürlichen und juristischen Personen

2.1.1. Steuerpflicht

Die direkte Bundessteuer, früher Wehrsteuer genannt, ist seit 1. Januar 1995 im Bundesgesetz über die direkte Bundessteuer (DBG) geregelt. Aufgrund dieses Gesetzes erhebt der Bund eine **Einkommenssteuer** von den natürlichen Personen, eine **Gewinnsteuer**[14] von den juristischen Personen und eine **Quellensteuer** auf dem Einkommen von bestimmten natürlichen und juristischen Personen[15]. Je nach Intensität der steuerlichen Zugehörigkeit wird der Steuerpflichtige für sein gesamtes weltweites Einkommen in der Schweiz besteuert[16] oder nur für bestimmte schweizerische Einkommensbestandteile[17]. Eine steuerplanerisch interessante Besonderheit des Bundessteuerrechts besteht darin, dass auch bei unbeschränkter Steuerpflicht schon nach internem schweizerischen Recht die Faktoren ausländischer Ge-

---

nichtverwandte Dritte zT mit Steuern von über 30% der übertragenen Vermögenswerte belastet werden.

[13] Gerade die Billetsteuern sind mit Einführung der Mehrwertsteuer in Bedrängnis geraten, gibt es doch sehr starke Argumente dafür, dass seither eine Billetsteuererhebung nicht mehr zulässig ist – die Prognose, dass die bundesgerichtliche Rechtsprechung (wider bessere Argumente) das Steuersubstrat der Gemeinden schützen wird, darf indes gewagt werden.

[14] Die ursprünglich ebenfalls vorgesehene Kapitalsteuer wurde im Rahmen der Reform des Unternehmenssteuerrechts per 1. 1. 1998 abgeschafft.

[15] Vgl. Art. 1 DBG.

[16] Man spricht in diesem Zusammenhang von einer unbeschränkten Steuerpflicht kraft persönlicher Zugehörigkeit (vgl. Art. 3 DBG für natürliche und Art. 50 DBG für juristische Personen).

[17] In solchen Fällen liegt eine Steuerpflicht kraft wirtschaftlicher Zugehörigkeit vor, wie sie insbesondere durch Teilhaberschaft an Geschäftsbetrieben, durch Betriebsstätten und durch Geschäfte im Zusammenhang mit Grundstücken begründet wird (vgl. Art. 4f. bzw. Art. 51 DBG).

schäftsbetriebe, Betriebsstätten und Grundstücke in der Schweiz nicht besteuert werden[18]. Die Freistellung erfolgt unter dem sogenannten Progressionsvorbehalt, dh., dass die freigestellten Steuerfaktoren zur Ermittlung des Steuersatzes trotzdem beigezogen werden[19].

Die **Steuerpflicht** beginnt mit dem Vorhandensein der persönlichen oder wirtschaftlichen Zugehörigkeit und sie endet entsprechend mit deren Entfallen[20].

Eine **persönliche Zugehörigkeit** besteht bei Personen, die in der Schweiz Wohnsitz haben oder sich hier mindestens dreissig Tage aufhalten und erwerbstätig sind, oder ohne Erwerbstätigkeit mindestens 90 Tage in der Schweiz Aufenthalt haben. Diese Fälle führen zu einer **unbeschränkten Steuerpflicht** in der Schweiz, was bedeutet, dass der unbeschränkt Steuerpflichtige für die Zeit, die er in der Schweiz verbringt pro rata sein gesamtes weltweites Einkommen versteuern muss, mit der erwähnten Ausnahme für Steuerfaktoren, die aus Geschäftsbetrieben, Betriebsstätten und Liegenschaften im Ausland stammen.

Jemand, der in der Schweiz nicht unbeschränkt steuerpflichtig ist, kann aber auch aufgrund definierter wirtschaftlicher Anknüpfungspunkte für Teile seines Einkommens steuerpflichtig werden. In den Steuergesetzen sind diese **wirtschaftlichen Anknüpfungspunkte** definiert. Sie führen zu einer sogenannten **beschränkten Steuerpflicht**, welche sich auf das Substrat der definierten Wirtschaftsgüter beschränkt (zB Grundbesitz, Erwerbstätigkeit, etc.). Eine wirtschaftliche Zugehörigkeit im steuerrechtlichen Sinne wird durch folgende Umstände begründet:
- Geschäftsbetrieb in der Schweiz
- Betriebsstätte in der Schweiz
- Eigentum oder dingliche Rechte an Grundstücken in der Schweiz
- Vermittlungstätigkeit oder Handel mit Grundstücken in der Schweiz
- Erwerbstätigkeit in der Schweiz
- Mitgliedschaft oder aktive Tätigkeit in der Verwaltung oder Geschäftsführung von juristischen Personen mit Sitz oder Betriebsstätte in der Schweiz
- Forderungen, die mit Grundpfandrechten auf schweizerischen Grundstükken gesichert sind
- Bezug von Pensionen durch Personen, die früher in einem öffentlichrechtlichen Anstellungsverhältnis zu einem Arbeitgeber in der Schweiz gestanden sind
- Bezug von Renten aus schweizerischen Vorsorgeeinrichtungen.

Für die Steuerpflicht in den einzelnen Kantonen gelten inhaltlich dieselben Regelungen, wobei sich die Steuerpflicht hier nicht nur auf das Einkommen, sondern auch auf das Vermögen bezieht.

---

[18] Dies bedeutet, dass zur Freistellung beispielsweise von Betriebsstättenergebnissen kein DBA nötig ist (vgl. Art. 6 Abs. 1 und Art. 52 Abs. 1 DBG). Leider fehlt eine explizite gleichlautende Regelung im StHG.

[19] Vgl. Art. 7 Abs. 1 und Art. 53 Abs. 1 DBG.

[20] Vgl. Art. 8 und Art. 54 DBG.

Besondere Regeln über die Zurechnung der Steuerfaktoren gelten für die **Besteuerung von Ehegatten**[21] und von **Kindereinkommen**[22]. Nach dem Prinzip der **Familienbesteuerung** werden die Einkommen der in ungetrennter Ehe lebenden Ehegatten zusammengerechnet. Das Einkommen von **Erbengemeinschaften, einfachen Gesellschaften, Kollektiv- und Kommanditgesellschaften** wird den einzelnen Teilhabern anteilsmässig zugerechnet[23]. Steuerplanerisch interessant ist die Bestimmung von Art. 11 DBG, wonach ausländische Handelsgesellschaften und andere ausländische Personengesamtheiten ohne juristische Persönlichkeit nach den Bestimmungen für die juristischen Personen besteuert werden.

Ein heikles Thema einer jeden Steuerordnung betrifft die Haftungs- und vor allem die Mithaftungsbestimmungen für Steuern. Besonders für die Steuern auf Unternehmenserträgen und Liegenschaftshandel kennt das schweizerische Recht weitgehende Mithaftungsbestimmungen[24].

2.1.2. Steuerobjekt und Steuerbemessung

Die direkten Steuern sollen nach Massgabe der wirtschaftlichen Leistungsfähigkeit erhoben werden. Diese **wirtschaftliche Leistungsfähigkeit** entspricht dem **Zugang an frei verfügbarem Reinvermögen** während der Bemessungsperiode. Das frei verfügbare Reinvermögen seinerseits ist als Differenz zwischen den Einkünften/Erträgen und den mit der Einkommenserzielung zusammenhängenden Ausgaben/Aufwendungen zu verstehen. Mit andern Worten sollen all jene Auslagen abziehbar sein, die der Einkommenserzielung dienen. So einleuchtend die Theorie ist, so komplex können Abgrenzungsfragen werden, vor allem natürlich dort, wo Auslagen sowohl der Einkommenserzielung dienen, wie aber auch Grundbedürfnisse des Lebens befriedigen oder gar als Luxus empfunden werden, zB Geschäftsessen, Kleideraufwand, Kinderbetreuung, uä.

Für natürliche Personen führt dieses System dazu, dass alle Einkünfte irgendwelcher Art, seien sie einmalig oder wiederkehrend in die Bemessungsgrundlage einfliessen[25]. Was nicht Gegenstand der Steuer sein soll, muss explizit als steuerfrei bezeichnet sein, da der als Generalklausel ausgestaltete Art. 16 Abs. 1 DBG ansonsten eine umfassende Attraktivkraft entfaltet[26]. Steuerfrei sind demnach insbesondere **Kapitalgewinne** aus der Ver-

---

[21] Die Steuerfaktoren werden bei rechtlich und tatsächlich ungetrennter Ehe zusammengerechnet, vgl. Art. 9 Abs. 1 DBG.

[22] Zusammenrechnung mit den Faktoren des Inhabers der elterlichen Gewalt, bzw. für Arbeitseinkommen selbständige Besteuerung des Kindes, vgl. Art. 9 Abs. 2 DBG. Diese Regeln sind seit längerem umstritten, da sie regelmässig dazu führen, dass verheiratete Paare gegenüber unverheirateten steuerlich benachteiligt werden. Reformbestrebungen sind im Gange.

[23] Vgl. Art. 10 DBG.

[24] Vgl. Art. 13 und Art. 55 DBG.

[25] Vgl. Art. 16 DBG.

[26] Tatsächlich sind die Einkommensarten, die im Gesetz explizit angesprochen werden, nur als Beispiele zu verstehen (vgl. dazu zB Art. 20–22 DBG).

äusserung von Privatvermögen[27] sowie die in Art. 24. DBG erwähnten Einkünfte, wie Erbschaften, Schenkungen, Genugtuungsleistungen, uä. Besonders zu beachten ist die Tatsache, dass Kapitalgewinne auf Geschäftsvermögen natürlicher Personen steuerbar sind[28]. Von diesen Einkünften können nun die in Art. 26–33 DBG und in Art. 34 DBG explizit genannten Aufwendungen, Auslagen, Investitionen und Verluste[29] abgezogen werden. Derart ergibt sich aus der Differenz der totalen Einkünfte und der totalen Abzüge das steuerbare Reineinkommen[30].

Eine schweizerische Besonderheit stellt die Besteuerung des sogenannten **Eigenmietwertes** als Einkommen dar. Aufhänger der Eigenmietwertbesteuerung ist die Überlegung, dass auch Naturaleinkommen und Ersatzeinkommen steuerbares Einkommen sind. Kommt hinzu, dass Liegenschaftseigentümer für den Fiskus leicht erfassbar und die „Wohneinkommen" relativ einfach bewertbar sind[31]. Als Gegenstück zur Eigenmietwertbesteuerung gilt

---

[27] Vgl. Art. 16 Abs. 3 DBG. Gerade in diesem Bereich haben Steuerverwaltung und Bundesgericht in langer Praxis eine teilweise überzeugende, teilweise mit dem Gesetzeswortlaut aber nur schwer vereinbare Praxis entwickelt, welche sich dahin zusammenfassen lässt, dass Kapitalgewinne nur dann als steuerfrei qualifiziert werden, wenn sie wirtschaftlich nicht als transformierte Kapitalerträge erscheinen. Das Feld des privaten Kapitalgewinnes ist deshalb zu einem veritablen Minenfeld geworden und eine sorgfältige, kreative Steuerplanung ist hier von zentraler Bedeutung.

[28] Ein speziell neckischer Stolperstein steuerlicher Planung kann darin liegen, dass der Steuerpflichtige Aktien aus vermeintlichem Privatvermögen vermeintlich steuerfrei veräussert, während die Steuerverwaltung gerade diese Aktien dem Geschäftsvermögen einer Einzelfirma (mit dem Unternehmenszweck des Wertschriftenhandels) zuordnet und damit den Veräusserungsgewinn besteuern will. Falls sich die Sichtweise der Steuerverwaltung im konkreten Fall durchsetzt, führt der vermeintlich steuerfreie Kapitalgewinn neben der Steuererhebung auch noch zur Erhebung von Sozialabgaben (AHV). Die Annahme eines gewerbsmässigen und damit steuerbaren Handelns droht vor allem dort, wo Transaktionen regelmässig erfolgen sowie spezifisches Fachwissen und mindestens teilweise Fremdmittel eingesetzt werden.

[29] Insgesamt können Verluste aus sieben der entsprechenden Steuerperiode vorangehenden Geschäftsjahren abgezogen werden (vgl. Art. 31, 67 und 211 DBG), wobei Art. 31 DBG für den Fall der zweijährigen Vergangenheitsbemessung das gleiche Resultat schafft. Es ist zu beachten, dass nur Verluste aus Geschäftstätigkeit abziehbar sind; Verluste aus privatem Hobby sind dagegen steuerlich irrelevant, womit auch gleich gesagt ist, dass die Steuerbehörden geneigt sind immer dann ein Hobby anzunehmen, wenn über längere Zeit aus einer Aktivität nur Verluste erzielt werden. Sollten einmal Gewinne anfallen, werden die Behörden versuchen, auf die Qualifikation zurückzukommen, was regelmässig gelingt, wobei aber die erzielten Verluste aus den Vorjahren abzuziehen sind.

[30] Vgl. Art. 25 DBG.

[31] Die Liegenschaftseigentümer bilden in der Schweiz eine klare Minderheit (nur ca. 30% der Schweizer leben in den eigenen vier Wänden), welche zudem selber relativ immobil, wirtschaftlich meist überdurchschnittlich leistungsfähig und vermutungsweise solid staatsbürgerlich gesinnt ist. Es fällt dem Fiskus entsprechend leicht, diese Minderheit zu melken.

die **Abzugsfähigkeit von Schuldzinsen**[32], auch wenn überhaupt keine Notwendigkeit besteht, einen umfassenden Schuldzinsenabzug nur zuzulassen, wenn zugleich ein Eigenmietwert besteuert wird. Im Gegensatz beispielsweise zum deutschen Steuerrecht gibt es für Privatpersonen keinen Verlustvortrag für negative Einkommen einer Steuerperiode (zB wegen Liegenschaftsrenovationen).

Bei juristischen Personen besteht der Reinvermögenszugang grundsätzlich im **Reingewinn**[33]. Dieser Reingewinn wird, ausgehend vom Saldo der Erfolgsrechnung, in den Art. 58–67 DBG detailliert definiert. Grundsätzlich werden ertragsmindernde bzw. aufwandvermehrende Vorgänge nur anerkannt, sofern sie geschäftsmässig begründet sind. Besonders im Verhältnis der juristischen Person zum Anteilseigner oder zu sogenannt nahestehenden Dritten ergeben sich in diesem Zusammenhang immer wieder heikle Konstellationen. Anders als bei der Geschäftstätigkeit natürlicher Personen ist der Steueraufwand bei juristischen Personen abzugsfähig[34]. Daneben sind jedoch die Bestimmungen über Verlustvortragsperioden[35], Steuerneutralität von Ersatzbeschaffungen[36] sowie die Regelungen über steuerneutrale Umwandlungen, Zusammenschlüsse und Teilungen von Unternehmen[37] für Einzelunternehmen bzw. Personengesellschaften einerseits und Kapitalgesellschaften und Genossenschaften anderseits grundsätzlich gleich geregelt.

Während für juristische Personen seit 1. 1. 1998 ein Einheitssatz von 8,5% auf dem steuerbaren Reingewinn anwendbar ist, sieht das Gesetz für natürliche Personen einen progressiv ausgestalteten Tarif mit einer Maximalbelastung von 11,5% ab einem steuerbaren Einkommen von rund CHF 500.000 bzw. bei einjähriger Gegenwartsbemessung von rund CHF 550.000 (Ledige) und rund CHF 600.000 bzw. bei einjähriger Gegenwartsbemessung rund CHF 650.000 (Verheiratete) vor[38].

Als **Steuerperiode** gelten bei den natürlichen Personen zwei aufeinanderfolgende Kalenderjahre (beginnend mit dem ersten Tag des ungeraden Kalenderjahres)[39] und bei den juristischen Personen das Geschäftsjahr[40]. Bemessen wird die Steuer nach dem Durchschnitt der beiden der Steuerperiode vorangehenden Kalenderjahren (natürliche Personen) bzw. nach

---

[32] In jüngster Zeit ist der volle Schuldzinsenabzug vermehrt Gegenstand von Revisionsbestrebungen geworden, kann er doch dazu verwendet werden, steuerbares Einkommen zu minimieren und, insbesondere über Versicherungslösungen, steuerlich privilegierte Einkommen zu schaffen. Die Bestrebungen gehen dahin, Schuldzinsabzüge nur noch im Umfang der damit verbundenen Vermögenserträge zuzüglich eines Zuschlages zu akzeptieren.

[33] Vgl. Art. 57 DBG.

[34] Vgl. Art. 59 lit. a DBG im Vergleich zu Art. 34 lit. e DBG.

[35] Siehe Fn. 29.

[36] Vgl. Art. 30 und Art. 64 DBG.

[37] Vgl. 19 und Art. 61 DBG.

[38] Für ledige und verheiratete Steuerpflichtige sind separate Tarife vorgesehen (vgl. Art. 36 DBG).

[39] Vgl. Art. 40 DBG.

[40] Vgl. Art. 79 DBG.

dem in der Steuerperiode erzielten Geschäftsergebnis. Damit wird für die natürlichen Personen grundsätzlich das für Ausländer so schwer verständliche System der zweijährigen Vergangenheitsbemessung beibehalten, während juristische Personen nach dem international gängigen System besteuert werden. Die direkte Bundessteuer kann (fakultativ) auch für natürliche Personen nach dem System der **einjährigen Gegenwartsbemessung** (Steuerjahr gleich Kalenderjahr gleich Bemessungsperiode) erhoben werden[41]. Diese Ausnahme wird sich nach der Steuerharmonisierung bei den Kantonen[42] voraussichtlich zum Regelfall entwickeln, womit die bei einer Vergangenheitsbemessung nötigen, meist komplexen Zwischenveranlagungsregeln[43] bei Wohnsitzwechseln entfallen werden[44]. Die andern Zwischenveranlagungsgründe (insbesondere Scheidung, gerichtliche oder tatsächliche Trennung; dauernde und wesentliche Änderung der Erwerbsgrundlagen infolge Aufnahme oder Aufgabe der Erwerbstätigkeit bzw. Berufswechsel; Vermögensanfall von Todes wegen[45]) bleiben erhalten.

2.2. Direkte Steuern der Kantone gemäss Steuerharmonisierungsgesetz

2.2.1. Steuerharmonisierung im Allgemeinen

So heilsam der Steuerwettbewerb unter den Kantonen auch ist, ist doch nicht aus der Welt zu diskutieren, dass er auch zu unerwünschten Auswüchsen führen kann, etwa dort, wo Unternehmen in Versuchung gelangen zu einer eigentlichen Wirtschaftsförderungstournee – natürlich mit entsprechenden Steuervergünstigungen – durch die Schweiz aufzubrechen. Nachdem der Bund in Art. 42^{quinqiues} BV, bzw. Art. 129 neue BV eine Verpflichtung hat, die direkten Steuern von Bund und Kantonen sowie unter den

---

[41] Vgl. dazu Art. 41 DBG iVm. Art. 208–220 DBG.

[42] Soweit heute abschätzbar ist, werden die allermeisten Kantone die direkten Kantons- und Gemeindesteuern von natürlichen Personen nach dem System der einjährigen Gegenwartsbemessung erheben und im Zuge dieses Systemwechsels auch die Erhebung der direkten Bundessteuer entsprechend ausgestalten.

[43] Eine sogenannte Zwischenveranlagung wird vorgenommen, wenn Ereignisse eintreten, die die Steuererhebung auf den bisherigen Grundlagen als vollständig unangepasst erscheinen lassen. Die von den Veränderungen betroffenen Einkommens- oder Vermögensbestandteile werden den neuen Verhältnissen angepasst und neu bemessen. Die übrigen Steuerfaktoren bleiben unverändert. Damit kann die Zwischenveranlagung sowohl steuersenkend, wie aber auch steuererhöhend wirken. Die Zwischenveranlagungsgründe sind im Gesetz einzeln und abschliessend genannt.

[44] Vgl. Art. 45 und 46 DBG und Art. 17 StHG iVm. Art. 68 StHG, wobei Art. 17 StHG anders als die Regelung im DBG wohl vor allem mit Blick auf das Beibehalten der zweijährigen Vergangenheitsbemessung auch noch die Änderung der für die Besteuerung im interkantonalen oder internationalen Verhältnis massgebenden Verhältnisse als Zwischenveranlagungsgrund definiert.

[45] Nicht als Zwischenveranlagungsgrund erwähnt ist der Vermögensanfall durch Schenkung.

Kantonen zu harmonisieren, wurde per 1. Januar 1993 das Bundesgesetz über die Harmonisierung der direkten Steuern der Kantone und Gemeinden (StHG) in Kraft gesetzt.

Das Gesetz ist als sogenanntes **Rahmengesetz** konzipiert, welches für die Kantone Minimal- und zT auch Maximalstandards festlegt. Die Kantone – und, sofern sie im Bereich des StHG gesetzgeberische Autonomie besitzen, auch die Gemeinden – sind verpflichtet, ihre Steuergesetze bis spätestens per 1. Januar 2001 den Harmonisierungsbestimmungen anzupassen. Erfolgt dies nicht fristgerecht, so wird das StHG in den entsprechenden nicht harmonisierten Bereichen direkt anwendbar.

Die Steuerharmonisierung geht allerdings nicht so weit, wie dies von verschiedenen Kreisen gefordert wurde. Insbesondere bleibt die Bestimmung der Steuertarife, Steuersätze und Steuerfreibeträge Sache der Kantone[46], womit die doch erheblichen Steuerbelastungsunterschiede in der Schweiz vorläufig bestehen bleiben.

2.2.2. StHG im Überblick

Nach StHG sind die Kantone verpflichtet, folgende Steuern zu erheben:
- von natürlichen Personen eine Einkommens- und Vermögensteuer
- von juristischen Personen eine Gewinn- und eine Kapitalsteuer
- von bestimmten natürlichen und juristischen Personen eine Quellensteuer
- eine Grundstückgewinnsteuer.

Nachdem die Steuerharmonisierung nicht nur eine Angleichung der kantonalen Steuerordnungen sondern ebenfalls eine solche zwischen Kantonen und Bund bewirken soll, erstaunt es nicht, dass DBG und StHG sich weitgehend ähnlich sind und das StHG etwas salopp auch als **Kurzfassung des DBG** bezeichnet werden kann. Dies gilt insbesondere für die Regelungen in den Bereichen Steuerpflicht, Steuerobjekt und Steuerbemessung. Entsprechend gelten die oben für die direkten Bundessteuern gemachten Ausführungen weitestgehend auch für die kantonalen Rahmenbedingungen der Steuererhebung.

Wie das DBG sieht auch das StHG vor, dass die Steuer der natürlichen Personen entweder nach dem System der zweijährigen Vergangenheitsbemessung oder aber nach dem System der einjährigen Gegenwartsbemessung erhoben werden kann[47]. Die Steuern der juristischen Personen werden immer nach dem System der einjährigen Gegenwartsbemessung festgelegt, wobei das Geschäftsjahr als Steuerperiode gilt[48].

Nicht Gegenstand des DBG wohl aber Gegenstand des StHG sind indes neben der Kapitalsteuer für juristische Personen auch die Grundstückgewinn- und die Vermögenssteuer. Diese Aspekte sollen in den Grundzügen nachfolgend kurz dargestellt werden.

---

[46] Vgl. Art. 42^{quinquies} Abs. 2 BV und Art. 1 Abs. 3 StHG.
[47] Vgl. Art. 15–18 StHG und Art. 62–70 StHG.
[48] Vgl. Art. 31 StHG.

2.2.2.1. Kapitalsteuer

Gegenstand der Kapitalsteuer[49] ist das **Eigenkapital**, welches bei Kapitalgesellschaften und Genossenschaften aus dem einbezahlten[50] Grund- oder Stammkapital sowie den offenen und den aus versteuerten Gewinnen gebildeten stillen Reserven besteht. Für Holding- und Domizilgesellschaften, die nicht der ordentlichen Ertragsbesteuerung unterliegen, sieht das StHG vor, dass hier auch jener Teil der stillen Reserven zu erfassen ist, der im Falle der Gewinnbesteuerung aus versteuerten Gewinnen gebildet worden wäre. Offenbar sollte mit der Bestimmung erreicht werden, dass die Bemessungsgrundlage, wie sie bis zum 31. 12. 1997 für die direkte Bundessteuer nach DBG gegolten hat, auch im Bereich des StHG Anwendung findet. Nachdem die Reform des Unternehmenssteuerrechts indes dazu geführt hat, dass die Kapitalsteuer aus dem DBG gestrichen wurde, überlebt Art. 28 Abs. 2 lit. b StHG als bemessungstechnischer Dinosaurier fremd in der Steuerlandschaft[51]. Vereine, Stiftungen und übrige juristische Personen bezahlen die Kapitalsteuer auf dem Reinvermögen, welches nach den Bestimmungen der Vermögenssteuer für natürliche Personen ermittelt wird. Für das schweizerische Steuerrecht neu ist schliesslich die in Art. 29a StHG vorgenommene Festschreibung einer **„thin capitalisation rule“**.

2.2.2.2. Grundstückgewinnsteuer

Eine Grundstückgewinnsteuer wird erhoben auf Gewinnen, die sich bei der Veräusserung eines Grundstückes im Privatvermögen oder eines land- oder forstwirtschaftlichen Grundstückes oder Anteilen davon ergeben[52]. Als Grundstückgewinn erscheint dabei die **Differenz zwischen Erlös und Anlagekosten**, wobei letztere neben dem Erwerbspreis auch die wertvermehrenden Aufwendungen enthalten. Unterhaltsaufwendungen sind nicht bei der Grundstückveräusserung als wertvermehrende Aufwendungen geltend zu machen, sondern in der Steuerperiode des Anfallens als Abzüge, welche mit der Erzielung von Mieteinkommen[53] zusammenhängen[54]. Entsprechend wird man in der Praxis immer wieder mit dem Problem konfrontiert, dass im Zeitpunkt der Veräusserung Aufwendungen für vermeintlich wertvermehrende Arbeiten steuerlich nicht anerkannt werden, weil sich die Steuerbehörden auf den Standpunkt stellen, diese Arbeiten hätten als normaler Unterhalt in der entsprechenden Steuerperiode abgezogen werden müssen[55].

---

[49] Vgl. zum ganzen Art. 29 und 30 sowie Art. 31 Abs. 4 StHG.

[50] Es ist zu beachten, dass das statutarische Eigenkapital also gerade nicht in die Bemessung einfliesst, sofern die tatsächlichen Einzahlungen geringer sind.

[51] Immerhin gibt die Bestimmung ein interessantes Anwendungsbeispiel dafür, dass es immer heikel ist, wenn Gesetze ihren Sinn aus andern Gesetzen schöpfen.

[52] Vgl. Art. 12 Abs. 1 StHG.

[53] Inklusive den fiktiven Eigenmieterträgen, vgl. Fn. 31.

[54] Vgl. Art. 9 Abs. 1 StHG.

[55] Diese Aufwendungen drohen steuerlich unwirksam zu verpuffen, da nachträglich (meistens mangels Vorbehalten) auch keine Korrektur der früheren Steuererklärungen mehr möglich ist. Es ist deshalb häufig richtig, in den Steuererklärungen eine etwas aggressivere Praxis der Geltendmachung von Unterhaltsaufwendungen zu verfolgen,

Neben der Veräusserung werden auch einige im Gesetz bezeichnete Sachverhalte von der Grundstückgewinnsteuer erfasst, welche zwar nicht zivilrechtlich, wohl aber wirtschaftlich einer Veräusserung gleichkommen[56]. Bestimmte Eigentumsübertragungen an Grundstücken lösen die Steuer nicht aus, sondern profitieren von einem **Steueraufschub**. Unter diesen Steueraufschubtatbestände sind neben Eigentumsübertragungen aus Erbrecht oder Schenkung vor allem die Veräusserungen im Rahmen von ehegüterrechtlichen Auseinandersetzungen und jene zwecks Ersatzbeschaffung innerhalb der Schweiz[57] bedeutsam[58]. Ist ein Steueraufschub zu gewähren, so bedeutet dies, dass bei einer späteren Veräusserung die ursprünglichen Verhältnisse zur Berechnung der Grundstückgewinnsteuer mitzuberücksichtigen sind. Ein harmonisierungstechnischer Faux Pas stellt die Bestimmung dar, dass die Kantone die Grundstückgewinnsteuer auch auf Liegenschaften des Geschäftsvermögens erheben können, sofern sie diese Gewinne von der Einkommens- und Gewinnsteuer ausnehmen oder aber anrechnen[59]. Spekulationsgewinne sind zwingend stärker zu besteuern, wogegen die heute übliche Gewährung von Entlastungen für Gewinne auf langjährig gehaltenen Liegenschaften im Ermessen der Kantone verbleibt[60].

2.2.2.3. Vermögenssteuer

Die Vermögenssteuer ist in der Schweiz traditionell als **Kontrollsteuer** ausgestaltet. Dies bedeutet, dass die steuerliche Belastung im Regelfall moderat ist. Tatsächlich kann die Vermögenssteuer in Steuerplanungsszenarien oft vernachlässigt werden. Besonders bei grossen Vermögen und im Verhältnis dazu geringen Einkommen ist aber gerade auch hier eine sorgfältige Steuerplanung nötig. Veränderungen im Vermögensstatus[61] werfen die Frage auf, woher die Mittel stammen und ob dieser Mittelzufluss als Einkommen auch tatsächlich richtig versteuert wurde. Erfasst wird von der

---

sind doch die Steuerbehörden verpflichtet, nicht anerkannte Unterhaltsaufwendungen später als wertvermehrende Investitionen vom Grundstückgewinn in Abzug zu bringen.

[56] Neben der Generalklausel bezüglich wirtschaftlicher Handänderung werden insbesondere genannt die Überführung von Grundstücken vom Privat- in das Geschäftsvermögen, die entgeltliche Belastung des Grundstückes mit privat- und/oder öffentlichrechtlichen Eigentumsbeschränkungen (sofern Bewirtschaftung oder Veräusserungswert des Grundstückes dadurch wesentlich beeinträchtigt werden), die Übertragung von Beteiligungsrechten des Privatvermögens an Immobiliengesellschaften sowie die erzielten Planungsmehrwerte, wobei die beiden letztgenannten Sachverhalte nur erfasst werden, soweit das kantonale Recht dafür eine Steuerpflicht vorsieht, vgl. zum ganzen Art. 12 Abs. 2 StHG.

[57] Der Ersatzbeschaffungstatbestand gilt allerdings nur für selbstgenutzte Wohnliegenschaften (Einfamilienhaus oder Eigentumswohnung).

[58] Vgl. Art. 12 Abs. 3 StHG.

[59] Vgl. Art. 12 Abs. 4 StHG.

[60] Vgl. Art. 12 Abs. 5 StHG.

[61] So beliebt das Spielkasino als Antwort auf die Herkunftsfrage auch sein mag, die Wirkung derartiger Erklärungen lässt sehr oft und besonders im Falle von hartnäckigem Nachfragen zu wünschen übrig.

Vermögenssteuer grundsätzlich das gesamte Reinvermögen[62], jedoch ohne Hausrat und Gegenstände des persönlichen Gebrauches. Bewertet wird das Vermögen zu Verkehrswerten, wobei auch die Ertragswertkomponenten gebührend zu berücksichtigen sind[63].

2.3. Sonderfragen im Recht der direkten Steuern (DBG und StHG)

2.3.1. Besteuerung an der Quelle

Die Besteuerung an der Quelle ist im schweizerischen Steuerrecht nur für bestimmte, vom Gesetz definierte Sachverhalte vorgesehen. Zum einen kann die Quellensteuer natürliche Personen mit steuerrechtlichem Wohnsitz oder Aufenthalt in der Schweiz betreffen[64] und zum andern natürliche und juristische Personen ohne einen derartigen Wohnsitz oder Aufenthalt[65].

Der häufigste Fall der Quellenbesteuerung betrifft in der Schweiz **ansässige Arbeitnehmer ohne fremdenpolizeiliche Niederlassungsbewilligung**[66]. Diese Quellensteuer wird vom Bruttoeinkommen erhoben und die Tarife sind so ausgestaltet, dass einerseits die persönlichen Verhältnisse des Steuerpflichtigen, wie auch die kantonalen Gegebenheiten (insbesondere die Unterschiedlichkeit der Gemeindesteuersätze) berücksichtigt werden. Für Einkommen, welches nicht der Quellensteuer unterliegt, sind diese Personen der ordentlichen Besteuerung unterworfen. Ebenso wird oberhalb einer durch die Vollzugsbehörden festgelegten Obergrenze[67] jedenfalls das ordentliche Verfahren angewendet, sei es ohne oder mit vorgängiger Quellensteuererhebung. Aus dem Gesagten ergibt sich ohne weiteres, dass das ordentliche Verfahren vor allem dann interessant ist, wenn der Steuerpflichtige in einer Gemeinde mit tiefem Steuersatz wohnt und er erhebliche Schuldzinsen zahlt sowie überdurchschnittliche Gewinnungskosten geltend machen kann; uninteressant ist das ordentliche Verfahren in Fällen, in denen die an sich anwendbare Gesamtprogression höher liegt als die Progression gemäss Quellensteuertarif und wenn der Steuerpflichtige in einer Gemeinde mit hohem Steuersatz ansässig ist, bzw. generell weniger Abzüge geltend machen kann, als im Quellensteuertarif vorgesehen.

Neben diesem häufigsten Fall der Quellenbesteuerung sehen DBG und StHG auch für weitere Steuerpflichtige ohne steuerrechtlichen (Wohn)Sitz oder Aufenthalt in der Schweiz eine Quellensteuer vor. Im einzelnen sind dies:

---

[62] Damit ist die Differenz zwischen Aktiven und Passiven des Steuerpflichtigen gemeint.

[63] Vgl. zur Vermögenssteuer Art. 13 und 14 StHG.

[64] Vgl. Art. 83–90 DBG, bzw. Art. 32–34 StHG.

[65] Vgl. Art. 91–101 DBG, bzw. Art. 35 und 36 StHG.

[66] Diese sogenannte Bewilligung C (Niederlassungsbewilligung) führt zu einer Gleichstellung des Ausländers mit Inländern, bis auf jene Rechte und Pflichten, die mit der Staatsbürgerschaft verbunden sind, im wesentlichen also Stimm- und Wahlrechte sowie Militärpflicht.

[67] Betrifft regelmässig nur jährliche Arbeitseinkommen über CHF 120.000.

- Arbeitnehmer, die sich nur kurz in der Schweiz aufhalten für das aus unselbständiger Tätigkeit erzielte Erwerbseinkommen
- Künstler, Sportler und Referenten für Entschädigungen, die für persönliche Tätigkeiten entrichtet werden, die diese Personen in der Schweiz ausüben. Dies gilt auch dann, wenn die Entschädigungen statt etwa an den Künstler an einen Dritten ausgerichtet wird, der die Tätigkeit organisiert
- Mitglieder der Verwaltung und/oder Geschäftsleitung von juristischen Personen für alle Arten von Entschädigungen
- Mitglieder der Verwaltung und/oder Geschäftsleitung von ausländischen juristischen Personen, die in der Schweiz bzw. im Kanton Betriebsstätten unterhalten für die zu Lasten dieser Betriebsstätten entrichteten Entschädigungen aller Art
- Gläubiger und Nutzniesser von grundpfändlich gesicherten Forderungen für die ihnen ausgerichteten Zinsen
- Rentner für Leistungen, die Pensionskassen aus einem früheren öffentlich-rechtlichen Arbeitsverhältnis ausrichten
- Empfänger von Leistungen der beruflichen Vorsorge oder der gebundenen Selbstvorsorge
- Arbeitnehmer im internationalen Verkehr (Luft, Wasser und Strasse), welche von einem in der Schweiz ansässigen (Sitz oder Betriebsstätte) Arbeitgeber für Ihre Tätigkeit einen Lohn beziehen.

Es ist darauf hinzuweisen, dass all diese Regelungen unter dem Vorbehalt der Bestimmungen von allenfalls anwendbaren Doppelbesteuerungsabkommen stehen. Sie sollen eine gesetzliche Grundlage der Steuererhebung für den Fall bilden, dass ein DBA der Schweiz die Besteuerungskompetenz zuweist[68] oder für den Fall, dass kein DBA-Schutz besteht.

2.3.2. Pauschalbesteuerung

Die Pauschalbesteuerung ist auch unter dem Titel **‚Besteuerung nach dem Aufwand‘** bekannt und in Art. 14 DBG bzw. Art. 6 StHG geregelt. Pauschaliert wird dabei eigentlich nicht die Steuer an sich, sondern die Bemessungsgrundlage, welche sich nach dem Lebenshaltungsaufwand des Steuerpflichtigen und seiner Familie berechnet, wobei eine minimale Bemessungsgrundlage definiert wird[69]. Die Pauschalsteuer steht nicht jedermann zu. Nur nicht Schweizer Bürger können die Pauschalbesteuerung dauerhaft beanspruchen[70], dies allerdings auch nur, sofern sie in der Schweiz

[68] Bekanntlich reicht es zur Steuererhebung ja nicht aus, dass das Kollisionsrecht eine solche ermöglichen würde. Vielmehr braucht es eine formell-gesetzliche Grundlage im internen Recht.

[69] Im wesentlichen werden alle Einkünfte aus schweizerischen Quellen erfasst (vgl. Art. 14 Abs. 3 DBG). Mit Blick auf die Beanspruchung des Schutzes der von der Schweiz abgeschlossenen DBA's besteht auch die Möglichkeit, jene Einkünfte, für denen Vereinnahmung ein DBA beansprucht wird, in der Schweiz zu versteuern.

[70] Schweizer Bürgern steht sie nur für die laufende Steuerperiode offen, wenn sie nach mindestens 10-jähriger Landesabwesenheit in der Schweiz steuerrechtlichen Wohnsitz oder Aufenthalt nehmen.

keine Erwerbstätigkeit[71] ausüben. Im Regelfall wird die Pauschalbesteuerung beim Zuzug in die Schweiz mit den Steuerbehörden besprochen und die wesentlichen Grundlagen der Steuererhebung werden im Rahmen der gesetzlichen Vorgaben festgelegt. Diese Grundlagen werden regelmässig in einem schriftlichen Ruling festgehalten. Es ist empfehlenswert, jene Punkte explizit zu regeln, welche für den Steuerpflichtigen besonders bedeutsam sind[72].

Die Pauschalbesteuerung, die unter verschiedenen Aspekten die Regeln des schweizerischen Steuersystems sprengt, wird im allgemeinen dadurch gerechtfertigt, dass es in jenen Fällen, in denen der Ausländer die Pauschalbesteuerung beansprucht, kaum möglich ist, das weltweite Einkommen oder Vermögen, welches normalerweise Bemessungsgrundlage wäre, mit vernünftigem Aufwand zu bestimmen oder aber die Angaben des Steuerpflichtigen zu kontrollieren. Zudem ist nicht zu verkennen, dass die steuerlichen Bemessungsgrundlagen vor einem Zuzug weitestgehend gestaltet und optimiert werden können. Es liegt daher nahe, die Besteuerung an Kriterien zu orientieren, welche die wirtschaftliche Leistungsfähigkeit zuverlässig reflektieren und die mit vernünftigem Aufwand kontrolliert werden können. Ausländische Steuerrechtsordnungen kennen im übrigen ähnliche Ansätze zur Besteuerung jener „high wealth individuals", die man zwar besonders gern anzieht, die jedoch durch ihre Mobilität bei der Gestaltung der steuerlichen Verhältnisse auch ungewöhnlich flexibel sind[73].

2.3.3. Wirtschaftsförderung durch Steuererleichterungen

Gemäss Steuerharmonisierungsgesetz können die Kantone für neu eröffnete Unternehmen, welche dem wirtschaftlichen Interesse des Kantons dienen, in den ersten zehn Jahren seit Gründung **Steuererleichterungen** gewähren, welche je nach Kanton einer gänzlichen Steuerbefreiung sehr nahe kommen. Steuererleichterungen können auch bestehenden Unternehmen gewährt werden, wenn diese ihre betriebliche Tätigkeit tiefgreifend verändern. Damit haben die Kantone die Möglichkeit, durch steuerliche Vorteile die Ansiedlung von Unternehmen zu fördern. Die Rechtsform des Unternehmens ist unerheblich, so dass neben Kapitalgesellschaften auch Personengesellschaften von den Steuererleichterungen profitieren.

Die Wirtschaftsförderung ist ein Thema, welches ebenfalls besser vor einem erfolgten Zuzug oder einer realisierten Restrukturierung besprochen und geregelt wird. Die Erfahrung zeigt, dass Behörden besonders dann ent-

---

[71] Vom Verbot der Erwerbstätigkeit nicht erfasst ist ua. die Verwaltung des eigenen Vermögens.

[72] Beispielsweise stellt sich regelmässig die Frage, ob in (ausländischen) Wertschriften verbrieftes Kapitalvermögen im Ausland aufzubewahren ist, um in der Kontrollrechnung nicht berücksichtigt zu werden. Die Klärung im Ruling hilft die geeigneten Massnahmen zu ergreifen und spätere Diskussionen mit Steuerbehörden zu vermeiden.

[73] Zu denken ist an die in angelsächsischen Ländern weit verbreitete „taxation on a remittance basis", nach welcher nur jene Einkommen besteuert werden, die auch tatsächlich in den entsprechenden Wohnsitzstaat zufliessen.

gegenkommend sind, wenn das künftige Steuersubstrat noch gefährdet scheint und keine Infrastrukturinvestitionen darauf hindeuten, dass man nicht ernsthaft an Standortalternativen denkt. Kommt hinzu, dass im Rahmen der Wirtschaftsförderung nicht bloss das Thema Steuern angesprochen werden kann und soll, sondern dass auch weitere sensitive Faktoren zu regeln sind. Dazu gehören neben baubewilligungsrechtlichen Aspekten besonders auch Fragen im Zusammenhang mit Ausländerbewilligungen. Zusammenfassend ist festzuhalten, dass die Wirtschaftsförderung ausgezeichnete Möglichkeiten eröffnet, die Rahmenbedingungen für den Beginn oder die grundlegende Umgestaltung einer unternehmerischen Tätigkeit zu optimieren.

2.3.4. Besteuerung von Trusts

Der Trust hat in den kontinentaleuropäischen Rechtsordnungen keine Tradition. Er stammt aus dem Common Law, wo er sich seit den Kreuzzügen[74] als case law unter dem Rechtsgedanken der equity[75] entwickelt hat. Der Trust ist eine **Art verselbständigtes Vermögen ohne Rechtspersönlichkeit**. Das eigentlich geniale an der Rechtsfigur ist neben der Verselbständigung des Vermögens die Zweiteilung des Eigentums in ein „legal ownership" des Trustee und ein „beneficial ownership" des Beneficiary. Beteiligt sind neben dem Settlor (Trusterrichter) der Trustee (Trustverwalter, „Legal Owner"), der Protector (Aufpasser, der vor allem dafür sorgt, dass der Trustee die Unterscheidung von Mein und Dein nicht vergisst) und der Beneficiary (Begünstigter). Mit Ausnahme des Fürstentums Liechtenstein kennt kein kontinentaleuropäisches Land eine Trust-Gesetzgebung. Anderseits haben sich einige Länder entschlossen, die **Haager Konvention** über die Anerkennung des Trust zu unterzeichnen. Die Schweiz ist dem Haager Abkommen noch nicht beigetreten. Der Trust ist auch in den Civil Law Ländern viel stärker verbreitet, als man annehmen möchte. Er bietet nicht nur unter steuerlichen Gesichtspunkten hervorragende Gestaltungs- und Absicherungsmöglichkeiten. Es ist an dieser Stelle aber auch darauf hinzuweisen, dass die Beratung im Zusammenhang mit Trusts nicht selten von dürftiger Qualität ist, da den Besonderheiten der Rechtsfigur und deren Einbettung in eine Civil Law Umgebung oft zu wenig Rechnung getragen wird[76].

---

[74] Da ein Kreuzzug nicht ganz ungefährlich war, entwickelte sich rasch das Bedürfnis, die Nachkommen materiell abzusichern, sollte die kriegerische Reise nach Jerusalem zur letzten werden. Zu diesem Zweck konnten die wohlhabenderen Kreuzritter ihre Güter vor der Abreise an Treuhänder (Trustees) übertragen, verbunden mit dem Wunsch (Letter of Whishes), diese Güter bis zur Rückkehr auf bestimmte Weise zu Gunsten der Nachkommen (Beneficiaries) zu verwalten. Auf die drohenden Missbräuche muss nicht speziell hingewiesen werden. Sie sind dafür verantwortlich, dass sich die Rechtsprechung früh mit dem Rechtsinstitut des Trust hat auseinandersetzen und tragende Lösungen entwickeln müssen.

[75] Die Equity-Rechtsprechung des Lordkanzlers beruhte auf dem Gedanken der Billigkeit. Sie sollte zur Rechtsprechung der übrigen Gerichte im alten England ein Gegengewicht schaffen.

[76] Ein immer wieder anzutreffender Kardinalfehler besteht etwa darin, dass der Berater ein Trustee-Mandat mit einem Verwaltungsratsmandat verwechselt. Dabei wird

Da das schweizerische Recht den Trust nicht kennt, wird er auch nicht explizit geregelt. Die Besteuerung stellt vollends einen Graubereich dar, schon nur, weil es aus leicht nachvollziehbaren Gründen kaum je Auseinandersetzungen um Trusts gibt. Generell[77] kann gesagt werden, dass bei der Errichtung des Trust in der Schweiz die Schenkungssteuer erhoben wird (regelmässig zum Maximalsatz für Nichtverwandte). Eine Ausnahme bilden die Kantone Schwyz und Luzern, die keine Schenkungssteuer kennen. Ist der Trust irrevocable and discretionary[78], so sind die Trust-Erträge weder dem Trustee noch dem Beneficiary oder gar dem Settlor zuzurechnen[79]. Mit andern Worten erfolgt in diesen Fällen kein Durchgriff. Der tatsächliche Bezug von Trust-Erträgen oder von Trust-Substanz wird regelmässig der Einkommens- oder, auf kantonaler Ebene, der Erbschafts- bzw. Schenkungssteuer unterstellt.

2.3.5. Steuerprivilegien

Von Steuerprivilegien spricht man im Zusammenhang mit juristischen Personen. Tatsächlich ist der Ausdruck wenig präzis und im Grunde genommen auch nicht richtig. Es gibt im schweizerischen Recht keine eigentlichen Steuerprivilegien, dh. keine Besteuerung, die derart günstig einem Dritten in der gleichen Situation nicht gewährt würde. Was gemeinhin als Steuerprivileg bezeichnet wird, ist einzig eine regelmässig **besonders günstige Besteuerung für definierte Unternehmenszwecke**[80]. Das Privileg ist allen Unternehmen zugänglich, welche die gesetzlichen Bedingungen erfüllen, muss aber nicht beansprucht werden. Dabei liegt der Wille des Gesetzgebers weniger im Privilegieren, als vielmehr darin, gewissen Erscheinungen des Wirtschaftslebens eine adäquate steuerliche Behandlung zukommen zu lassen und insbesondere zu vermeiden, dass die Besteuerung konfiskatorisch wird. Auf diese Weise hat der Gesetzgeber drei Tätigkeitsfelder definiert, deren Besonderheiten auch steuerlich reflektiert werden. Zum einen handelt es sich um die **Beteiligungsverwaltung** (Holdinggesellschaft), zum andern um die reine **Verwaltungstätigkeiten ohne Geschäftstätigkeit** in der Schweiz (Domizilgesellschaften) und zum dritten um Unternehmen, die zwar in der Schweiz einen Geschäftsbetrieb unterhalten, bei denen jedoch

---

vergessen, dass beim Tod des Trustee das Trustvermögen grundsätzlich in seinen Nachlass fällt, was kaum je iSd. Erfinders sein dürfte. Auch die Möglichkeiten des Arbeitens mit sogenannten Underlaying Companies werden oft überhaupt nicht oder nicht optimal ausgeschöpft.

[77] Alle Geschäfte um Trusts bzw. Stiftungen sind sorgfältig zu planen und darauf zu überprüfen, ob die erwarteten Vorteile und Steuerfolgen auch den tatsächlichen Resultaten … entsprechen.

[78] Der irrevocable and discretionary Trust ist die am häufigsten auftretende Trust-Art, da allein sie in praktisch allen Jurisdiktionen hilft, die gewünschten Steuervorteile auch tatsächlich zu realisieren.

[79] Auch ein allfälliger Protector, dessen Rolle in der Beaufsichtigung des Trustee liegt, wird nicht besteuert.

[80] Die Bezeichnung „Gesellschaften mit besonderem Steuerstatus" trifft den Wesenskern der Steuerprivilegien besser.

ein derart **bedeutender Auslandbezug** vorliegt, dass eine volle Erfassung der Umsätze nicht sachgerecht erscheint (Gemischte Gesellschaft).

Die erwähnten Steuerprivilegien gelten in ihrem Vollausbau nur für die Kantonssteuern[81]. Die direkte Bundessteuer kennt einzig ein reduziertes Holdingprivileg, beschränkt auf Veräusserungsgewinne von qualifizierenden Beteiligungen. Nicht eigentlich als Steuerprivileg zu bezeichnen ist der Beteiligungsabzug, der nachfolgend aber trotzdem kurz dargestellt werden soll, da er ähnliche Gestaltungsmöglichkeiten eröffnet wie die klassischen Steuerprivilegien.

2.3.5.1. Holdingprivileg

Kapitalgesellschaften und Genossenschaften, deren statutarischer Zweck hauptsächlich in der **dauernden Verwaltung von Beteiligungen** besteht und die in der Schweiz keine Geschäftstätigkeit ausüben, entrichten auf dem Reingewinn **keine kantonalen Steuern**[82], sofern die Beteiligungen oder die Beteiligungserträge längerfristig[83] mindestens zwei Drittel der gesamten Aktiven bzw. der gesamten Erträge ausmachen[84].

Die begrenzte Bedeutung des Steuerharmonisierungsgesetzes zeigt sich besonders im Bereich der privilegierten Gesellschaften. So kann das Geschäftstätigkeitsverbot enger oder weiter interpretiert werden. Zulässig sind sicher alle Tätigkeiten, die im Zusammenhang mit der Beteiligungsverwaltung stehen. Ob darunter auch Beteiligungsfinanzierungen und weiterführende Aufgaben im Zusammenhang mit dem Gruppenmanagement zu verstehen sind, wird der kantonalen Praxis überlassen sein[85].

Die Holdinggesellschaft bezahlt grundsätzlich keine Kantonssteuern[86] und kann so auch „holdingfremde" Entgelte derart vereinnahmen, dass darauf nur die direkte Bundessteuer von 8,5% bzw. effektiv 7,77% anfällt.

Die schweizerischen Doppelbesteuerungsabkommen sehen teilweise vor, dass Gesellschaften nur dann abkommensberechtigt sind, wenn die abkommensbegünstigt vereinnahmten Erträge kantonal der gleichen Besteuerung unterworfen werden wie im Bund. Besonders für Lizenz- und Zinserträge

---

[81] Vgl. Art. 28 StHG, wobei die Gemischte Gesellschaft sich nicht direkt aus dem Wortlaut ergibt.

[82] Und damit natürlich auch keine kommunalen Steuern.

[83] Mit dem Hinweis auf die Langfristigkeit wird ausgedrückt, dass das Privileg nicht verloren geht, wenn die Bedingungen vorübergehend nicht eingehalten werden können.

[84] Vgl. Art. 28 Abs. 2 StHG.

[85] Jene Kantone, die schon bisher eine liberale Politik verfolgt haben, werden dies auch weiterhin tun, so dass davon auszugehen ist, dass in den flexiblen und dadurch wirtschafts- und finanzstark gewordenen Kantonen weiterhin ein freundlicheres Klima herrschen wird, als andern Kantonen, welche sich stärker auf die möglicherweise etwas enge Umsetzung der reinen Lehre konzentrieren.

[86] Eine Ausnahme bilden die nur ausnahmsweise ins Gewicht fallende Kapitalsteuer sowie die Erträge aus in der Schweiz gelegenem Grundeigentum, die normal zu versteuern sind, wobei allerdings die einer üblichen hypothekarischen Finanzierung entsprechenden Zinsen – 60–80% des Verkehrswertes werden regelmässig als Hypothekardarlehen gewährt – abgezogen werden können.

kann dies kontraproduktiv sein. Für diese Fälle ist es der Holding gestattet, partiell auf das Holdingprivileg zu verzichten und die entsprechenden Einkommen der vollen Besteuerung zuzuführen, so dass die Entlastungen gemäss DBA beansprucht werden können[87].

2.3.5.2. Domizilprivileg

Anders als das Holdingprivileg, welches nur Kapitalgesellschaften und Genossenschaften zugänglich ist, können vom Domizilprivileg auch Stiftungen profitieren. Im Einzelnen setzt die Beanspruchung des Domizilprivileges voraus, dass die entsprechende Gesellschaft in der Schweiz **nur eine Verwaltungstätigkeit, jedoch keine Geschäftstätigkeit** ausübt. Was eine Verwaltungs- und was eine Geschäftstätigkeit ist, wird wiederum nicht auf Stufe StHG konkretisiert, so dass der kantonale Gesetzgeber und die kantonale Praxis diese Aufgabe zu lösen haben. Man wird davon ausgehen können, dass die Kantone die Definition für die Holding ähnlich fassen werden wie für die Domizilgesellschaften.

Während früher viele Kantone eine ausländische Beherrschung der Domizilgesellschaft vorgeschrieben haben, lässt sich für eine derartige Praxis im StHG keine genügende gesetzliche Grundlage mehr finden. Es steht also künftig **auch schweizerisch beherrschten Unternehmen offen**, durch geeignete Auslagerungen von Verwaltungstätigkeiten[88] in den Genuss des Domizilprivileges zu kommen.

Für die Besteuerung werden die Erträge der Domizilgesellschaft je nach Quelle dreigeteilt. Beteiligungserträge und -gewinne[89] profitieren vom Holdingprivileg. Die übrigen Einkünfte aus der Schweiz werden zum ordentlichen Tarif erfasst. Das gleiche gilt für die übrigen Einkünfte aus dem Ausland, die ebenfalls nach Massgabe der Bedeutung der Verwaltungstätigkeit in der Schweiz zum ordentlichen Tarif erfasst werden. Bezüglich der kantonalen Kapitalsteuer, welche auch die Domizilgesellschaften schulden, ist es denkbar, dass die Kantone privilegierte Tarife anwenden.

2.3.5.3. Gemischte Gesellschaft

Die gemischte Gesellschaft ist ein besonderes Gebilde. Vor Einführung des StHG hat sie sich in verschiedenen Kantonen entwickelt[90]. Im StHG ist sie heute noch nicht explizit geregelt. Regelmässig[91] wird eine **ausländische**

---

[87] Vgl. Art. 28 Abs. 5 StHG.

[88] Klassischerweise internationaler Handel, Captive-Versicherungen (dh. Risikoabsicherungen durch konzerneigene Versicherungsgesellschaften) und Lizenzverwertungen, wobei die Liste nicht abschliessend ist.

[89] Auch reine Aufwertungsgewinne.

[90] Besonders der Kanton Zug hat auf diesem Gebiet Pionierarbeit geleistet. Die von Ferdinand Dettling verfasste Wegleitung zu den steuerprivilegierten Gesellschaften im Kanton Zug kann nach wie vor als Muster dafür gelten, was eine sehr gute kantonale Steuerverwaltung zu leisten im Stande ist.

[91] Allerdings nicht immer, wie Denkansätze zeigen, die einzig auf die Ertragsstruktur abstellen und nur in diesem Bereich einen ganz überwiegenden Auslandanteil fordern (die Gesetzgebung ist in diesem Bereich allerdings im Fluss, so dass heute keine abschliessende Darstellung gemacht werden kann).

Beherrschung vorausgesetzt. Daneben muss die Ertragsstruktur ganz überwiegend auslanddominiert sein[92]. Ist dies gegeben so erfolgt eine Besteuerung, die grundsätzlich jener der Domizilgesellschaft entspricht[93]. Dies lässt sich damit begründen, dass ein derart grosser Auslandanteil wie er für die Erfolgsrechnung der Gemischten Gesellschaft charakteristisch ist, praktisch nur erarbeitet werden kann, wenn eine Art **virtuelle Auslandbetriebsstätte** besteht. Gleich wie reale Betriebsstätten sollen aber auch diese virtuellen Gebilde vom Betriebsstättenabzug profitieren können.

2.3.5.4. Beteiligungsabzug

Wie schon erwähnt unterscheidet sich der Beteiligungsabzug in verschiedener Hinsicht von den andern Steuerprivilegien. Der Grundunterschied besteht darin, dass er keine originär erwirtschafteten Erträge steuerlich privilegiert, sondern nur dazu führt, dass Beteiligungserträge beim Empfänger, sofern dieser eine Kapitalgesellschaft oder eine Genossenschaft ist, kein zweites Mal besteuert werden. **Nicht jede Dividende ist indes ein Beteiligungsertrag**, der vom Beteiligungsabzug profitiert, sondern nur solche aus Beteiligungen, die eine bestimmte Bedeutung haben. Im einzelnen wird verlangt, dass die Beteiligung mindestens 20% des Grund- oder Stammkapitals der andern Gesellschaft ausmacht oder aber einen Verkehrswert[94] von mindestens CHF 2 Mio. aufweist[95].

Der Beteiligungsabzug führt dazu, dass die normal berechnete Gewinnsteuer der Gesellschaft im Verhältnis des Nettoertrages aus dieser Beteiligung zum gesamten Reingewinn gekürzt wird. Der Nettoertrag wird definiert als Beteiligungsertrag abzüglich anteiliger Finanzierungskosten und abzüglich eines Verwaltungskostenaufwandbeitrages von 5%.

Der Beteiligungsabzug eröffnet ausgesprochen kreative Gestaltungsmöglichkeiten im Bereich der Konzernsteuerplanung. Insbesondere ist es möglich Erträge aus Finanzierungsgesellschaften in Dividendenform steuerfrei in die Schweiz zurückzuführen[96].

2.3.6. Steuererleichterungen bei Unternehmensumstrukturierungen

Unternehmensumstrukturierungen (Umwandlungen, Zusammenschlüsse und Teilungen) konnten in der Vergangenheit zur Realisierung stiller Reser-

---

[92] Üblicherweise wird verlangt, dass mindestens 80% aller Erträge aus ausländischen Quellen stammen.

[93] Tatsächlich hat man nicht den Eindruck, dass den am Gesetzgebungsprozess im Bereich Steuerprivilegien beteiligten Experten und Parlamentariern ein Meisterstück klarer und kreativer Gesetzgebung gelungen ist, sind die Abgrenzungen zwischen Domizil- und Gemischter Gesellschaft doch alles andere als transparent, ja im eigentlichen Wortsinn konfus – was indes bei der Gestaltung praktikabler Lösungen auch ein Vorteil sein kann.

[94] Nicht Buchwert!

[95] Vgl. Art. 28 Abs. 1 StHG bzw. Art. 69f. DBG.

[96] Man spricht in diesem Zusammenhang von Converter-Strukturen, wandeln sie doch steuerbare Erträge (zB Lizenz-, Versicherungs- oder Zinserträge) in praktisch steuerfreie Dividendenerträge um, wenn die entsprechenden Gestaltungsmassnahmen gehörig vorgenommen werden.

ven und damit zu enormen steuerlichen Belastungen führen, welche umso schmerzlicher waren, als durch die umstrukturierungsbedingte Realisierung stiller Reserven keine flüssigen Mittel zuflossen, welche wenigstens liquiditätsmässig die Steuerzahlungen ermöglicht hätten. Vor diesem Hintergrund haben sich Lehre und Praxis bemüht adäquate Lösungen zu finden. Diese Praxislösungen, welche für die Steuern des Bundes und der Kantone in den meisten Kantonen bestanden, wurden sowohl im DBG[97] als auch im StHG[98] kodifiziert. Bei einer Umwandlung einer Gesellschaft in eine andere Rechtsform, wie zum Beispiel einer Kollektivgesellschaft in eine AG, werden die dadurch grundsätzlich realisierten stillen Reserven nicht besteuert, wenn der Geschäftsbetrieb unverändert weitergeführt wird und sich die Beteiligungsverhältnisse nicht ändern. Unter ähnlichen Voraussetzungen wird die Aufteilung einer Gesellschaft durch Übertragung ganzer Betriebsteile steuerlich privilegiert. Auch bei einer Fusion werden die dadurch eigentlich realisierten stillen Reserven nicht besteuert. Trotz der gesetzlichen Regelung tut man gut daran, komplexere Vorhaben mit den Behörden vorzubesprechen.

2.4. Verfahrensrecht

Die direkten Steuern werden nach einem System der **gemischten Veranlagung** erhoben. **Mitwirkungspflichten** des Steuerpflichtigen und **Untersuchungspflichten** der Behörden sind kennzeichnend für diese Steuererhebungsart, deren Kernelement darin besteht, dass der Steuerpflichtige eine **Steuererklärung** auszufüllen und einzureichen hat, welche die Basis für die **Steuerveranlagung** darstellt. Ein spezielles Thema ist die gemeinsame Veranlagung der Ehegatten, welche dazu führt, dass sich besonders bei Rechtsmittelverfahren immer wieder heikle Rechtsfragen im Zusammenhang mit der Bindungswirkung ergeben.

Der Steuerpflichtige hat im Regelfall jährlich eine Steuererklärung unaufgefordert einzureichen. Beim Formularwesen herrscht kantonale Vielfalt[99] und es ist in komplexeren Verhältnissen ratsam, sich beim Ausfüllen der Formulare professionell unterstützen zu lassen[100].

Die Steuererklärungsverfahren sind regelmässig zweistufig, indem gegen Entscheide der zuständigen Verwaltungsbehörde eine Einsprache gemacht werden kann, die dann allerdings wieder von derselben Behörde entschieden wird. Dies ist solange zulässig, als die Kontrolle der Verwaltungsorgane durch unabhängige Gerichte gewährleistet ist. Derartige Gerichte sind beispielsweise die kantonalen Steuerrekurskommissionen und die kantonalen

---

[97] Vgl. Art. 19 und 61 DBG.

[98] Vgl. Art. 8 Abs. 3 und Art. 24 Abs. 3 StHG.

[99] Obschon Art. 71 Abs. 3 StHG eigentlich vorsieht, dass für Steuererklärungen und die dazugehörigen Beilagen in der ganzen Schweiz einheitliche Formulare zu verwenden sind – die Bestimmung wurde und wird von den kantonalen Steuerverwaltungen als gesetzgeberische Absichtserklärung ohne bindende Wirkung interpretiert.

[100] Die jährlich einzureichende Steuererklärung kann, wenn das Steuerwesen gut betreut ist, die Funktion eines „Declaration-Check" erfüllen.

Verwaltungsgerichte. Die Kantone sind verpflichtet, mindestens eine von den Steuerbehörden unabhängige Justizbehörde einzurichten[101].

Letztinstanzliche kantonale Urteile können mit der Verwaltungsgerichtsbeschwerde[102] bzw. mit der staatsrechtlichen Beschwerde[103] ans Bundesgericht getragen werden, welches somit auch höchstes schweizerisches Steuergericht ist.

2.5. *Steuerstrafrecht*

Der Bereich des Steuerstrafrechts ist ein besonders heikles Gebilde. Wer viel Steuern zahlt, ist regelmässig ein überdurchschnittlich stark mittragendes Glied der Gesellschaft[104]. Anderseits kommt gerade bei diesen Personen ein (oft nur zu verständlicher) Eindruck auf, der Staat sei eine Art moderner Raubritter[105], dem man Widerstand leisten müsse und gegenüber dem eine vollständige Transparenz über die persönlichen Verhältnisse zu schaffen geradezu leichtsinnig wäre. Steuerstrafen treffen tendenziell also gerade jene, die den Staat, der sie nun straft, besonders stark finanzieren. Damit unterscheiden sie sich schon im Ansatz von den Sanktionen des übrigen Strafrechts, das gegen Delinquenten gerichtet ist, die den Staat nicht und schon gar nicht überdurchschnittlich mittragen. Anderseits ist nicht zu verkennen, dass die Durchsetzung einer demokratisch legitimierten Abgabeordnung nicht einfach dem Goodwill des Einzelnen überlassen werden darf, da der Staat sonst zum Selbstbedienungsladen à discretion verkommen würde. Hier eine Balance zu schaffen gehört zu den schwierigsten Aufgaben der Steuerbehörden und der Strafgerichte. Auch wenn es den knochenstieren Regeln der Political Correctness widerspricht: Das Verständnis des Steuerdelikts als **„Lausbubenstreich Erwachsener"** ist nicht der untauglichste Ansatz und wird der fundamentalen Problematik des Steuerdeliktes im Regelfall[106] viel

---

[101] Vgl. Art. 50 Abs. 1 StHG und Art. 140 Abs. 1 DBG.

[102] Vgl. Art. 73 StHG und Art. 146 DBG.

[103] Die staatsrechtliche Beschwerde ist gegenüber andern Rechtsmitteln subsidiär, also insbesondere dann nicht zulässig, wenn die Verwaltungsgerichtsbeschwerde möglich ist. Zudem sind die Rügegründe eingeschränkt (Verletzung von Verfassungsrecht), was zusammen mit der eingeschränkten Überprüfungsbefugnis des Bundesgerichts – ausser bei Fragen der interkantonalen Doppelbesteuerung wird nicht etwa geprüft, ob der anfgefochtene Entscheid richtig sei, sondern nur, ob er nicht willkürlich ist – dazu führt, dass staatsrechtlichen Beschwerden selten Erfolg beschieden ist.

[104] Was oft nicht nur für den Bereich der blossen Mitfinanzierung gilt, sondern sich auch auf die Schaffung von Arbeitsplätzen oder die engagierte Förderung von Künsten bezieht.

[105] Ein in Norditalien Steuern zahlender Freund des Autors feiert jeweils im August/September den Tag, von dem an er für sich selber arbeitet ...

[106] Natürlich gibt es den echten Steuerkriminellen, dessen Handeln ähnlich staatsschädigend sein kann, wie jenes des Drogenhändlers oder Umweltverbrechers, nur wird er im Steuerstrafrecht nicht in einer eigenen Kategorie definiert. Vielmehr trifft die Härte des Steuerstrafrechts den (grundsätzlich überdurchschnittlich staatstragenden) Flüchtling vor übermässigen Fiskallasten ebenso wie jenen, der dem Staat nicht nur Mittel nicht zuführt, sondern sogar aktiv entzieht.

gerechter als die inquisitorische Anprangerungsmentalität, mit der im europäischen und nordamerikanischen Ausland Steuerstrafrecht betrieben wird.

Das Steuerstrafrecht ist einerseits im Bundesgesetz über das Verwaltungsstrafrecht (VStR) und im allgemeinen Teil des Schweizerischen Strafgesetzbuches geregelt. Anderseits sind die Spezialnormen der einzelnen Steuergesetze und insbesondere des DBG und des StHG zu beachten.

Im Regelfall sind die Steuerdelikte in **drei Kategorien** eingeteilt: **Ordnungswidrigkeiten**[107] wie die Verletzung von Verfahrenspflichten, **Steuerhinterziehung**[108] und **Steuerbetrug**[109]. Kein Steuerdelikt ist die Steuerumgehung. Nach der bundesgerichtlichen Rechtsprechung liegt eine Steuerumgehung vor, wenn ein gewähltes zivilrechtlich ohne weiteres zulässiges Vorgehen dem wirtschaftlichen Sachverhalt nicht entspricht, dieser ungewöhnliche Weg[110] nur aus Gründen der Steuerersparnis gewählt wurde und wenn, würde man das Vorgehen akzeptieren, eine erhebliche Steuerersparnis einträte. Die Steuerumgehung wird durch die Behörden einfach korrigiert; zu weiteren Sanktionen können sie nicht führen.

Steuerdelikte verjähren meistens[111] nach 10 Jahren[112], bzw. absolut nach 15 Jahren[113].

2.5.1. Steuerhinterziehung

Die Steuerhinterziehung besteht darin, dass steuerbare Sachverhalte nicht offengelegt und derart Steuervorteile erzielt werden. Die Steuerhinterziehung kann **vorsätzlich**[114] oder **fahrlässig**[115] begangen werden und wird mit Busse bestraft, welche in der Regel das einfache der hinterzogenen Steuer beträgt, im Falle einer **Selbstanzeige**[116] indes auf einen Fünftel reduziert und bei schwerem Verschulden auf das Dreifache erhöht werden kann. Eine Besonderheit stellt die Möglichkeit dar, juristische Personen[117] für Steuerhin-

---

[107] Vgl. Art. 55 StHG und Art. 174 DBG.

[108] Vgl. Art. 56ff. StHG und Art. 175ff. DBG.

[109] Vgl. Art. 59ff. StHG und Art. 186ff. DBG.

[110] Böse Zungen weisen darauf hin, dass beim Bundesgericht eine Tendenz gegeben ist, Steuersparen an sich als ungewöhnlich zu empfinden.

[111] Im Einzelfall sind die entsprechenden Gesetze zu konsultieren.

[112] Innert der 10-Jahresfrist können Strafverfolgungen eingeleitet werden.

[113] Mit jeder Untersuchungshandlung wird die Verjährung unterbrochen. Sie kann indes höchstens um die Hälfte erstreckt werden, so dass nach 15 Jahren regelmässig die absolute Verjährung eintritt, dh. trotz allenfalls laufenden Verfahren für die entsprechenden Taten keine Strafen mehr ausgesprochen werden können.

[114] Mit Wissen und Willen.

[115] Aus pflichtwidriger Unvorsichtigkeit – wobei Prof. Dr. P. *Böckli* anlässlich eines beim Basler Anwaltsverband gehaltenen Fachreferates zutreffend darauf hingewiesen hat, dass Fahrlässigkeit der normale Aggregatzustand des Mitteleuropäers sei.

[116] Die Selbstanzeige steht dem Steuerhinterzieher nur solange offen, als die Steuerbehörden keine Ermittlungshandlungen vornehmen.

[117] Bekanntlich sind juristische Personen im Rechtssinn ja nicht schuldfähig, so dass sie nach den üblichen Strafrechtsnormen so wenig bestraft werden können, wie das Brecheisen des Einbrechers.

terziehungen[118] zu bestrafen, die mit Wirkungen für sie begangen wurden, wobei die handelnden Organe als Anstifter, Gehilfen oder Mittäter ebenfalls bestraft werden können. Eine wohl EMRK-widrige weitere Besonderheit der Steuerhinterziehung besteht darin, dass sie auch heute noch als Delikt neben dem Steuerbetrug möglich ist[119], obschon der Unrechtsgehalt der Steuerhinterziehung in jenem des Steuerbetruges vollständig aufgeht und damit auch als mit dem Steuerbetrug bestraft zu gelten hätte[120].

2.5.2. Steuerbetrug

Ein Steuerbetrug liegt dann vor, wenn zum Zweck einer Steuerhinterziehung gefälschte, verfälschte oder inhaltlich unwahre **Urkunden** verwendet werden. Schon die Urkundendelikte des normalen Strafrechts sind dogmatisch nicht befriedigend erfasst. Die Probleme gehen im Steuerstrafrecht noch weiter, indem hier für gleiche Taten stark unterschiedliche Sanktionen vorgesehen sind, je nachdem, ob eine Urkunde verwendet wird, oder die Tat auf einer blossen schriftlichen Lüge[121] basiert. Der Steuerbetrug kann nur **vorsätzlich** begangen werden. Dafür sind auch die **Strafdrohungen massiv:** Gefängnis bis zu einem Jahr oder Busse. Falls die Ausfällung einer Freiheitsstrafe in Betracht kommt, sind die ordentlichen kantonalen Strafgerichte zur Beurteilung zuständig.

III. Erbschafts- und Schenkungssteuer der Kantone

Die Erbschafts- und Schenkungssteuer wird **kantonal**[122] erhoben und die diesbezüglichen Regelungen sind bis heute noch nicht harmonisiert worden. Dabei kennen mit Ausnahme des Kantons Schwyz sämtliche Kantone die Erbschaftssteuer. Die Schenkungssteuer wird ausser in Schwyz und in Luzern[123] ebenfalls in allen Kantonen erhoben. Falls ein Kanton keine Erbschaft- oder Schenkungsteuer vorsieht, ist es dort möglich, auch kreative Nachlassgestaltungen umzusetzen, beispielsweise Trusts und Stiftungen zu errichten, ohne dass dies zur Steuererhebung (regelmässig zum Maximalsatz) führt.

Im Regelfall wird die Erbschafts- und Schenkungssteuer als **Vermögensanfallsteuer** beim Empfänger erhoben. Im Bereich der Erbschaftssteuer gibt

---

[118] Dies gilt auch für Ordnungswidrigkeiten.

[119] Vgl. Art. 59 Abs. 2 StHG und Art. 186 Abs. 2 DBG.

[120] Offensichtlich soll mit dem Hinweis sichergestellt werden, dass neben einer Gefängnisstrafe oder Busse auch noch die (viel lukrativere) Strafsteuer erhoben werden kann. Der Ersatz der Bussendrohung für den Steuerbetrug durch eine Strafsteuer würde praktisch zum heutigen Ergebnis führen, wäre aber ohne Zweifel EMRK-konform.

[121] Eine solche stellt beispielsweise eine unvollständige oder bewusst falsche Steuererklärung dar, nicht indes eine Jahresrechnung, die der Steuererklärung zugrunde liegt. Letztere wird heute von der Praxis (unzutreffend) als falsche Urkunde gesehen.

[122] Der Bund kennt weder die Erbschaft- noch die Schenkungsteuer.

[123] Die Regelung führt zum seltsamen Ergebnis, dass es in Luzern möglich ist, die Erbschaftssteuer durch lebzeitige Schenkungen zu vermeiden!

es aber auch das System der **Nachlasssteuer**, dh. eine Besteuerung des Gesamtnachlasses.

Steuerpflichtig sind Erben, Vermächtnisnehmer, Begünstigte aus Versicherung und Beschenkte, wobei im Bereich der Schenkungssteuer der Schenker für die Steuer solidarisch mithaften kann. Bund, Kanton und Gemeinde sind regelmässig von der Steuerpflicht ausgenommen. Je nach Kanton sind zudem auch Vermögensübergänge an Nachkommen in der direkten Linie sowie an Ehegatten[124] steuerfrei.

Im interkantonalen Verhältnis wird die Erbschafts- und Schenkungssteuer am **letzten Wohnsitz** des Erblassers bzw. am Wohnsitz des Schenkers erhoben, ausser der Vermögensübergang betreffe eine Liegenschaft. In diesem Fall hat der **Liegenschaftskanton** das Besteuerungsrecht[125], weshalb zum Beispiel der Erwerb einer Liegenschaft im Kanton Schwyz, der keine Erbschaftssteuer kennt, steuerlich sehr interessant sein kann. Anders als im Recht der direkten Steuern begründen **Betriebsstätten keine eigenen Steuerdomizile**.

Die Steuer wird nach dem Wert des übertragenen Vermögens bemessen. Falls sich der Schenker[126] eine Nutzniessung oder ein Wohnrecht vorbehält, kann auf diese Weise eine effektive Steuerplanung betrieben werden, vermindert die Nutzniessung doch den Wert des übertragenen Vermögens regelmässig ganz substantiell.

Die **Tarife** sind in zweifacher Hinsicht **gestaffelt**. Zum einen hängen sie von der Höhe des übertragenen **Vermögens ab**, wobei Vorbezüge zur Satzbestimmung regelmässig hinzugerechnet werden, und zum andern sind auch die **Verwandtschaftsgrade** entscheidend, wobei Nichtverwandte[127] am stärksten[128] belastet werden. Nicht nur in Fällen gleichgeschlechtlicher Partnerschaften führt dieser ‚genetische' Tarif zu unbefriedigenden Lösungen.

IV. Weitere Bundessteuern

1. Verrechnungssteuer

Die Verrechnungssteuer ist im Bundesgesetz über die Verrechnungssteuer vom 13. Oktober 1965 geregelt. Sie ist nach schweizerischem Konzept in erster Linie eine **Sicherungssteuer.** Gesichert werden soll die Steuerehrlichkeit des Steuerinländers, indem auf dem **Ertrag beweglichen Kapitalver-**

---

[124] An dieser Stelle ist darauf hinzuweisen, dass bei Verheirateten jeder erbrechtlichen Vermögensauseinandersetzung eine ehegüterrechtliche vorausgeht. Letztere führt zu keinerlei Steuerfolgen – es sei denn, ein Kanton würde dies im Bereich der ehegüterrechtlichen Zuweisungen ausserhalb der gesetzlich ohnehin gegebenen Spielräume explizit vorsehen.

[125] Gilt auch für die Schenkungssteuer.

[126] Oder bei Vermögensabtretungen auf Rechnung künftiger Erbschaft der präsumptive Erblasser.

[127] Zu diesen gehören auch juristische Personen.

[128] Im Kanton Zürich beispielsweise mit 36%.

mögens[129], auf **Lotteriegewinnen**[130] und auf **Versicherungsleistungen**[131] eine Quellensteuer beim Leistungsschuldner erhoben wird. Mit der Deklaration der entsprechenden Zuflüsse erhält der Steuerinländer die Quellensteuer entweder angerechnet oder zurückerstattet. Die Steuersätze betragen 35% auf Kapitalerträgen und Lotteriegewinnen, 15% auf Leibrenten und Pensionen und 8% auf den sonstigen Versicherungsleistungen.

Auf den entsprechenden Leistungen an Steuerausländern wird die Verrechnungssteuer auch erhoben. Sofern der Steuerausländer keine Steuerentlastung aus einem **Doppelbesteuerungsabkommen** beanspruchen kann, führt die Verrechnungssteuer in diesen Fällen zu einer definitiven Steuerbelastung.

Besonders heikel sind die Steuererhebungen auf Aktienerträgen. Die Verrechnungssteuer ist nämlich auch geschuldet, wenn eine sogenannte verdeckte Gewinnausschüttung vorliegt. Von verdeckter Gewinnausschüttung spricht man, wenn die Kapitalgesellschaft ihren Aktionären Leistungen zu einem besonders günstigen Preis erbringt oder von diesen Leistungen zu überhöhten Preisen bezieht und so in verdeckter Weise eine Dividende bezahlt. In diesen Fällen kommt es regelmässig zu komplexen Verfahren, besonders wenn noch ausländische Steuerbehörden involviert werden, etwa in Fällen von umstrittenen Transferpreisen zur Abgeltung von Leistungen zwischen Konzerngesellschaften.

Generell besondere Beachtung verdienen jene Fälle, in denen ein latentes Verrechnungssteuersubstrat durch Umstrukturierungsmassnahmen reduziert wird[132]. Die Steuerverwaltung nimmt in diesen Fällen recht schematisch die ihr nötig erscheinenden Korrekturmassnahmen vor und erhebt – wen erstaunt es – die Verrechnungssteuer. Auch mit Blick auf die Verrechnungssteuer empfiehlt sich also eine sorgfältige Vorbereitung von Umstrukturierungsvorhaben und das Einholen der benötigten Vorbescheide.

2. Stempelabgabe

Die Stempelabgabe ist im Bundesgesetz über die Stempelabgaben (StG) vom 27. Juni 1973 geregelt. Sie ist eine sogenannte **Rechtsverkehrsteuer**,

---

[129] Insbesondere ist die Steuer auf Zinsen, Renten, Gewinnanteilen und sonstigen Erträgen auf von Inländern ausgegebenen Obligationen, Serienschuldbriefen, Seriengülten, Schuldbuchguthaben, Aktien, GmbH- und Genossenschaftsanteilen, Genussscheinen, Anlagefondsanteilen und Kundenguthaben von inländischen Banken und Sparkassen geschuldet (vgl. Art. 4 VStG).

[130] CHF 50 übersteigende Gewinne aus Lotterien oder lotterieähnlichen Veranstaltungen sind der Verrechnungssteuer unterworfen (vgl. Art. 6 VStG).

[131] Mit der Steuer erfasst sind Kapitalleistungen aus Lebensversicherung, Leibrenten und Pensionen, sofern die entsprechenden Versicherungen zum inländischen Bestand der Versicherung gehören.

[132] Dies ist etwa dann gegeben, wenn eine inländische Gesellschaft durch einen Nichtabkommensberechtigten gehalten wird. Auf den Reserven dieser Gesellschaft lasten 35% nicht rückforderbare Verrechnungssteuern. Wird nun diese Gesellschaft an einen Abkommensberechtigten oder gar an einen Inländer veräussert, werden grundsätzlich 35% Verrechnungssteuer erhoben.

historisch eben zu bezahlen, wenn ein amtlicher Stempel für bestimmte Vorgänge benötigt wird. Auch wenn das Abstempelungserfordernis heute nicht mehr gegeben ist, hat sich der Fiskus doch das Recht vorbehalten, auf bestimmten Vorgängen des Rechtsverkehrs[133] eine Steuer zu erheben. Heute betrifft dies die **Ausgabe inländischer Urkunden**[134], den **Umsatz mit inländischen und ausländischen Urkunden**[135] sowie die **Zahlung bestimmter Versicherungsprämien**[136].

Die Emissionsabgabe ist heute so ausgestaltet, dass für Grundkapitalien bis CHF 250.000 eine **Freigrenze** besteht. Darüber wird auf dem der Gesellschaft gegen Ausgabe der Beteiligungsrechte[137] zugeflossenen Kapital eine Abgabe von 1% erhoben. Dadurch, dass Einlagen, welche wertmässig den zu liberierenden Grundkapitalbetrag übersteigen, auch gegen Forderungsrechte geleistet werden können[138], steht ein effizientes Steuerplanungsinstrument zur Verfügung. Dies gilt umso mehr, als diese Darlehen später verzinst[139] werden können und auf den Darlehenszinsen regelmässig keine Verrechnungssteuer[140] zu erheben ist. Umstrukturierungen werden heute durch die Stempelsteuer nicht mehr belastet und auch in Sanierungsfällen lässt sich die Stempelsteuererhebung vermeiden.

Die Umsatzabgabe ist mit Blick auf die dem Finanzplatz Schweiz erwachsende Konkurrenz seit längerem umstritten. Sie wird auf der entgeltlichen Eigentumsübertragung von definierten Urkunden[141] erhoben, sofern mindestens ein Effektenhändler[142] als Vertragspartei oder Vermittler am Geschäft beteiligt ist. Immerhin sind Primärmarkttransaktionen ebenso steuerfrei wie Nostrogeschäfte[143]. Zudem entfällt bei Abschlüssen über ausländische Titel mit ausländischen Banken oder Börsenagenten jener Teil der Umsatzabgabe, der auf diese Vertragspartei entfallen würde[144]. Die Umsatzabgabe beträgt 0,15% für inländische und 0,3% für ausländische Urkunden.

Der Versicherungsstempel betrifft Prämienzahlungen für Versicherungen, die zum inländischen Bestand entweder eines der Bundesaufsicht unterstell-

---

133 Vgl. Art. 1 StG.

134 Sog. Emissionsabgabe.

135 Sog. Umsatzabgabe.

136 Auch als Versicherungsstempel bezeichnet.

137 Zuschüsse von Gesellschaftern ohne Neuausgabe von Beteiligungsrechten sind – wie auch die Handwechsel wirtschaftlich liquidierter Gesellschaften – ebenfalls von der Emissionsabgabe erfasst (vgl. Art. 5 und insbesondere Art. 5 Abs. 2 StG).

138 In diesem Fall kann nicht von einem Zufluss gesprochen werden, da ja Fremdkapitalpositionen abgedeckt werden.

139 Allerdings sind gewisse Finanzierungsverhältnisse zu beachten. Werden diese nicht eingehalten, dürfen die Darlehen von nahestehenden Dritten, soweit die üblichen Verhältnisse übersteigend, nicht mehr verzinst werden.

140 Ausser es handle sich um Banken und Sparkassen, bzw. um Zinsen auf Obligationen und den andern in Art. 4 Abs. 1 lit. a VStG erwähnten Papieren.

141 Vgl. Art. 13 Abs. 2 StG.

142 Zur Effektenhändlerdefinition nach StG vgl. Art. 13 Abs. 3 StG.

143 Zu den Ausnahmen generell vgl. Art. 14 StG.

144 Vgl. Art. 19 StG, wobei hier die Regelungen in Bewegung sind.

ten Versicherers oder eines inländischen öffentlich-rechtlichen Versicherers gehören. Daneben werden auch die Versicherungen dem Stempel unterworfen, die ein inländischer Versicherer mit einem nicht der Bundesaufsicht unterstellten ausländischen Versicherer abschliesst. Eine lange Liste von Ausnahmen nimmt Versicherungen, welche zum Grundbedarf zu zählen sind, von der Steuerpflicht aus[145].

3. Mehrwertsteuer (MWST)

Die schweizerische Mehrwertsteuer ist als **allgemeine Verbrauchssteuer** nach dem **Bruttoallphasenprinzip** mit **Vorsteuerabzug** konzipiert. Sie entspricht weitestgehend dem europäischen Vorbild gemäss dem Richtlinienrecht – nicht zuletzt darin, dass die einfache Grundidee in der Umsetzung enorme Probleme bereiten kann und auch tatsächlich bereitet. Mit Blick darauf und unter Hinweis auf die umfangreiche Literatur, die sich zum schweizerischen Mehrwertsteuerrecht bereits gebildet hat, kann an dieser Stelle auf eine detailliertere Vorstellung der bekannten Steuer verzichtet werden.

Der Steuer unterworfen sind Umsätze, dh. Lieferungen von Gegenständen oder die Erbringung von Dienstleistungen durch Steuerpflichtige. Diese Haupttatbestände werden ergänzt durch zwei Auffangtatbestände, nämlich die Besteuerung von Importen (inklusive Dienstleistungsimporten) und die Erhebung der Eigenverbrauchsteuer, in Fällen, in denen ein Vorsteuerabzug im Nachhinein nicht mehr zu rechtfertigen ist. Auch wenn es in der heutigen Mehrwertsteuerverordnung (MWSTV) so nicht gesagt ist und die ESTV auch immer entsprechende Vorbehalte gemacht hat, darf davon ausgegangen werden, dass nur Unternehmer im eigentlichen Sinn besteuert werden.

Anders als das umliegende Ausland kennt die Schweiz eine Dienstleistungsimportsteuer. Dafür wird Eigenverbrauch von Dienstleistungen ausser in speziellen Situationen nicht besteuert. Der Steuersatz beträgt heute 7,5% (Normalsatz) bzw. 2,3% (reduzierter Satz) und 3,5% (Sondersatz für Beherbergungsleistungen). Weitere Satzerhöhungen sind ohne Verfassungsänderung nicht möglich.

V. Übrige Angaben

Neben den vorstehend behandelten Hauptsteuern kennt die Schweiz eine Reihe von weiteren Abgaben. Zu erwähnen sind etwa die kommunalen Liegenschaftssteuern, die Billetsteuern, Hundesteuern, Tabaksteuer, Mineralölsteuer, Alkoholsteuer, Biersteuer, Motor- und Wasserfahrzeugsteuern, Nationalstrassenabgabe, die Schwerverkehrsabgabe und die Kurtaxen[146]. Ihnen ist gemeinsam, dass sie entweder betragsmässig nicht ins Gewicht fallen oder für den Konsumenten keinerlei Umtriebe schaffen.

---

[145] Vgl. Art. 22 StG.

[146] Die Auflistung ist nicht abschliessend.

Heikler verhält es sich mit der Alters- und Hinterbliebenenversicherung (AHV). Diese wird über Lohnprozente finanziert, wobei die Beiträge gegen oben nicht limitiert sind. Anderseits ist die AHV nur bis zu einem Einkommen von rund CHF 80.000 rentenbildend. Darüber wirkt sie de facto wie eine weitere Steuer, welche zur Hälfte vom Arbeitnehmer und zur andern Hälfte vom Arbeitgeber zu bezahlen ist. Selbständigerwerbende bezahlen die AHV nach ihrem Geschäftsergebnis.

B. Besteuerung gewerblicher Tätigkeiten in der Schweiz (Kapitalgesellschaften und Personengesellschaften einschließlich Betriebsstätten)

Jörg R. Bühlmann

Übersicht

I. Einführung

Jede Abgabe knüpft an bestimmten, definierten Sachverhalten an. Die gewerbliche Tätigkeit ist insofern ein besonders geeignetes Objekt der Steuererhebung, als ihr eine Wertschöpfung zugrunde liegt, welche vergleichsweise leicht erfasst werden kann, da sie buchhalterisch ausgewiesen wird. Anders als beispielsweise bei der Erbschaftsteuer oder der Vermögensteuer ist dem Staat keine bestehende Substanz abzuführen, sondern der Steuerpflichtige wird einfach „weniger reicher“[1]. Unter diesem Aspekt ist gegen die Besteuerung der gewerblichen Tätigkeit wenig einzuwenden. Allein damit ist allerdings noch kein umfassendes und vollständiges Bild entstanden. Es ist nicht zu verkennen, dass Wertschöpfungen regelmässig auf kreativen Leistungen beruhen. Mit andern Worten ist die Besteuerung der gewerblichen Tätigkeit also auch eine Besteuerung der Kreativität. Es ist nun offensichtlich, dass ein zu grosser Steuerdruck dazu führen kann, dass sich nicht nur Steuersubstrat in „steuerneutrale“ Bereiche verlagert, sondern dass auch ein Wegzug und damit ein oft irreversibler Verlust von kreativen Kräften droht. Für die Vitalität einer Volkswirtschaft hat ein derartiger Verlust ebenso negative Konsequenzen wie für ein nachhaltig gesichertes Steueraufkommen. Die Besteuerung der gewerblichen Tätigkeit muss also die Balance halten zwischen dem Verfolgen einer sinnvollen und gerechten Sache und dem parasitären Abtöten des Wirtes – das Gleichgewicht wird nicht überall gleich gut beherrscht.

1. Überblick

Die gewerbliche Tätigkeit wird in der Schweiz durch den **Bund,** die **Kantone** und die **Gemeinden** mit direkten Steuern belastet[2]. Die Belastung durch indirekte Steuern darf einzig durch den **Bund** erfolgen[3]. Im Bereich der direkten Steuern herrschte in der Schweiz lange Zeit eine grosse Vielfalt nicht nur in Sachen Steuerbelastung, sondern auch bezüglich der gesetz-

[1] In Anlehnung an einen Finanzderivathändler, der eine kurze Erholungspause während einem für ihn unerfreulichen Handelstag dahin kommentiert hat, dass er gerade „etwas weniger ärmer“ geworden ist.

[2] Die Kompetenz des Bundes zur Erhebung einer direkten Steuer auf dem Einkommen und Vermögen, resp. dem Gewinn und Kapital gründet seit dem Jahre 1959 auf der Vorschrift von Art. 41ter Abs. 1 lit. c und Abs. 5 BV (Art. 128 neue BV). Sie ist zeitlich befristet bis Ende des Jahres 2006 und findet ihre Konkretisierung auf Gesetzesebene im Bundesgesetz über die direkte Bundessteuer (DBG) vom 14. Dezember 1990, welches auf den 1. Januar 1995 hin in Kraft getreten ist.

[3] Hier gründet die Kompetenz auf der Vorschrift von Art. 41ter Abs. 1 lit. a und Abs. 3 BV (Art. 130 neue BV). Den Kantonen und Gemeinden ist in Anwendung der Bestimmung von Art. 41ter Abs. 2 BV die Erhebung gleichartiger Steuern insoweit untersagt, als der Bund Umsätze mit einer Umsatzsteuer belastet oder für steuerfrei erklärt. Auch hier gilt die Befristung der Erhebungskompetenz des Bundes bis Ende 2006.

lichen Grundlagen. Durch das Bundesgesetz über die **Harmonisierung der direkten Steuern** der Kantone und Gemeinden vom 14. Dezember 1990 (StHG) werden die gesetzlichen Grundlagen der kantonalen Steuerrechtsordnungen weitgehend vereinheitlicht. Ein heilsamer Steuerwettbewerb wird insofern erhalten bleiben, als den rechtssetzenden und -anwendenden kantonalen Behörden auch künftig ein sehr grosser Ermessensspielraum verbleibt.

2. Begriff des gewerblichen Handelns

Auf den ersten Blick erscheint völlig klar, was zu tun ist, wenn eine „gewerbliche Tätigkeit" besteuert werden soll. Erst bei genauerem Hinsehen zeigen sich die Tücken des Objektes. Wie grenzt sich eine gewerbliche Tätigkeit von einer nichtgewerblichen ab, wo verläuft die Trennlinie zwischen gewerblichen Tätigkeiten und Wertzuflüssen anderer Art, wie ist mit Verlusten aus gewerblicher Tätigkeit zu verfahren?

Nachdem das schweizerische Steuerrecht grundsätzlich auf dem Zivilrecht basiert, ist es sinnvoll, sich für die Begriffsbestimmung vorab an den dortigen Vorschriften zu orientieren. Das ZGB versteht unter einem Gewerbe eine selbständige, auf dauernden Erwerb ausgerichtete Tätigkeit[4]. Die Rechtsprechung sieht ein Gewerbe darin, dass eine organisierte Tätigkeit zum Zwecke der Ausführung von gleichartigen auf Erwerb abzielenden Geschäften ausgeübt wird[5]. Demnach ist dann von einem Gewerbebetrieb zu sprechen, wenn im Rahmen einer organisatorisch eigenständigen Einrichtung durch den Einsatz von Arbeit und Kapital eine wirtschaftliche Tätigkeit mit dem Zweck ausgeübt wird, einen (dauernden) Erwerb zu erzielen.

Eine kaufmännische Unternehmung führt, wer ein Handels-, Fabrikations- oder anderes **nach kaufmännischer Art geführtes Gewerbe** iSv. Art. 934 Abs. 1 des OR führt[6]. Er ist verpflichtet sich ins Handelsregister eintragen zu lassen und Buch zu führen[7]. Die sogenannten **freiberuflichen Tätigkeiten** der Berater, Anwälte, Ärtze, etc. gelten nach zivilrechtlichen Kriterien nicht als kaufmännische Tätigkeiten, sie unterliegen damit weder der Eintragungspflicht ins Handelsregister, noch den daran anknüpfenden Buchführungsvorschriften[8]. Das Steuerrecht steht den Realitäten in diesem Bereich deutlich näher als das Zivilrecht und erfasst natürlich auch die im Rahmen von freiberuflichen Strukturen erzielten Einkommen als Einkommen aus gewerblicher Tätigkeit.

Eine gewerbliche Tätigkeit kann in verschiedenen Rechtsformen erfolgen, wobei die Einzelfirma bzw. die einfache Gesellschaft als Auffangbecken für

---

[4] Vgl. HRegV Art. 52 Abs. 3.

[5] Vgl. BGE 84 I 190.

[6] Vgl. auch Art. 52ff. HRegV.

[7] Vgl. Art. 934 Abs. 1 OR iVm. Art. 957 OR.

[8] Die Vorstellung, dass beispielsweise ein Unternehmensberater nicht gewerblich tätig sein soll, ist nicht nachvollziehbar.

all jene Erscheinungen dienen, die sich keiner andern Rechtsform zuordnen lassen. Kritisch ist dabei eigentlich nur, dass Tätigkeiten im Rahmen von Einzelunternehmen oder einfachen Gesellschaften das Risiko einer unbeschränkten persönlichen Haftpflicht implizieren. Es ist zu betonen, dass nicht die gewerbliche Tätigkeit an sich besteuert wird, sondern immer nur die dahinterstehenden natürlichen oder juristischen Personen oder Personengesamtheiten. Die Einkommen aus selbständiger Erwerbstätigkeit und die Gewinne aus Personengesellschaften werden (in aller Regel)[9] der Einkommens- und Vermögensbesteuerung zugeführt[10], während die Gewinne und das Kapital der Kapitalgesellschaften und der übrigen juristischen Personen der Gewinn- und Kapitalsteuer unterworfen sind.

Trotz der steuerlich unterschiedlichen Behandlung von Einzelunternehmen und Personengesellschaften einerseits sowie Kapitalgesellschaften und übrigen juristischen Personen anderseits, folgen wesentliche Systemgrundsätze den gleichen Kriterien. So wird etwa der Unternehmensgewinn nach den gleichen Grundsätzen ermittelt, und auch die für die Gewinnermittlung massgebenden Buchführungsvorschriften[11] sind weitgehend identisch. Anderseits gibt es auch markante Unterschiede. Ins Auge sticht insbesondere die doppelte steuerliche Belastung von ausgeschütteten Gewinnen der Kapitalgesellschaften. Gewinne werden vorerst in der Kapitalgesellschaft besteuert und anschliessend als Dividendeneinkommen auch auf Stufe Gesellschafter[12]. Dabei gilt, dass die Steuersätze bei juristischen Personen tiefer sind als jene bei natürlichen Personen. Für Einzelunternehmen und Personengesellschaften kommt erschwerend hinzu, dass auch die Beiträge an die staatliche Sozialversicherung nach dem steuerbaren Unternehmensgewinn bemessen werden. Da für diese Beiträge, anders als etwa in Deutschland, keine Obergrenze vorgesehen ist, sind nur Beiträge auf Einkommen bis rund CHF 80.000 rentenbildend. Darüber hinaus wirken die AHV-Beiträge wie eine weitere Steuer.

Nachfolgend werden die geltenden unterschiedlichen Systeme vertieft dargestellt. Die beiden Systemen gemeinsamen Vorschriften werden bei den juristischen Personen behandelt.

---

[9] Beim Bund und in einer Vielzahl von Kantonen (spätestens nach der Umsetzung der Vorschriften über das Steuerharmonisierungsgesetz in allen Kantonen), werden ausländische Handelsgesellschaften und andere ausländische Personengesamtheiten ohne juristische Persönlichkeit nach dem Recht der juristischen Personen besteuert (vgl. Art. 11 und Art. 49 Abs. 3 DBG und Art. 20 Abs. 2 StHG).

[10] Dies gilt dann nicht, wenn eine juristische Person als Teilhaber einer Personengesellschaft auftritt, was zB als Kommanditär einer Kommanditgesellschaft durchaus zulässig ist.

[11] Dies gilt insbesondere für die steuerlichen Bewertungsvorschriften und für die Aktivierungspflicht und -fähigkeit von wirtschaftlichen Gütern. Dagegen ergeben sich bezüglich der handelsrechtlichen Höchstwertvorschriften Unterschiede.

[12] Falls der Gesellschafter eine juristische Person ist und die ausgeschütteten Dividenden als sogenannte Beteiligungserträge qualifizieren, fallen diese jedoch praktisch steuerfrei an.

II. Besteuerung der selbständigen Erwerbstätigkeit (Personengesellschaften)

1. Einkommenssteuer

1.1 Einkommen

Einkünfte aus selbständiger Erwerbstätigkeit unterliegen jedenfalls der Einkommenssteuer. Einkünfte aus Personenunternehmungen unterliegen beim Teilhaber stets dann der Einkommenssteuer, wenn es sich beim Teil- oder Inhaber um eine natürliche Person handelt[13]. Als Einkünfte aus selbständiger Erwerbstätigkeit gelten dabei sämtliche Leistungen, die einem Teil- oder Inhaber zufliessen, insbesondere Gewinnanteile, Zinsen auf dem investierten Kapital, bezogene Arbeitsentgelte, die Verwertung[14] oder buchmässige Aufwertung von Geschäftsvermögen, die anlässlich einer Übertragung des Kapitalanteils oder eines Teils davon realisierten stillen Reserven sowie ein allfälliger Liquidationserlös[15].

Steuerlich relevante Fragen stellen sich regelmässig im Zusammenhang mit der Realisierung von stillen Reserven und der Abgrenzung von Vermögenswerten des Geschäftsvermögens zu Vermögenswerten des Privatvermögens. Die Frage nach den Steuerfolgen von Realisierungstatbeständen stellt sich nicht nur bei Einzelunternehmen oder Personengesellschaften sondern auch bei den Kapitalgesellschaften und wird dort behandelt. Dagegen stellt sich die Frage nach der Massenzugehörigkeit von Vermögenswerten nur bei Einzelunternehmen und Personengesellschaften. Die Frage ist deshalb so bedeutsam, weil Kapitalgewinne aus beweglichem Privatvermögen steuerfrei sind[16], während im Bereich des Geschäftsvermögens Kapitalgewinne nicht nur besteuert, sondern auch noch mit der AHV belastet werden. Anderseits können Verluste im Privatvermögen nicht verrechnet werden, so dass es durchaus auch vorteilhaft sein kann, Aktiven im Geschäftsvermögen zu halten.

Grundsätzlich gilt als Geschäftsvermögen, was ganz oder vorwiegend der selbständigen Erwerbstätigkeit dient **(Präponderanzmethode)**[17]. Bis zum Jahre 1995 galt dagegen die Wertzerlegungsmethode, wonach es möglich war, einen Vermögensgegenstand teilweise dem Geschäfts- und teilweise dem Privatvermögen zuzuordnen. Es ist offensichtlich, dass sich die vorwie-

---

[13] Handelt es sich beim Teilhaber um eine juristische Person, wird diese dem System der Gewinn- und Kapitalbesteuerung unterworfen.

[14] Als Verwertung gilt auch die Überführung von Geschäftsvermögen in das Privatvermögen oder in ausländische Betriebe oder Betriebsstätten.

[15] Liquidationsgewinne werden in den meisten Kantonen, in denen heute noch die Vergangenheitsbemessung gilt, mit einer Jahressteuer erfasst.

[16] Anders als Veräusserungsgewinne auf Mobilien werden solche auf Immobilien durch die kantonale Grundstückgewinnsteuer erfasst. Beim Bund sind Veräusserungsgewinne auf Immobilien des Privatvermögens steuerfrei.

[17] Vgl. Art. 18 Abs. 2 DBG und Art. 8 Abs. 2 StHG.

gende Nutzung ändern kann und entsprechend ein mehrfacher Wechsel in der Vermögenszugehörigkeit denkbar ist. Beim Übertritt vom Geschäfts- zum Privatvermögen wäre dies immer mit einer Realisierung stiller Reserven verbunden. Die Rückübertragung würde anschliessend dazu führen, dass ein Teil dieser Reserven wieder eingebracht werden kann. Diese ständigen Wechsel sind kompliziert und können vermieden werden, wenn die Steuerbehörden auf eine längere Beurteilungsperiode abstellen. Genau dies wird in der Praxis auch getan. Ein bloss vorübergehender Wechsel (je nach dem auch über mehr als ein Jahr) führt nicht zu einem Ausscheiden aus der bisherigen Vermögensmasse.

1.2 Aufwendungen

Abzugsfähig sind sämtliche geschäfts- oder berufsmässig begründeten Aufwendungen. Als solche gelten insbesondere die Abschreibungen und Rückstellungen, die eingetretenen und verbuchten[18] Verluste auf Geschäftsvermögen sowie die Zuwendungen an Vorsorgeeinrichtungen zugunsten des eigenen Personals. Die entsprechenden Geschäftsfälle und Aufwendungen müssen buchmässig ausgewiesen oder, wenn eine eigentliche Buchhaltung fehlt, in besonderen Abschreibungstabellen festgehalten sein.

Zuwendungen an Vorsorgeeinrichtungen werden dann steuerlich anerkannt, wenn sie planmässig und angemessen erfolgen. Planmässigkeit ist dann gegeben, wenn die Vorsorge für jede einzelne Arbeitnehmerkategorie statutarisch und reglementarisch festgelegt ist. Angemessen ist die Vorsorge, wenn unter Berücksichtigung der unterschiedlichen Lohnhöhen die Beiträge und Leistungen bei den verschiedenen Kategorien von Arbeitnehmern einander im wesentlichen entsprechen. Nachdem die betriebliche Vorsorge im Zusammenwirken mit der AHV die Fortsetzung der gewohnten Lebenshaltung nach dem Ausscheiden aus dem Erwerbsleben in angemessener Form sicherstellen soll, gibt es bis heute keine obere Begrenzung eines versicherbaren Lohnes[19]. Nach der gesetzlichen Regelung ist der Arbeitgeber verpflichtet, mindestens die Hälfte der Vorsorgebeiträge in die Vorsorgekasse einzuzahlen. Es ist ihm aber unbenommen, bis zu 100% der Vorsorgeleistung zu tragen. Zudem kann er steuerlich akzeptiert sog. Arbeitgeberbeitragsreserven[20] schaffen. Dies sind Vorleistungen an die Vorsorgekasse, welche später wieder aufgelöst werden können. Damit sind Ergebnisglättungen möglich, welche bei progressiven Steuertarifen und durch den Zinseffekt auf den eingesparten Steuern ebenfalls belastungsmindernd wirken. Ebenfalls möglich und steuerlich ertragsmindernd akzeptiert ist der Einkauf

---

[18] Damit ist vorausgesetzt, dass der Steuerpflichtige Geschäftsbücher führt, private Verluste sind nicht abzugsfähig.

[19] Da sich mit geeigneten Vorsorgestrategien ganz erhebliche Steuervorteile erzielen lassen, sind heute allerdings Bestrebungen im Gange, eine derartige Obergrenze einzuführen, wobei eine Begrenzung von ca. CHF 215.000/Jahr politisch akzeptabel zu sein scheint.

[20] Es können Beiträge für bis 5 Jahre als Arbeitgeberbeitragsreserven geleistet werden.

fehlender Beitragsjahre für Späteinsteiger oder im Falle von Lohnerhöhungen.

Anders als bei juristischen Personen wird der Steueraufwand selbst nicht als steuerlich abzugsfähig anerkannt. Die Begründung liegt darin, dass der Einzelunternehmer bzw. der Teilhaber einer Personengesellschaft selber als Steuersubjekt erfasst wird und er nicht besser behandelt werden soll als der Arbeitnehmer, für den die Steuer ebenfalls nicht abzugsfähig ist. Schliesslich hat der Betriebsinhaber auf dem steuerbaren Unternehmensgewinn die AHV mit zZt. 9,3% abzurechnen. Die AHV-Beiträge sind, entsprechend der Regelung beim Arbeitnehmer und getreu dem Grundsatz, dass eine spätere volle Besteuerung der Rentenleistungen zu einer vollen Abzugsfähigkeit der Rentenbeiträge führen muss, steuerlich abzugsfähig.

1.3. Steuerliche Zugehörigkeit

Die steuerliche Zugehörigkeit wird für die Zwecke des Einkommensteuerrechts entweder als persönliche oder als wirtschaftliche Zugehörigkeit definiert. Als **persönlich zugehörig** gilt eine natürliche Person dann, wenn sie in der Schweiz zivilrechtlichen Wohnsitz[21] hat oder sich hier mit der Absicht dauernden Verbleibs aufhält, während mindestens 30 Tagen unter Ausübung einer Erwerbstätigkeit, resp. während 90 Tagen ohne Ausübung einer Erwerbstätigkeit. Unterbrüche im Aufenthalt sind dann steuerlich anerkannt, wenn sie geeignet sind den Zusammenhang des Aufenthalts aufzuheben. Von **wirtschaftlicher Zugehörigkeit** wird gesprochen, wenn eine natürliche Person Inhaber, Teilhaber oder auch Nutzniesser eines Geschäftsbetriebs in der Schweiz ist, hier eine Betriebsstätte unterhält, einer Erwerbstätigkeit nachgeht[22], als Mitglied der Verwaltung oder Geschäftsführung einer juristischen Person mit Sitz oder Betriebstätte in der Schweiz Entschädigungen bezieht, Leistungen von schweizerischen Einrichtungen der beruflichen Vorsorge erhält, Eigentum oder wirtschaftlich gleichbedeutende Nutzungsrechte an Grundstücken in der Schweiz hat oder auch bloss in der Schweiz gelegene Grundstücke vermittelt bzw. mit diesen handelt oder die natürliche Person schliesslich Gläubigerin von in der Schweiz grundpfandgesicherten Forderungen ist[23].

Was die Zugehörigkeit von Personengesellschaften betrifft, so ist im internationalen Verhältnis das jeweilige Abkommensrecht zu beach-

---

[21] Dieser bestimmt sich in Anlehnung an das Zivilrecht (vgl. Art. 23 des ZGB) als Mittelpunkt der persönlichen und wirtschaftlichen Interessen.

[22] Hier gilt es jedoch die sog. Monteurklausel zu beachten, welche die Besteuerung dann dem Wohnsitzstaat zuweist, wenn sich der Arbeitnehmer nicht länger als 183 Tage/Jahr in der Schweiz aufhält, nicht für einen in der Schweiz ansässigen Arbeitgeber tätig ist und die Vergütung nicht zu Lasten einer Betriebstätte des Arbeitgebers in der Schweiz ausgerichtet wird. Solche Klauseln kennt die überwiegende Mehrzahl der schweizerischen Doppelbesteuerungsabkommen (Ausnahmen bilden einzig die Abkommen mit Finnland, den Niederlanden und Pakistan).

[23] Vgl. Art. 3–5 DBG und Art. 3 und 4 StHG.

ten[24]. Mehrheitlich kommt Personengesellschaften keine eigene Abkommensberechtigung zu. Dagegen werden die hinter der Gesellschaft stehenden Gesellschafter als steuerpflichtig und abkommensberechtigt betrachtet.

1.4. Steuerliche Belastung

Nachdem die Faktoren zur Ermittlung des steuerbaren Einkommens im Bund und in den Kantonen noch weitgehend gleichen Grundsätzen folgen, ergeben sich aus den anwendbaren Steuersätzen erhebliche Abweichungen in der eigentlichen Steuerbelastung der Steuerpflichtigen. Dabei sind innerhalb der Kantone und in noch verstärktem Mass zwischen den Kantonen erhebliche Abweichungen festzustellen. So führt ein steuerbares Einkommen von CHF 80.000 (bei Bund und Kanton) in der Gemeinde **Stechelberg** (ländliche Gemeinde im Kanton Bern, keine relevanten Industrie- oder Dienstleistungsunternehmen und trotzdem relativ hohe Lasten für Gemeindeaufgaben wie Schule, Bauwesen, Polizeiwesen, etc.) zu einer Steuerbelastung von CHF 20.071, entsprechend 25,08%. Das gleiche Einkommen führt in der Gemeinde **Muri b. Bern** (trotz Flugschneisenlage der Wohnort für besser- und bestbemittelte Stadt-Berner, wobei die Stadt Bern zu einem Verwaltungssitz ohne Industrie- oder Dienstleistungsunternehmen mit Ausstrahlung geworden ist) zu einer Belastung von CHF 15.336, entsprechend 19,17%. In der Stadt **Zug** (durch eine geschickte Wirtschafts- und Steuerpolitik und einem hervorragenden Dienstleistungs- und Leistungsverständnis der Verwaltung ist es der Stadt Zug gelungen eine Reihe von bedeutenden Industrieunternehmen anzuziehen und sich als Sitz von Holding- und Domizilgesellschaften zu etablieren) führt es zu einer solchen von CHF 9.197, entsprechend 11,49%. Bei einem steuerbaren Einkommen von CHF 200.000 führt die gleiche Berechnung in den gleichen Gemeinden zu folgendem Resultat: Stechelberg CHF 71.758, entsprechend 35,88%, Muri (BE) CHF 57.332, entsprechend 28,66% und Zug CHF 39.383, entsprechend 19,69%. Bei einem steuerbaren Einkommen von CHF 1.000.000 gelten folgende Werte: Stechelberg CHF 464.503, ausmachend 46,45%, Muri (BE) CHF 373.310, ausmachend 37,33% und Zug CHF 252.640, entsprechend 25,26%.

Die Belastungsunterschiede sind bedeutend, werden aber teilweise durch Grundstückpreise, Mieten und übrige Lebenshaltungskosten aufgewogen. Es empfiehlt sich aber jedenfalls, vor einem Umzug bzw. einer Investition die zu erwartenden Steuern und übrigen Abgaben gebührend zu berücksichtigen.

1.5. Steuerperioden, Veranlagungsperioden

Noch bis zum 1. Januar 2001 erheben die überwiegende Mehrzahl der Kantone die Einkommenssteuern nach dem System der **Vergangenheitsbemessung** mit einer 2-jährigen Veranlagungsperiode[25]. Das System zeichnet

---

[24] Vgl. Kap. I F.

[25] Einzig der Kanton Basel-Stadt kennt bereits seit langer Zeit das System der einjährigen Gegenwartsbemessung.

sich dadurch aus, dass die für eine zweijährige Periode[26] zu zahlenden Steuern aufgrund des Einkommens der beiden Vorjahre festgelegt werden. Um den Eintritt in bzw. den Austritt aus der Steuerpflicht zu erfassen, um Wechseln in der Leistungsfähigkeit der Steuerpflichtigen Rechnung tragen zu können und um Steuerbemessungslücken zu vermeiden, sind sogenannte Zwischenveranlagungen nötig, bei denen jeweils zur Gegenwartsbemessung übergegangen wird. Die Gründe für solche Zwischenveranlagungen sind vielfältig und kantonal unterschiedlich geordnet. Meist handelt es sich dabei um Ereignisse wie Aufnahme oder Aufgabe der Erwerbstätigkeit, Scheidung resp. tatsächliche Trennung von Ehegatten, Erbanfall und Berufswechsel. Nachdem das StHG den Kantonen künftig die Möglichkeit einräumt, alternativ zur 2-jährigen Vergangenheitsbemessung das System der einjährigen **Gegenwartsbemessung** zu wählen, hat die Grosszahl der Kantone, welche ihre Gesetze im Hinblick auf das Auslaufen der Übergangsfrist des StHG bereits revidiert oder die notwendige Gesetzesvorlage schon präsentiert haben, beschlossen, zur einjährigen Gegenwartsbemessung zu wechseln. Damit werden die Steuern ab dem Jahre 2001 in der Schweiz hauptsächlich nach dem System der einjährigen Gegenwartsbemessung erhoben[27]. Nach diesem System wird die Steuer eines Jahres aufgrund des in diesem Jahr erzielten Einkommens berechnet. Das Problem der Zwischenveranlagungen wird sich entschärfen, indes nicht völlig verschwinden.

2. Vermögenssteuer

2.1. Allgemeines

Eine Steuer auf dem Vermögen natürlicher Personen wird ausschliesslich von den **Kantonen** und **Gemeinden** erhoben, der Bund kennt keine Vermögensbesteuerung. Objekt der Vermögenssteuer ist jeweils das gesamte Reinvermögen[28], wobei das Nutzniessungsvermögen dem Nutzniesser zugerechnet wird. Die Bewertung richtet sich nach dem Verkehrswert der Vermögensgegenstände, wobei im Bereiche der land- und forstwirtschaftlichen Grundstücke Sondernormen (meist Bewertung nach dem Ertragswert) zur Anwendung kommen.

---

[26] Ordentlicherweise mit dem ersten Januar eines ungeraden Jahres beginnend.

[27] Kommt hinzu, dass das StHG eine weitere Vereinheitlichung vorsieht, indem mit Ablauf der Übergangsfrist der Bundesrat dem Parlament Antrag auf Vereinheitlichung der zeitlichen Bemessung stellen sollte (vgl. Art. 70 StHG).

[28] Das Reinvermögen wird im allgemeinen definiert als die Gesamtheit der einer Person privatrechtlich zustehenden geldwerten Rechte, wobei die wirtschaftliche Verfügungsmacht und nicht die zivilrechtlichen Eigentumsverhältnisse massgebend sind (vgl. *Zwahlen* in *Höhn/Athanas,* Das neue Bundesrecht über die direkten Steuern, S. 58).

Zu beachten ist, dass – jedenfalls gem. heutiger Regelung – die **Schulden** vom Bruttovermögen in Abzug gebracht werden können[29]. Zwischenzeitlich sind indes Diskussionen über die Zulässigkeit des Schuldenabzugs auf Liegenschaften (zumindest) des Privatvermögens entstanden. Tatsächlich ist es theoretisch möglich, eine Liegenschaft mit Fremdkapital zu belasten und die derart gewonnen Mittel beispielsweise für Börseneinsätze zu verwenden. Während die Schulden und Schuldzinsen auf der Liegenschaft abzugsfähig sind, würden die Börsengewinne regelmässig steuerfrei anfallen. Bei der Diskussion wird übersehen, dass der durchschnittliche Liegenschaftseigentümer in der Schweiz ohnehin weit überproportional zum Steueraufkommen beiträgt und regelmässig nicht gewillt sein wird, die Sicherheit des Wohnens gegen ein Börsenrisiko einzutauschen. Sofern die Diskussion mit Blick auf die Umschichtung von Vermögen in steuerprivilegierte Lebensversicherungen geführt wird, ist sie ebenfalls verfehlt, sind doch die Lebensversicherungsprivilegien zu diskutieren und nicht das Prinzip des Schulden- und Schuldzinsenabzuges.

Geschäftsvermögen wird dem Geschäftsin- oder -teilhaber als steuerbares Vermögen zugerechnet, wobei hier idR nicht der Verkehrswert des beweglichen Geschäftsvermögens, sondern der einkommenssteuerlich massgebende Buchwert zur Bewertung herangezogen wird. Dieses Prinzip erleidet im Bereiche der Wertschriften insofern einen Einbruch, als hier der Verkehrswert[30] zugrunde gelegt wird[31]. Einige Kantone kennen für die Bewertung von Wertschriften Sondernormen im Bereiche der bloss eingeschränkt handelbaren Wertpapiere, indem bei massgebenden Beteiligungen an inländischen Gesellschaften ein reduzierter Wert zur Anwendung kommt[32].

Als Wert des unbeweglichen Geschäftsvermögens gilt grundsätzlich auch im Bereich des Geschäftsvermögens der Verkehrswert, wobei dem Gesetzgeber die Möglichkeit offen steht, die Ertragswertkomponente „angemessen", dh. überproportional zu berücksichtigen[33]. In einigen Kantonen wird dies dazu führen, dass für die Bewertung des unbeweglichen Geschäftsvermögens der regelmässig unter dem Verkehrswert liegende amtliche Wert herangezogen wird[34]. Zudem bleibt das Recht erhalten, allfällige Schulden vom so ermittelten steuerbaren Reinvermögen in Abzug zu bringen.

---

[29] Vgl. Botschaft des Bundesrates zur Steuerharmonisierung vom 25. Mai 1983 (BBl. 1983 III S. 103).

[30] Als Verkehrswert gilt der durchschnittliche Kurswert der Aktie im letzten Monat der Steuerperiode, wobei bei Aktien ohne regelmässige Kursnotierung sich der Wert nach einer von der Konferenz der staatlichen Steuerbeamten und der Eidg. Steuerverwaltung herausgegebenen Wegleitung errechnet.

[31] Vgl. Art. 14 Abs. 3 StHG.

[32] Vgl. Entwurf StG des Kantons Bern vom 24. Juni 1998, Art. 49 Abs. 2 und 3.

[33] Vgl. Art. 14 Abs. 3 iVm. Abs. 1 StHG.

[34] Vgl. beispielsweise Art. 51 Abs. 4 des Entwurfs vom 24. Juni 1998 des StG des Kantons Bern.

2.2. Steuerliche Belastung

Die Steuerbelastung auf dem Vermögen ist wiederum nach Gemeinden und Kantonen recht unterschiedlich ausgeprägt. Die Steuersätze muten an sich moderat an, es ist jedoch nicht zu verkennen, dass es sich um reine Substanzsteuern handelt, welche jedenfalls bei der Performance-Berechung mitzuberücksichtigen sind. Ein Belastungsvergleich der schon bekannten drei Gemeinden ergibt folgendes Bild:

	in CHF	in %	in CHF	in %
Gemeinde/Vermögen	1 Mio.		10 Mio.	
Stechelberg	6.073	6,2%	84.342	8,4%
Muri b. Bern	4.489	4,5%	62.335	6,2%
Zug	3.784	3,8%	42.524	4,2%

3. Grundstückgewinnsteuer

Die Grundstückgewinnsteuer wird ausschliesslich durch die **Kantone** und **Gemeinden** erhoben. Dabei werden vorab Gewinne aus der Veräusserung von Liegenschaften des Privatvermögens der Grundstückgewinnbesteuerung zugeführt[35]. Der Veräusserung gleichgestellt ist dabei die Verschiebung einer Liegenschaft vom Privatvermögen ins Geschäftsvermögen. Den Kantonen steht in Anwendung der Bestimmung von Art. 12 Abs. 4 StHG jedoch frei, auch die Veräusserung von Liegenschaften aus dem Geschäftsvermögen der Grundstückgewinnsteuer zu unterwerfen[36], sofern sie auf die Besteuerung der aus der Veräusserung derartiger Liegenschaften anfallenden Gewinne mit der Einkommens- oder Gewinnsteuer verzichten. Im Bereich der Grundstückgewinnbesteuerung ist also wenig von Steuerharmonisierung zu spüren. Im dualistischen System ergeben sich aus dem Zusammenwirken der Präponderanztheorie mit den unterschiedlichen Steuersätzen von Einkommens- und Grundstückgewinnsteuer erhebliche Planungsmöglichkeiten. Nur der Vollständigkeit halber sei hier noch erwähnt, dass die Kantone sogar Mischformen einführen können.

---

[35] Vgl. Art. 12 Abs. 1 StHG sog. dualistisches System. So genannt, weil Grundstückgewinne nach zwei Systemen besteuert werden (Gewinne auf Liegenschaften des Privatvermögens nach dem System der Grundstückgewinnsteuer und Gewinne auf Geschäftsliegenschaften nach dem System der Einkommens- bzw. Ertragssteuer) oder System der alleinigen Objektsteuer auf dem Privatvermögen.

[36] Sog. monistisches System oder System der allgemeinen Objektsteuer (hier werden Grundstückgewinne nur nach einem System besteuert; dies ist unabhängig davon, ob es sich um Gewinne auf Privat- oder Geschäftsliegenschaften handelt).

III. Besteuerung der Kapitalgesellschaften und der übrigen juristischen Personen

1. Gewinn- und Kapitalsteuer

Auf den Gewinnen der Kapitalgesellschaften, der Genossenschaften, der Vereine, Stiftungen und übrigen juristischen Personen erheben sowohl der Bund als auch die Kantone und Gemeinden eine Steuer. Mit Wirkung auf den 1. Januar 1998 wird diese Gewinnsteuer vom Bund nach einem Proportionaltarif erhoben. Die Kantone erheben die Steuer dagegen regelmässig nach einem renditeabhängigen Stufentarif oder einem Teilmengentarif. Zudem erheben die Kantone und Gemeinden (nicht jedoch der Bund) eine Kapitalsteuer auf dem Eigenkapital[37] der Unternehmung[38].

2. Ermittlung des steuerpflichtigen Gewinns

Die Gewinnsteuer knüpft an den Unternehmensgewinn an, wie er durch die handelsrechtskonforme Jahresrechnung[39] ausgewiesen wird, unter Berücksichtigung des Saldovortrags der Vorjahre und Aufrechnung der nicht geschäftsmässig begründeten Aufwendungen[40] sowie der Kapital-, Aufwertungs- und Liquidationsgewinne[41] (vorbehältlich der Ersatzanschaffungen),

---

[37] Als Eigenkapital gilt dabei das einbezahlte Aktien- oder Stammkapital zzgl. der offenen und stillen Reserven. Die stillen Reserven werden dabei meist nur soweit einbezogen, als sie bereits im Ertrag versteuert sind. Einige Kantone (Glarus, Zug, Appenzell-Ausserrhoden, Graubünden und Genf) beziehen aber auch die übrigen stillen Reserven in die Bemessungsgrundlage ein, Appenzell-Innerrhoden bloss diejenigen, welche auf Liegenschaften lasten.

[38] Hierzu sind die Kantone gem. Art. 2 Abs. 1 lit. b StHG verpflichtet, auch wenn der Bund neu auf die Erhebung einer Kapitalsteuer verzichtet.

[39] Es gilt der Grundsatz der Massgeblichkeit der Handelsbilanz für die Steuerbilanz, wobei diese nötigenfalls und bei einer genügenden Grundlage im Steuergesetz nach steuerlichen Gesichtspunkten korrigiert werden kann. Die Errichtung der Bilanz hat die handelsrechtlichen Bilanzierungs- und Bewertungsvorschriften zu beachten (vgl. Art. 959 OR). Dabei werden als anerkannte kaufmännische Grundsätze die Vorsicht, die Stetigkeit, die Unternehmensfortsetzung, die Wirtschaftlichkeit und die Wesentlichkeit vorausgesetzt. In Abweichung von den handelsrechtlichen Vorschriften lässt das Steuerrecht aber keine beliebigen Tieferbewertungen zu, vielmehr ist Ziel der steuerlichen Gewinnermittlung die Bestimmung des tatsächlichen, periodengerechten Gewinnes.

[40] Hier handelt es sich exemplarisch vor allem um übersetzte Abschreibungen und Rückstellungen, Bildung von Eigenkapital zu Lasten des Geschäftsergebnisses, offene und verdeckte Gewinnausschüttungen und geschäftsmässig nicht begründete Zuwendungen an Dritte.

[41] Der Liquidation sind die Verlegung des Sitzes, der Verwaltung, einer Betriebstätte oder eines Geschäftsbetriebes ins Ausland gleichgestellt. Diese Vorgänge führen also ebenfalls zu einer Abrechnung über die vorhandenen stillen Reserven. Ihre Begründung findet diese Regelung in der Tatsache, dass mit dem Wegzug der Schweiz bleibend Steuersubstrat ganz oder teilweise entzogen wird.

die der Erfolgsrechnung nicht gutgeschrieben worden sind. Es ist zu beachten, dass einmal versteuerte stille Reserven später steuerneutral wieder aufgelöst werden können – sofern man sich zu diesem Zeitpunkt noch an die Versteuerung der Reservebildung erinnert und diese belegen kann.

Abzugsfähig sind grundsätzlich sämtliche geschäftsmässig begründeten Aufwendungen, insbesondere Abschreibungen und Rückstellungen, eingetretene und verbuchte Verluste auf Geschäftsvermögen, Zuwendungen an Vorsorgeeinrichtungen zugunsten des eigenen Personals, eidgenössische, kantonale und kommunale Steuern (nicht indes Steuerbussen), freiwillige Zuwendungen bis zu 10% des Reingewinns an juristische Personen mit Sitz in der Schweiz, die im Hinblick auf die Verfolgung von öffentlichen oder gemeinnützigen Zwecken von der Steuerpflicht befreit sind, Rabatte, Skonti, Umsatzbonifikationen und Rückvergütungen auf dem Entgelt für Lieferungen und Leistungen, sowie die zur Verteilung an die Versicherten bestimmten Überschüsse von Versicherungsgesellschaften[42].

2.1. Abschreibungen/Rückstellungen/Ersatzbeschaffungen

Auf Wirtschaftsgütern des Anlagevermögens, die einer Abnutzung unterliegen, sind die wirtschaftlich angezeigten **Abschreibungen** vorzunehmen[43]. Sie stellen endgültige Belastungen der Erfolgsrechnung dar. Soweit die jährlichen Abschreibungen die tatsächlich eingetretene Entwertung des Vermögenswertes übersteigen, werden stille Reserven gebildet. Abschreibungen können indirekt (vom Anschaffungswert) oder direkt (vom Buchwert) vorgenommen werden. Sie können linear, progressiv, degressiv oder als Einmalabschreibung vorgenommen werden. Im Recht der direkten Bundessteuer haben sich für verschiedene Anlagegüter tabellarisch festgehaltene Abschreibungssätze durchgesetzt. Abschreibungen im Rahmen dieser Sätze werden immer anerkannt. Sofern (ausnahmsweise) höhere Abschreibungen nötig sind, können diese aber begründet und geltend gemacht werden.

Von **Rückstellungen** wird gesprochen, wenn die Erfolgsrechnung mit einem Aufwandposten belastet wird, der das laufende Geschäftsjahr betrifft, dessen Höhe und Fälligkeit aber noch nicht bekannt ist. Dies gilt sowohl für Verpflichtungen[44], wie auch für Wertverminderungen[45]. Zulässig sind Rückstellungen für Entwicklungskosten im Umfang von bis zu 10% des steuerbaren Gewinns und einem Maximalbetrag von CHF 1 Mio., während Rück-

---

[42] Vgl. Art. 59 DBG und Art. 25 StHG.

[43] Sie sind als Sonderposten in der Erfolgsrechnung separat auszuweisen.

[44] In Frage kommen etwa Rückstellungen für Haftungs- und Garantiefälle (je nach Branche 1–3% des Jahresumsatzes), Unternehmenssteuern, Bürgschaften und Eventualverpflichtungen.

[45] Hierher gehören die drohenden Verluste aus schwebenden Geschäften (hier werden ohne besonderen Nachweis 5% Rückstellungen auf Inlanddebitoren und 10% Rückstellungen auf Auslanddebitoren zugelassen, nb. nachdem eine Einzelberichtigung erfolgt ist) und die sog. privilegierte Warenreserve (bis zu 1/3 des Inventarwertes, ebenfalls nach Einzelberichtigung).

stellungen zu Wiederbeschaffungszwecken[46] trotz abweichender handelsrechtlicher Vorschrift nicht zugelassen werden. Bezüglich der Rückstellungen für Vorsorgeeinreichtungen (sog. Arbeitgeberbeitragsreseve) gilt die gleiche Regelung, wie im Bereiche der Personengesellschaften.

Bei Ersatzbeschaffungen lässt das Gesetz[47] die steuerneutrale Übertragung der stillen Reserven[48] auf einem betriebsnotwendigen Anlagegut[49] innert angemessener Frist[50] auf ein Ersatzobjekt gleicher Funktion zu[51].

2.2. Verlustanrechnung

Grundsätzlich dürfen vom Reingewinn der Steuerperiode die Verluste aus den sieben der Steuerperiode vorangegangenen Geschäftsjahren abgezogen werden, soweit sie bei der Berechnung des steuerbaren Reingewinns dieser Jahre noch nicht berücksichtigt[52] worden sind[53]. Ein Verlustrücktrag, also die Verrechnung von Verlusten mit Gewinnen aus früheren Bemessungsperioden, ist dem schweizerischen Recht dagegen unbekannt. Die Verlustvortragsregelung durchbricht und mildert die Folgen des Periodizitätsprinzips. Eine inländische Unternehmung darf den Verlust aus einer ausländischen Betriebsstätte mit dem Inlandsgewinn verrechnen[54]. Sofern eine schweizerische Betriebsstätte einen Gewinn ausweist, das (ausländische) Gesamtunternehmen dagegen einen Verlust, wird die Sache richtig spannend. Noch vor der Geltung des Steuerharmonisierungsgesetzes wurde entschieden, dass in diesem Fall aus Gründen der Gleichbehandlung und mit Blick auf die

---

[46] Vgl. Art. 669 Abs. 2 OR.

[47] Vgl. Art. 30 und 60 DBG und Art. 8 Abs. 4 und 24 Abs. 4 StHG.

[48] Übersteigt der Wert des veräusserten Gutes denjenigen der Ersatzbeschaffung, sind die aufgelösten stillen Reserven auf dem veräusserten Gut zu versteuern.

[49] Trotz Kritik lässt die Verwaltung Ersatzbeschaffungen einzig im Bereiche des betriebsnotwendigen Anlagevermögens zu. Die Veräusserung eines ganzen Betriebs und der Neuerwerbe eines anderen Betriebs wird nicht als Ersatzbeschaffung anerkannt.

[50] Diese Frist wird im allgemeinen mit längstens einem Jahr angegeben, bei Liegenschaften werden auch längere Zeiträume noch anerkannt.

[51] Grundsätzlich werden nur Ersatzbeschaffungen in der Schweiz steuerlich privilegiert zugelassen.

[52] Diese Regelung betrifft in erster Linie den Steuerpflichtigen mit Einkommen aus selbständiger Erwerbstätigkeit, der einen geschäftlichen Verlust mit dem übrigen Einkommen verrechnen kann.

[53] Die Regelung findet sich sowohl im Bundesrecht (vgl. Art. 67 DBG), als auch im Steuerharmonisierungsrecht (vgl. Art. 25 Abs. 2 StHG). Dabei versteht sich von selbst, dass Verluste auch mit Gewinnen aus der gleichen Periode verrechnet werden dürfen.

[54] Bis 1994 galt im Bundessteuerrecht und gilt auch heute noch in einigen Kantonen die Regelung, dass solche Verluste bloss satzbestimmend zu berücksichtigen waren resp. sind. Soweit die Kantone mit der Umsetzung des StHG die neue Regelung des Bundesrechts umsetzen, wonach sich die Abgrenzung der Steuerpflicht im Verhältnis zu andern Kantonen und zu andern Staaten nach dem interkantonalen Doppelbesteuerungsverbot und dem Recht der Doppelbesteuerungsabkommen richte, wird sich die nicht nur satzmässige sondern eben echte Verlustverrechnung durchsetzen.

Regelungen im konkret anwendbaren Doppelbesteuerungsabkommen keine zürcherische Steuer geschuldet sei. Das neue nationale Recht sieht (gegen die meisten DBA-Normen verstossend) vor, dass mindestens der Betriebsstättengewinn zu versteuern ist. Ob die Gerichte diese Regelungen schützen werden, ist momentan noch offen.

Im Zusammenhang mit Sanierungen kann die Verlustvortragsperiode über die erwähnten 7 Jahre hinaus verlängert werden, sofern eine echte Sanierung vorgenommen wird. In derartigen Fällen lohnt es sich immer, mit den involvierten Steuerbehörden ein Vorgespräch zu führen und sich die Ergebnisse schriftlich bestätigen zu lassen[55].

2.3. Kapitalrückzahlungen, Gewinnentnahmen und verdeckte Gewinnausschüttungen

Die Rückzahlung von Aktien- oder Stammkapital zu Nominalwerten und unter entsprechender Herabsetzung des Kapitals erfolgt sowohl für die juristische Person, wie auch für den Anteilsinhaber steuerneutral. Die Rückzahlung von früheren Einlagen der Beteiligten in die Reserven wird dagegen als Gewinnausschüttung qualifiziert. Bei unter Wert eingebrachten Sacheinlagen gilt die gleiche Regel, ausser es werde der gleiche Gegenstand wieder auf den einlegenden Anteilsinhaber zurückübertragen.

Dagegen werden Gewinnausschüttungen als Dividendeneinkommen beim Anteilsinhaber der normalen Besteuerung (Einkommen- oder Gewinnsteuer, je nach dem, ob der Empfänger eine natürliche oder eine juristische Person ist) zugeführt. Um die Versteuerung zu gewährleisten, lastet auf Dividendenzahlungen eine Quellensteuer von 35%, die sog. Verrechnungssteuer. Werden die Dividendeneinkommen ordentlich deklariert, wird die Quellensteuer gutgeschrieben. Für Steuerinländer wirkt die Verrechnungssteuer also als Sicherungssteuer. Steuerausländer erhalten die Verrechnungssteuer nach Massgabe eines allfälligen Doppelbesteuerungsabkommens erstattet, womit auch gesagt ist, dass die Verrechnungssteuer für Empfänger ohne DBA-Schutz zur (recht hohen) definitiven Steuerbelastung wird.

Ein Sonderproblem stellt der in jüngster Zeit zur Verbesserung unternehmerischer Kennzahlen beliebte Rückkauf eigener Aktien[56] dar. Im Umfang, in dem der Aktionär Leistungen über dem Nennwert der Aktie ausgerichtet erhält, stellen diese bei ihm grundsätzlich steuerbares Einkommen dar. Je nach Behandlung der zurückgekauften Aktien in der Unternehmung (Herabsetzung des Kapitals, Wiederverkauf innert Jahresfrist, Rückkauf ohne Weiterveräusserung) und je nach der Grösse des Unternehmens selber (börsenkotiert oder nicht) ergeben sich für den Aktionär und die Gesellschaft unterschiedliche Konsequenzen. Beim Rückkauf mit anschliessender Kapitalherabsetzung ist bei der Gesellschaft die Differenz zwischen Nennwert

---

[55] Vgl. *Agner/Jung/Steinmann,* Kommentar zum Gesetz über die direkte Bundessteuer, Art. 67 Ziff. 7 f.

[56] Der Einfachheit halber werden die Folgen am Beispiel der Aktiengesellschaft, der mit Abstand wichtigsten Gesellschaftsform in der Schweiz, abgehandelt. Die gleichen Überlegungen treffen indes auch für die GmbH zu.

und Rückkaufpreis zu Lasten der Reserven der Unternehmung abzuschreiben, der Gesellschafter erzielt grundsätzlich einen steuerbaren Gewinn. Bei Rückkauf mit Weiterverkauf innert Jahresfrist ergeben sich regelmässig keine steuerlichen Konsequenzen. Bei Rückkauf ohne Weiterverkauf sind die Aktien zum Rückkaufswert zu bilanzieren und der Aktionär erzielt mindestens bei nicht börsenkotierten Gesellschaften regelmässig steuerbares Einkommen[57].

Als steuerliches Kernproblem stellen sich die sogenannten **verdeckten Gewinnausschüttungen** dar. Als verdeckte Gewinnausschüttungen werden Leistungen der Gesellschaft an ihre Anteilsinhaber[58] bezeichnet, die in einem Missverhältnis zur Gegenleistung stehen und einem unabhängigen Dritten nicht resp. nicht in dieser Form gewährt worden wären[59]. Sie werden grundsätzlich zum steuerbaren Gewinn der Unternehmung geschlagen, unterliegen der Verrechnungssteuer[60] und werden beim Aktionär als Dividende erfasst. Falls mit der Nachbesteuerung noch Strafsteuerverfahren verbunden sind, kann es ohne weiteres zu einer Steuerlast von über 100% kommen. Schliesslich sind in der Praxis auch Besteuerungen von eigentlich fiktiven Gewinnausschüttungen durchgesetzt worden. Als Beispiel kann etwa die Umwandlung von Reserven in Nominalkapital oder die Überbewertung einer Sacheinlage genannt werden. Gleiches gilt im Zusammenhang mit Umwandlungen von Gesellschaften oder bei der Einbringung von Aktien in eine vom Anteilsinhaber beherrschte andere Gesellschaft, wenn dabei ein höherer Nennwert angerechnet wird oder dem Anteilsinhaber ein Darlehen gutgeschrieben wird[61]. Als faktische Liquidation wird zudem der Handel mit einer in liquider Form befindlichen Gesellschaft, welche keine wirtschaftlichen Aktivitäten mehr ausübt, begriffen.

2.4. Kapital- und Aufwertungsgewinne

Kapital- und Aufwertungsgewinne werden durch die Realisierung stiller Reserven erzielt. Realisierungen können echt, buchmässig und steuersystematisch erfolgen. In allen drei Fällen sind sie grundsätzlich steuerpflichtig.

Damit eine **echte Realisierung** angenommen werden kann, müssen kumulativ drei Voraussetzungen gegeben sein. Erstens muss eine Veräusserung vorliegen, was den Übergang des Wirtschaftsgutes auf einen neuen Rechtsträger voraussetzt. Zweitens muss die Veräusserung entgeltlich erfolgen und

---

57 Vgl. detailliert auch *Walker* in *Höhn/Athanas,* aaO, S. 195 ff.

58 Im Zusammenhang mit der Neuordnung des Aktienrechts stellt sich die Frage nach der steuerlichen Auswirkung der Bestimmung von Art. 678 OR und der dort vorgesehenen Rückleistungspflicht für ungerechtfertigt bezogene Leistungen der Gesellschaft. Die Verwaltung stellt sich dabei auf den Standpunkt, eine allfällige Rückleistung habe keinen Einfluss auf die Bemessung des steuerbaren Gewinns.

59 Vgl. Art. 58 Abs. 2 letzter Spiegelstrich DBG. Hierher gehören auch die sog. Gewinnvorwegnahmen.

60 Allenfalls ist das Meldeverfahren möglich.

61 Vgl. *Böckli,* ASA 47, S. 31 ff., BGE 101 Ib 44.

schliesslich darf drittens das Entgelt mit dem veräusserten Gut wirtschaftlich nicht identisch sein, dh., es muss frei verfügbar sein[62]. Ein Steueraufschub und somit die Übertragung der stillen Reserven auf ein neues Wirtschaftsgut wird gewährt, wenn das Unternehmen im Rahmen des betriebsnotwendigen Anlagevermögens eine Ersatzbeschaffung tätigt, wobei das neue Gut die gleiche betriebliche Funktion erfüllen muss.

Von einer **buchmässigen Realisierung** stiller Reserven wird gesprochen, wenn ein Aktivum höher oder ein Passivum tiefer bewertet wird. Sie ist erfolgs- und steuerwirksam, sofern der Gewinn nicht als Aufwertungsreserve ausgewiesen und passiviert wird.

Eine **steuersystematische Realisierung** liegt vor, wenn die Besteuerungsmöglichkeiten auf stillen Reserven derart wechseln, dass künftige Kapitalgewinne nicht mehr gleich besteuert werden können. Als Beispiele gelten die Überführung von Geschäftsvermögen ins Privatvermögen[63], wo Kapitalgewinne grundsätzlich steuerfrei sind, das Verlassen des steuerlichen Hoheitsbereiches[64] oder der Wechsel des Steuerstatus[65].

2.5. Steuerliche Zugehörigkeit

Als juristische Personen werden Kapitalgesellschaften[66], Genossenschaften sowie Vereine, Stiftungen und die übrigen juristischen Personen[67] besteuert[68]. Diese sind ebenfalls entweder durch persönliche oder wirtschaftliche Zugehörigkeit mit dem schweizerischen Fiskus verbunden. Als **persönlich zugehörig** gilt eine juristische Person, wenn sie in der Schweiz ihren Sitz hat oder wenn sich ihre Verwaltung hier befindet. In diesem Fall ist die Steuerpflicht unbeschränkt, wobei die Steuerfaktoren von Geschäftsbetrieben, Betriebsstätten und Grundstücken im Ausland schon nach internem schweizerischen Recht nur für Progressionszwecke erfasst werden.

Die **wirtschaftliche Zugehörigkeit** juristischer Personen, die weder ihren Sitz noch ihre Verwaltung in der Schweiz haben, begründet bloss eine beschränkte Steuerpflicht und wird ausgelöst, wenn diese

---

[62] Vgl. dazu detailliert *Reich,* Die Realisierung stiller Reserven im Bilanzsteuerrecht, S. 202; *Känzig,* ASA, 41 91 ff.

[63] Gilt ausschliesslich für Personenunternehmungen.

[64] Anwendungsfälle stellen zB die Verlegung eines Betriebs oder einer Betriebsstätte ins Ausland oder in einzelnen Kantonen bis zum 31. Dezember 2000 auch der Kantonswechsel dar. Beim Kantonswechsel werden aber regelmässig nur bestimmte stille Reserven erfasst.

[65] Hier fällt vor allem die Erlangung eines steuerprivilegierten Holdingstatus in Betracht.

[66] Aktiengesellschaften, Kommanditaktiengesellschaften und Gesellschaften mit beschränkter Haftung.

[67] Öffentlich-rechtliche und kirchliche Körperschaften und Anstalten und Körperschaften des kantonalen Rechts.

[68] Steuerlich gleichgestellt sind die Anlagefonds mit direktem Grundbesitz und zudem die ausländische Handelsgesellschaften und andere Personengesamtheiten.

- Teilhaber an schweizerischen Geschäftsbetrieben[69] sind,
- in der Schweiz eine Betriebstätte unterhalten,
- dingliche oder solchen wirtschaftlich gleichkommende Rechte an Grundstücken in der Schweiz besitzen,
- Gläubiger oder Nutzniesser von in der Schweiz grundpfandrechtlich gesicherten Forderungen[70] sind, oder
- mit schweizerischen Liegenschaften handeln oder solche vermitteln[71].

Die Abgrenzung der Steuerpflicht für Geschäftsbetriebe, Betriebsstätten und Grundstücke richtet sich im Verhältnis zum Ausland nach den Grundsätzen des Bundessteuerrechts zum Verbot über die interkantonale Doppelbesteuerung.

In der Praxis wirft die Qualifikation und Behandlung der **Betriebsstätten** Fragen auf, welchen nachfolgend vertieft nachgegangen wird. Grundsätzlich lehnt sich der Begriff der Betriebsstätte nach Bundessteuerrecht[72] an der betreffenden Norm des OECD-Musterabkommens an[73] und verlangt, dass eine unternehmerische oder freiberufliche Tätigkeit in einer festen Geschäftseinrichtung ausgeübt wird[74].

Ausländische Betriebsstätten schweizerischer Unternehmen fallen nicht unter die subjektive Steuerpflicht in der Schweiz. Es gilt jedoch der Vorbehalt der Progression. Der ausländische Betriebsstättenerfolg wird somit in der Schweiz bloss satzbestimmend berücksichtigt. Verluste solcher Betriebsstätten können dagegen mit Gewinnen der inländischen Gesellschaft verrechnet werden. Sofern die Betriebsstätte in den folgenden sieben Jahren Gewinn erzielt und die Verluste im Ausland verrechnet werden können, erfolgt in der Schweiz eine Revision und es erfolgt in diesen Geschäftsjahren eine Besteuerung im Ausmass der im Betriebsstättenstaat verrechneten Verlustvorträge. Stammt der Verlust aus ausländischen Liegenschaften, kann eine Verlustanrechnung – unter Vorbehalt abweichender Regelungen in den DBA – nur erfolgen, wenn im betreffenden Land auch eine Betriebsstätte unterhalten wird[75]. Die altrechtliche Regelung, wonach in der Schweiz bei Gewinnerzielung der Betriebsstätte in den folgenden sieben Jahren bei

---

[69] Hier stellt sich die Frage, in wie weit mit der Teilhaberschaft eine eigene Geschäftstätigkeit in der Schweiz verbunden sein muss (vgl. *Schmid* in *Höhn/Athanas,* aaO, S. 208 f.).

[70] Dieser Anknüpfungspunkt gründet auf dem Zinsenartikel des OECD-Musterabkommens und begrenzt die Steuerpflicht auf 10%, welche über die Quellensteuer bezogen werden.

[71] Bei Fehlen einer Betriebstätte im Quellenstaat ist die Besteuerung derartiger Einkommen unter Beachtung der geltenden Abkommen über die Vermeidung von Doppelbesteuerungen nur gegeben, wenn keine Norm des DBA entgegensteht.

[72] Vgl. Art. 51 Abs. 2 DBG.

[73] Abweichungen ergeben sich im Bereich der Hilfs- und Vorbereitungsarbeiten und bei den Baustellen, sowie bezüglich der Vertretungen.

[74] Das kantonale Recht wird mit der Umsetzung des Steuerharmonisierungsgesetzes auf das Jahr 2001 hin die entsprechende Regelung wohl ebenfalls umsetzen (vgl. Entwurf StG des Kantons Bern vom 24. Juni 1998, Art. 79 Abs. 4).

[75] Vgl. die Neufassung von Art. 52 Abs. 3 DBG.

gleichzeitiger Verrechnungsmöglichkeit der Verluste die Verlustanrechnung rückgängig gemacht und der Verlust der ausländischen Betriebsstätte bloss mehr satzbestimmend berücksichtigt werde[76], wird künftig möglicherweise noch in einigen kantonalen Erlassen zu finden sein[77].

Schweizerische Betriebsstätten ausländischer Unternehmen haben nach den Vorstellungen des Gesetzgebers mindestens den in der Schweiz erzielten Gewinn und das in der Schweiz gelegene Kapital zu versteuern. Verluste des ausländischen Hauptsitzes und Gesamtunternehmens könnten demnach nicht mit Gewinnen der schweizerischen Betriebsstätte verrechnet werden. Es ist vorstehend bereits erwähnt worden, dass diese Regelung sowohl gegen das Gleichbehandlungsgebot der Bundesverfassung wie auch gegen die Gleichbehandlungsklauseln in den meisten Doppelbesteuerungsabkommen verstösst und es zweifelhaft ist, ob die Gerichte diese verfassungs- und staatsvertragswidrige Praxis schützen werden.

2.6. Steuerliche Belastung

Die steuerliche Belastung der juristischen Personen ist kantonal und kommunal annähernd ebenso unterschiedlich wie im Einkommensteuerrecht. In den Kantonen kommen heute noch regelmässig **renditeabhängige Stufentarife** zur Anwendung, während der Bund seit Beginn des Jahres 1998 zu einem **Proportionaltarif** übergegangen ist. Bei den Stufentarifen der Kantone wird der Steuersatz regelmässig nach der Relation von erzieltem Gewinn zu Eigenkapitalunterlegung der Gesellschaft (meistens definiert als einbezahltes Eigenkapital zuzüglich offene und versteuerte stille Reserven) angeknüpft. Im Anhang (Übersicht 3) findet sich eine Darstellung der Steuerbelastungen sämtlicher Kantonshauptorte.

3. Kapitalsteuer

Die Kapitalsteuer ist im Bereiche der Bundesbesteuerung mit Zuge der Revision der Unternehmensbesteuerung abgeschafft worden. Die Kantone werden auch mit der Umsetzung des Steuerharmonisierungsgesetzes, längstens auf Beginn des Jahres 2001 aller Voraussicht nach immer noch eine Kapitalsteuer erheben müssen[78]. Gegenstand der Steuer ist das Eigenkapital (einbezahltes Aktienkapital resp. Stammkapital zuzüglich der offenen und versteuerten stillen Reserven mit Stand am Ende der Steuerperiode).

IV. Massgebliche Beteiligungen/Holding- und Domizilgesellschaften

Die Schweiz kennt weder ein Konzernrecht noch ein Konzernsteuerrecht. Entsprechend muss eine Milderung der steuerlichen Belastung in Konzern-

---

[76] Vgl. Regelung von Art. 52 Abs. 3 DBG in der Fassung bis Ende 1997.

[77] Vgl. zB Art. 79 Abs. 4 Entwurf StG des Kantons Bern vom 24. Juni 1998.

[78] Vgl. Art. 2 Abs. 1 lit. b StHG.

verhältnissen über andere Wege erfolgen. Der Beteiligungsabzug für Dividendenerträge aus massgeblichen Beteiligungen (Bund und Kantone) sowie das Holdingprivileg (Kantone) bilden die hauptsächlichen Mittel gegen eine übermässige Besteuerung von Konzernen.

1. Beteiligungsabzug

Auf der Stufe des Bundes[79] wird auf Gewinnen, die von in- oder ausländischen Kapitalgesellschaften oder Genossenschaften an schweizerische Kapitalgesellschaften oder Genossenschaften[80] ausgeschüttet werden, ein sog. Beteiligungsabzug gewährt, sofern die Beteiligung[81] bei Anfall des Beteiligungsertrages oder am Ende des Geschäftsjahres **20%** am Grund- oder Stammkapital der andern Gesellschaft ausmacht oder einen Verkehrswert (nicht Buchwert!) von mindestens **CHF 2 Mio.** erreicht. **Kapitalgewinne** gelten nur dann als Beteiligungsertrag idS, wenn die veräusserte Beteiligung mindestens 20% am Grund- oder Stammkapital der andern Gesellschaft ausmacht[82] und als solche während mindestens einem Jahr gehalten wurde. Als Ausschüttungen gelten sämtliche ordentlichen Gewinnausschüttungen wie Dividenden, Gewinnanteile auf Stammeinlagen und Zinsen auf Genossenschaftsanteilen sowie ausserordentliche Gewinnausschüttungen wie Boni, Anteile am Ergebnis einer Teil- oder Gesamtliquidation, Ausschüttungen auf Partizipationsscheine, Kapitalrückzahlungen und auch sämtliche übrigen offenen Gewinnausschüttungen[83]. Als Kapitalgewinne im Sinne eines Beteiligungsertrages wird die Differenz zwischen Veräusserungserlös und Gestehungspreis anerkannt[84]. Abschreibungen und Wertberichtigungen auf den Gestehungskosten werden dem Gewinn zugerechnet, soweit sie nicht mehr begründet sind[85].

---

[79] In den Kantonen gilt längstens ab dem Jahr 2001 eine weitgehend vergleichbare Lösung, allenfalls ohne Einbezug der Kapitalgewinne in den Beteiligungsabzug (vgl. Art. 28 StHG), wobei den Kantonen frei gestellt ist, eine entsprechende Regelung einzuführen (vgl. Art. 28 Abs. 1bis StHG).

[80] Das Recht auf Beteiligungsabzug steht auch ausländischen Unternehmen in der Form einer juristischen Person zu, die den schweizerischen Kapitalgesellschaften oder Genossenschaften gleichzustellen sind.

[81] Als Beteiligungen idS gelten Aktien an Aktien- oder Kommanditaktiengesellschaften, Stammeinlagen an Genossenschaften mit beschränkter Haftung, Anteilsscheine an Genossenschaften und Partizipationsscheine iSv. Art. 656a OR.

[82] Mehrere Veräusserungen im gleichen Geschäftsjahr können zusammengezählt werden, sofern ihr Verkauf auf dem gleichen unternehmerischen Entschluss gründet.

[83] Betreffend die Behandlung der verdeckten Gewinnausschüttungen wird auf die Ausführungen der EStV im Kreisschreiben Nr. 9 vom 9. Juli 1998 verwiesen.

[84] Als Gestehungspreis für Anteile an Gesellschaften, welche bereits vor dem 1. 1. 1997 im Besitze der andern Gesellschaft waren, gilt der Gewinnsteuerwert zu Beginn des Geschäftsjahres, das im Kalenderjahr 1997 endet.

[85] Zu den Auswirkungen der Ausdehnung der Steuerermässigung auf Kapitalgewinne bezüglich Unternehmensumstrukturierungen wird auf das Kreisschreiben Nr. 9 der Eidg. Steuerverwaltung vom 9. Juli 1998, Ziff. 2.5.3 verwiesen.

Zur Ermittlung des Beteiligungsabzugsrechts kommt die **Nettoertragsmethode** zur Anwendung, wonach die Steuer im Verhältnis des Nettoertrages aus Beteiligung zum totalen Nettoertrag gekürzt wird. Die Kosten der Finanzierung[86] werden quotal berücksichtigt, ebenso wie ein Pauschalbetrag von 5% zur Deckung der Verwaltungsspesen eingerechnet wird[87].

2. Holdinggesellschaften

Die Kantone privilegieren heute Gesellschaften[88], welche die Verwaltung von Beteiligungen zum Hauptzweck haben und in der Schweiz selber keine Geschäftstätigkeit ausüben[89]. Mehrheitlich wird dabei verlangt, dass entweder die Beteiligung oder der Ertrag aus Beteiligungen einen bestimmten Prozentsatz (meist zwischen 50–80%) des Kapitals resp. der Erträge ausmacht. In einigen Kantonen müssen beide Bedingungen kumulativ erfüllt sein. Ab 1. Januar 2001 wird unter dem Steuerharmonisierungsgesetz insoweit eine einheitliche Regelung gelten, als das Holdingprivileg allen Gesellschaften zusteht, bei welchen entweder die Beteiligungserträge oder die Beteiligungen längerfristig ⅔ der Erträge oder des Kapitals[90] ausmachen. Gesellschaften, welche diese Voraussetzungen erfüllen entrichten im entsprechenden Kanton **keine Gewinnsteuer,** sondern einzig eine (meist reduzierte) Kapitalsteuer. Dagegen unterliegen die Nettoerträge aus Grundeigentum der Gewinnbesteuerung. Ebenso unterliegen Erträge dann der Gewinnsteuer, wenn für sie Entlastung von ausländischen Quellensteuern beansprucht wird und ein anwendbares DBA die ordentliche Besteuerung in der Schweiz voraussetzt.

3. Domizilgesellschaften und Gesellschaften mit überwiegender Auslandstätigkeit

Kapitalgesellschaften, Genossenschaften und Stiftungen, welche in der Schweiz eine Verwaltungstätigkeit, aber keine Geschäftstätigkeit ausüben, entrichten die Gewinnsteuer wie folgt[91]:

---

[86] Hierher gehören die Schuldzinsen (einschliesslich der Zinsen auf Schulden ohne Gläubigernachweis) und sonstige Aufwendungen, die ihre Ursache im steuerlich relevanten Fremdkapital haben. Mietaufwand und Finanzierungsaufwand in Leasingraten bleibt dagegen ausser Betracht.

[87] Der Nachweis tieferer (oder höherer) Verwaltungsspesen bleibt vorbehalten. Die 5% sind vom Rohertrag zu berechnen.

[88] Nur Kapitalgesellschaften und Genossenschaften.

[89] Gemeint ist keine unternehmerische Tätigkeit. Zugelassen sind dagegen Tätigkeiten, die die Verwaltung der Beteiligungen mit sich bringt, wie Konzernleitung, Konzerndienstleistungen, Konzernfinanzierung, Lizenzverwaltung und die übrigen der Verwaltungstätigkeit zuzurechnenden Tätigkeiten. Hierzu dürfen auch Arbeitnehmer beschäftigt und Geschäftsräumlichkeiten verwendet werden.

[90] Allenfalls werden für die Ermittlung dieser Grenze bloss Beteiligungen zugelassen, welche iSd. Vorschriften über die massgeblichen Beteiligungen gelten, also bloss Beteiligungen, die 20 Prozent des Kapitals oder CHF 2 Mio. erreichen (so zB Entwurf StG des Kantons Bern vom 28. Juni 1998).

[91] Diese Regelung wird ab dem Jahr 2001 in sämtlichen Kantonen Anwendung finden (vgl. Art. 28 Abs. 3 StHG), heute gelten teilweise noch stark abweichende Regelungen.

- **Erträge aus Beteiligungen**[92] und Kapital- und Aufwertungsgewinne aus solchen Beteiligungen sind steuerfrei.
- Die **übrigen Einkünfte in der Schweiz**[93] werden zum ordentlichen Tarif besteuert.
- Die **übrigen Erträge aus dem Ausland**[94] werden nach der Bedeutung der Verwaltungstätigkeit in der Schweiz[95] zum ordentlichen Tarif besteuert[96].

Neben der Gewinnsteuer ist die ordentliche Kapitalsteuer geschuldet.

Entscheidend für diese steuerliche Sonderbehandlung einer Unternehmung ist die Art der Tätigkeit, die sie in der Schweiz ausübt (Verwaltungstätigkeit) resp. eben nicht ausüben darf (Geschäftstätigkeit). Die Abgrenzung kann im Einzelfall erhebliche Schwierigkeiten bereiten und vollzieht sich nach der Umschreibung, wonach eine Geschäftstätigkeit jede industrielle, gewerbliche oder kommerzielle Tätigkeit darstellt, welche sich darin äussert, dass eine Unternehmung am Wirtschaftsverkehr teilnimmt.

Kapitalgesellschaften und Genossenschaften, deren Geschäftstätigkeit überwiegend auslandsbezogen[97] ist und die in der Schweiz nur eine untergeordnete Geschäftstätigkeit ausüben[98], entrichten die Gewinnsteuern nach den gleichen Vorgaben, wie die sogenannten Domizilgesellschaften.

V. Umstrukturierungen von Unternehmen

1. Geltende Ordnung

Die Umstrukturierung von Unternehmungen ist nach heute geltendem Zivilrecht nur ausnahmsweise vorgesehen und einzig zwischen Aktiengesellschaften, Kommanditaktiengesellschaften und Genossenschaften geregelt. Die Fusion zwischen Gesellschaften unterschiedlicher Rechtsform sieht das Gesetz bisher nur für die Fusion einer Aktiengesellschaft mit einer Kommanditaktiengesellschaft vor. Die Umwandlung ist einzig für den Fall der Überführung einer Aktiengesellschaft in eine Gesellschaft mit beschränk-

---

[92] Beteiligungserträge sind hier gleich zu verstehen, wie im Bereich der massgeblichen Beteiligungserträge.

[93] Andere Einkünfte aus der Schweiz, inkl. des Ertrags aus schweizerischem Grundeigentum, abzüglich der darauf entfallenden geschäftsmässig begründeten Aufwendungen.

[94] Andere Einkünfte aus dem Ausland, abzüglich des Aufwandes.

[95] Die Bedeutung wird nach dem Verhältnis bemessen, das dem jeweiligen kantonalen Sitz im Verhältnis des Gesamtkonzerns zukommt.

[96] Eine Besteuerung ist dann ausgeschlossen, wenn sie im Ausland besteuert werden, oder besteuert werden könnten (unilateraler Betriebsstättenabzug).

[97] Gemeint sind insbesondere Ausland-Ausland Geschäfte.

[98] Zum Umfang zulässiger Geschäftstätigkeit in der Schweiz existiert bislang keine Umschreibung und erst die Praxis wird weisen, was darunter zu verstehen ist.

ter Haftung vorgesehen. Die Spaltung von Unternehmen ist dem schweizerischen Recht bisher fremd. Dennoch werden heute in der Praxis rechtsformüberschreitende Fusionen zugelassen, soweit die beteiligten Rechtsformen kompatibel sind[99]. Trotz des Nachhinkens der Zivilrechtsordnung finden sich im Recht über die direkten Steuern des Bundes, wie auch im Steuerharmonisierungsgesetz, Normen betreffend die steuerliche Behandlung der Umstrukturierung von Unternehmen (vgl. Art. 19 und 61 DBG und Art. 8 Abs. 3 und 24 Abs. 3 StHG).

Danach werden stille Reserven nicht besteuert, wenn die Steuerpflicht in der Schweiz fortbesteht[100] und die für die Einkommens- oder Gewinnsteuer massgeblichen Werte übernommen werden, bei der **Umwandlung** einer Personengesellschaft in eine andere Personengesellschaft sowie der Umwandlung einer Kapitalgesellschaft oder Genossenschaft in einer andere Kapitalgesellschaft oder Genossenschaft, sofern der Geschäftsbetrieb unverändert weitergeführt wird[101] und die Beteiligungsverhältnisse (wert- nicht quotenmässig) grundsätzlich gleich bleiben[102].

Gleiches gilt beim **Zusammenschluss** durch Übertragung sämtlicher Aktiven und Passiven[103] einer Personenunternehmung auf eine andere Personenunternehmung oder auf eine juristische Person, von einer Kapitalgesellschaft oder Genossenschaft auf eine andere Kapitalgesellschaft oder Genossenschaft.

Schliesslich ist auch die **Aufteilung** einer Unternehmung durch Übertragung von in sich geschlossenen Betriebsteilen einer Personenunternehmung auf eine andere Personenunternehmung oder juristische Person und einer Kapitalgesellschaft oder Genossenschaft auf eine andere Kapitalgesellschaft oder Genossenschaft steuerneutral möglich, wenn die übernommenen Geschäftsbetriebe unverändert weitergeführt werden.

Mit diesen gesetzlichen Umschreibungen sind zwar für die Personengesellschaften sämtliche Umwandlungsvarianten abgedeckt, für Kapitalgesellschaften dagegen nicht. Insbesondere fehlt die Möglichkeit der Umwandlung einer Kapitalgesellschaft in eine juristische Person, die nicht selber eine Kapitalgesellschaft ist und auch diejenige der Umwandlung in eine Perso-

---

[99] Ausgangspunkt dieser Praxis stellt ein Urteil des Bundesgerichts dar (vgl. BGE 115 II 415ff.).

[100] Dem Fiskus muss also die spätere steuerliche Abrechnung über die stillen Reserven erhalten bleiben. Eine Umwandlung über die Landesgrenze hinweg ist somit nie steuerneutral möglich, dagegen ist diese Möglichkeit über die Kantonsgrenze hinweg jederzeit gegeben.

[101] Damit werden bloss Massnahmen ausgeschlossen, welche Liquidationscharakter haben. Es muss sich um eine Reorganisation handeln.

[102] Unschädlich sind wohl unwesentliche Veränderungen, wobei hier heute von einer Toleranz von 10% gesprochen wird. Insgesamt ist dieses Kriterium für die steuerneutrale Abwicklung einer Umwandlung stark bestritten (vgl. *Spori* in *Höhn/Athanas,* aaO, S. 301ff. mit Hinweisen).

[103] Eine bloss partielle Übertragung von Aktiven und/oder Passiven genügt nicht, ein solcher Sachverhalt wäre unter den Vorschriften der Aufteilung einer Unternehmung zu würdigen.

nengesellschaft[104]. Auch die Aufteilung einer Kapitalgesellschaft mit Übertragung eines Teils auf eine Personengesellschaft ist nicht geregelt und somit nicht steuerneutral realisierbar.

Betreffend die steuerliche Behandlung von allfällig aus einer Fusion resultierender Fusionsverluste oder -gewinne wird auf die Ausführungen in der Spezialliteratur verwiesen[105]. Gleiches gilt bezüglich der Einzelheiten der unterschiedlichen steuerlichen Behandlung der horizontalen (Abspaltung in Tochtergesellschaft, regelmässig steuerneutral möglich) und vertikalen (Abspaltung in Schwestergesellschaft, nur unter bestimmten Bedingungen steuerneutral möglich) Unternehmensteilung und der Voraussetzungen bezüglich der Natur eines sog. geschlossenen Betriebsteils[106].

2. Bundesgesetz über die Fusion-, Umwandlung und Abspaltung

Zur Zeit befindet sich ein Gesetzesentwurf im Parlament welcher bezweckt, die rechtlichen Voraussetzungen für die Umgestaltung von Personen- und Kapitalgesellschaften zu schaffen. Damit einher geht eine Revision des geltenden Steuerrechts indem zeitgleich die steuerlichen Voraussetzungen dafür geschaffen werden sollen, dass derartige Umwandlungen nicht unnötig mit Abgaben belastet werden. Als Leitlinie liegt der Anpassung der Steuerordnung der Gedanke zu Grunde, dass für sämtliche zivilrechtlich vorgesehenen Umstrukturierungsmöglichkeiten dann ein **Steueraufschub** geschaffen werden soll, wenn die Steuerpflicht in der Schweiz weiterbesteht. Zudem soll immer dann, wenn eine steuerneutrale Umstrukturierung von Unternehmungen möglich ist, die Steuerneutralität auch auf der Stufe der an der Umstrukturierung beteiligten Personen gelten. Im einzelnen sollen die folgenden Postulate verwirklicht werden:

- Die Möglichkeit stille Reserven im Zuge einer Umstrukturierung ohne Steuerfolgen zu übertragen, sollte nicht nur den Kapitalgesellschaften und den Genossenschaften, sondern **sämtlichen juristischen Personen**, dh. auch den Vereinen und den Stiftungen eingeräumt werden.
- Alle Steueraufschubtatbestände sollten nicht bloss bei den Einkommens- oder den Gewinnsteuern, sondern auch bei den **Grundstückgewinnsteuern** greifen. Dies gilt insbesondere für die vorgesehene Fusion und Spaltung von Personalfürsorgeeinrichtungen.
- Der mit einer Fusion oder einem fusionsähnlichen Zusammenschluss einhergehende Beteiligungsaustausch sollte auf der Stufe des Aktionärs (na-

---

[104] Vgl. jedoch Entwurf StG des Kantons Bern vom 28. Juni 1998, Art. 88 Abs. 1 lit. a.

[105] Vgl. insbesondere *Spori* in *Höhn/Athanas,* aaO, S. 305 f., *Gurtner,* Zur Steuerlichen Behandlung von Fusionsverlusten, in FS Zuppinger, S. 353 ff., *Masshardt,* Wehrsteuerkommentar, S. 344, *Reich,* Unternehmensumstrukturierungen im schweizerischen Steuerrecht, § 28, N 606.

[106] Vgl. *Spori* in *Höhn/Athanas,* aaO, S. 307 ff., *Känzig,* aaO, N 305, *Rouiller,* Unternehmensteilungen, ASA 56 303 ff., *Reich,* aaO, N 687 ff., *Masshardt,* aaO, N 31 zu Art. 53, *Böckli,* aaO, S. 376 ff. und *Cagianut/Höhn,* aaO, S. 645.

türliche Person mit Beteiligung im Geschäftsvermögen oder juristische Person) nicht zu einer Kapitalgewinnbesteuerung führen.

- Stille Reserven sollten grundsätzlich auch bei der im Rahmen einer konzerninternen Umstrukturierung vorgenommenen Übertragung von Beteiligungen oder von Betrieben nicht besteuert werden.
- Die Möglichkeit der steuerneutralen Spaltung sollte auch den Immobilien- und den Holdinggesellschaften gewährt werden.
- Der Erwerb des Holdingstatus (sog. Statuswechsel) sollte von den Kantonen nicht zum Anlass einer steuersystematischen Besteuerung der stillen Reserven auf den Beteiligungen genommen werden.
- Durch die Umstrukturierung bedingte Nennwerterhöhungen und Einkünfte aus Ausgleichszahlungen sollten beim (privaten) Aktionär keine Einkommensbesteuerung auslösen.

VI. Mehrwertsteuer

Nachdem das Mehrwertsteuerrecht nach üblichem unternehmerischem Verständnis keine eigentliche Steuer darstellt (angesichts des Überwälzungscharakters der Steuer handelt es sich eigentlich bloss um eine Liquiditätsfrage), ist vorab darauf hinzuweisen, dass dem Recht der schweizerischen Mehrwertsteuer diese Konsequenz in weiten Bereichen (noch) nicht zukommt. Vielmehr ist das Recht der Mehrwertsteuer in der Schweiz insofern erwähnenswert, als es von den Normen gemäss der 6. Richtlinie der EU und damit insbesondere vom deutschen Umsatzsteuerrecht doch recht erheblich abweicht. So wird die subjektive Steuerpflicht nicht mit der Unternehmereigenschaft begründet, sondern durch eine jährliche Umsatzgrenze aus gewerblicher Leistungserbringung von CHF 75.000. Zudem wird die Lieferung von den sonstigen Leistungen (Dienstleistungen) nachhaltig anders abgegrenzt, als im europäischen Umsatzsteuerrecht. Entsprechend ist auch der Ort der Erbringung einer Leistung fundamental anders geordnet[107]. Im internationalen Leistungsaustausch können sich daraus erhebliche Probleme aber auch nachhaltige Gewinnchancen eröffnen. Es ist jedenfalls anzuraten, vor Aufnahme einer gewerblichen Tätigkeit in der Schweiz auch die umsatzsteuerrechtliche Situation von einem Steuerfachmann überprüfen zu lassen.

---

[107] Mit der Inkraftsetzung des Bundesgesetzes über die Mehrwertsteuer (MWSTG) auf den 1. Januar 2001 hin wird der Grossteil der heute zum europäischen Umsatzsteuerrecht bestehenden Differenzen eliminiert werden.

C. Besteuerung von Kapitalvermögen und Liegenschaften

Alexander Filli

Übersicht

I. Einleitung

Die nachstehenden Ausführungen zur Besteuerung von Kapitalvermögen und Liegenschaften in der Schweiz beschränken sich auf die **natürlichen Personen**[1]. Im Zentrum der Betrachtung stehen damit die periodischen Einkommens- und Vermögenssteuern. Darüber hinaus bedarf die fiskalische

---

[1] Bei den hier nicht behandelten *juristischen Personen* bilden Kapitalgewinne auf beweglichem Vermögen bzw. Erträge des beweglichen Vermögens und von Liegenschaften Gegenstand des steuerbaren Geschäftsergebnisses. Kapitalgewinne auf Liegenschaften werden auf Bundesebene und in einigen Kantonen ebenfalls über die Gewinnsteuer erfasst, während eine Mehrzahl der Kantone hier eine spezielle Grundstückgewinnsteuer erhebt. Im letzteren Falle unterstehen nur die wiedereingebrachten Abschreibungen der Gewinnsteuer.

Behandlung von Kapitalgewinnen auf Kapitalvermögen einerseits und auf Liegenschaften anderseits einer detaillierteren Darstellung.

Das per 1. Januar 2001 in allen Kantonen verbindlich umzusetzende und im Anh. zu diesem Werk wiedergegebene Bundesgesetz über die Harmonisierung der direkten Steuern der Kantone und Gemeinden (StHG) wird in den vorliegend interessierenden Fragen zu keiner wesentlichen Neuorientierung führen und insbesondere die *„Tarifautonomie"* der kantonalen Steuergesetzgeber in keiner Weise einschränken.

Im folgenden werden zunächst die Grundzüge der kantonalen **Vermögenssteuer** dargestellt. Einen breiten Raum nehmen sodann die **einkommenssteuerrechtlichen Ausführungen** ein, zumal hier einige schweizerische Besonderheiten zu erläutern sind (Eigenmietwertbesteuerung, Abgrenzung Kapitalertrag/Kapitalgewinn, Nennwertprinzip). Nicht zuletzt aufgrund ihrer Bedeutung in grenzüberschreitenden Fragen ist auch die **eidgenössische Verrechnungsteuer** (Quellensteuer) kurz darzustellen. Die Belastungstabellen im Anh. schliesslich zeigen einmal mehr, wie weit die Steuerbelastungsschere in der Schweiz bis heute geblieben ist.

II. Auswirkungen der Vermögens- und Einkommensteuer auf Kapitalvermögen und Liegenschaften bzw. deren Ertrag

1. Vermögenssteuer

Sämtliche Kantone, nicht jedoch der Bund, erheben eine allgemeine Vermögenssteuer von natürlichen Personen. Gem. Art. 2 Abs. 1 lit. a StHG sind sie dazu auch im Zeitalter der allgemeinen Einkommensbesteuerung ausdrücklich verpflichtet, obschon verschiedentlich Zweifel an der Zeitgerechtigkeit dieser *„Ergänzungsabgabe"* geäussert worden sind[2]. Das StHG setzt im übrigen in Art. 13f. auch den Rahmen für die Vermögenssteuer. Danach gilt insbesondere folgendes:

- Der Vermögenssteuer unterliegt mit Ausnahme des Hausrates und persönlicher Gebrauchsgegenstände das gesamte Vermögen unter Berücksichtigung der Schulden;
- das Vermögen wird zum Verkehrswert bewertet, wobei der Ertragswert angemessen berücksichtigt werden kann;
- Geschäftsvermögen (mit Ausnahme von Liegenschaften und Wertschriften) wird zum für die Einkommenssteuer massgeblichen Wert erfasst, dh. zum Buchwert zuzüglich versteuerte stille Reserven[3].

Relativ einfach gestaltet sich die Wertfestsetzung bei Wertschriften. Sind diese börsenkotiert, wird auf die jährlich von der Eidg. Steuerverwaltung

---

[2] Vgl. dazu statt vieler *Blumenstein/Locher,* System des Steuerrechts, Zürich, 1992, S. 138ff. und *Höhn/Waldburger*, Steuerrecht Band I., Bern, Stuttgart, Wien, 1997, S. 379f. mit zahlreichen Hinweisen.

[3] ZB steuerlich nicht anerkannte Abschreibungen.

publizierte amtliche Kursliste abgestellt, welche wiederum auf dem Durchschnittskurs des vorangehenden Dezembers basiert. Für nicht kotierte Wertschriften dient die von der Konferenz staatlicher Steuerbeamter und der Eidg. Steuerverwaltung gemeinsam ausgearbeitete *Wegleitung zur Bewertung von Wertpapieren ohne Kurswert für die Vermögenssteuer* (Ausgabe 1995). Dabei wird der Substanzwert der Unternehmung in der Regel einfach, der Ertragswert dagegen doppelt gewichtet.

Rückkaufsfähige Lebensversicherungen (Kapital- und Rentenversicherungen) unterliegen ebenfalls der Vermögenssteuer und zwar nach Massgabe des jeweiligen Rückkaufswertes.

Die Wertfestsetzung für Mietliegenschaften erfolgt idR durch Kapitalisierung der Mieterträge. Selbstgenutzte Liegenschaften dagegen werden für die Belange der Vermögenssteuer traditionell mehr oder weniger deutlich unter dem Verkehrswert eingeschätzt, wobei die kantonalen Unterschiede hier teilweise recht frappant sind.

Dem Postulat der Besteuerung nach der wirtschaftlichen Leistungsfähigkeit entspricht die umfassende Berücksichtigung von Schulden, dh. es wird nur das Nettovermögen – zusätzlich gekürzt um kantonal unterschiedliche Freibeträge[4] – besteuert.

Eine eigentliche schweizerische Besonderheit bildet das im interkantonalen Verhältnis entwickelte und von der Schweiz auch auf internationale Tatbestände angewandte System der **proportionalen** Schulden- und Schuldzinsenverlegung. Der hiesige Fiskus geht demnach vereinfachend von einem identischen Verschuldungsgrad eines jeden Aktivums aus. Der Bundesrepublik Deutschland ist diese Betrachtungsweise fremd; sie nimmt eine **objektmässige** Schulden- und Schuldzinsenverlegung vor. Die diametral divergierenden Ansätze sind Ursache dafür, dass einschlägige Fragen in keinem von der Schweiz abgeschlossenen Doppelbesteuerungsabkommen eine Regelung gefunden haben. Ein Umstand, der ebenso zur Doppelbesteuerung als auch zu für den Steuerpflichtigen profitablen Lücken führen kann, nämlich durch Abzug von Schulden und Schuldzinsen in beiden involvierten Staaten. Folgendes *Beispiel* möge die Problematik der unterschiedlichen Schulden- und Schuldzinsenverlegung im Verhältnis Schweiz/Deutschland verdeutlichen:

Ein Steuerpflichtiger mit Wohnsitz in der Schweiz und einem Gesamtvermögen von CHF 5 Mio. besitzt in Deutschland eine Liegenschaft mit einem Verkehrswert von CHF 1 Mio. Die Liegenschaft ist mit einer Hypothek von (umgerechnet) CHF 500.000,– belastet, wofür ein jährlicher Zins von (umgerechnet) CHF 40.000,– (8%) anfällt. Die Unterhaltskosten der Liegenschaft betragen jährlich (umgerechnet) CHF 15.000,–. Das Reineinkommen beläuft sich auf CHF 300.000,–, wovon (umgerechnet) CHF 45.000,– auf Liegenschaftsertrag in Deutschland entfallen. Aus der Schulden- und Schuldzinsenrepartition Schweiz/Deutschland ergibt sich folgendes Ergebnis:

---

[4] Die Freibeträge liegen je nach Kanton zwischen CHF 20.000,– bis CHF 100.000,– für Alleinstehende bzw. zwischen CHF 40.000,– und CHF 160.000,– für Verheiratete.

	Schulden-übernahme		Schuld-zinsenüber-nahme		Liegen-schafts-unterhalt	
D	500.000,–	*(100%)*	40.000,–	*(100%)*	15.000,–	*(100%)*
CH	400.000,–	*(80%)*	32.000,–	*(80%)*	0	*(0%)*
		180%		*180%*		*100%*

In diesem Falle profitiert der Steuerpflichtige in beträchtlichem Masse von der unterschiedlichen Methodik der beiden involvierten Staaten. Die umgekehrte Konstellation ist allerdings ebenso denkbar. Wäre in unserem Beispiel die deutsche Liegenschaft unbelastet, der in der Schweiz wohnhafte Eigentümer jedoch Darlehensschuldner im Umfange von CHF 500.000,– und mit nämlicher Zinsbelastung, sähe die vermögens- und einkommensmässig identische Situation steuerlich wie folgt aus:

	Schulden-übernahme		Schuld-zinsen-übernahme		Liegen-schafts-unterhalt	
D	0	(0%)	0	(0%)	15.000,–	(100%)
CH	400.000,–	(80%)	32.000,–	(80%)	0	(0%)
		80%		80%		100%

In den meisten Kantonen wird das steuerbare Vermögen jeweils per 1. Januar eines ungeraden Jahres für die nachfolgenden zwei Kalenderjahre festgelegt. Bei substantiellen Vermögensveränderungen aufgrund von im Gesetz abschliessend geregelten Umständen (zB Erbschaften, Schenkungen) können sogenannte **Zwischentaxationen** vorgenommen werden, dh. es erfolgt eine aktualisierte Veranlagung während der laufenden Steuer- und Veranlagungsperiode.

Die Vermögenssteuersätze sind kantonal sehr unterschiedlich. Sie erreichen in einigen Kantonen fast die (unter Berücksichtigung der Vermögensertragsbesteuerung erst recht problematische) 1%-Grenze[5].

2. Einkommenssteuer auf dem Vermögensertrag

Der **Vermögensertrag** ist sowohl auf kantonaler als auch auf eidgenössischer Ebene (direkte Bundessteuer) Bestandteil des steuerbaren Einkommens. Dabei rechtfertigt sich nachfolgend eine gesonderte Betrachtung des Ertrages auf unbeweglichem Vermögen einerseits bzw. auf beweglichem Vermögen anderseits.

2.1. Ertrag aus unbeweglichem Vermögen

Wird unbewegliches Vermögen vermietet/verpachtet oder auf andere Weise Dritten entgeltlich zur Verfügung gestellt (zB kraft eines Baurechtes), hat der Eigentümer die entsprechenden Erträgnisse als Einkommen zu ver-

---

[5] Besonders unvorteilhafte Steuersätze kennen zB die Kantone Basel-Stadt, Basel-Landschaft, Waadt und Genf; vgl. dazu III. Anhang Übersicht 2.

steuern. Gleichzeitig steht es ihm zu, die mit dem Objekt verbundenen Auslagen (insbesondere Unterhaltskosten[6] und allfällige Hypothekarzinsen[7]) als Aufwand geltend zu machen, dh. er versteuert nur den Nettoerlös.

Ein steuerliches Dauerthema bildet die sog. **Eigenmietwertbesteuerung** selbstgenutzter Liegenschaften. Dem Grundeigentümer wird im Sinne eines Naturaleinkommens ein Nutzungswert als Bestandteil des steuerbaren Einkommens angerechnet. Mit der Benutzung eigenen Wohnraumes – so wird argumentiert – erspare sich der Eigentümer eine andernfalls unerlässliche Ausgabe, nämlich die Miete. Müsste der Liegenschaftseigentümer den Nutzen, den er aus dem selbstgenutzten Heim zieht, nicht als Einkommen versteuern, so bliebe der Ertrag des investierten Eigenkapitals unbelastet. Kann der Eigentümer – wie dies in der Schweiz üblich ist – noch dazu die gesamten Hypothekarzinsen und die Liegenschaftsunterhaltskosten vom erzielten Gesamteinkommen steuerlich absetzen, resultiert daraus ein weiteres Ungleichgewicht im Verhältnis zum Mieter, zumal dessen Mietzins nicht steuermindernd berücksichtigt wird. Nicht zuletzt aus diesen Überlegungen hat das Schweizerische Bundesgericht mit Entscheid vom 9. Dezember 1986[8] eine im Kanton St. Gallen eingereichte Volksinitiative zur Abschaffung der Eigenmietwertbesteuerung als Verstoss gegen das Rechtsgleichheitsgebot von Art. 4 der Schweizerischen Bundesverfassung gewertet und für **ungültig erklärt.** Das Bundesgericht äusserte zugleich, dass ein Verzicht auf die Eigenmietwertbesteuerung auch eine Ungleichbehandlung gegenüber den Einkünften aus vermieteten Liegenschaften, deren Ertrag versteuert werden müsse, sowie unter den Liegenschaftseigentümern selbst bedeute, je nachdem, ob ihre Liegenschaft mehr oder weniger hypothekarisch belastet sei. Werde das Wohneigentum durch Eigenkapital und nicht durch Fremdkapital (Hypotheken) finanziert, so das Bundesgericht im genannten Entscheid, profitiere der wohlhabende Hausbesitzer, zumal die *„Früchte"* seines investierten Eigenkapitals der Vermögensertragsbesteuerung entgingen.

Nachdem auch das StHG in Art. 7 Abs. 1 eine Besteuerung des Eigenmietwertes vorschreibt, dreht sich die Diskussion seit einigen Jahren hauptsächlich um die *„richtige"* Festlegung desselben. Während für die direkte Bundessteuer von einer Marktmiete (unter Berücksichtigung der lokalen Besonderheiten) ausgegangen wird, gebärden sich zahlreiche Kantone – wohl nicht zuletzt aus psychologischen Gründen[9] – moderater. Der kantonal

---

[6] Von den Unterhaltskosten streng zu unterscheiden sind die wertvermehrenden Aufwendungen. Diese werden in der Regel nur im Rahmen einer allfälligen Kapitalgewinnbesteuerung berücksichtigt, indem der steuerlich relevante Einstandswert entsprechend erhöht wird (vgl. dazu nachfolgend, Ziff. III.). Ungeachtet ihres wertvermehrenden Charakters werden *umweltfreundliche Investitionen* (wie Isolationsmassnahmen etc.) im Sinne einer *Lenkungsmassnahme* teilweise zum einkommenssteuerlich relevanten *„Unterhalt"* gerechnet.

[7] Nicht zum Abzug zugelassen werden auf Bundesebene und in etwa der Hälfte der Kantone die sogenannten *Baukreditzinsen.*

[8] BGE 112 I a S. 240 ff.

[9] Der emotionale Widerstand der Liegenschaftseigentümer gegen diese vielfach als ungerecht betrachtete Besteuerung von angeblich *„fiktivem"* Einkommen ist weit

massgebliche Eigenmietwert liegt in der Regel recht deutlich unter dem am Markte effektiv erzielbaren Mietzins, wobei auch hier regional beträchtliche Unterschiede bestehen.

2.2. Ertrag aus beweglichem Vermögen

Während die Definition des steuerbaren Ertrages aus beweglichem *Sachvermögen*, dh. namentlich Einkünfte aus Vermietung, Nutzniessung oder sonstiger entgeltlicher Nutzung kaum je zu Problemen führt, liegen die Dinge beim **Kapitalvermögen** (einschliesslich Lebensversicherungen) wesentlich komplizierter. Dies rührt insbesondere daher, dass Kapitalgewinne auf beweglichem Privatvermögen in der Schweiz grundsätzlich steuerfrei sind[10], was wiederum dazu führt, dass der Fiskus den Kreis solcher Kapitalgewinne zugunsten einer möglichst weiten Definition des **Vermögensertrages** eng zieht. Im einzelnen rechtfertigt sich eine gesonderte Betrachtung von Erträgen aus Guthaben, von Erträgen aus Beteiligungen sowie Erträgen aus Anlagefonds.

2.2.1. Erträge aus Guthaben

Zinserträge aus Guthaben gehören zum steuerbaren Einkommen. Werden im Rahmen einer Forderungsabtretung vom Erwerber Marchzinsen bezahlt, so hängt die steuerliche Behandlung derselben davon ab, ob man das Vorliegen eines steuerbaren Vermögensertrages nach dem sog. **subjektiven Herkunftsprinzip** (Vermögensertrag ist nur, was vom Schuldner bezahlt wird) oder nach dem sog. **objektiven Herkunftsprinzip** definiert (Vermögensertrag sind alle Leistungen, die ihren Grund in der Hingabe von Kapital haben, gleichgültig ob der Schuldner oder ein Dritter sie erbringt). Für die direkte Bundessteuer gilt hinsichtlich Marchzinsen ersteres Prinzip, während auf kantonaler Ebene beide Lösungen anzutreffen sind[11].

Eine Besonderheit gilt bei der Veräusserung von **Obligationen mit überwiegender Einmalverzinsung**. Nach Art. 20 Abs. 1b DBG und den meisten kantonalen Steuergesetzen wird der *Veräusserungsgewinn* – soweit er wirtschaftlich einem Entgelt für aufgelaufenen, aber noch nicht fälligen Zinsanspruch entspricht – der Einkommenssteuer unterworfen. Da laufend neue Finanzierungsinstrumente geschaffen werden, ist eine abschliessende Aufzählung von *Obligationen mit überwiegender Einmalverzinsung* nicht möglich. Nach einem entsprechenden Kreisschreiben der Eidg. Steuerverwaltung[12] gehören insbesondere dazu:

---

verbreitet. Dies wohl nicht zuletzt deshalb, weil die Nutzung anderer Güter zu keiner analogen steuerlichen Erfassung führt und zwar auch dann nicht, wenn eine Fremdfinanzierung mit gleichzeitigem Schuldzinsenabzug im Spiele steht. Als unterste Grenze des Eigenmietwertes gilt heute eine Quote von 60% der Marktmiete.

[10] Vgl. unten, Ziff. III.

[11] Vgl. dazu *Locher*, Abgrenzung von Kapitalgewinn und Kapitalertrag im Bundessteuerrecht, in „recht" 1990, S. 109ff. sowie *Höhn*, Die Abgrenzung von Vermögensertrag und Kapitalgewinn im Einkommenssteuerrecht, ASA 50, S. 529ff.

[12] Kreisschreiben der Eidg. Steuerverwaltung Nr. 6 vom 15. Dezember 1992.

- Zero-Bonds bzw. Discount-Bonds mit wesentlicher Unterpari-Emission und in der Regel Rückzahlung zu pari;
- globalverzinsliche Obligationen (zB deutsche Sparbriefe);
- Obligationen mit nicht marktkonformer jahresperiodischer Verzinsung und festem Rückzahlungsagio.

Vereinfacht ausgedrückt liegt eine überwiegende Einmalverzinsung vor, wenn die periodische Verzinsung weniger als die Hälfte der Gesamtrendite ausmacht, wobei die periodische Verzinsung in Beziehung zum Emissionspreis (und nicht etwa zum Nennwert) zu setzen ist.

Im Sinne einer Sonderregelung ebenfalls als Zins steuerbar sind auf Bundesebene[13] und in einer zunehmenden Zahl der Kantone ausbezahlte Erträge aus rückkaufsfähigen Kapitalversicherungen mit Einmalprämie im Erlebensfall oder bei Rückkauf, ausser wenn diese Kapitalversicherungen der Vorsorge dienen. Als der Vorsorge dienend gilt die Auszahlung der Versicherungsleistung ab dem vollendeten 60. Altersjahr des Versicherten aufgrund eines mindestens fünfjährigen Versicherungsverhältnisses.

2.2.2. Erträge aus Beteiligungen

Zu den steuerbaren Beteiligungserträgen werden zunächst alle offen ausgewiesenen Dividenden gezählt. Aufgrund des sog. **Nennwertprinzips** hat der Anteilseigner sodann jegliche Leistung der Gesellschaft, die sich weder als Schuldenrückzahlung noch als Rückzahlung von nominellem Gesellschaftskapital (Aktienkapital, Stammkapital, Genossenschaftskapital, Partizipationskapital, Genussscheinkapital) darstellt, als Einkommen zu versteuern. Dies wirkt sich insbesondere bei der Liquidation einer Kapitalgesellschaft aus und kann im Einzelfall massive Steuerfolgen auslösen. Das Nennwertprinzip steht in engem Zusammenhang mit der bereits erwähnten Steuerfreiheit der Kapitalgewinne auf beweglichem Privatvermögen[14].

Ebenfalls der Einkommenssteuer unterstehen verdeckte Gewinnausschüttungen jedwelcher Art, dh. Rechtsgeschäfte zwischen Gesellschaft und Anteilseigner zu nicht marktkonformen Konditionen[15].

Von besonderer Bedeutung ist die Tatsache, dass in der Schweiz keinerlei Anrechnung der von der Gesellschaft bezahlten Körperschaftsteuern (in der Schweiz überwiegend Gewinnsteuer genannt) an die Einkommenssteuer auf dem Vermögensertrag erfolgt. Es gilt somit das Prinzip der (teilweise äusserst unvorteilhaften) **wirtschaftlichen Doppelbelastung ausgeschütteter Gewinne**. Selbst unter Berücksichtigung der gegenüber Deutschland

---

[13] Vgl. Art. 20 Abs. 1 a DBG.

[14] Die umfassende Geltung des Nennwertprinzips wird seit Inkraftsetzung des DBG per 1. Januar 1995 zunehmend in Frage gestellt. Auf kantonaler Ebene gelten teilweise differenziertere Lösungen. Vgl. dazu statt vieler *Reich*, Vermögensertragsbegriff und Nennwertprinzip, in *Steuerrecht*, Festschrift zum 65. Geburtstag von Ernst Höhn, Bern, Stuttgart, Wien, 1995, S. 255 ff.

[15] Nicht marktkonforme Darlehensverzinsung; übersetzter Lohn resp. Spesen an den Anteilseigner; nicht marktkonformer Mietzins usw.

moderaten Steuersätze auf Stufe Gesellschaft/Eigner kann sich aus der Kumulation von Gewinn- und Einkommenssteuer eine Belastung von weit über 50% ergeben.

Das in der Schweiz nach wie vor hochgehaltene Nennwertprinzip hat – zusammen mit der Steuerfreiheit der Kapitalgewinne auf beweglichem Privatvermögen – zu einer Reihe von teilweise massiv kritisierten fiskalischen Konsequenzen geführt. Deren nähere Darstellung würde den Rahmen des vorliegenden Beitrages bei weitem sprengen. Die mit einschlägigen Erscheinungen einhergehenden Steuerfolgen bzw. Risiken rechtfertigen jedoch eine stichwortartige Übersicht:

Liquidation einer Kapitalgesellschaft: Wie bereits angetönt, wird der Liquidationserlös – soweit er das nominelle Kapital übersteigt – als Vermögensertrag behandelt und der Einkommenssteuer unterworfen[16]. Diese latente Einkommenssteuerlast muss der Erwerber einer Kapitalbeteiligung bei der Preisfestlegung bedenken.

Gratiskapitalerhöhung: Erhöht eine Gesellschaft ihr nominelles Kapital aus Reservemitteln, löst dies aufgrund des Nennwertprinzips auf Bundesebene und in einer Mehrheit der Kantone die Einkommenssteuer aus, obschon dem Anteilsinhaber weder etwas zufliesst noch eine anderweitige Bereicherung ersichtlich ist[17].

Mantelhandel: Als Mantelhandel wird die Veräusserung einer in liquide Form gebrachten Gesellschaft betrachtet. Steuerlich wird eine solche Transaktion wie eine Liquidation und Neugründung behandelt. Für den Veräusserer hat dies eine Einkommensbesteuerung im Umfange der Differenz Kaufpreis/Nennwert zur Folge[18].

Weitere Problemfälle: Steuerliche Risiken bestehen bei Einbringung einer Beteiligung in eine vom Einleger beherrschte Gesellschaft, sofern als Gegenleistung Beteiligungsrechte mit insgesamt höherem Nennwert ausgegeben oder eine über dem Nennwert der eingebrachten Beteiligungsrechte liegende Forderung gutgeschrieben wird. Man spricht hier von einer sogenannten **Transponierung**[19]. Auch die Einbringung von Beteiligungsrechten in eine sogenannte **Erbenholding** (von künftigen Erben beherrschte Gesellschaft) kann unter diesem Titel Steuern auslösen. Ungemach droht des weiteren, wenn eine im Privatvermögen gehaltene Beteiligung mit hohen, nicht betriebsnotwendigen Reserven an einen buchführungspflichtigen Käufer veräussert wird und dieser zwecks Bezahlung des Kaufpreises die Reservemittel des Kaufobjektes heranzieht; ferner dann, wenn der Käufer zahlungshalber Darlehensschulden des Verkäufers gegenüber der veräusserten Gesellschaft übernimmt. Diese Erscheinungen werden als **indirekte Teilliquidation** bzw. **direkte Teilliquidation** bezeichnet.

---

16 Zur Eidg. Verrechnungssteuer vgl. unten, Ziff. IV.

17 Zur Eidg. Verrechnungssteuer vgl. unten, Ziff. IV.

18 Auch hinsichtlich der Eidg. Verrechnungssteuer wird der Mantelhandel wie eine Liquidation behandelt.

19 Vgl. statt vieler *Böckli*, Die Transponierungstheorie – eine systemwidrige Rechtsfolge, in ASA 57, S. 241 ff. mit zahlreichen Hinweisen.

2.2.3. Erträge aus Anlagefonds

Beim Anlagefonds handelt es sich um ein aufgrund öffentlicher Werbung von Kapitalanlegern mit dem Ziel der kollektiven Kapitalanlage aufgebrachtes, durch eine Fondsleitung nach dem Grundsatz der Risikoverteilung treuhänderisch verwaltetes Sondervermögen. Dem Anlagefonds kommt in der Schweiz keine Rechtspersönlichkeit zu. Der Anleger kann den Anlagevertrag jederzeit widerrufen und die Auszahlung seiner Beteiligung am Fondsvermögen verlangen.

Leistungen aus Anlagefonds werden beim Anteilsinhaber insoweit als Vermögensertrag der Einkommenssteuer unterworfen, als sie nicht auf Kapitalgewinne zurückzuführen sind. Dies gilt unabhängig davon, ob der Fonds die erwirtschafteten Mittel ausschüttet oder reinvestiert (sogenannte Wertzuwachs-Anlagefonds). In der bereits erwähnten Kursliste der Eidg. Steuerverwaltung werden die Fondsleistungen fallbezogen in steuerbare Vermögenserträge und steuerfreie Kapitalgewinne unterteilt. Der Überschuss bei Rückzahlung zufolge Kündigung des Kollektivanlagevertrages wird als (steuerfreier) Kapitalgewinn aufgefasst.

Analog den Erträgen aus Anlagefonds werden übrigens auch die Einkünfte aus **Luxemburger Sicav-Fonds** behandelt[20].

3. Hinweise zur Einkommenssteuerbelastung

Die einkommenssteuerrelevanten Ausführungen bedürfen ergänzend einiger Hinweise zur Steuerbelastung. Dem föderalistischen System der Schweiz entsprechend, wird die Einkommenssteuer natürlicher Personen auf drei Ebenen erhoben, nämlich auf Bundesebene, auf kantonaler sowie auf kommunaler Ebene. Die Steuersätze sind **progressiv** ausgestaltet und erreichen für die direkte Bundessteuer einen Maximalsatz von 11,5%. Da die Steuerbelastung unter den Kantonen (teilweise auch unter den Gemeinden im selben Kanton) sehr stark variiert, ist die Wahl des Wohnsitzes von erheblicher fiskalischer Relevanz. Es wird im Ausland oft verkannt, dass sich die maximalen Einkommenssteuersätze in der Schweiz (ohne Einrechnung der Sozialabgaben auf dem Erwerbseinkommen) um 40% bewegen können[21]!

III. Besteuerung von Kapitalgewinnen

1. Übersicht

Die Übersicht über die Besteuerung von Kapitalvermögen und Liegenschaften in der Schweiz wäre unvollständig ohne eine Darstellung der

---

[20] Vgl. Kreisschreiben der Eidg. Steuerverwaltung Nr. 10 vom 6. Mai 1994. Luxemburgische Sicav-Fonds sind übrigens gem. Art. 28 des Doppelbesteuerungsabkommens zwischen der Schweiz und Luxemburg von den Abkommensvorteilen ausgeschlossen.

[21] Einen Überblick über die Steuerbelastung gibt III. Anhang Übersicht 1.

steuerlichen Behandlung von Veräusserungsgewinnen. Gerade in dieser Hinsicht gestaltet sich die Situation sehr uneinheitlich. Zu unterscheiden ist einerseits zwischen **beweglichem** und **unbeweglichem** Vermögen und anderseits zwischen **Privatvermögen** und **Geschäftsvermögen**.

1.1. Steuerliche Behandlung von Kapitalgewinnen auf unbeweglichem Privatvermögen

Auf Bundesebene bleiben Kapitalgewinne aus der Veräusserung von Objekten des Privatvermögens regelmässig steuerfrei. Sämtliche Kantone dagegen erheben auf der Differenz zwischen Einstandswert (zuzüglich wertvermehrenden Investitionen) und Veräusserungserlös eine **Grundstückgewinnsteuer**. Deren Ausgestaltung (Steuerbelastung, Berücksichtigung der Besitzesdauer, Steueraufschubtatbestände etc.) unterscheidet sich von Kanton zu Kanton wiederum recht erheblich. Massiv belastet werden in der Regel kurzfristige Spekulationsgewinne.

1.2. Steuerliche Behandlung von Kapitalgewinnen auf unbeweglichem Geschäftsvermögen

Gehören Liegenschaften zum Geschäftsvermögen[22], werden im Falle einer Veräusserung bzw. Überführung ins Privatvermögen (sog. Privatentnahme) der Buchgewinn bzw. die stillen Reserven auf Bundesebene als **Einkommen** besteuert.

Auf kantonaler Ebene finden sich zwei Systeme: Teilweise folgen die Kantone derselben Lösung wie der Bund, teilweise erheben sie auch auf Objekten des unbeweglichen Geschäftsvermögens die **Grundstückgewinnsteuer**. Im letzteren Falle wird bei einer Veräusserung die Differenz zwischen Einstandswert und Buchwert (dh. die Abschreibungsquote) der Einkommensteuer, die Differenz zwischen Einstandswert und Veräusserungserlös dagegen der Grundstückgewinnsteuer unterworfen[23].

Ein **Steueraufschub** wird sowohl hinsichtlich Einkommenssteuer als auch Grundstückgewinnsteuer normalerweise dann gewährt, wenn ein Objekt des betriebsnotwendigen Anlagevermögens veräussert, jedoch innert kurzer Frist von in der Regel ein bis zwei Jahren durch ein gleichartiges Ersatzobjekt substituiert wird (sog. *Ersatzbeschaffung*). Die stillen Reserven werden diesfalls auf das Ersatzobjekt übertragen[24].

---

[22] Die Unterscheidung zwischen Geschäftsvermögen und Privatvermögen ist nicht immer einfach. Für das Vorliegen von Geschäftsvermögen sprechen insbesondere eine Bilanzierung des Vermögensobjektes, dessen geschäftliche Nutzung sowie eine allfällige Finanzierung aus Geschäftsmitteln.

[23] Die Privatentnahme führt bei diesem System lediglich zur Einkommensbesteuerung der Abschreibungsquote (siehe zur Grundstückgewinnsteuer Kap. II K II. 1).

[24] Die Ersatzbeschaffung ist heute allerdings noch mehrheitlich auf das jeweilige Kantonsgebiet beschränkt. Nach Art. 12 Abs. 4 StHG wird spätestens ab dem 1. Januar 2001 eine gesamtschweizerische Ersatzbeschaffung zugelassen.

1.3. Steuerliche Behandlung von Kapitalgewinnen auf beweglichem Privatvermögen

Wie bereits erwähnt, werden Kapitalgewinne auf beweglichem Privatvermögen in der Schweiz grundsätzlich **nicht besteuert**[25]. Auch die in Deutschland praktizierte Beteiligungsgewinnsteuer konnte sich hierzulande nie durchsetzen[26]. Aufgrund des wegen dieser *„Steuerlücke"* äusserst extensiv ausgelegten Vermögens*ertrags*begriffes werden – wie unter II.2.2 erwähnt – mitunter auch eindeutige Veräusserungsgewinne der Einkommenssteuer unterworfen. Generell empfiehlt es sich, die Steuerfolgen einer Beteiligungsveräusserung unter Berücksichtigung aller relevanten Umstände sorgfältig zu analysieren, zumal sich die Praxis laufend fortentwickelt[27].

1.4. Steuerliche Behandlung von Kapitalgewinnen auf beweglichem Geschäftsvermögen

Buchgewinne aus der Veräusserung von beweglichem Geschäftsvermögen unterliegen – steuerlich begünstigte Ersatzbeschaffung vorbehalten – der Einkommensteuer und zwar sowohl auf Bundesebene als auch in den Kantonen. Gleiches gilt hinsichtlich der stillen Reserven im Falle einer Überführung eines Objektes des beweglichen Geschäftsvermögens ins Privatvermögen.

IV. Eidgenössische Verrechnungsteuer

Die Eidg. Verrechnungssteuer[28] ist eine **Quellensteuer**, welche nebst hier nicht näher interessierenden Lotteriegewinnen und Versicherungsleistungen Erträge des beweglichen Kapitalvermögens erfasst. So unterliegen dieser Quellensteuer insbesondere die Zinsen auf von einem Inländer ausgegebenen Obligationen (einschliesslich Anlagefonds) und auf Kundenguthaben bei inländischen Banken sowie die Erträge aus inländischen Beteiligungen. Als steuerbarer Ertrag aus Beteiligungen gilt mit Ausnahme der Rückzahlung nominellen Kapitals jede geldwerte Leistung an die Beteiligten (oder

---

[25] Die (Wieder-) Einführung einer umfassenden Kapitalgewinnsteuer wird im Zeichen der Börsenhausse vermehrt diskutiert. Vgl. dazu *Filli*, Die Besteuerung der Kapitalgewinne im Spannungsfeld der realfiskalischen Gegebenheiten, in ASA, Bd. 66, S. 433 ff.

[26] Eine Beteiligungsgewinnsteuer kannten während einigen Jahren die Kantone St. Gallen und Wallis.

[27] In diesem Zusammenhang ist auch darauf hinzuweisen, dass der Verkauf einer Mehrheitsbeteiligung an einer Immobiliengesellschaft auf kantonaler Ebene in der Regel die Grundstückgewinnsteuer auslöst (sog. *wirtschaftliche Handänderung*, vgl. Kap. II K II. 1.7).

[28] Der Name rührt daher, dass Inländer, dh. in der Schweiz wohnende Personen, eine Verrechnung dieser Quellensteuer mit den Kantons- und Gemeindesteuern vornehmen können.

an Personen, welche diesen nahestehen), dh. nebst Dividenden auch Liquidationsüberschüsse, Gratisaktien sowie verdeckte Gewinnausschüttungen jeder Art. Es gilt mithin auch hier das bereits erwähnte Nennwertprinzip.

Der Steuersatz auf Kapitalerträgen liegt bei **35%**. Die Steuer ist vom Leistungsschuldner auf den Empfänger der steuerbaren Leistung (Gläubiger, Anteilsinhaber resp. Nahestehender) zu überwälzen, andernfalls sie hochgerechnet wird[29].

Hat der Empfänger der steuerbaren Leistung seinen Wohnsitz im Ausland, richtet sich die Rückerstattung nach einem allfälligen **Doppelbesteuerungsabkommen**. Im Verhältnis Schweiz-Deutschland erfolgt in Anwendung von Art. 11 DBA eine vollständige Erstattung der Verrechnungssteuer auf *Zinserträgen*, während in Anwendung von Art. 10 Abs. 2d DBA auf *Beteiligungserträgen* eine Entlastung von 35 % auf 15%[30] gewährt wird, wobei diese Restbelastung an die deutsche Einkommensteuer des Leistungsempfängers angerechnet wird. Auf diese Weise entfällt auch hier die Doppelbesteuerung. Zur Geltendmachung des Erstattungsanspruches bedarf es eines vom deutschen Finanzamt visierten Antragsformulares.

---

[29] *Beispiel*: Die X-AG erbringt ihrem Gesellschafter eine verdeckte Gewinnausschüttung im Werte von 100. Belastet die Gesellschaft den Anteilsinhaber nicht mit 35, hat sie der Eidg. Steuerverwaltung den Betrag von 53,8 abzuliefern (100 : 65 x 35).

[30] Handelt es sich beim Anteilseigner um eine deutsche Gesellschaft und liegt die Beteiligungsquote bei mindestens 20%, erfolgt eine Entlastung auf 5%; vgl. Art. 10 Abs. 2e DBA.

D. Besteuerung der Arbeitnehmereinkünfte in der Schweiz

Roger Iff

Übersicht

I. Einkünfte

1. Allgemeines

Aus systematischer Sicht unterscheidet das schweizerische Steuerrecht folgende Arten von Einkünften:
- Einkünfte aus unselbständiger oder selbständiger Erwerbstätigkeit
- Einkünfte aus beweglichem Vermögen
- Einkünfte aus unbeweglichem Vermögen
- Einkünfte aus Vorsorge
- übrige Einkünfte
- steuerfreie Einkünfte.

In den nachstehenden Ausführungen wird insoweit auf die einzelnen Arten eingetreten, als sie mit Blick auf die Besteuerung von Arbeitnehmereinkünften von Bedeutung sind. Die Erläuterungen lehnen sich dabei grundsätzlich an das **Bundesgesetz über die direkte Bundessteuer (DBG)** an, da im Rahmen der laufenden Harmonisierungsbestrebungen dieses Gesetz die Basis für die Anpassung der kantonalen Steuerordnungen bildet.

2. Einkünfte aus unselbständiger Erwerbstätigkeit

Einkommen aus Erwerbstätigkeit können begrifflich nur natürliche Personen erzielen, während bei juristischen Personen von Ertrag oder Gewinn die Rede ist. Das Erwerbseinkommen kann entweder aus selbständiger oder aus unselbständiger Erwerbstätigkeit erzielt werden. Diese Unterscheidung ist in der Schweiz insbesondere mit Blick auf den Anknüpfungsort sowie die Ermittlung der Bemessungsgrundlage von Bedeutung.

Merkmale der unselbständigen Erwerbstätigkeit bilden die Verpflichtungen des Erwerbtätigen, auf unbestimmte Zeit für den Arbeitgeber tätig zu sein, die Arbeit nach den Weisungen des Arbeitgebers zu verrichten und für Rechnung des Arbeitgebers gegen ein Entgelt zu arbeiten[1]. Dementsprechend gelten **alle wirtschaftlich mit einem Arbeitsverhältnis in Zusammenhang stehenden Leistungen** wie Lohn, Entschädigungen für Sonderleistungen, Überzeitentschädigung, Provisionen, Nacht- oder Schichtzulagen, Familien- und Kinderzulagen, Gratifikationen, Tantiemen, Trinkgelder, Heirats-, Geburts-, Orts- und Umzugszulagen, die Einräumung von Beteiligungsrechten, Prämienvergütungen an private Versicherungen oder andere Leistungen als Einkommen aus unselbständiger Erwerbstätigkeit. Grundsätzlich zählen auch **Spesenentschädigungen** zum steuerbaren Lohn. Es steht dem Arbeitnehmer frei, entweder die tatsächlichen Aufwendungen durch entsprechende Belege nachzuweisen oder die allgemeinen steuerlichen Pauschalen geltend zu machen. Abhilfe kann in einer solchen Situation allenfalls ein von der jeweiligen kantonalen Steuerverwaltung genehmigtes Spesenreglement schaffen, auf dessen Grundlage die vereinbarten Ansätze steuerfrei ausbezahlt werden können[2].

Die Intensität der Erwerbstätigkeit ist steuerlich unerheblich. Steuerbar sind auch Einkünfte aus **Nebenerwerbstätigkeiten** wie Vermittlungsprovisionen, Vergütungen für Referenten- oder Unterrichtstätigkeiten, für journalistische, künstlerische, wissenschaftliche oder sportliche Tätigkeiten, für die Leitung von Vereinen, für die Mitarbeit in Behörden usw.

Auch unverhältnismässig hohe Entgelte im Zusammenhang mit einem Arbeitsverhältnis gelten grundsätzlich als Erwerbseinkommen und nicht etwa als Schenkung. Es ist allerdings auf eine gewichtige Ausnahme hinzuweisen: Sofern der Lohnempfänger gleichzeitig Eigner der Kapitalgesellschaft ist, welche die Entschädigung erbringt, ist dem Aspekt der verdeckten Gewinnausschüttung die notwendige Aufmerksamkeit zu schenken. In einer

---

[1] Vgl. zum Ganzen *Agner/Jung/Steinmann,* Kommentar zum Gesetz über die direkte Bundessteuer, Schulthess Polygraphischer Verlag Zürich 1995, S. 63f., *Höhn/ Waldburger,* Steuerrecht Band II, Verlag Paul Haupt Bern, 8. Auflage 1999, S. 215f.

[2] Vgl. *Bosshard,* Die steuerliche Behandlung von Spesenvergütungen im Lohnausweis und im Veranlagungsverfahren, SteuerRevue 51 (1996), S. 557.

solchen Situation gelten nicht alle Entgelte als Erwerbseinkommen[3]; hier ist im Einzelfall denkbar, dass die Steuerbehörden einen Teil in Ertrag aus der Beteiligung umqualifizieren. Damit liegt eine **verdeckte Gewinnausschüttung** vor. Erkennen die Behörden auf eine solche, dann erfolgt nicht nur eine Aufrechnung auf Ebene der Kapitalgesellschaft, sondern eine nochmalige Besteuerung als Dividende auf Ebene des Empfängers, weil das schweizerische Steuerrecht für Dividenden bekanntlich eine gewollte doppelte Besteuerung kennt. Zu beachten ist schliesslich die Verrechnungssteuer, da geldwerte Leistungen der Verrechnungssteuer unterliegen[4].

Zu den Einkünften aus unselbständiger Erwerbstätigkeit gehören auch **Naturaleinkünfte**. Eine häufig vorkommende Art ist die Gewährung von Kost und Logis; andere Formen sind freie Benützung von Geschäftsautos für private Zwecke, Vorzugszinsen, Vorzugsmietzinsen (Mietzinsreduktion bei Hauswarttätigkeit) und vieles andere mehr. Derartige Einkünfte sind zum Marktwert als Einkommen zu versteuern. Die Eidg. Steuerverwaltung setzt hierfür regelmässig pauschale Ansätze fest[5].

3. Mitarbeiteraktien und Mitarbeiteroptionen[6]

Eine oft anzutreffende Art, die Angestellen zu entlöhnen, ist die Einräumung von Beteiligungsrechten in Form von Mitarbeiteraktien oder von Mitarbeiteroptionen. Der steuerlich relevante Zufluss liegt im Überlassen der Beteiligungsrechte **unter dem Verkehrswert**. Zu versteuern ist die Differenz zwischen Verkehrswert und Bezugspreis. Für die Festsetzung sind verschiedene Situationen zu unterscheiden:

Sofern der Mitarbeiter sofort frei über die ihm zugewiesenen Aktien verfügen kann, stellt die Differenz zwischen Verkehrswert und allfälligem Bezugspreis steuerbares Einkommen dar, bei unentgeltlicher Überlassung mithin also der zum Zeitpunkt des Überlassens massgebliche Verkehrswert. Sehr häufig werden die Beteiligungsrechte jedoch mit einer **Sperrfrist** versehen, vor deren Ablauf die Rechte nicht verkauft werden dürfen bzw. gesperrt bleiben. Dieser Tatsache trägt das Steuerrecht insofern Rechnung, als auf dem Verkehrswert ein Einschlag von 6% pro Sperrjahr gewährt wird und

---

[3] Vgl. *Kunz,* Die geschäftsmässig begründete Höhe des Aktionärgehalts, in: Schweizer Treuhänder 1995, S. 761 ff.

[4] Verrechnungssteuergesetz Art. 4 Abs. 1 lit. b iVm Art. 20 Abs. 1 Verrechnungssteuerverordnung; *Höhn/Waldburger,* Steuerrecht Band II, 8. Auflage, S. 441 ff.; *Stockar,* Übersicht und Fallbeispiele zu den Stempelabgaben und zur Verrechnungssteuer, Verlag für Recht und Gesellschaft AG Basel, 2. Auflage, Fallbeispiel, S. 16 ff.

[5] Vgl. zB Kreisschreiben Nr. 2 der Eidg. Steuerverwaltung vom 26. 7. 1996 betreffend Abzug von Berufsunkosten und Bewertung von Naturalbezügen bei der direkten Bundessteuer.

[6] Vgl. Kreisschreiben Nr. 5 der Eidg. Steuerverwaltung vom 30. 4. 1997 betreffend Besteuerung von Mitarbeiteraktien und Mitarbeiteroptionen sowie SteuerRevue 1998, S. 318; *Helbling,* Mitarbeiteraktien und Mitarbeiteroptionen in der Schweiz, Diss. Zürich 1998; *Cereghetti,* Die Besteuerung der Mitarbeiteraktien und Mitarbeiteroptionen als Einkommen und Vermögen, Diss. Zürich 1994.

nur die Differenz zwischen dem reduzierten Wert und dem Bezugspreis versteuert werden muss.

Beispiel: Hugentobler kann 10 Aktien seines Arbeitgebers für CHF 100 kaufen. Der Verkehrswert beträgt CHF 1.000, die Sperrfrist 3 Jahre. Wegen der Sperrfrist erhält Hugentobler einen Einschlag von 16,038%, so dass für jede der zugeteilten Aktien nur die Differenz zwischen dem diskontierten Verkehrswert von CHF 839,62 und dem Abgabepreis von CHF 100 zu versteuern ist. Hugentobler muss also CHF 7.396 als Einkommen versteuern.

Die Reduktionen sind abhängig von der gewählten Sperrfrist und betragen zwischen 5,66% (Sperrfrist 1 Jahr) und 44,16% (bei maximal möglicher Sperrfrist von 10 Jahren). Längere Sperrfristen sind steuerlich unbeachtlich.

Nebst der Abgabe von Mitarbeiteraktien können auch **Optionen** abgegeben werden. In diesem Zusammenhang tauchen heikle Fragen auf, insbesondere darum, weil nicht immer feststeht, welchen Verkehrswert die Optionen haben. Wiederum stellt die Differenz zwischen Verkehrswert und Abgabepreis steuerbares Einkommen dar. Der Verkehrswert ist von einem Fachmann zu bestimmen. Je nach Ausgestaltung der Option gilt die Differenz zwischen Verkehrswert oder Abgabepreis, bei gesperrten Optionen vermindert um den Diskont als Erwerbseinkommen. Dieses ist entweder im Moment der Abgabe oder im Moment der Ausübung der Option zu versteuern. Letzteres ist insbesondere dann der Fall, wenn die Option im Moment der Einräumung des Rechts nicht bewertet werden kann. Nach Auffassung der Eidg. Steuerverwaltung fehlt eine Bewertungsmöglichkeit bei Laufzeiten über 10 Jahren, bei Verfügungssperren von mehr als 5 Jahren oder bei Vorliegen zahlreicher individueller Bedingungen. Für den Arbeitnehmer ist diese Situation insofern heikel, als es abzuwägen gilt zwischen der Erfassung von fiktiven Einkünften (bei späterem Wertzerfall des Optionsrechtes) bzw. der möglichen Erfassung des gesamten Wertzuwachses, der bei einer privat gehaltenen Option ansonsten als steuerfreier Kapitalgewinn gelten würde.

Bei **phantom stocks**[7] stellt die aufgrund des fiktiven Grundgeschäftes fällig werdende Barzahlung uneingeschränkt Einkommen dar. Es wird im Gegensatz zu den echt ausgegebenen Mitarbeiterbeteiligungen kein Einschlag gewährt, weshalb diese Art der Beteiligung sich steuerlich als unvorteilhaft erweist.

4. Einkünfte aus Vorsorge

4.1. Allgemeines

Das schweizerische Vorsorgesystem basiert auf dem sogenannten **3-Säulen-Prinzip,** das auch in steuerlicher Hinsicht seinen Niederschlag findet. In Bezug auf wichtige, obligatorische Versicherungen – die staatliche Alters-, Hinterlassenen- und Invalidenversicherung AHV (1. Säule), die be-

---

[7] Vgl. für den Begriff *Mühlemann/Müller,* Steuern und Kapitalanlage, Verlag Finanz und Wirtschaft Zürich, 2. Aufl., S. 243.

rufliche Vorsorge BVG (2. Säule) sowie die Unfallversicherung gemäss UVG – gilt das Prinzip des vollen steuerlichen **Abzuges der Prämien**[8] und der vollen **Besteuerung der Leistungen**. Die Besteuerung wird also bis zum Bezug aufgeschoben. Als Leistungsformen sind entweder Renten oder Kapitalleistungen vorgesehen. Rentenleistungen werden dabei zusammen mit dem übrigen Einkommen erfasst, Kapitalleistungen dagegen grundsätzlich getrennt und mit privilegierten Methoden, welche die Progression mildern[9].

Der Grundsatz des vollen Abzuges und der vollen Besteuerung gilt auch für die **Säule 3a**, eine steuerlich privilegierte Vorsorgemöglichkeit. In diesem Bereich allerdings sind (im Gegensatz zur 2. Säule) die steuerlich zulässigen Höchstbeträge beschränkt. Sie betragen (Stand 2000) bei Zugehörigkeit zu einer Pensionskasse CHF 5.789 und ohne Zugehörigkeit zu einer Pensionskasse 20% des steuerbaren Gewinnes, maximal aber CHF 28.944.

4.2. Besteuerung bei Wohnsitz des Empfängers in der Schweiz

Im Bereich der AHV- sowie der beruflichen Vorsorge gilt wie bereits einleitend bemerkt der Grundsatz des vollen Abzuges der Beiträge sowie der vollen Besteuerung der Leistungen. **Renten** werden stets zusammen mit dem übrigen Einkommen erfasst, **Kapitalleistungen** dagegen getrennt und mit privilegierten Methoden. So beträgt auf Ebene der direkten Bundessteuer der anzuwendende Tarif $1/5$ des ordentlichen. Praktisch hat dies zur Folge, dass bei einem ordentlichen Tarif von maximal 11,5% die Steuer auf Vorsorgekapitalien der 2. Säule und der Säule 3a maximal 2,3% beträgt. Für die Kantone gilt grundsätzlich analoges[10]. Eine Darstellung der einzelnen anwendbaren Methoden würde den Rahmen jedoch sprengen. Bei einem Kapital von beispielsweise CHF 100.000 beträgt die Belastung typischerweise etwa zwischen 4 und 8%, bei einem Kapital von CHF 500.000 ungefähr um die 12–15%, allerdings mit teilweise deutlichen Abweichungen.

Für AHV/IV-Leistungen gilt die 100%-ige Erfassung beim Bund erst seit 1995; vorher waren die Leistungen aus sozialpolitischen Überlegungen nur zu 80% steuerbar. Dies ist kantonal teilweise immer noch der Fall, ändert

---

[8] Die obligatorische Unfallversicherungsprämie hat der Arbeitgeber gem. Art. 91 UVG alleine zu bezahlen. Sie stellt anerkanntermassen geschäftsmässig begründeten Aufwand dar.

[9] Eine von Bundesrat Villiger eingesetzte Expertenkommission hat die getrennte Besteuerung von 2. Säule- und 3. Säule a-Kapitalien in der bisherigen Art in Frage gestellt und Anpassungen vorgeschlagen; vgl. dazu Bericht der Expertenkommission zur Prüfung des Systems der direkten Steuern auf Lücken, Bern 1998. Dies hat jedoch in breiten Kreisen zurecht heftigste Opposition ausgelöst und hat schliesslich keinen Eingang in die unter dem Schlagwort „Stabilisierungsprogramm" einhergehenden Gesetzesanpassungen gefunden. Vgl. zum Ganzen aus Sicht der Verwaltung Tanner, „Massnahmen zur Schliessung ungerechtfertigter Steuerlücken", in: SteuerRevue 1999, S. 324ff.; *Neuhaus,* Die steuerlichen Massnahmen im Bundesgesetz vom 19. März 1999 über das Stabilisierungsprogramm 1998 ASA 68 (1999/2000), 273ff.

[10] Der Kanton Zürich beispielsweise bringt ein Zehntel der Kapitalleistung für die massgebliche Progression zur Anwendung. Eine Vorsorgeleistung von CHF 350.000 wird also mit der Progression eines Einkommens in Höhe von CHF 35.000 erfasst.

sich aber mit der vollständigen Umsetzung der Harmonisierung. Steuerfrei bleiben Ergänzungsleistungen der AHV/IV. Ebenso kennen im Bereich der beruflichen Vorsorge die überwiegende Mehrheit der Kantone sowie der Bund übergangsrechtliche Bestimmungen. Diese tragen dem Umstand Rechnung, dass die vor 1985 geleisteten Beiträge steuerlich nicht absetzbar waren, was bei generell voller Besteuerung der Leistung eine nochmalige Erfassung dieser Beiträge zur Folge gehabt hätte. Sofern gewisse Bedingungen erfüllt sind, wird dem fehlenden Abzug der Beiträge vor 1985 mit einer (im Falle der Rente lebenslänglich) beschränkten Besteuerung, in der Regel zu 80%, Rechnung getragen. Diese gesetzlichen Grundlagen gelten noch bis Ende 2001[11].

Für Beiträge an Vorsorgeverträge im Rahmen der **Säule 3a** gilt das Prinzip des vollen Abzuges und der vollen Besteuerung uneingeschränkt[12].

Mit der bei dieser Vorsorgeform gewährten steuerlichen Privilegierung sind allerdings gewisse **Einschränkungen** verbunden. So bleiben die Mittel grundsätzlich bis 5 Jahre vor Erreichen des ordentlichen Pensionierungsalters (dh. bei Frauen bis Alter 57 bzw. – wegen des schrittweisen Anhebens des ordentlichen Pensionierungsalters auf Alter 64 – bis Alter 59 und bei Männern bis Alter 60) gebunden und können nur bei Vorliegen bestimmter Gründe vorzeitig (wieder) in das freie Vermögen des Pflichtigen überführt werden. Gründe für eine vorzeitige Ausrichtung sind beispielsweise die Aufnahme einer selbständigen Erwerbstätigkeit, das definitive Verlassen der Schweiz, der Erwerb und die Erstellung von Wohneigentum, die Beteiligung an einem Wohneigentum oder die Rückzahlung von Hypothekardarlehen[13]. Eine generelle Abtretung, Verpfändung oder Verrechnung der Ansprüche ausserhalb dieses Rahmens zB für einen Konsumkredit ist dagegen nicht erlaubt[14].

4.3. Besteuerung bei Wohnsitz des Empfängers im Ausland

Vorsorgeleistungen werden vermehrt auch an Empfänger mit Wohnsitz im Ausland ausgerichtet. Sehr viele von der Schweiz abgeschlossene **Doppelbesteuerungsabkommen** (DBA) kennen in diesem Bereich die OECD-Musterregelung, wonach Ruhegehälter für eine frühere unselbständige Erwerbstätigkeit wie auch private Renten nur im Ansässigkeitsstaat und Ruhegehälter für eine frühere öffentlich-rechtliche Tätigkeit grundsätzlich nur im Schuldnerstaat besteuert werden dürfen.

Schweizerischerseits wird trotz eines allfällig bestehenden DBA auf Vorsorgeleistungen aus der 2. Säule und der Säule 3a an Empfänger mit Wohn-

---

[11] Vgl. zB für die direkte Bundessteuer Art. 204 DBG.

[12] Diese Vorsorgeform kennt kein Übergangsrecht, da seit deren Einführung im Jahre 1985 stets sämtliche Prämien vollumfänglich abgezogen werden konnten. Vgl. im übrigen Kreisschreiben Nr. 2 vom 31. Januar 1986 betreffend Verordnung über die steuerliche Abzugsberechtigung für Beiträge an anerkannte Vorsorgeformen (BVV 3).

[13] Vgl. Art. 3 BVV 3.

[14] Vgl. Art. 4 BVV 3.

sitz im Ausland eine **Quellensteuer** erhoben[15]. Massgebend ist dabei das Recht desjenigen Kantones, in welchem der Leistungserbringer seinen Sitz hat. Die Steuersätze bewegen sich in der Regel zwischen 6 und 12 Prozent. Die Quellensteuer kann zurückverlangt werden, sofern dem zuständigen schweizerischen Quellensteueramt vom Pflichtigen eine Bescheinigung des ausländischen Fiskus zugestellt wird, in der dieser bestätigt, dass er Kenntnis von der Zahlung hat. Das Verfahren Erhebung mit allfälliger Rückerstattung findet generell bei Kapitalleistungen Anwendung. Bei Rentenleistungen wird die Quellensteuer indes nur dann erhoben, wenn der Empfänger in einem Staat wohnt, mit welchem die Schweiz kein DBA abgeschlossen hat. Andernfalls wird auf die Erhebung verzichtet und an deren Stelle tritt für den Leistungserbringer die Pflicht, periodisch den ausländischen Wohnsitz des Rentenempfängers zu überprüfen.

Nicht unter diese Quellensteuerregelung fallen Leistungen aus der AHV/IV (1. Säule) sowie auf Versicherungsleistungen im Rahmen der Säule 3b.

5. Einkünfte aus Personengesellschaften

Zu den schweizerischen Personengesellschaften zählen die Einzelfirma, die einfache Gesellschaft, die Kollektiv- und die Kommanditgesellschaft [16]. Einkünfte aus diesen Gesellschaften sind, soweit sie natürlichen Personen zufliessen, grundsätzlich als **Einkommen aus selbständiger Erwerbstätigkeit** zu versteuern. Zu diesen Einkünften zählen alle Entgelte wie Gewinnanteile, Zinsen auf dem Eigenkapital, Liquidationserlöse sowie der Eigenlohn. Einzig das Arbeitsentgelt des Kommanditärs wird als Einkommen aus unselbständiger Erwerbstätigkeit behandelt[17].

6. Ersatzeinkünfte

Zu den weiteren Einkünften zählt insbesondere das Ersatzeinkommen, das anstelle des Einkommens aus Erwerbstätigkeit fliesst. Derartige Ersatzeinkünfte stellen hauptsächlich **Versicherungsleistungen** wie zB Arbeitslosenentschädigungen, Kranken- und Unfalltaggelder dar[18]. Da diese Leistungen mit Ausnahme der Arbeitslosenentschädigungen in der Regel über den Arbeitgeber ausbezahlt werden, sind sie von diesem auf dem Lohnausweis

---

[15] Vgl. Art. 95 und 96 DBG sowie die Verordnung des Eidg. Finanzdepartementes vom 19. Oktober 1993 über die Quellensteuer und den dazugehörenden Anhang vom 2. August 1994.

[16] Für Merkmale dieser einzelnen Formen wird generell verwiesen auf *Forstmoser/Meier-Hayoz,* Schweizerisches Gesellschaftsrecht, 8. Auflage 1998, Stämpfli Verlag Bern. Die gesetzlichen Regelungen finden sich im Obligationenrecht (einfache Gesellschaft Art. 530 OR ff., Kollektivgesellschaft Art. 552 OR ff., Kommanditgesellschaft Art. 594 OR ff.; für die Einzelfirma gibt es keine speziellen Regeln).

[17] Vgl. zum Ganzen *Cagianut/Höhn,* Unternehmungssteuerrecht.

[18] Vgl. Art. 23 lit. a DBG.

zu bescheinigen. Über nicht im Lohnausweis aufgeführte Beträge ist eine separate Bescheinigung beizulegen.

7. Steuerfreie Einkünfte

Das DBG zählt steuerfreie Einkünfte in Art. 24 auf. Im Zusammenhang mit der Besteuerung der Arbeitnehmereinkünfte ist nur eine einzige Kategorie relevant, nämlich die Steuerbefreiung für Kapitalzahlungen, die bei Stellenwechsel vom Arbeitgeber oder von Einrichtungen der beruflichen Vorsorge ausgerichtet werden, sofern sie innert Jahresfrist zum Einkauf in eine Einrichtung der beruflichen Vorsorge oder zum Erwerb einer Freizügigkeitspolice oder eines Freizügigkeitskontos verwendet werden[19]. Zu verweisen ist ausserdem auf „genehmigte" Spesenzahlungen.

II. Abzüge

1. Allgemeines

Das schweizerische Einkommenssteuerrecht basiert finanzwissenschaftlich am ehesten auf der sog. Reinvermögenszugangstheorie. Steuerbar ist bloss das reine Einkommen, dh. es können alle Aufwendungen abgezogen werden, die für die Erzielung des Einkommens **erforderlich** sind und in einem direkten **ursächlichen Zusammenhang** zu diesem stehen. Nicht abzugsfähig sind dagegen diejenigen Kosten, die vom Arbeitgeber oder einem Dritten übernommen werden, der allenfalls durch die berufliche Stellung bedingte Privataufwand sowie die eigentlichen Lebenshaltungskosten.

Die Abzüge werden begrifflich in organische (dh. solche, die ursächlich mit dem Einkommen zusammenhängen) und in andere Abzüge aufgeteilt. Nachstehend wird jedoch auf die weitere Differenzierung dieser Unterscheidung verzichtet und es werden die grundsätzlichsten Abzugsmöglichkeiten erwähnt.

2. Berufsauslagen

Unter diesem Titel können Unselbständigerwerbende zunächst die Berufskosten abziehen[20]. Dazu gehören die Fahrtkosten zwischen Wohn- und

---

[19] Gem. Art. 17 Abs. 2 DBG darf der Arbeitgeber neuerdings Direktzahlungen an den Arbeitnehmer vornehmen, welche bei diesem wie Vorsorgeleistungen aus einer Pensionskasse besteuert werden, dh. getrennt vom übrigen Einkommen und mit privilegierten Methoden. Da diese Bestimmung auf Ebene der direkten Bundessteuer erst seit 1995 im Gesetz steht, muss für die Praxis auf kantonale Regelungen verwiesen werden, da das Recht einzelner Kantone schon länger derartige Direktzahlungen ermöglichte. Statt vieler: *Jud,* Besteuerung von Leistungen aus Sozialplänen im Zürcher Steuerrecht, Zürcher Steuerpraxis, 1995, S. 184ff.; Urteile in StE in Abschnitt B 26.13.

[20] Die Abzüge werden laufend der Teuerung angepasst und mittels Kreisschreiben für jede neue Steuerperiode festgelegt. Für die Steuerperiode 1997/98 vgl. Kreis-

Arbeitsstätte, die Mehrkosten für die Verpflegung ausserhalb der Wohnstätte, weitere für die Ausübung des Berufes notwendige Kosten wie Auslagen für Berufskleider, Fachliteratur, Berufswerkzeuge, privates Arbeitszimmer usw. sowie die mit dem Beruf zusammenhängenden Weiterbildungs- und Umschulungskosten. Die zulässigen Abzüge sind beim Bund und in allen Kantonen grundsätzlich **pauschaliert**; es steht einem Pflichtigen jedoch frei, höhere **tatsächliche Kosten** mit entsprechenden Belegen geltend zu machen. Wochenaufenthalter, die unter der Woche am Arbeitsort wohnen, an Wochenenden und freien Tagen jedoch an den Wohnsitz zurückkehren, können zusätzlich die mit diesem Wochenaufenthalt verbundenen Mehrkosten, insbesondere die ortsüblichen Auslagen für ein Zimmer wie auch die Kosten für die regelmässige Heimkehr, abziehen.

Wenn beide Ehegatten erwerbstätig sind, können beide diese Abzüge beanspruchen. Bei Mitarbeit eines Ehegatten im Geschäft des anderen sind sie hingegen nur dann zulässig, wenn ein Arbeitsverhältnis besteht und hierüber Sozialversicherungsbeiträge abgerechnet werden.

3. Versicherungsprämien

Unter diesem Titel können in Anlehnung an das 3-Säulen-System sowohl beim Bund wie auch in allen Kantonen folgende Abzüge geltend gemacht werden:

- Beiträge an die staatliche Alters-, Hinterlassenen- und Invalidenvorsorge[21]
- Beiträge an die obligatorische Unfallversicherung
- die gem. Reglement zu bezahlenden laufenden Prämien an Einrichtungen der beruflichen Vorsorge
- die für allfällige fehlende Dienstjahre an eine Einrichtung der beruflichen Vorsorge freiwillig bezahlten Einkaufsleistungen
- Beiträge für die gebundene Selbstvorsorge im Rahmen der Säule 3a, maximal beschränkt auf CHF 5.789 (Stand 2000) für Personen, welche Pensionskassenbeiträge bezahlen bzw. CHF 28.944 für Personen, welche keine Pensionskassenbeiträge bezahlen
- pauschalierte Abzüge für Beiträge an die Krankenkasse und an private freiwillige Versicherungen.

4. Sonstige Abzüge

Unter diesem Titel ist im Zusammenhang mit der Besteuerung von Arbeitnehmereinkünften eine einzige Kategorie zu erwähnen, nämlich der pau-

---

schreiben vom 26. Juli 1996 betreffend Abzug von Berufskosten und Bewertung von Naturalbezügen bei der direkten Bundessteuer.

[21] Derzeit (Stand 2000) belaufen sich die Beiträge für Unselbständigerwerbende auf 6,55% vom gesamten Lohn. Selbständigerwerbende haben zusammen mit den Verwaltungskosten ab einem steuerbaren Einkommen von CHF 48.300 ca. 10% zu bezahlen; für darunter liegende Einkommen findet eine degressive Skala Anwendung. In jedem Fall ist ein Mindestbetrag von CHF 390 zu bezahlen, ansonsten ein Fehljahr mit entsprechenden Leistungskürzungen resultierte.

schalierte Abzug für Doppelverdiener, der bei Erwerbstätigkeit beider Ehegatten gewährt wird.

III. Sonderaspekte

1. Verwaltungsratshonorare

Entschädigungen, die an im Ausland wohnhafte Mitglieder der Verwaltung oder der Geschäftsführung von juristischen Personen mit Sitz in der Schweiz oder tatsächlicher Leitung in der Schweiz ausbezahlt werden, sind hier steuerbar. Es handelt sich dabei um Tantiemen, Sitzungsgelder, feste Entschädigungen und ähnliche Vergütungen, die zu Lasten der schweizerischen Erfolgsrechnung ausgerichtet werden. Nicht unter diese Bestimmung fallen Gewinnverwendungen (insbes. Dividenden)[22] sowie Löhne und Gehälter.

Berechnungsgrundlage bilden die Bruttoeinkünfte ohne jegliche Abzüge. Letzteren wird über den Tarif pauschal Rechnung getragen. Die Ansätze betragen gesamthaft für die Bundes- und Kantonssteuern in der Regel zwischen 20 und 25%[23]. Zu prüfen ist im Einzelfall, ob es steuerfreie Honorare gibt. So kennt der Bund beispielsweise eine Freigrenze von CHF 300 im Jahr[24].

2. Grenzgänger

Die Schweiz kennt in ihren Doppelbesteuerungsabkommen unterschiedliche Regelungen zur Besteuerung von Grenzgängen. Dasjenige mit Deutschland wurde einer Anpassung unterzogen. Seit der Abkommensrevision gilt als Grenzgänger diejenige Person, welche beispielsweise in Deutschland wohnt, in der Schweiz ihren Arbeitsort hat und regelmässig an ihren Wohnsitz zurückkehrt[25]. Die Eigenschaft hängt seither ausschliesslich mit der **regelmässigen Rückkehr** zusammen. Die vorher existierende 30-km-Zone, innerhalb der sich der Arbeits- und der Wohnort befinden musste, entfiel. Neuerdings ist es der Grenzgängereigenschaft auch nicht abträglich, wenn der Betroffene bei ganzjähriger Beschäftigungsdauer an 60 Tagen

---

[22] Vgl. *Agner/Jung/Steinmann,* Kommentar zum Bundesgesetz über die direkte Bundessteuer, S. 362.

[23] 5% für den Bund gem. Art. 93 DBG und beispielsweise 20% in den Kantonen ZH (§ 6 der Quellensteuerverordnung II), SG (StG Art. 148ter), FR (StG Art. 79l), LU (StG § 62k), GL (StG Art. 189), 18% in den Kantonen BE (StG Art. 73b), BL (StG § 68m), OW (StG Art. 125), 16% im Kanton ZG (Quellensteuerverordnung § 10), 15% im Kanton SZ (StG Art. 103e), 11% im Kanton NW (StG Art. 146) usw.

[24] Ziff. 4 des Anh. zur Quellensteuerverordnung. Im Kanton Zürich bleiben beispielsweise gem. Merkblatt Nr. 42/50 CHF 1.000 pro Kalenderjahr steuerfrei.

[25] Vgl. Art. 15a Abs. 2 des DBA CH-D.

nicht nach Hause zurückkehrt. Bei unterjähriger Beschäftigungsdauer reduziert sich diese Anzahl Tage entsprechend.

Der Grenzgänger wird – solange er die hierfür notwendigen Voraussetzungen erfüllt – grundsätzlich an seinem Wohnsitz besteuert. Dem Staat des Arbeitsortes steht jedoch ein auf 4,5% begrenztes Besteuerungsrecht zu, sofern der Grenzgänger eine vom deutschen Fiskus unterzeichnete Bescheinigung bzw. deren Verlängerung beibringt[26]. Fehlt eine solche Bescheinigung, kommt der volle Quellensteuerabzug nach dem jeweiligen Steuerrecht des Arbeitsortkantones zur Anwendung. Ebenso findet dieser Tarif Anwendung, wenn der Arbeitnehmer an mehr als 60 Tagen nicht an seinen deutschen Wohnort zurückkehrt. Eine **Doppelbesteuerung** wird vermieden, indem Deutschland die schweizerischen Steuern an seine eigenen anrechnet; schweizerischerseits erfolgt eine indirekte „Anrechnung" der deutschen Steuer, indem nur 80% des Bruttolohnes der schweizerischen Einkommensbesteuerung unterworfen werden.

---

[26] Formular Ansässigkeitsbescheinigung Deutschland/Schweiz Gre-1 und Verlängerung der Ansässigkeitsbescheinigung Gre-2.

E. Besteuerung von Erbschaften und Schenkungen in der Schweiz

Frantisek J. Safarik

Übersicht

I. Grober Überblick

Die Besteuerung von Erbschaften und Schenkungen erfolgt in der Schweiz auf **Ebene der Kantone**. Die interkantonale Steuerharmonisierung spielt in diesem Bereich vorerst eine Nebenrolle[1]. Im Land des Föderalismus wirkt den Bestrebungen um Vereinheitlichung ein Steuerwettbewerb par excellence entgegen. Die Spielarten der Besteuerung, wie sie derzeit in den einzelnen Kantonen praktiziert werden, können sich daher – obwohl viele Gemeinsamkeiten bestehen – recht stark voneinander unterscheiden. Das trägt zur legendären Vielfalt des schweizerischen Steuersystems bei.

Typischerweise werden sowohl **Erbschaftssteuern** (vereinzelt: **Nachlasssteuern**) als auch **Schenkungssteuern** erhoben, wobei die beiden Steuerarten in aller Regel eng miteinander verzahnt sind. Es gibt aber einen Kanton[2], wo weder eine Erbschafts- noch eine Schenkungssteuer existiert, und einen weiteren Kanton[3], der wohl eine Erbschafts- aber keine Schenkungssteuer kennt. Die meisten Kantone verzichten auf Besteuerung von Erbanfällen und Schenkungen an **Ehegatten**. In mehreren Kantonen gilt die Steuerbefreiung auch für **Kinder**, vereinzelt auch für bestimmte Klassen von **nahen Blutsverwandten**.

Neben den doch recht markanten Lücken im Netz der Besteuerung fallen in internationaler Perspektive vor allem die verhältnismässig **moderaten Steuersätze** auf. Das gilt insbesondere für Ehegatten und Kinder. Während in Ländern wie Deutschland, Frankreich, Grossbritannien, USA oder Japan beim Übergang grösserer Familienvermögen Belastungen von 30–70% drohen, sind es bei den Eidgenossen, wenn nicht gar der Null-Satz gilt, höchstens 3–9%. Lediglich bei entfernt Verwandten und Nichtverwandten wird in einigen Kantonen das international übliche Belastungsniveau erreicht. Charakteristisch für die Schweiz ist ferner, dass sich die Steuerpflicht primär nach dem **Wohnsitz des Erblassers bzw. Schenkers** richtet und der Wohnsitz des Erben bzw. Beschenkten für die Steueranknüpfung unbeachtlich ist. Als unilaterale Massnahme zur Vermeidung internationaler Doppelbesteuerung ist für ausländische Immobilien – oft auch für ausländisches Betriebsvermögen – Steuerbefreiung (mit Progressionsvorbehalt) vorgesehen.

---

[1] Der Bund ist hier – mangels einer Kompetenznorm in der Bundesverfassung – zum Erlass irgendwelcher Harmonisierungsvorschriften gar nicht befugt. Einen gewissen Beitrag zur Konvergenz der kantonalen Besteuerungssysteme leistet die Konferenz der kantonalen Finanzdirektoren, die ein Mustergesetz für die Erbschafts- und Schenkungssteuern ausgearbeitet hat.

[2] Schwyz.

[3] Luzern.

II. System der Besteuerung[4]

1. Steuerhoheit

1.1. Bund

Der Bund hat keine verfassungsmässige Befugnis zur fiskalischen Belastung von Erbschaften oder Schenkungen. Eine auf Bundesebene zentralisierte Erbschafts- und Schenkungssteuer ist zwar ein aktuelles politisches Thema, wird aber in naher Zukunft kaum verwirklicht werden können.

1.2. Kantone

Die Kantone sind aufgrund ihrer fiskalischen Souveränität befugt, Erbschaften und Schenkungen zu besteuern. Von den insgesamt 26 Kantonen praktizieren deren 24 sowohl eine Erbschaftssteuer (bzw. eine Nachlasssteuer) als auch eine Schenkungssteuer. Der Kanton Luzern erhebt eine Erbschafts- aber keine Schenkungssteuer. Der Kanton Schwyz kennt keine der beiden Steuerarten.

1.3. Gemeinden

In vier Kantonen – Luzern, Freiburg, Graubünden und Waadt – sind kraft Kantonsverfassung neben dem Kanton auch die Gemeinden befugt, Erbschaften bzw. Schenkungen nach kommunalem Recht zu besteuern. Im Kanton Luzern ist diese Befugnis auf die Besteuerung von Erbanfällen an Nachkommen beschränkt. In den übrigen Kantonen ist mehrheitlich vorgesehen, dass die Gemeinden am Ertrag der kantonalen Steuern partizipieren.

1.4. Interkantonales Steuerrecht[5]

Ähnlich wie im internationalen Verhältnis können sich auch bei Sachverhalten, welche die kantonalen[6] Grenzen überschreiten, Kollisionen von Steuerhoheiten ergeben. Zum Beispiel dann, wenn eine im Kanton A ansässige Person ihre im Kanton B gelegene Liegenschaft einer im Kanton C ansässigen Person schenkt, dazu noch unter dem Vorbehalt lebenslänglichen Nutzungsrechts zugunsten einer im Kanton D ansässigen Drittperson.

Die Instrumente zur Vermeidung **interkantonaler**[7] **Doppelbesteuerung** sind einzuteilen in Massnahmen unilateraler, bilateraler und multilateraler Art. Die **unilateralen** Massnahmen sind Vorschriften kantonaler Steuerge-

---

[4] Allgemeine Literatur: *Höhn/Waldburger,* Steuerrecht, 8. Auflage (1997), § 27; *Blumenstein/Locher,* System des Steuerrechts; Kommentare zum Steuerrecht der einzelnen Kantone.

[5] Allgemeine Literatur: *Höhn,* Interkantonales Steuerrecht.

[6] Bzw. kommunalen.

[7] Bzw. interkommunaler.

setze, welche die eigene Steuerhoheit von vornherein territorial eingrenzen, in erster Linie durch einschränkende Definitionen der Steuerzugehörigkeit (die Ansässigkeit des Erben bzw. Beschenkten im Kanton begründet noch keine Steuerpflicht) und des Steuerobjektes (die Steuerpflicht erstreckt sich nicht auf ausserkantonale Immobilien und oft ist auch ausserkantonales Betriebsvermögen ausgenommen). Zu den **bilateralen** Massnahmen zählen interkantonale Abkommen, die im wesentlichen gegenseitige Steuerbefreiung für erbrechtliche Vermächtnisse bzw. Zuwendungen zu Lebzeiten an die öffentliche Hand und an gemeinnützige Institutionen vorsehen. Bei den Massnahmen **multilateralen** Charakters handelt es sich um das interkantonale Steuerrecht im engeren Sinne. Dessen Urquelle bildet das schon im Jahr 1874 in Art. 46 Abs. 2 (neu Art. 127 Abs. 3) der Bundesverfassung verankerte Verbot der interkantonalen Doppelbesteuerung. Das interkantonale Steuerrecht ist ausschliesslich **Richterrecht**. Im Lauf der Jahrzehnte ist durch bundesgerichtliche Urteile ein feinmaschiges System von Kollisionsnormen entstanden. Im Ergebnis hält das interkantonale Steuerrecht Lösungen bereit, die weitgehend denjenigen entsprechen, die im internationalen Verhältnis nach den üblichen Regelungen eines zwischenstaatlichen Erbschaftssteuer-DBA (mit Befreiungsmethode) anwendbar wären.

2. Steuerarten

2.1. Nachlasssteuern

Bei Erbschaften erheben nur drei Kantone – Solothurn, Graubünden und Neuenburg – eine Steuer auf der **Hinterlassenschaft des Erblassers**. Sie ist ähnlich strukturiert wie zum Beispiel die US-amerikanische Estate Tax.

In den Kantonen Solothurn und Neuenburg wird neben der Nachlasssteuer auch eine Erbanfallsteuer erhoben. In Graubünden sind die Gemeinden befugt, ergänzend zur kantonalen Nachlasssteuer eine kommunale Nachlass- oder Erbanfallsteuer zu erheben.

Die Tarifsätze der Nachlasssteuern sind vergleichsweise bescheiden, weil man bei höheren Steuersätzen bald daran Anstoss nähme, dass nächste Angehörigen gleich stark belastet werden wie Personen, die nur in einem entfernten Verhältnis zum Erblasser standen. Diese Steuerart, ohnehin eine Ausnahmeerscheinung, wird daher im folgenden weniger ausführlich behandelt als die praktisch wichtigeren Erbanfallsteuern.

2.2. Erbanfallsteuern

Die übrigen Kantonen[8] erheben bei Erbschaften eine Steuer auf dem **Vermögensanfall bei jedem einzelnen Erben**[9]. Sie ist hinsichtlich ihrer Grundstruktur mit der deutschen Erbschaftssteuer vergleichbar.

---

[8] Ausnahme: Schwyz.

[9] Bzw. Vermächtnisnehmer.

2.3. Schenkungssteuern

Bei Schenkungen erheben praktisch alle Kantone[10] eine Steuer auf dem **Vermögensanfall beim Beschenkten**. Sie ist meist eng verzahnt mit der Erbanfallsteuer und in ihrer Grundstruktur mit der deutsche Schenkungssteuer zu vergleichen.

3. Steuersubjekt

Steuersubjekt ist stets der Empfänger des übergehenden Vermögens, bei den Erbanfallsteuern also der einzelne **Erbe bzw. Vermächtnisnehmer**, bei den Schenkungssteuern der **Beschenkte**.

Der Erblasser (oder: sein Nachlass) bzw. Schenker ist kein Steuersubjekt, selbst dann nicht, wenn sein Wohnsitz[11] innerhalb des Kantons oft der einzige Grund für das Auslösen der Steuerpflicht ist. Dass sich nach seiner Person die Steuerzugehörigkeit richtet, macht ihn noch nicht zum Steuersubjekt.

Ein anderes Kapitel ist die **Haftung für Erbschafts- und Schenkungssteuern**. Sie wird in den einzelnen Kantonen recht unterschiedlich gehandhabt. Hinsichtlich der Erbanfallsteuern haftet meist jeder der Erben solidarisch für die insgesamt geschuldete Steuer, in der Regel aber nur bis zum Betrag seines Erbteils. Vereinzelt ist die Haftung der Erben unbeschränkt. In einigen Kantonen haften auch die Vermächtnisnehmer, der Nachlass oder der Testamentsvollstrecker bzw. Erbschaftsverwalter. Für die Schenkungssteuer haftet meist der Schenker solidarisch, manchmal bloss subsidiär. Für den Fall einer Schenkung an mehrere Personen sehen einige Kantone solidarische Mithaftung jedes der Beschenkten vor.

4. Steuerzugehörigkeit

Bei den **Erbschaftssteuern** entsteht die Steuerpflicht in erster Linie dann, wenn der Erblasser seinen **letzten Wohnsitz im Kanton** hatte (unbeschränkte Steuerpflicht) oder – beim letzten Wohnsitz ausserhalb des Kantons – wenn **im Kanton gelegene Grundstücke**[12] übergehen (beschränkte Steuerpflicht). In einigen Kantonen genügt es zur Begründung der Steuerzugehörigkeit, wenn der Erbgang im Kanton eröffnet wird[13] oder wenn im Kanton gelegenes bewegliches Vermögen übergeht, das nach einem zwischenstaatlichen Erbschaftssteuer-DBA dem Belegenheitsstaat zur Besteuerung zugewiesen wird[14].

Bei den **Schenkungssteuern** entsteht die Steuerpflicht, wenn der Schenker im Zeitpunkt der Schenkung seinen **Wohnsitz im Kanton** hat oder – beim Wohnsitz ausserhalb des Kantons – wenn **im Kanton gelegene**

---

[10] Ausnahmen: Luzern und Schwyz.

[11] Bzw. sein letzer Wohnsitz.

[12] Einschliesslich Rechte an solchen.

[13] Unbeschränkte Steuerpflicht.

[14] Beschränkte Steuerpflicht.

Grundstücke übergehen. Wie schon bei den Erbschaftssteuern kann es in einigen Kantonen zur Begründung der Steuerzugehörigkeit genügen, wenn im Kanton gelegenes bewegliches Vermögen übergeht.

Der Wohnsitz des Erben, Vermächtnisnehmers oder Beschenkten ist für die Steuerzugehörigkeit unbeachtlich.

5. Steuerobjekt

5.1. Objekt der Erbanfallsteuern

Gegenstand der Erbanfallsteuern sind im allgemeinen Vermögensübergänge (Erbanfälle und Zuwendungen) kraft **gesetzlichen Erbrechts** oder aufgrund einer **Verfügung von Todes wegen** (Testament, Erbvertrag)[15].

Ihnen gleichgestellt sind meist – je nach Kanton – verschiedene weitere Kategorien von Vermögensübergängen erbrechtlicher Natur oder infolge Todes, wie Vermögensübergänge im Rahmen eines Erbauskaufs oder zur Errichtung einer Stiftung auf den Todesfall, Vorempfänge auf Rechnung künftiger Erbschaft, Schenkungen auf den Todesfall, teilweise aber auch bestimmte Leistungen kraft ehelichen Güterrechts, bestimmte Versicherungsansprüche, die mit dem Tod des Erblassers fällig werden usw.

5.2. Objekt der Schenkungsteuern

Gegenstand der Schenkungsteuern sind im allgemeinen **Zuwendungen unter Lebenden**, mit denen der Schenker aus seinem Vermögen ohne entsprechende Gegenleistung den Beschenkten bereichert.

Dazu gehören – je nach Kanton – meist auch Zuwendungen in Form von Wohn- und anderen Nutzungsrechten, Vorempfänge auf Rechnung künftiger Erbschaft, Vermögensübergänge aufgrund von Erbauskauf oder zur Errichtung einer Stiftung usw.

6. Steuerbefreiungen für bestimmte Personengruppen

(Vgl. auch Tabelle 1)

6.1. Ehegatten

Erbanfälle und Schenkungen an Ehegatten sind in den meisten Kantonen steuerfrei. Es gibt nur fünf Kantone[16], wo sich die Steuerbefreiung noch nicht durchsetzen konnte.

---

[15] Bei einem Vermögensübergang an den überlebenden Ehegatten ergibt sich das Steuerobjekt erst aus dem Resultat der güterrechtlichen Auseinandersetzung. Der Steuer unterliegen nur diejenigen Vermögensteile, die der überlebende Ehegatte über seinen gesetzlichen Güterrechtsanteil hinaus erhält; Vermögensteile, die ihm kraft Güterrechts – abhängig vom gewählten Güterstand – verbleiben, sind von der Steuer ausgenommen.

[16] Graubünden, Waadt, Neuenburg, Genf und Jura.

6.2. Nachkommen

Erbanfälle und Schenkungen an Kinder[17] sind in rund der Hälfte der Kantone steuerfrei. Der Druck des interkantonalen Steuerwettbewerbs wird in naher Zukunft voraussichtlich dafür sorgen, dass weitere Kantone nachziehen.

6.3. Blutsverwandte in aufsteigender Linie

Fünf Kantone kennen Steuerbefreiung für Erbanfälle und Schenkungen an Blutsverwandte in aufsteigender Linie. In zwei Kantonen[18] gilt die Steuerbefreiung nur für Eltern[19], in zwei Kantonen[20] auch für Grosseltern und in einem Kanton[21] überdies für Geschwister.

6.4. Öffentliche Hand und gemeinnützige Institutionen

Zuwendungen[22] an die öffentliche Hand (Bund, Kantone, Gemeinden und deren Anstalten, auch ausserkantonale bzw. ausserkommunale) sind in allen Kantonen steuerfrei.

Zuwendungen an gemeinnützige Institutionen werden in den einzelnen Kantonen sehr unterschiedlich gehandhabt, insbesondere was Institutionen mit religiöser oder politischer Färbung, vor allem aber Institutionen mit auswärtigem Sitz oder grenzüberschreitender Tätigkeit anbelangt. Restriktive Bestimmungen des kantonalen Steuerrechts werden aber in diesem Bereich oft durch Bundesrecht oder interkantonale bzw. internationale Gegenrechtsvereinbarungen gelockert.

7. Steuerbemessung

7.1. Zeitlich

Bei den **Erbschaftssteuern** ist im allgemeinen der Wert des übergehenden Vermögens zum Zeitpunkt des **Todes des Erblassers** massgebend. Bei den **Schenkungssteuern** ist es der Wert zum Zeitpunkt des **Vollzugs der Schenkung**. Ausnahmsweise (wenn der Vermögensübergang an eine aufschiebende Bedingung geknüpft ist, bei Nacherbeneinsetzung usw.) kann ein anderer Stichtag gelten.

7.2. Sachlich

In der Regel sind **Verkehrswerte** massgebend. Von diesem Grundsatz abweichende oder diesen präzisierende Bewertungsvorschriften gelten na-

[17] Einschliesslich Adoptivkinder, meist auch Stiefkinder, Enkel und Urenkel sowie deren Nachkommen, vereinzelt auch Pflegekinder.
[18] Uri und Neuenburg.
[19] Einschliesslich Adoptiveltern.
[20] Freiburg und Wallis.
[21] Obwalden.
[22] Zu Lebzeiten oder aufgrund testamentarischer Verfügung.

mentlich für Wertpapiere, Grundstücke, Rechte auf periodische Leistungen und Hausrat.

In rund der Hälfte der Kantone sind die gleichen Bewertungsvorschriften wie für die Vermögenssteuern anzuwenden. Die anderen Kantone sehen für Erbschafts- und Schenkungssteuern besondere Regeln vor.

7.2.1. Wertpapiere

Börsenkotierte[23] Wertpapiere werden zu ihrem **Kurs** bewertet. Einige Kantone gewähren Bewertungsabschläge für Wertpapiere mit niedriger Rendite oder für Beteiligungen an kantonalen Unternehmen.

Die Bewertung nichtkotierter Beteiligungspapiere richtet sich meist nach besonderen, gesamtschweizerisch anwendbaren **Bewertungsformeln**. Sie berücksichtigen sowohl den Ertrag als auch den Substanzwert des Unternehmens und sind in ihrer Grundstruktur mit dem sog. Stuttgarter Verfahren vergleichbar.

7.2.2. Grundstücke

Die einzelnen Kantone handhaben die Bewertung von Grundstücken sehr uneinheitlich. Die **kantonalen Bewertungsregeln** berücksichtigen einerseits den Verkehrswert und andererseits den Ertragswert, jedoch mit unterschiedlicher Gewichtung je nach Nutzungsart (landwirtschaftliche Objekte, unbebautes Land, gewerbliche Objekte, selbstgenutzte bzw. fremdvermietete Wohnobjekte, Objekte im Geschäftsvermögen usw.). Die für Zwecke der Erbschafts- oder Schenkungssteuern ermittelten Werte sind normalerweise niedriger, oft deutlich niedriger als der Marktwert.

7.2.3. Rechte auf periodische Leistungen

Leibrenten, Niessbrauch, Wohnrechte und sonstige Rechte auf periodische Leistungen werden im allgemeinen zum **kapitalisierten Wert der zu erwartenden Einkünfte** erfasst.

7.2.4. Hausrat

Für Hausrat gilt in den meisten Kantonen objektive Steuerbefreiung. Die anderen Kantone erfassen ihn typischerweise bloss mit einem Bruchteil des Versicherungswertes und gewähren in der Regel einen Freibetrag. Die Erfassung und Bewertung von wertvollen Einzelobjekten oder Sachen mit Kapitalanlagecharakter[24] wird von Kanton zu Kanton unterschiedlich gehandhabt.

7.2.5. Schulden

Sowohl für Erbschaften als auch für Schenkungen gilt gesamtschweizerisch der Grundsatz der **Netto-Besteuerung**. Die Bemessungsgrundlage der

---

[23] Oder regelmässig ausserbörslich gehandelte.

[24] Schmuck, Kunstgegenstände, Sammlungen, antike Möbel, Reitpferde, private Fahrzeuge, Flugzeuge oder Schiffe usw.

Erbschafts- oder Schenkungssteuern wird deshalb um die mit den Aktiven allenfalls übergehenden Passiven gekürzt.

Bei Belastung des übergehenden Vermögens mit Niessbrauch oder einer Verpflichtung zu periodischen Leistungen wird der kapitalisierte Wert der zu erwartenden Leistungen abgezogen. Die Abzugsfähigkeit von Kosten der Erbschaftsverwaltung und der Erbteilung[25] von der Bemessungsgrundlage der Erbschaftssteuer wird in einigen Kantonen bejaht, in anderen verneint.

Für die interkommunale, interkantonale oder internationale Aufteilung des Steuersubstrats, die bei grenzüberschreitenden Sachverhalten vorzunehmen ist, gilt im allgemeinen der Grundsatz der **proportionalen Zuteilung der Passiven** entsprechend der territorialen Verteilung der Aktiven. Vorbehalten bleiben abweichende Vorschriften eines zwischenstaatlichen Erbschaftssteuer-DBA, die eine objektmässige Zuordnung vorsehen.

8. Objektive Steuerbefreiungen

Alle Kantone kennen objektive Steuerbefreiungen für bestimmte Kategorien von Vermögensübergängen, wie vor allem Gelegenheitsgeschenke, familienrechtliche Unterstützungsleistungen, Ausbildungsbeiträge, Zuwendungen unter Verlobten oder als Heiratsgut, Zuwendungen zur Abwehr von Konkurs oder Pfändung, Lidlohn, den Übergang von Hausrat, den Übergang von Betriebsvermögen oder Beteiligungen im Rahmen der Unternehmensnachfolge usw. Der Katalog solcher Befreiungen variiert jedoch von Kanton zu Kanton und es sind oft betragsmässige Obergrenzen vorgesehen.

Objektiv steuerbefreit sind zudem Übergänge von ausserkantonalen Grundstücken, oft auch Übergänge von ausserkantonalem Betriebsvermögen.

9. Freibeträge

Alle Kantone gewähren bei Erbanfällen oder Schenkungen Freibeträge, die nach der Person des Empfängers abgestuft, in der Regel freilich recht bescheiden sind. Für Ehegatten und Kinder – falls überhaupt eine Erbschaft- oder Schenkungsteuer anfällt – sind es typischerweise CHF 10–50.000, für entfernt Verwandte selten mehr als CHF 5.000.

10. Steuertarif

10.1. Nachlasssteuern

Alle drei Kantone, die eine Nachlasssteuer erheben, wenden einen progressiven Steuertarif an. In Solothurn beträgt der Höchstsatz 1,2% (ab einem Nachlassvermögen von CHF 2.000.000), in Graubünden 4% (ab CHF 520.000) und in Neuenburg 6% (ab CHF 650.000).

---

[25] Insbesondere auch von Kosten der damit allenfalls verbundenen Gerichtsverfahren.

Die Kantone Solothurn und Neuenburg erheben allerdings auch noch Erbanfallsteuern. In Graubünden sind kommunale Nachlass- oder Erbanfallsteuern zu berücksichtigen.

10.2. Erbanfall- und Schenkungssteuern

(Vgl. auch Tabellen 2A und 2B)

Nur zwei Kantone[26] kennen einen besonderen Schenkungssteuer-Tarif. Sonst gilt überall für beide Steuerarten derselbe Tarif.

Die kantonalen Steuertarife sind in der Regel progressiv ausgestaltet. Die Steuersätze richten sich einerseits nach dem **Verwandtschaftsgrad**, andererseits nach der **Höhe des Vermögensanfalls**. Fünf Kantone[27] kennen lineare Steuersätze, abgestuft nach Verwandtschaftsgrad. Ein Kanton[28] praktiziert bei der kantonalen Schenkungssteuer einen pauschalen Steuersatz von 5%.

Die Aufsplitterung eines Vermögensübergangs in mehrere Teile würde die Progression brechen. Die meisten Kantone sehen deshalb vor, dass bei der Festsetzung der Steuer auch **frühere Zuwendungen** einzubeziehen sind.

Die approximative Höhe der Steuersätze ist den Tabellen 2A und 2B zu entnehmen. Die Steuersätze für Verwandtschaftsgrade, die aus Platzgründen nicht berücksichtigt sind, liegen meist irgendwo zwischen den Steuersätzen für Geschwister und denjenigen für Nichtverwandte.

III. Internationales Steuerrecht

1. Unilaterale Massnahmen auf schweizerischer Seite

Bei Sachverhalten, welche die Staatsgrenzen überschreiten, können sich naturgemäss Kollisionen von Steuerhoheiten ergeben. So zum Beispiel, wenn eine in der Schweiz ansässige Person A stirbt und der Alleinerbe eine in Deutschland ansässige Person B ist, wobei der Nachlass nicht nur Bargeld sondern auch Grundstücke sowie Beteiligungen an Körperschaften und Personengesellschaften in Deutschland, der Schweiz und verschiedenen Drittstaaten umfasst. Oder dann, wenn eine Person C mit Doppelwohnsitz in Deutschland und der Schweiz ihr Ferienhaus in den Schweizer Alpen als Heiratsgut dem in Deutschland ansässigen Verwandten D schenkt. Welcher Staat und allenfalls mit welchen Einschränkungen darf hier Erbschafts- oder Schenkungssteuern erheben?

Die in solchen Situationen drohende internationale Doppelbesteuerung wird – zumindest teilweise – oft schon durch **unilaterale Massnahmen** des schweizerischen Steuerrechts vermieden. Dazu zählen einmal die kantonalen Steuerbefreiungen für bestimmte Empfängerkategorien[29], ferner die gänzli-

---

[26] Graubünden und Genf.

[27] Obwalden, Nidfwalden, Freiburg, Wallis und Neuenburg.

[28] Graubünden.

[29] Vgl. II.6.

chen Besteuerungsverzichte zweier Kantone[30]. Eine noch grössere praktische Bedeutung hat die Selbstbeschränkung der Kantone bei der Definition der Steuerzugehörigkeit[31] und bei den objektiven Steuerbefreiungen für ausländische Grundstücke und ausländisches Betriebsvermögen[32]. Im Gegensatz zum deutschen Steuerrecht[33] ist in der Schweiz nicht vorgesehen, dass die Steuerpflicht auch dann eintreten sollte, wenn der Erbe oder Beschenkte in der Schweiz ansässig ist. Im Gegensatz zum deutschen Steuerrecht[34] ist ebensowenig vorgesehen, dass bei unbeschränkter Steuerpflicht auch der Übergang ausländischer Grundstücke steuerbar sein sollte; oft ist auch ausländisches Betriebsvermögen ausgenommen.

2. Schweizerische Erbschaftssteuer-DBA[35]

Als **bilaterale Massnahme** zur Vermeidung internationaler Doppelbesteuerung hat die Schweiz bisher insgesamt zehn zwischenstaatliche **Erbschaftssteuer-DBA** abgeschlossen. Die Partnerstaaten sind Dänemark, Deutschland, Finnland, Frankreich, Grossbritannien, Niederlande, Norwegen, Österreich, Schweden und die USA[36].

Das Abkommensnetz wird ergänzt durch eine **Reihe kantonaler Gegenrechtsvereinbarungen**[37], in denen es zur Hauptsache um gegenseitige Steuerbefreiung für Zuwendungen an die öffentliche Hand und an gemeinnützige Institutionen geht.

3. Erbschaftssteuer-DBA Deutschland-Schweiz[38]

Das heutige Erbschaftssteuer-DBA Deutschland-Schweiz wurde im Jahr 1978 abgeschlossen. Es ersetzt frühere Abkommen aus den Jahren 1931 bzw. 1959.

Das Abkommen regelt strenggenommen nur die Besteuerung von **Erbschaften**[39]. Sein sachlicher Anwendungsbereich sind Nachlasse von Erblas-

---

[30] Vgl. II.1.2.

[31] Vgl. II.4.

[32] Vgl. II.8.

[33] § 2 Abs. 1 dErbStG.

[34] § 10 dErbStG.

[35] Allgemeine Literatur: *Zuppinger* in Höhn, Handbuch des Internationalen Steuerrechts der Schweiz.

[36] Das Erbschaftsteuer-DBA Schweiz-USA wurde im Jahr 1951 abgeschlossen und löst das Problem der Doppelbesteuerung nur in fragmentarischer Weise.

[37] Mit Deutschland, Frankreich, Israel, Liechtenstein und den USA.

[38] Umfassende Kommentierung: *Wassermeyer* in *Debatin/Wassermeyer,* Doppelbesteuerung, DBA-Schweiz/ErbSt; *Flick/Wassermeyer/Wingert/Kempermann,* Doppelbesteuerungsabkommen Deutschland-Schweiz; *Bellstedt/Meyer* in *Becker/Höppner/Grotherr/Kroppen,* DBA-Kommentar, DBA-Schweiz/ErbSt; *Locher/Meier/Von Siebenthal/Kolb,* Doppelbesteuerungsabkommen Schweiz-Deutschland.

[39] Einschliesslich Schenkungen von Todes wegen.

sern, die ihren letzten Wohnsitz in Deutschland bzw. in der Schweiz hatten[40]. Wegen grosser Unterschiede in der Ausgestaltung der Schenkungssteuern war es problematisch, auch **Schenkungen** unter Lebenden einzubeziehen. Das Abkommen sieht immerhin vor, dass die Doppelbesteuerung von Schenkungen im Rahmen des zwischenstaatlichen Konsultationsverfahrens geregelt werden kann[41]. Damit sind die Schenkungssteuern allerdings nur sehr indirekt einbezogen[42].

Die **Zuteilungsnormen** des Abkommens teilen erbrechtliche Vermögensübergänge in verschiedene Kategorien (Grundstücke, Betriebsvermögen, Schiffe und Luftfahrzeuge, sonstiges Vermögen usw.) auf und bestimmen für jede dieser Kategorien, ob das Besteuerungsrecht dem **Wohnsitzstaat** (des Erblassers) oder dem **Belegenheitsstaat** (des übergehenden Vermögensobjektes) zusteht. Bei Zuteilung des Besteuerungsrechts an den Belegenheitsstaat ist die steuerliche Behandlung im Wohnsitzstaat asymmetrisch geregelt[43]: Die Schweiz befreit – mit Progressionsvorbehalt – die in Deutschland zu besteuernden Nachlassteile (**Befreiungsmethode**). Deutschland ist in aller Regel nur verpflichtet, die in der Schweiz erhobenen Erbschaftssteuern an die deutschen Erbschaftssteuern anzurechnen (**Anrechnungsmethode**).

Das deutsch-schweizerische Erbschaftssteuer-DBA weicht in mehreren wesentlichen Punkten vom **OECD-Musterabkommen** ab. Das reflektiert das Spannungsverhältnis zwischen dem Hochsteuerland Deutschland und der benachbarten „Steueroase" Schweiz. Die Sonderregelungen, konzipiert vor allem als Prävention gegen Steuerflucht und aggressive Steuerplanung, lassen im allgemeinen die schweizerischen Besteuerungsrechte unangetastet, dehnen aber die Besteuerungsrechte Deutschlands aus. Schweizer Bürger (als Erblasser oder Erben) bleiben manchmal verschont, aber nicht immer.

Sonderregelungen sind einmal bei der abkommensrechtlichen **Definition des Wohnsitzes**[44] zu finden. Hatte der Erblasser – im Fall eines sog. Doppelwohnsitzes - seinen letzten Wohnsitz in der Schweiz, gleichzeitig aber seit mindestens fünf Jahren eine ständige Wohnstätte in Deutschland, so entsteht neben der unbeschränkten Steuerpflicht in der Schweiz ein konkurrierendes, unbeschränktes **Nachbesteuerungsrecht Deutschlands**. Das gilt auch für Schweizer[45]. Ähnliches kann sich – innert einer Karenzfrist[46] – im Fall einer sog. Wohnsitzverlegung ergeben, wenn der Erblasser früher während gewisser Zeit seinen Wohnsitz oder auch nur eine ständige Wohnstätte

---

[40] Art. 1.

[41] Art. 12 Abs. 3.

[42] Die einzige Ausnahme betrifft Schenkungen von Geschäftsbetrieben, für welche gemäss einer Verständigungsregelung die Anwendung der Abkommensvorschriften vorgesehen ist. Vgl. BMF-Schreiben vom 7. April 1988 IV C 6 – S 1301 Schweiz – 25/88.

[43] Art. 10.

[44] Art. 4.

[45] Art. 4 Abs. 3.

[46] Die Frist umfasst das Jahr der Abwanderung aus Deutschland und die folgenden 5 Jahre.

in Deutschland hatte. Hier sind allerdings Schweizer ausgenommen, zudem Personen, deren Übersiedlung durch Stellenantritt oder Heirat motiviert war[47].

Eine andere Sondervorschrift mit weitreichender Bedeutung berücksichtigt, dass die deutsche Erbschaftssteuer – im Gegensatz zum schweizerischen Steuerrecht[48] – alternativ zum Erblasser beim **Erben** anknüpft. Ein unbeschränktes Nachbesteuerungsrecht Deutschlands entsteht auch dann, wenn der Erbe zum Zeitpunkt des Todes des Erblassers seinen Wohnsitz oder eine ständige Wohnstätte in Deutschland hatte. Das gilt nur dann nicht, wenn sowohl der Erblasser als auch der Erbe Schweizer waren[49].

Für die **Aufteilung von Schulden** gilt – abweichend vom internen schweizerischen Steuerrecht – primär der Grundsatz der Zuordnung nach dem wirtschaftlichen Zusammenhang[50].

Hinsichtlich der zwischenstaatlichen Amtshilfe gilt im Einklang mit schweizerischer Abkommenspraxis die sog. **kleine Amtshilfeklausel**[51]. Die gegenseitige Amtshilfe ist auf den Austausch (auf Verlangen) von Auskünften beschränkt, und zwar keiner anderen als solchen, die zur Anwendung des Abkommens notwendig sind. Der Auskunftsverkehr findet also nur in Antworten auf Fragen statt, nicht etwa automatisch oder spontan, und schliesst zudem Informationen aus, die lediglich der Durchführung des internen deutschen oder schweizerischen Steuerrechts dienen würden.[52]

IV. Internationales Erbrecht der Schweiz

Die Hauptquelle des internationalen Erbrechts der Schweiz ist das **Bundesgesetz über das Internationale Privatrecht**[53]. Es regelt – für Nachlassverfahren und erbrechtliche Streitigkeiten im internationalen Verhältnis – Fragen der Zuständigkeit schweizerischer Gerichte oder Behörden, Fragen des anwendbaren Rechts sowie Fragen der Vollstreckung[54].

Die **Zuständigkeit schweizerischer Gerichte und Behörden** ergibt sich stets dann, wenn der Erblasser seinen letzten Wohnsitz in der Schweiz hatte. Ausserdem kann ein Schweizer Bürger mit letztem Wohnsitz im Ausland durch letztwillige Verfügung oder Erbvertrag seinen gesamten Nachlass[55]

---

[47] Art. 4 Abs. 4.

[48] Vgl. III.1.

[49] Art. 8 Abs. 2.

[50] Art. 9.

[51] Art. 13.

[52] Das Bundesgesetz über internationale Rechtshilfe in Strafsachen (IRSG) vom 20. März 1981 sieht zwar die Leistung von Rechtshilfe bei Fiskaldelikten vor. Dies allerdings nur dann, wenn Gegenstand des Verfahrens eine Abgabebetrug ist. Und zwar ein Abgabebetrug iSd. schweizerischen Verwaltungsstrafrechts, dessen Definition im Vergleich zu Deutschland viel enger ist.

[53] IPRG vom 18. Dezember 1987.

[54] Vgl. insb. Art. 86–96.

[55] Oder auch nur sein in der Schweiz gelegenes Vermögen.

der schweizerischen Zuständigkeit unterstellen. Vorbehalten bleibt in beiden Fällen die ausschliessliche Zuständigkeit anderer Staaten für Grundstücke auf deren Gebiet.

In der Schweiz wohnhafte Ausländer können – durch letztwillige Verfügung oder Erbvertrag – ihren Nachlass dem **Heimatrecht** unterstellen. Ansonsten untertsteht der Nachlass einer Person mit letztem Wohnsitz in der Schweiz **schweizerischem Recht**.

Die **Formgültigkeit von Testamenten** beurteilt sich nach dem Haager Übereinkommen[56] über das auf die Form letztwilliger Verfügungen anwendbare Recht. Danach ist eine letztwillige Verfügung gültig, wenn sie dem Recht eines der folgenden Staaten entspricht:

- Staat der Vornahme[57]
- Heimatstaat des Testierenden
- Staat, in dem der Testierende im Zeitpunkt der Verfügung oder des Todes seinen Wohnsitz oder gewöhnlichen Aufenthalt hatte.

Für Grundstücke genügt die Form des Belegenheitsstaates.

Das IPRG enthält grosszügige Anerkennungsregeln für **ausländische**, den Nachlass betreffende **Rechtsakte** der streitigen und der freiwilligen Gerichtsbarkeit.

---

[56] Vom 5. Oktober 1961.

[57] Lex luci actus.

Tabelle 1

Kanton	Steuerbefreiung für Erbanfälle und Schenkungen an		
	Ehegatten	Nachkommen	Vorfahren
Zürich	x	x	
Bern	x		
Luzern[1]	x	x[2]	
Uri	x	x	x[3]
Schwyz[4]	x	x	x
Obwalden	x	x	x[5]
Nidwalden	x	x	
Glarus	x		
Zug	x	x	
Freiburg	x	x	x[6]
Solothurn	x[7]	x[7]	
Basel-Stadt	x		
Baselland	x		
Schaffhausen	x	x	
Appenzell-A.-Rh.	x	x	
Appenzell-I.-Rh.	x	x	
St. Gallen	x	x	
Graubünden			
Aargau	x	x[8]	
Thurgau	x		
Tessin	x		
Waadt			
Wallis	x	x	x[6]
Neuenburg	x[9]	x	x[3]
Genf			
Jura			

[1] Luzern kennt keine Schenkungssteuer.

[2] Gilt nur hinsichtlich der kantonalen Erbanfallsteuer; die Gemeinden sind befugt, kommunale Erbanfallsteuern zu erheben.

[3] Gilt nur für Eltern.

[4] Schwyz kennt keine Erbschafts-/Schenkungssteuern.

[5] Gilt für Eltern, Grosseltern und Geschwister.

[6] Gilt für Eltern und Grosseltern.

[7] Gilt nur hinsichtlich der Erbanfall-/Schenkungssteuer, nicht jedoch hinsichtlich der Nachlasssteuer.

[8] Ab 2001.

[9] Gilt nur, wenn aus der Ehe mindestens ein Kind hervorgegangen ist.

Tabelle 2A

Kanton	Approximative Steuersätze[1] Erbanfälle und Schenkungen an: Ehegatten				Kinder			
	Fr. 100.000 %	Fr. 1.000.000 %	Maximalsatz %	Maximalsatz ab Fr.	Fr. 100.000 %	Fr. 1.000.000 %	Maximalsatz %	Maximalsatz ab Fr.
Zürich	–	–	–	–	–	–	–	–
Bern	–	–	–	–	1	2	3	1.840.000
Luzern[2]	–	–	–	–	–[3]	–[3]	–[3]	–[3]
Uri	–	–	–	–	–	–	–	–
Schwyz[4]	–	–	–	–	–	–	–	–
Obwalden	–	–	–	–	–	–	–	–
Nidwalden	–	–	–	–	–	–	–	–
Glarus	–	–	–	–	2	4	4	1.500.000
Zug	–	–	–	–	–	–	–	–
Freiburg	–	–	–	–	–	–	–	–
Solothurn[5]	–	–	–	–	–	–	–	–
Basel-Stadt	–	–	–	–	3	4	6	3.200.000
Baselland	–	–	–	–	2	5	6	–[6]
Schaffhausen	–	–	–	–	–	–	–	–
Appenzell-A.-Rh.	–	–	–	–	–	–	–	–
Appenzell-I.-Rh.	–	–	–	–	–	–	–	–
St. Gallen	–	–	–	–	–	–	–	–
Graubünden[7]	5	5	5	–[8]	6	7	7	400.000
Aargau	–	–	–	–	–[9]	–[9]	–[9]	–[9]
Thurgau	–	–	–	–	2	4	4	500.000
Tessin	–	–	–	–	3	7	8	1.500.000
Waadt[3]	1	3	4	1.300.000	1	3	4	1.300.000
Wallis	–	–	–	–	–	–	–	–
Neuenburg[5]	6[10]	6[10]	6[10]	–[8]	–	–	–	–
Genf[11]	7[12]	13[12]	3[12]	500.000	7	13	3	500.000
Jura	1[12]	3[12]	3[12]	800.000	1	3	3	1.000.000

[1] Ohne Berücksichtigung allfälliger Freibeträge.
[2] Luzern kennt keine Schenkungssteuer.
[3] Zu berücksichtigen: allfällige kommunale Erbanfallsteuer.
[4] Schwyz kennt keine Erbschafts-/Schenkungssteuern.
[5] Zu berücksichtigen: kantonale Nachlasssteuer.
[6] Besondere Formel.

[7] Kantonale Schenkungssteuer und kommunale Schenkungssteuer der Stadt Chur; bei Erbanfällen wären die kantonale Nachlasssteuer und die kommunale Nachlass- bzw. Erbanfallsteuern zu berücksichtigen.

[8] Linearer Steuersatz.

[9] Ab 2001.

[10] Steuerbefreiung, wenn aus der Ehe mindestens ein Kind hervorgegangen ist.

[11] Schenkungssteuer; die Steuersätze der Erbanfallsteuer sind niedriger.

[12] Gilt für Ehegatten mit Kindern; für Ehegatten ohne Kinder gelten höhere Steuersätze.

Tabelle 2B

	Approximative Steuersätze[1] Erbanfälle und Schenkungen an							
	Geschwister				Nichtverwandte			
	Fr. 100.000	Fr. 1.000.000	Maximalsatz		Fr. 100.000	Fr. 1.000.000	Maximalsatz	
Kanton	%	%	%	ab Fr.	%	%	%	ab Fr.
Zürich	10	18	18	1.000.000	19	36	36	1.000.000
Bern	9	15	15	230.000	25	40	40	230.000
Luzern[2]	9	12	12	500.000	30	40	40	500.000
Uri	7	10	10	300.000	21	30	30	300.000
Schwyz[3]	–	–	–	–	–	–	–	–
Obwalden	–	–	–	–	20	20	20	–[4]
Nidwalden	5	5	5	–[4]	15	15	15	–[4]
Glarus	8	14	14	500.000	28	52	52	500.000
Zug	4	8	8	600.000	11	20	20	600.000
Freiburg[5]	6	6	6	–[4]	30	30	30	–[4]
Solothurn[6]	9	10	10	130.000	28	30	30	130.000
Basel-Stadt	9	12	18	3.200.000	27	38	54	3.200.000
Baselland	12	16	16	–[7]	31	42	44	–[7]
Schaffhausen	9	16	16	700.000	22	40	40	700.000
Appenzell-A.-Rh.	12	19	19	220.000	26	42	42	220.000
Appenzell-I.-Rh.	6	8	8	300.000	14	20	20	300.000
St. Gallen	14	24	24	300.000	24	42	42	300.000
Graubünden[8]	11	15	15	400.000	23	35	35	400.000
Aargau	6	14	16	2.000.000	12	28	32	2.000.000
Thurgau	8	14	14	500.000	16	28	28	500.000
Tessin	9	17	18	1.300.000	28	48	48	780.000
Waadt[5]	8	12	12	490.000	24	25	25	110.000
Wallis	10	10	10	–[4]	25	25	25	–[4]
Neuenburg	22	22	22	–[4]	36	36	36	–[4]
Genf[9]	19	25	25	300.000	50	55	55	100.000
Jura	13	15	15	100.000	35	40	40	100.000

[1] Ohne Berücksichtigung allfälliger Freibeträge.
[2] Luzern kennt keine Schenkungssteuer.
[3] Schwyz kennt keine Erbschafts-/Schenkungssteuern.
[4] Linearer Steuersatz.
[5] Zu berücksichtigen: allfällige kommunale Erbanfallsteuer.
[6] Zu berücksichtigen: kantonale Nachlasssteuer.

[7] Besondere Formel.

[8] Kantonale Schenkungssteuer und kommunale Schenkungssteuer der Stadt Chur; bei Erbanfällen wären die kantonale Nachlasssteuer und die kommunale Nachlass- bzw. Erbanfallsteuern zu berücksichtigen.

[9] Schenkungssteuer; die Steuersätze der Erbanfallsteuer sind niedriger.

F. Grundsätze des schweizerischen DBA-Rechts

Andreas Kolb/Daniel Lüthi

Übersicht

I. Einleitung

Die unterschiedliche Ausgestaltung der nationalen Steuerrechte kann beim Waren-, Dienstleistungs-, Kapital- und Personenverkehr über die Grenze zu Überschneidungen der Steueransprüche mehrerer Staaten und dadurch zu Doppelbesteuerungen führen. Dem **internationalen Steuerrecht im weiteren Sinne** steht die Aufgabe zu, solche Doppelbesteuerungen nach Möglichkeit zu vermeiden oder mindestens zu mildern. Dies kann einerseits durch einseitige Massnahmen einzelner Staaten erreicht werden, die eine Steuerbefreiung bestimmter, im Ausland erfasster Einkünfte oder Vermögensteile vorsehen oder die eine Anrechnung ausländischer Steuern gewährleisten. Andererseits können in staatsvertraglichen Vereinbarungen die

Steuerhoheiten zweier oder mehrerer Staaten abgegrenzt und eingeschränkt werden.

Das internationale Steuerrecht der Schweiz weist zur Vermeidung der Doppelbesteuerung solche **einseitigen Massnahmen** auf. So werden im Ausland gelegene Liegenschaften und deren Ertrag von den schweizerischen Steuern befreit und bei ausländischen Betriebstätten ein Auslandabzug gewährt. Daneben hat die Schweiz mit zahlreichen Staaten **Doppelbesteuerungsabkommen** auf dem Gebiet der Einkommen- und Vermögensteuern (DBA) abgeschlossen.

Die vom Bund abgeschlossenen DBA gehen anderslautenden kantonalen und bundesrechtlichen Vorschriften vor. Ob dies auch im Verhältnis zu zeitlich später erlassenen Verfassungs- und Gesetzesnormen des Bundes gilt, ist bisher nicht entschieden worden. Diese Vorschriften werden aber durch ein DBA nicht unverbindlich oder unwirksam; sie gelten weiter, doch wird ihre Anwendung insoweit eingeschränkt, als anderslautende Bestimmungen eines DBA Anwendung finden. Somit können DBA die Steuerhoheit der Vertragsstaaten einschränken; nach schweizerischer Auffassung können sie diese aber nicht erweitern. Wird daher die Steuerhoheit für bestimmte Objekte der Schweiz zugeteilt, so kann die Schweiz diese Objekte nur dann besteuern, wenn und insoweit das interne schweizerische Recht dies vorsieht. Sobald ein DBA ratifiziert ist, wird es als rechtsetzender Staatsvertrag für alle Behörden und Bürger verbindlich. **DBA** sind in der Regel in der Schweiz auch **unmittelbar anwendbar**, dh. sie bedürfen zu ihrer Anwendung nicht des Erlasses eines innerstaatlichen Gesetzes. Als Ausnahme zu diesem Grundsatz sind der Bundesratsbeschluss vom 22. August 1967 über die pauschale Steueranrechnung[1] und der Bundesratsbeschluss vom 14. Dezember 1962 betreffend Massnahmen gegen die ungerechtfertigte Inanspruchnahme von DBA des Bundes[2] zu betrachten.

II. Die Entwicklung des heutigen Abkommensnetzes

Das erste umfassende DBA auf dem Gebiet der Einkommen- und Vermögensteuern schloss die Schweiz im Jahre 1931 mit dem Deutschen Reich ab; ein entsprechendes Abkommen wurde 1937 mit Frankreich abgeschlossen. Im folgenden Jahrzehnt kamen Abkommen mit Ungarn und Schweden dazu. Zwischen 1950 und 1960 wurde das Netz durch Abkommen mit Dänemark, Grossbritannien, Finnland, die Niederlande, Norwegen, Österreich, Pakistan und den USA erweitert.

Im gleichen Jahrzehnt begann die **Organisation für Europäische Wirtschaftliche Zusammenarbeit** (OEEC), später **OECD**, sich mit Doppelbesteuerungsproblemen und anderen Fiskalfragen zu beschäftigen. Diese Arbeiten führten im Jahre 1963 zum Entwurf eines Abkommens zur Vermeidung der Doppelbesteuerung auf dem Gebiete der Steuern vom Einkommen

---

[1] SR 672.201.

[2] SR 672.202.

und vom Vermögen. Die Schweiz, die an diesen Arbeiten aktiv mitgewirkt hatte, legte allen danach abgeschlossenen neuen oder revidierten DBA entsprechend den Empfehlungen des OECD-Rates dieses Musterabkommen, einschliesslich der revidierten Fassungen, zugrunde.

In der zweiten Hälfte der sechziger Jahre schloss die Schweiz Abkommen mit Frankreich (Revision), Irland, Schweden (Revision), Spanien und Südafrika ab. Zwischen 1970 und 1980 waren es zwölf Abkommen (Belgien, Dänemark [Revision], Deutschland [Revision], Grossbritannien [Revision], Italien, Japan, Kanada, Malaysia, Österreich [Revision], Portugal, Singapur sowie Trinidad und Tobago). Bis 1990 wurden 15 weitere Abkommen abgeschlossen oder revidiert (Ägypten, Australien, Deutschland [Revision], Elfenbeinküste, Griechenland, Grossbritannien [Revision], Indonesien, Irland [Revision], Island, Neuseeland, Norwegen [Revision], Sowjetunion, Sri Lanka, Südkorea und Ungarn [Revision]).

Eine eindrückliche Erweiterung des Abkommensnetzes erfolgte seit 1990, indem 28 neue Abkommen abgeschlossen (Albanien, Argentinien, Belarus, Bulgarien, China, Ecuador, Indien, Jamaika, Kasachstan, Kroatien, Kuwait, Liechtenstein [begrenztes Abkommen], Luxemburg, Marokko, Mexiko, Moldova, Mongolei, Philippinen, Polen, Rumänien, Russland, Slowakei, Slowenien, Thailand, Tschechische Republik, Tunesien, Venezuela und Vietnam) und 9 Abkommen revidiert worden sind (Dänemark, Deutschland, Finnland, Frankreich, Grossbritannien, Kanada, Österreich, Schweden und USA).

Damit stehen zur Zeit (Stand 1. 1. 2000) **52 DBA in Kraft**. Eine Übersicht über die schweizerischen Abkommen findet sich in Anlage 1 S. 135.

III. Die Grundsätze der schweizerischen Abkommenspolitik

1. Allgemeines

Die schweizerische Abkommenspolitik ist durch grosse Stabilität und Kontinuität gekennzeichnet. Die in Grundsatzfragen angestrebten Lösungen tragen der besonderen Situation unseres Landes Rechnung.

Die Schweiz, die wirtschaftlich eng mit dem Ausland verflochten ist und Kapital, Güter aller Art und Dienstleistungen exportiert, die in grossem Ausmass im Ausland investiert und Arbeitsplätze zur Verfügung stellt, muss **liberalen Lösungen** verpflichtet sein, die sicherstellen, dass die wirtschaftliche Tätigkeit im internationalen Bereich zumindest steuerlich möglichst wenig behindert wird.

Die Bestrebungen, für den Wirtschaftsstandort Schweiz in der heutigen Zeit bessere Rahmenbedingungen zu schaffen, werden durch den seit Jahren im Gang befindlichen kontinuierlichen Ausbau des Abkommensnetzes unterstützt. Dabei ist die Schweiz in erster Linie bemüht, Abkommen mit denjenigen Staaten abzuschliessen, in denen bedeutende wirtschaftliche Interessen bestehen oder in Zukunft zu erwarten sind.

Die Abkommenspolitik stützt sich auf die bisherige Praxis und das OECD-Musterabkommen (OECD-MA). Zudem hat sie auch Entwicklungen

Rechnung zu tragen, die im Rahmen der OECD oder der Europäischen Union erfolgen. In der Abkommenspolitik wird auch berücksichtigt, ob der schweizerische Vertragspartner ein Industriestaat, ein Entwicklungsland, ein Schwellenland oder in jüngster Zeit ein osteuropäischer Staat oder ein aus der ehemaligen Sowjetunion hervorgegangener Staat ist.

2. Einfluss der Entwicklungen in der OECD

Das OECD-Musterabkommen bildet neben der bisherigen Praxis die Grundlage bei der Aushandlung von DBA. Das Musterabkommen von 1963 ist im Jahre 1977 revidiert worden. Weitere Teilrevisionen erfolgten in den Jahren 1992, 1994, 1995 und 1997[3]. Diese brachten nur wenige materielle Änderungen im Abkommenstext; dagegen sind die Kommentare vertieft und beträchtlich erweitert worden[4].

Für die Schweiz von Bedeutung ist die Änderung in Art. 12 (Lizenzgebühren), wonach Vergütungen für die Vermietung von Ausrüstungsgütern nicht mehr unter diesen Artikel, sondern unter die Art. 5 (Betriebstätte) und 7 (Unternehmensgewinne) fallen. Auch ist in Abs. 2 von Art. 3 (Allgemeine Begriffsbestimmungen) klargestellt worden, dass in Fällen, in denen das interne Recht zur Begriffsbestimmung heranzuziehen ist, bei unterschiedlichen Umschreibungen der Begriff aufgrund der Gesetzgebung über die Steuern, auf die das Abkommen anwendbar ist, auszulegen ist.

Die Schweiz richtet sich auch nach den zugehörigen Kommentaren zum Musterabkommen, soweit sie dazu keine Bemerkungen angebracht hat. Als Folge der erwähnten Revisionen enthalten die neuen Kommentare unter anderem wichtige Ausführungen zu den Basis- und Durchlaufgesellschaften, zur Unterkapitalisierung von Gesellschaften, zu Dreiecksfällen (Fälle, in denen Einkünfte aus Staat A einer Betriebstätte im Staat B zufliessen, über die ein Unternehmen im Staat C verfügt), über die steuerliche Behandlung von Zahlungen für Software, über die Zurechnung von Einkünften bei Betriebstätten und über die Besteuerung von neuen Finanzierungsinstrumenten.

Von besonderer Bedeutung für die Schweiz sind die Arbeiten der OECD auf dem Gebiet der Verrechnungspreise bei multinationalen Unternehmen. Für die weltweit tätige schweizerische Wirtschaft ist es äusserst wichtig, welche Grundsätze die OECD für den konzerninternen Güter-, Kapital- und Dienstleistungsaustausch aufstellt. Der diesbezügliche Standardbericht aus dem Jahre 1979 wurde 1995 einer allgemeinen Revision unterzogen. Er wird nun periodisch aktualisiert und mit zusätzlichen Kapiteln ergänzt werden. Der revidierte Bericht ist integrierender Bestandteil des Kommentars zu Art. 9 (Verbundene Unternehmen); diese Bestimmung statuiert den Grundsatz des „dealing at arm's length", der für den Verkehr zwischen verbundenen Unternehmen gilt.

---

[3] Das Update 2000 wird im Laufe dieses Jahres veröffentlicht werden.

[4] Vgl. *Kolb/Lüthi,* Überblick über die Teilrevision 1995 des OECD-Musterabkommens, in IWB Fach 10 Gruppe 2 S. 1073 mit Hinweisen.

3. Einfluss der Entwicklungen in der EU

In der EU gibt es auf dem Gebiet des internationalen Steuerrechts zwei Richtlinien und ein Übereinkommen, die für die Schweiz von Interesse sind.

Die **Mutter-Tochter-Richtlinie** sieht eine steuerliche Befreiung der Beteiligungsdividenden bei der Muttergesellschaft sowie den Verzicht auf die Erhebung einer Quellensteuer auf solchen Dividenden im Sitzstaat der Tochtergesellschaft vor. Die Schweiz kann eine gleichartige Quellensteuerregelung nur durch bilaterale Vereinbarungen herbeiführen. Die schweizerischen DBA mit den EU-Staaten Dänemark, Finnland (für die finnische Quellensteuer), Frankreich, Luxemburg, den Niederlanden und Schweden sehen bereits den Nullsatz vor.

Hinsichtlich der **Fusionsrichtlinie** hat nun auch die Schweiz mit der Unternehmenssteuerreform 1997 Anpassungen beschlossen, die bei Umstrukturierungen über die Grenze einen Besteuerungsaufschub gewährleisten[5]. Die gesamte Problematik wird ebenfalls aus zivilrechtlicher Sicht überprüft[6].

Das Übereinkommen über ein **Schiedsverfahren** sieht vor, dass dieses Verfahren im Falle von Gewinnberichtigungen zwischen verbundenen Unternehmen obligatorisch durchzuführen ist, wenn im Verständigungsverfahren keine Einigung über die Gewinnaufrechnung und die entsprechende Berichtigung erzielt wird. In der Schweiz dürfte ein obligatorisches Schiedsverfahren aus staatspolitischen Gründen auf Widerstand stossen. Die Lösung dürfte vielmehr darin bestehen, in DBA ein fakultatives Verfahren vorzusehen, das durchgeführt werden kann, wenn alle Beteiligten zustimmen[7].

Der Richtlinienentwurf über die Besteuerung von **Zinsen und Lizenzgebühren** an der Quelle, der unter gewissen Voraussetzungen ein ausschliessliches Besteuerungsrecht des Wohnsitzstaates vorsieht, wird zur Zeit in der EU im Rahmen des Massnahmenpakets zur Bekämpfung des schädlichen Steuerwettbewerbs weiterverfolgt. Dies ist aus schweizerischer Sicht zu begrüssen, da unser Land seit langem dafür eintritt, dass in der Regel auf Zinsen wie auch auf Lizenzgebühren im internationalen Verhältnis keine Quellensteuern erhoben werden.

Eine Einigung über die Besteuerung von **Zinserträgen auf Sparkapitalien** steht in der EU noch aus. Es bestehen unterschiedliche Auffassungen darüber, ob die Zinsen an der Quelle zu besteuern sind oder ob diese stattdessen dem Wohnsitzstaat des Empfängers gemeldet werden sollen. Auch diese Thematik ist Gegenstand des Massnahmepakets zur Bekämpfung des schädlichen Steuerwettbewerbs. Für die Schweiz, die auf solchen Zinsen ungeachtet des Empfängers eine Quellensteuer von 35% erhebt, besteht zur Zeit kein Handlungsbedarf.

---

[5] Vgl. *Kolb,* Reform der Unternehmensbesteuerung, in IStR 1997, Beihefter zu Heft 21/97, S. 2.

[6] Derzeit liegt ein Vorentwurf zu einem Bundesgesetz über die Fusion, die Spaltung und die Umwandlung von Rechtsträgern (Fusionsgesetz) vor.

[7] Vgl. Ziff. VI.2 zum DBA USA.

IV. Wesentlicher Inhalt der schweizerischen DBA

Vorbemerkung: In der nachfolgenden Darstellung sind diejenigen Abkommen berücksichtigt, die am 1. Januar 2000 in Kraft sind. Das Rumpfabkommen mit der Sowjetunion wird nicht behandelt, da mit den wichtigsten Nachfolgestaaten der ehemaligen Sowjetunion bereits neue Abkommen abgeschlossen wurden oder ausgehandelt werden.

1. Geltungsbereich

1.1. Persönlicher Geltungsbereich

Die Abkommen gelten für Personen, die in einem oder in beiden Vertragsstaaten **ansässig** sind. Das Abkommen mit Pakistan enthält keine entsprechende Regel, doch gilt dieser Grundsatz uneingeschränkt auch unter diesem Abkommen. Das Abkommen mit den Niederlanden gilt für die Steuerpflichtigen beider Staaten.

Vorgeschobene Personen, die nur scheinbare Empfänger der abkommensbegünstigten Einkünfte sind, gelten nicht als in einem Vertragsstaat ansässig und sind daher nicht abkommensberechtigt. In einigen Abkommen[8] wird dies ausdrücklich bestätigt.

Natürliche Personen, die in der Schweiz einer **Pauschal- oder Spezialbesteuerung** unterliegen, fallen grundsätzlich unter den Geltungsbereich der Abkommen. Ausnahmen bestehen unter einzelnen Abkommen. Diese Personen gelten im Sinne dieser Abkommen dann nicht als ansässig, wenn sie nicht mit allen aus dem anderen Vertragstaat stammenden Einkünften der allgemeinen Besteuerung unterliegen[9] oder wenn sie bloss aufgrund des Mietwertes ihrer Wohnung besteuert werden[10].

Die Bestimmungen des Bundesratsbeschlusses vom 14. Dezember 1962 betreffend Massnahmen gegen die ungerechtfertigte Inanspruchnahme von Doppelbesteuerungsabkommen des Bundes (**BRB 1962**) finden unter allen DBA Anwendung[11]. In einzelnen Abkommen[12] sind Teile des Missbrauchsbeschlusses übernommen worden. Danach können in der Schweiz ansässige ausländisch beherrschte Gesellschaften die in diesen Abkommen vorgesehenen Steuerentlastungen auf Dividenden, Zinsen und Lizenzgebühren nur beanspruchen, wenn sie die Missbrauchsvorschriften einhalten; zudem werden die Steuerentlastungen auf Zinsen und Lizenzgebühren[13] nur gewährt, wenn diese Einkünfte in der Schweiz der vollen Besteuerung unterliegen. Die Nichteinhaltung der Missbrauchsvorschriften hat zur Folge, dass die betref-

---

[8] Belgien, Deutschland, Frankreich, Italien.

[9] Belgien, Deutschland, Italien, Kanada, Norwegen, Österreich, USA.

[10] Frankreich.

[11] Vgl. Ziff. VII.2.

[12] Belgien, Deutschland, Frankreich und Italien.

[13] Deutschland: einschliesslich der Veräusserungsgewinne.

fenden Personen für an der Quelle besteuerte Einkünfte, für die unter einem Abkommen eine Steuerentlastung gewährt wird, die Abkommensvorteile nicht beanspruchen können und somit in dieser Hinsicht nicht unter den Geltungsbereich des betreffenden Abkommens fallen.

Verschiedene Abkommen enthalten zudem sachlich und zeitlich begrenzte Ausschlussgründe bei **„Wegzüglern"**, dh. Personen, die ihren Wohnsitz verlegt haben[14].

1.2. Sachlicher Geltungsbereich (Art. 2 OECD-MA)

Schweizerischerseits fallen **alle Einkommenssteuern** des Bundes, der Kantone und Gemeinden unter den Geltungsbereich der Abkommen, einschliesslich der Kapitalgewinnsteuern, der Verrechnungssteuer und der Kirchensteuer. Mehrheitlich finden die Abkommen auch auf die **Vermögenssteuer** Anwendung (vgl. Tabelle in Anlage 2 S. 138). Eine Ausnahme besteht hinsichtlich der Verrechnungssteuer auf Lotteriegewinnen, die entweder ausdrücklich oder mangels einer Generalklausel für die übrigen Einkünfte nicht unter den Geltungsbereich der schweizerischen Abkommen fällt.

1.3. Territorialer Geltungsbereich

Die Abkommen erstrecken sich auf das **Hoheitsgebiet** der Vertragsstaaten, das immer auch die Territorialgewässer einschliesst. Eine Reihe von Abkommen sieht eine weitere Ausdehnung auf Teile des Kontinentalsockels oder des Meeresgrundes vor.

2. Begriffsbestimmungen

2.1. Im allgemeinen (Art. 3 OECD-MA)

Die Abkommen enthalten eine Reihe von Begriffsbestimmungen, wobei zentrale, im Abkommen öfters verwendete Begriffe normalerweise in einem besonderen Artikel umschrieben werden. Dies betrifft u. a. Begriffe wie „Person", „Gesellschaft", „Unternehmen eines Vertragsstaats", „internationaler Verkehr", „Staatsangehörige", „zuständige Behörde", „Steuer" etc.

2.2. Wohnsitz

Nach dem Abkommen bestimmt sich der Wohnsitz einer Person aufgrund des internen Rechts der Vertragsstaaten. Dabei gilt eine Person im Sinne des zur Anwendung gelangenden Abkommens dann als in einem Vertragsstaat ansässig, wenn sie dort nach dem Recht dieses Staates unbeschränkt steuerpflichtig ist. Diese Regel gilt auch in den Fällen, in denen eine ausdrückliche Abkommensbestimmung fehlt[15].

Die Frage, inwieweit **Personengesellschaften** als ansässige Personen zu betrachten sind, ist Gegenstand eines Berichts der OECD[16]. Die neuen

---

[14] Vgl. Ziff. IV.2.2.

[15] Niederlande.

[16] The Application of the OECD Model Tax Convention to Partnerships, OECD 1999.

Staaten vertreten die Auffassung, dass Personengesellschaften im Sinne von Art. 4 Abs. 1 OECD-MA nicht als ansässige Personen gelten, da nicht sie, sondern die Gesellschafter steuerpflichtig sind. Mehrere schweizerische Abkommen enthalten aber eine ausdrückliche Bestimmung, wonach Personengesellschaften (zum Teil nur schweizerische Personengesellschaften) **ansässig** sind[17]. Unter den Abkommen mit Deutschland und Österreich gelten Personengesellschaften nicht als ansässige Personen, doch können sie die Steuerentlastungen auf Dividenden, Zinsen und Lizenzgebühren beanspruchen, sofern mindestens drei Viertel der Gewinne der Gesellschaft Personen zustehen, die im Sitzstaat der Personengesellschaft ansässig sind.

Sonderregelungen gelten für **Diplomaten**, Konsularbeamte, internationale Organisationen und ihre Beamten. Diese werden im Empfangsstaat bzw. Sitzstaat grundsätzlich von den Abkommensvorteilen ausgeschlossen.

Verschiedene Abkommen enthalten Spezialbestimmungen für **„Wegzügler“:**

Das Abkommen mit **Dänemark** sieht bei natürlichen Personen, ausgenommen schweizerische Staatsangehörige, nach Wegzug aus Dänemark unter bestimmten Voraussetzungen noch während vier Jahren die unbeschränkte Steuerpflicht in diesem Land vor, sofern diese Personen in der Schweiz pauschaliert werden; zwecks Vermeidung einer Doppelbesteuerung rechnet dabei Dänemark die schweizerische Steuer auf seine eigene Steuer an.

Nach dem Abkommen mit **Deutschland** kann eine natürliche Person (ausgenommen ein schweizerischer Staatsangehöriger) unter bestimmten Voraussetzungen nach ihrem Wegzug aus Deutschland noch im Jahre des Wegzugs und in den folgenden fünf Jahren für alle deutschen Einkünfte und Vermögenswerte den vollen deutschen Steuern unterworfen werden. Deutschland obliegt es, die dabei entstehende Doppelbesteuerung zu vermeiden.

Schwedische Staatsangehörige, die aufgrund des Abkommens mit Schweden als in der Schweiz ansässig gelten, können unter bestimmten Voraussetzungen noch während drei Jahren als unbeschränkt Steuerpflichtige in Schweden besteuert werden, wobei die schweizerischen Steuern auf die entsprechenden schwedischen Steuern angerechnet werden.

Die Abkommen mit **Deutschland** und **Österreich** sehen vor, dass Gewinne aus der **Veräusserung wesentlicher Beteiligungen** auch nach dem Wegzug noch im Herkunftsstaat besteuert werden können, sofern der Veräusserer im Laufe der fünf Jahre vor der Veräusserung in diesem Staat ansässig war und die Gewinne im Wohnsitzstaat nicht besteuert werden.

Unter dem Abkommen mit **Kanada** können **Kapitalgewinne** innerhalb von fünf Jahren nach Wegzug des Veräusserers in die Schweiz in Kanada besteuert werden, sofern der Veräusserer entweder die kanadische Staatszugehörigkeit besitzt oder während mindestens 15 Jahren in Kanada ansässig

---

[17] Belgien, Bulgarien, Dänemark, Elfenbeinküste, Finnland, Frankreich, Griechenland, Grossbritannien, Irland, Island, Japan, Italien, Kanada, Pakistan, Portugal, Schweden, Tunesien, USA.

gewesen ist. Kanada vermeidet die Doppelbesteuerung durch Anrechnung der schweizerischen Steuern.

Auch das Abkommen mit den **Niederlanden** enthält eine entsprechende Spezialbestimmung; danach können die Niederlande die eigenen Staatsangehörigen für Gewinne aus der Veräusserung von Aktien oder Genussscheinen einer niederländischen Gesellschaft, in der die niederländischen Staatsangehörigen über eine **wesentliche Beteiligung** verfügen, oder für Dividendenausschüttungen solcher Gesellschaften dann besteuern, wenn der Veräusserer oder Dividendenempfänger in der Schweiz ansässig ist und im Laufe der fünf Jahre vor Übertragung der Aktien oder vor der Dividendenausschüttung in den Niederlanden ansässig war. Die dadurch allenfalls entstehende Doppelbesteuerung wird nicht vermieden.

In der Schweiz ansässige **amerikanische Staatsangehörige** unterliegen ohne zeitliche Beschränkung der vollen amerikanischen Bundeseinkommensteuer. Die Doppelbesteuerung wird dadurch vermieden, dass die USA die schweizerischen Steuern anrechnen.

Gilt eine **natürliche Person** aufgrund des internen Rechts der Vertragsstaaten als in jedem der betreffenden Staaten ansässig, so liegt unter Vorbehalt der hievor erwähnten Spezialbestimmungen ein klassischer **Doppelwohnsitz** vor; mit einer Ausnahme[18] wird in einem solchen Fall der Wohnsitz für die Zwecke des anwendbaren Abkommens nach verschiedenen Kriterien bestimmt, wobei dem Mittelpunkt der Lebensverhältnisse des Steuerpflichtigen erstrangige Bedeutung zukommt. Eine Sonderregelung besteht jedoch unter dem Abkommen mit Deutschland. Geht nach den Bestimmungen dieses Abkommens der schweizerische Wohnsitz vor, so steht Deutschland gleichwohl ein unbeschränktes Besteuerungsrecht zu, sofern der Steuerpflichtige dort eine ständige Wohnstätte beibehalten hat oder sich dort länger als 183 Tage pro Kalenderjahr aufhält. Die dadurch entstehende Doppelbesteuerung ist durch Deutschland zu vermeiden.

Im Falle eines Doppelwohnsitzes von **Gesellschaften** hat in der Regel der Staat Vorrang, in dem sich der Ort der tatsächlichen Geschäftsleitung der Gesellschaft befindet. Die Abkommen mit Japan und den Niederlanden geben aber dem Sitzstaat, dasjenige mit Kanada dem Staat Vorrang, dessen Staatszugehörigkeit die Gesellschaft besitzt. Einzelne Abkommen[19] sehen vor, dass der vorrangige Wohnsitz im Verständigungsverfahren festzulegen ist. Besonderheiten bestehen unter den Abkommen mit Indonesien und Pakistan. Das Abkommen mit Deutschland enthält eine Sonderregelung. Danach können Gesellschaften mit Sitz in Deutschland und Geschäftsleitung in der Schweiz weiterhin in Deutschland unbeschränkt besteuert werden, wobei die entstehende Doppelbesteuerung jedoch durch Deutschland zu vermeiden ist. Diese Regelung hat zur Folge, dass auch Dividenden, Zinsen, Lizenzgebühren und Verwaltungsratsentschädigungen, die von der Gesellschaft ausgerichtet werden, in beiden Staaten an der Quelle besteuert werden können.

---

[18] Pakistan.

[19] Finnland, Indonesien, USA.

2.3. Betriebstätte (Art. 5 OECD-MA)

Abgesehen von den Abkommen mit den Niederlanden und Pakistan, die sich mit einer vereinfachten Begriffsumschreibung begnügen, auf die im weiteren nicht eingegangen wird, entspricht die Umschreibung des Betriebstättebegriffs weitgehend dem OECD-Musterabkommen.

Beim **Betriebstättekatalog** (Art. 5 Abs. 2 OECD-MA) schliessen einzelne Abkommen[20] auch land- und forstwirtschaftliche Betriebe ein. Mehrere Abkommen[21] erwähnen auch Verkaufsstellen bzw. Lagerhäuser, die vermietet werden. Nach den Abkommen mit China, den Philippinen, Thailand und Vietnam führt auch die Erbringung von **Dienstleistungen**[22], wenn diese innerhalb von 12 Monaten länger als sechs Monate dauern, zu einer Betriebstätte. Eine weitere Ausdehnung des Betriebstättebegriffes findet sich im Abkommen mit Indien, wonach diese Frist 90 Tage und im Falle von konzerninternen Dienstleistungen 30 Tage beträgt.

Bei den **Bau- und Montagestellen** (Art. 5 Abs. 3 OECD-MA) weichen mehrere Abkommen von der üblicherweise vereinbarten Frist von zwölf Monaten ab[23]. Unter einigen Abkommen begründet auch eine Oberleitungs- bzw. Überwachungstätigkeit über eine Bauausführung oder Montage eine Betriebstätte, sofern diese eine bestimmte Dauer überschreitet[24]. Einige Abkommen sehen zudem vor, dass die Benutzung bedeutender Ausrüstungen im Zusammenhang mit der Erforschung bzw. Ausbeutung von Bodenschätzen eine Betriebstätte begründen, sofern die Benutzungsdauer einen bestimmten Zeitraum übersteigt[25].

Zu den **Hilfstätigkeiten** (Art. 5 Abs. 4 OECD-MA), die keine Betriebstätte begründen, gehören nach einzelnen Abkommen[26] auch Montagearbeiten im Zusammenhang mit der Auslieferung von Maschinen und Ausrüstungsgütern aus dem Staat des Montageunternehmens. Als weiteres Beispiel für Hilfstätigkeiten wird in den Abkommen mit gewissen osteuropäischen Staaten[27] der Verkauf von Ausstellungsgegenständen im Anschluss an eine Ausstellung genannt.

Auch hinsichtlich der steuerlichen Behandlung von **Vertretungsverhältnissen** bestehen einige Besonderheiten. Unter dem Abkommen mit Austra-

---

[20] Ägypten, Australien, Indonesien, Malaysia, Singapur, Sri Lanka, Thailand.

[21] Ägypten, Elfenbeinküste, Indien, Jamaica, Thailand, Trinidad und Tobago.

[22] Zur Besteuerung von Dienstleistungen vgl. Ziff. IV.3.4 Lizenzgebühren.

[23] *6 Monate:* Ägypten, China, Ecuador, Elfenbeinküste, Indien, Jamaica, Korea, Malaysia, Marokko, Mexiko, Philippinen, Singapur, Sri Lanka, Thailand, Trinidad und Tobago, Tunesien, Vietnam.

9 Monate: Bulgarien.

[24] *12 Monate:* Australien, Japan, Neuseeland, Norwegen.

6 Monate: China, Elfenbeinküste, Indien, Indonesien, Jamaica, Korea, Malaysia, Mexiko, Philippinen, Singapur, Thailand, Tunesien, Vietnam.

[25] *12 Monate:* Australien, Neuseeland, USA

6 Monate: Griechenland, Jamaica.

90 Tage: Indien.

[26] Polen, Rumänien, Russische Föderation, Slowakei, Ungarn.

[27] Bulgarien, Rumänien, Russische Föderation.

lien begründet ein abhängiger Vertreter für das Unternehmen eine Betriebstätte, wenn er Güter oder Waren herstellt, bearbeitet oder verarbeitet. **Versicherungsunternehmen** begründen nach dem Abkommen mit Belgien u. a. dann eine Betriebstätte, wenn ein Vertreter im Namen des Unternehmens Verträge abschliesst; diese Folge tritt im Verhältnis zu einer Reihe von anderen Staaten[28] ein, wenn ein Vertreter im anderen Vertragsstaat Prämien einzieht oder dort liegende Risiken versichert werden. Unter mehreren Abkommen[29] begründet schliesslich auch ein abhängiger Vertreter mit einem Auslieferungslager eine Betriebstätte für das Unternehmen.

3. Zuteilungsregeln (Art. 6–22 OECD-MA)

3.1. Einkünfte aus unbeweglichem Vermögen (Art. 6 OECD-MA)

Entsprechend dem OECD-Musterabkommen sehen alle Abkommen vor, dass diese Einkünfte im Belegenheitsstaat besteuert werden können. Dies gilt auch für Einkünfte aus unbeweglichem Betriebsvermögen. Die neueren Abkommen stellen zudem klar, dass diese Bestimmung aber nicht für Einkünfte aus unbeweglichem Vermögen gilt, das im Wohnsitzstaat des Eigentümers oder in einem Drittstaat liegt.

Abgesehen von den Abkommen mit den Niederlanden und Pakistan richtet sich der Begriff des unbeweglichen Vermögens in allen Abkommen nach der Umschreibung im OECD-Musterabkommen. Massgebend ist demnach das Recht des Belegenheitsstaates; zudem werden alle Vermögenswerte und Rechte aufgezählt, die in jedem Fall als unbewegliches Vermögen gelten. Das Abkommen mit den Niederlanden verweist ebenfalls auf das interne Recht des Belegenheitsstaates.

Das Abkommen mit Frankreich bestimmt, dass die Besteuerung im Belegenheitsstaat auch dann vorgeht, wenn Einkünfte gewisser **Immobiliengesellschaften** den Gesellschaftern zugerechnet werden. Unter dem Abkommen mit Pakistan können **Zinsen aus Grundpfandforderungen**, die vor 1961 eingegangen sind oder natürlichen Personen zustehen, in dem Staat besteuert werden, in dem das belastete Grundstück liegt. Nach dem Abkommen mit Finnland können Einkünfte aus sogenannten **Mietergesellschaften**, die das uneingeschränkte Nutzungsrecht in bezug auf ein bestimmtes Grundstück einräumen, im Belegenheitsstaat besteuert werden.

3.2. Unternehmensgewinne (Art. 7 OECD-MA)

Alle Einkommen folgen dem auch im OECD-Musterabkommen niedergelegten Grundsatz, wonach ein Unternehmen eines Vertragsstaats im anderen Vertragsstaat nur dann besteuert werden kann, wenn es dort eine **Betriebstätte** unterhält. Unterhält das Unternehmen im anderen Vertragsstaat

---

[28] Elfenbeinküste, Frankreich, Indonesien, Marokko, Mexiko, Thailand, Tunesien, Vietnam.

[29] Malaysia, Singapur, Sri Lanka,Trinidad und Tobago, Vietnam.

eine Betriebstätte, so können abgesehen vom Abkommen mit Italien dort nur die Gewinne besteuert werden, die dieser Betriebstätte zurechenbar sind.

Das Abkommen mit Italien schliesst Steuerentlastungen auf Dividenden, Zinsen, Lizenzgebühren und anderen Einkünften aus, wenn diese Einkünfte einem Unternehmen zufliessen, das im Quellenstaat eine Betriebstätte (ausgenommen eine Baustelle) hat.

Einzelne Abkommen[30] sehen eine Zurechnung von Einkünften des Hauptsitzes an die Betriebstätte in Fällen von **missbräuchlichen Gestaltungen** vor, sofern nachgewiesen wird, dass die Betriebstätte in massgeblicher Weise an der Erzielung der betreffenden Einkünfte beteiligt war. Eine ähnliche Bestimmung findet sich im Abkommen mit Mexiko.

Die Abkommen mit mehreren Staaten[31] gestatten dem Betriebstättenstaat, neben der allgemeinen Gewinnsteuer eine in der Höhe begrenzte **„Ausschüttungssteuer"** auf dem Betriebstättengewinn (Branch Profits Tax) zu erheben.

Verschiedene Abkommen enthalten eine ausdrückliche Bestimmung, wonach Einkünfte aus Beteiligungen an **Personengesellschaften** im Betriebstättestaat besteuert werden können. Dieser Grundsatz gilt indessen auch ohne ausdrückliche Regelung für die übrigen Abkommen.

Die Bestimmungen über die Unternehmensgewinne finden grundsätzlich auch Anwendung auf **Versicherungsunternehmen**. Ausnahmen bestehen unter den Abkommen mit Australien, Neuseeland und den USA, indem die Besteuerung im Tätigkeitstaat nicht davon abhängt, ob dort eine Betriebstätte besteht oder nicht. Australien kann dementsprechende Gewinne eines schweizerischen Versicherungsunternehmens aus Versicherungsgeschäften (ausgenommen Lebensversicherungsgeschäften) besteuern, Neuseeland behält sich dieses Recht für Lebensversicherungsgeschäfte vor. Die USA behalten sich das Recht vor, Versicherungs- und Rückversicherungsprämien, die an schweizerische Versicherer gezahlt werden, zu besteuern, sofern die Risiken, die durch diese Prämien gedeckt werden, bei einer Person rückversichert sind, die keinen Anspruch auf die im Abkommen (oder in einem anderen Abkommen) vorgesehenen Vergünstigungen hat.

3.3. Gewinne aus Schiff- und Luftfahrt (Art. 8 OECD-MA)

Im Gegensatz zu dem für die Besteuerung von Unternehmensgewinnen geltenden Grundsatz können diese Gewinne aus internationalem Verkehr nach den Abkommen grundsätzlich nur in dem Staat besteuert werden, in dem sich der Ort der tatsächlichen Geschäftsleitung oder der Sitz des Unternehmens befindet. Der Betriebstättevorbehalt gilt somit für diese Unternehmen nicht.

Die meisten Abkommen teilen das Besteuerungsrecht entsprechend dem OECD-Musterabkommen dem Staat zu, in dem sich der **Ort der tatsächli-**

---

[30] Indien, Indonesien, Thailand, Vietnam.

[31] Australien, Kanada und USA: 5%; Indonesien, Jamaica, Philippinen, Thailand sowie Trinidad und Tobago: 10%.

chen Geschäftsleitung des Unternehmens befindet. Dies gilt unter dem Abkommen mit Griechenland aber nur für Luftfahrtunternehmen. Vereinzelte Abkommen[32] wenden diese Regel auch für die im internationalen Strassen- und Schienenverkehr betriebenen Fahrzeuge an. In den Abkommen mit Indonesien und Sri Lanka wird auch dem Staat, in dem die Seeschiffe betrieben werden, ein Besteuerungsrecht zuerkannt; die Steuer darf aber 50% der normalerweise erhobenen Steuer nicht übersteigen. Nach dem Abkommen mit den Philippinen kann der Quellenstaat darüber hinaus eine auf 1,5% begrenzte Steuer auf den dort erzielten Umsätzen solcher Unternehmen erheben.

Die übrigen Abkommen[33] teilen das Besteuerungsrecht dem **Sitzstaat** zu. Nach dem Abkommen mit Griechenland kann der Gewinn von Seeschifffahrtsunternehmen in dem Staat besteuert werden, in dem die Schiffe **registriert** sind; sind sie in keinem der Vertragsstaaten registriert, so steht das Besteuerungsrecht dem Wohnsitzstaat zu. Das im Abkommen mit Pakistan niedergelegte Sitzstaatprinzip gilt nur für Luftfahrtunternehmen; Gewinne aus dem Betrieb von Schiffen sind im Wohnsitzstaat steuerfrei, wenn sie der andere Staat besteuert. Nach den Abkommen mit Singapur und Thailand können Gewinne aus dem Betrieb von Schiffen auch im Quellenstaat besteuert werden, doch wird in diesem Fall die Steuer um die Hälfte herabgesetzt.

Im übrigen hat die Schweiz mit einer Vielzahl von Staaten **Gegenrechtserklärungen** oder **Abkommen auf dem Gebiet der Schiff- und Luftfahrt** abgeschlossen, die entsprechende Steuerbefreiungen wie die DBA vorsehen.

3.4. Dividenden, Zinsen und Lizenzgebühren (Art. 10–12 OECD-MA)

Die schweizerischen DBA widerspiegeln die heute vorherrschende Tendenz, dem Quellenstaat zumindest auf Dividenden und Zinsen, teilweise aber auch auf Lizenzgebühren, ein begrenztes Besteuerungsrecht zuzugestehen. Die ausschliessliche Besteuerung dieser Einkünfte im Wohnsitzstaat des Empfängers findet sich nur noch im Abkommen mit Dänemark.

Die in den schweizerischen Abkommen für Dividenden, Zinsen und Lizenzgebühren festgelegten Sockelsteuersätze sind in Anlage 2 S. 138 wiedergegeben.

Dividenden (Art. 10 OECD-MA)

Die seit 1965 abgeschlossenen Abkommen folgen weitgehend der entsprechenden Bestimmung des OECD-Musterabkommens.

Die **Definition** des Ausdruckes „Dividenden" knüpft an das innerstaatliche Recht des Quellenstaates an; indessen findet sich eine nicht abschliessende, beispielhafte Aufzählung von Einkünften, die als Dividenden gelten. Einzelne Abkommen weisen dabei aufgrund der Ausgestaltung des internen Rechts Besonderheiten auf.

---

[32] Slowakei: Strassen- und Schienenverkehr, Ungarn: Strassenverkehr.

[33] Australien, Finnland, Japan, Kanada, Korea, Malaysia, Pakistan, Portugal, Russische Föderation, Singapur, Thailand, USA, Vietnam.

Die Abkommen schliessen auch die **extraterritoriale Besteuerung** der Dividenden sowie die Erhebung von **Sondersteuern auf nicht ausgeschütteten Gewinnen** von im anderen Vertragsstaat ansässigen Gesellschaften aus. Dazu bestehen aber einige Ausnahmen. Die Abkommen mit Australien und Südafrika sehen zudem die Erhebung von Sondersteuern auf nichtausgeschütteten Gewinnen vor. Australien kann eine Zusatzsteuer von „private companies" und Betriebstätten von ausländischen Unternehmen erheben, wenn keine Mindestausschüttung vorgenommen wird. Südafrika behält das Recht, solche Gewinne einer schweizerischen Gesellschaft mit Betriebstätte in Südafrika zu besteuern, sofern mehr als die Hälfte der Gesellschaftsgewinne aus südafrikanischen Quellen stammen.

Zinsen (Art. 11 OECD-MA)

Abgesehen vom Steuersatz und von Zinskategorien, die in verschiedenen Abkommen hinsichtlich der Quellenbesteuerung unterschiedlich behandelt werden, folgen die seit 1965 abgeschlossenen Abkommen weitgehend der entsprechenden Bestimmung des OECD-Musterabkommens.

Hinsichtlich der **Definition** des Ausdruckes „Zinsen" findet sich in den Abkommen, die dem OECD-Musterabkommen 1963 folgen, nebst einer Aufzählung von Einkünften, die als Zinsen gelten, ein Hinweis auf das interne Recht des Quellenstaates. Heute enthält das OECD-Musterabkommen diesen Hinweis nicht mehr.

Lizenzgebühren (Art. 12 OECD-MA)

Obschon das OECD-Musterabkommen die ausschliessliche Besteuerung im Wohnsitzstaat des Empfängers vorsieht, wird in mehr als der Hälfte der Abkommen auch dem Quellenstaat ein beschränktes Besteuerungsrecht eingeräumt. Im übrigen folgen die seit 1965 abgeschlossenen Abkommen weitgehend der entsprechenden Bestimmung des OECD-Musterabkommens.

Die **Definition** des Ausdruckes „Lizenzgebühren" weist in einigen Abkommen Abweichungen auf. Grundsätzlich gelten auch **Leasingerträge** als Lizenzgebühren. Entsprechend der aktuellen Fassung des OECD-Musterabkommens wurden Leasinggebühren aber in mehreren Abkommen aus Art. 12 herausgenommen[34]. Damit fallen sie unter die Regelungen von Art. 5 und 7 bzw. Art. 14. Das Abkommen mit China sieht für Leasingeinkünfte einen tieferen Steuersatz vor. Dies gilt auch unter dem Abkommen mit Jamaica, wobei diese Sonderregelung nur für eine bestimmte Kategorie von Einkünften aus dem Leasinggeschäft vorgesehen ist. Nach einzelnen Abkommen[35] werden auch **Dienstleistungsvergütungen** (zum Teil beschränkt auf gewisse Dienstleistungen) als Lizenzgebühren behandelt.

3.5. Gewinne aus der Veräusserung von Vermögen (Art. 13 OECD-MA)

Entsprechend der Regelung im OECD-Musterabkommen können nach den meisten schweizerischen Abkommen Veräusserungsgewinne aus **unbe-**

---

[34] Bulgarien, Ecuador, Finnland, Frankreich, Kanada (eingeschränkt), Luxemburg, Philippinen, Slowakei, Slowenien, USA, Venezuela, Vietnam.

[35] Indien, Indonesien, Jamaica, Sri Lanka, Trinidad und Tobago.

weglichem Vermögen im Belegenheitsstaat, aus **Geschäftsvermögen** im Betriebstättestaat (gegebenenfalls aus Vermögen einer festen Einrichtung im Belegenheitsstaat), aus der Übertragung von **Schiffen und Luftfahrzeugen** im Staat, der zur Besteuerung der Betriebseinkünfte befugt ist und aus dem **übrigen beweglichen Vermögen** im Wohnsitzstaat des Veräusserers besteuert werden. Indessen ist auf einige Abweichungen hinzuweisen.

Die Abkommen mit Australien und Pakistan enthalten keine Regelungen hinsichtlich des Vermögens einer festen Einrichtung von Schiffen und Luftfahrzeugen und des übrigen beweglichen Vermögens. Die Besteuerung kann somit in beiden Staaten nach internem Recht erfolgen. Dies gilt auch für das Abkommen mit Trinidad und Tobago, das zudem auch keine Bestimmung über die Veräusserung von unbeweglichem Vermögen enthält.

Mehrere Abkommen[36] enthalten besondere Regelungen im Falle der Veräusserung von **Anteilen an Immobiliengesellschaften.** Danach können die Gewinne aus der Veräusserung von Anteilen an Gesellschaften, deren Aktiven hauptsächlich aus unbeweglichem Vermögen bestehen, in dem Staat besteuert werden, in dem das unbewegliche Vermögen liegt[37].

Indien kann den Gewinn aus der Veräusserung von indischen Gesellschaften unter gewissen Voraussetzungen besteuern, muss aber die darauf entfallende schweizerische Steuer anrechnen. Unter den Abkommen mit Thailand und Vietnam gelten besondere Regeln für die Veräusserung von Aktien, die zu einer Beteiligung von mindestens 20 Prozent gehören.

Einzelne Abkommen[38] enthalten besondere Bestimmungen für die Besteuerung von Gewinnen aus **wesentlichen Beteiligungen** im Falle eines **Wohnsitzwechsels**; im Abkommen mit Kanada fallen auch Gewinne aus der Veräusserung von anderem beweglichem Vermögen unter diese Regel[39].

3.6. Erwerbseinkünfte

3.6.1. Einkünfte aus selbständiger Erwerbstätigkeit (Art. 14 OECD-MA)

Die Mehrzahl der Abkommen weist die Besteuerung dieser Einkünfte entsprechend dem OECD-Musterabkommen dem **Wohnsitzstaat** des Empfängers zu; wird die Tätigkeit jedoch im anderen Staat ausgeübt, so können die Einkünfte in diesem Staat besteuert werden, soweit sie einer **festen Einrichtung** des Einkommensempfängers in diesem Staat zurechenbar sind.

Fehlt eine feste Einrichtung im Arbeitsortsstaat, so können nach einzelnen Abkommen die Einkünfte aus selbständiger Erwerbstätigkeit dort auch dann

---

[36] Ägypten, Australien, China, Frankreich, Grossbritannien, Indien, Irland, Kanada, Marokko, Mexiko, Norwegen, Philippinen, Thailand, USA, Venezuela, Vietnam.

[37] Nach dem DBA mit Kanada gilt dies auch für Beteiligungen an einer Personengesellschaft oder an einem Trust; die Regel wird aber generell beschränkt auf wesentliche Beteiligungen.

Das DBA mit den USA wendet die Regel auch auf eine Personengesellschaft, einen Trust oder einen Nachlass an, soweit sie einem dort gelegenem unbeweglichem Vermögen zugerechnet werden können.

[38] Deutschland, Niederlande, Norwegen, Österreich.

[39] Vgl. Ziff. IV.2.2.

besteuert werden, wenn die Tätigkeit jährlich[40] länger als 183 Tage[41] bzw. 120 Tage[42] oder 30 Tage[43] dauert. Mehrere Abkommen[44] behandeln solche Einkünfte gleich wie Einkünfte aus unselbständigem Erwerb. Dies bedeutet, dass für diese Einkünfte grundsätzlich das Arbeitsortsprinzip gilt, ganz gleichgültig, ob im anderen Staat eine feste Einrichtung besteht oder nicht.

3.6.2. Einkünfte aus unselbständiger Erwerbstätigkeit (Art. 15 OECD-MA)

Alle Abkommen weisen das Besteuerungsrecht grundsätzlich dem Staat des **Arbeitsortes** zu.

Unter dem Abkommen mit Deutschland gilt für **leitende Angestellte** der Wohnsitzstaat der Gesellschaft als Arbeitsort; der Wohnsitzstaat des Angestellten hat ein subsidiäres Besteuerungsrecht, sofern der andere Staat nicht besteuert.

Besondere Regelungen bestehen für kurzfristige Aufenthalte, Grenzgänger sowie Schiff- und Flugzeugbesatzungen.

Kurzfristige Aufenthalte

Bei kurzfristigen Aufenthalten steht als Ausnahme dem Wohnsitzstaat des Arbeitnehmers das Besteuerungsrecht zu, sofern der Aufenthalt 183 Tage im Jahr nicht übersteigt und die Vergütung von einem Arbeitgeber getragen wird, der nicht im Staat des Arbeitsortes ansässig ist und die Entlöhnung nicht zulasten einer ihm gehörenden und im Staat des Arbeitsortes gelegenen Betriebstätte oder festen Einrichtung erfolgt.

Das Abkommen mit den Niederlanden setzt keine Frist, sondern spricht von „vorübergehendem Aufenthalt"; als weitere Bedingung darf der Arbeitgeber nicht im Arbeitsstaat ansässig sein und der Arbeitnehmer muss im Wohnsitzstaat angestellt sein.

Nach dem Abkommen mit Pakistan muss der Arbeitgeber im Wohnsitzstaat ansässig sein; auch behält der Staat des Arbeitsortes das Besteuerungsrecht, wenn der Wohnsitzstaat nicht besteuert.

Grenzgänger

Hinsichtlich der Besteuerung der Grenzgänger enthalten einige Abkommen Sonderbestimmungen[45].

Die Abkommen mit **Deutschland, Liechtenstein und Österreich** weisen das Besteuerungsrecht dem Wohnsitzstaat des Arbeitnehmers zu[46], wobei der Tätigkeitsstaat ein auf 3% (Österreich) bzw. 4.5% (Deutschland) begrenztes Besteuerungsrecht hat. Die Schweiz rechnet die österreichische

---

[40] Je nach Abkommen: Kalenderjahr, Steuerjahr oder 12 Monate.

[41] China, Marokko, Mexiko, Philippinen, Tunesien.

[42] Ägypten.

[43] Trinidad und Tobago.

[44] Elfenbeinküste, Indien, Indonesien, Jamaica, Korea, Malaysia, Singapur, Sri Lanka, Thailand, Trinidad und Tobago.

[45] Vgl. *Kolb*, Aktueller Stand der schweizerischen Grenzgängerbesteuerung, in IWB Fach 5 Gruppe 2 S. 407.

[46] Deutschland: einschliesslich öffentlich-rechtlicher Vergütungen.

Quellensteuer von 3% an und setzt im Falle von schweizerischen Grenzgängern in Deutschland den Bruttobetrag der Arbeitseinkünfte bei der Ermittlung der Bemessungsgrundlage um ein Fünftel herab.

Das Besteuerungsrecht des Wohnsitzstaates gilt auch im Verhältnis zu **Frankreich**, wobei gem. der Grenzgängervereinbarung vom 11. April 1983, die seitens der Schweiz für die Kantone Bern, Solothurn, Basel-Stadt, Basel-Land, Waadt, Wallis, Neuenburg und Jura Anwendung findet, dem Staat des Arbeitsortes eine Ausgleichszahlung von 4,5% der jährlichen Bruttolohnsumme zu entrichten ist. Zwischen dem Kanton Genf und Frankreich besteht eine besondere Vereinbarung vom 29. Januar 1973. Der Kanton besteuert die Erwerbseinkünfte der französischen Grenzgänger in Genf nach dem Arbeitsortsprinzip, doch richtet er aufgrund der Vereinbarung den französischen Grenzgemeinden eine finanzielle Entschädigung von 3,5% der Bruttolohnsumme aus.

Auch die **italienischen Grenzgänger** werden grundsätzlich am schweizerischen Arbeitsort besteuert. Eine besondere Vereinbarung vom 3. Oktober 1974 zwischen Italien und den Kantonen Graubünden, Tessin und Wallis sieht aber einen finanziellen Ausgleich zugunsten der italienischen Grenzgemeinden vor, der 40% des Bruttobetrags der bezogenen Steuern von Bund, Kanton und Gemeinde entspricht.

Schiff- und Luftfahrzeugbesatzungen

Bei Schiff- und Flugzeugbesatzungen steht unter der Mehrzahl der Abkommen demjenigen Staat das Besteuerungsrecht zu, der zur Besteuerung der Gewinne von Schiff- und Luftfahrtunternehmen zuständig ist[47].

Nach den Abkommen mit Dänemark und Deutschland steht dabei dem Wohnsitzstaat des Arbeitnehmers ein subsidiäres Besteuerungsrecht zu.

Die Abkommen mit Korea und Singapur teilen dem Wohnsitzstaat des Arbeitnehmers das Besteuerungsrecht zu. Unter dem Abkommen mit Norwegen können Vergütungen, die das SAS zahlt, im Wohnsitzstaat des Empfängers besteuert werden. Eine analoge Regelung (allerdings beschränkt auf eine in Dänemark ansässige Person) findet sich im Abkommen mit Dänemark.

Nach dem Abkommen mit den Niederlanden gelten mangels einer besonderen Regelung die allgemeinen Bestimmungen über die Besteuerung der Erwerbseinkünfte unselbständig Erwerbstätiger.

3.6.3. Verwaltungsratsentschädigungen (Art. 16 OECD-MA)

Abgesehen vom Abkommen mit Pakistan, nach dem mangels einer besonderen Regelung Verwaltungsratsentschädigungen wie Erwerbseinkünfte behandelt werden, hat grundsätzlich derjenige Staat das Besteuerungsrecht, in dem die **leistende Gesellschaft** ansässig ist.

Vergütungen, die ein Verwaltungsrat in **anderer Eigenschaft** bezieht, fallen normalerweise nicht unter diese Bestimmung; dies wird in einigen

---

[47] Siehe Ziff. IV.3.3.

Abkommen[48] ausdrücklich bestätigt. Ausnahmen von diesem Grundsatz enthalten aber die folgenden Abkommen, die den Anwendungsbereich des Artikels auf Vergütungen an weitere Personen ausdehnen:

Belgien: auf Komplementäre einer in Belgien ansässigen Kommanditaktiengesellschaft;

Frankreich: auf Geschäftsführer von GmbH und Kommanditaktiengesellschaften sowie Teilhaber von Personengesellschaften, sofern bestimmte Voraussetzungen erfüllt sind;

Niederlande: auf in der Schweiz ansässige „bestuurders" von niederländischen Gesellschaften; jeder Staat besteuert die Vergütungen zur Hälfte.

3.6.4. Künstler und Sportler (Art. 17 OECD-MA)

Entsprechend der Regelung im OECD-MA können die Vergütungen von Künstlern und Sportlern am **Arbeitsort** (Auftrittsstaat) besteuert werden. Unter dem Abkommen mit den USA hat der Wohnsitzstaat das Besteuerungsrecht, sofern die Einkünfte in einem Kalenderjahr 10.000 Dollar nicht übersteigen. Nach dem Abkommen mit Deutschland unterliegen Künstler und Sportler, die Grenzgänger sind, den für solche Personen geltenden Regeln.

Einige Abkommen[49] enthalten eine Ausnahme für Künstler, die mit **öffentlichen Mitteln** unterstützt werden. In solchen Fällen erfolgt die Besteuerung nach den allgemeinen Regeln über die Besteuerung der Erwerbseinkünfte[50].

Entsprechend dem OECD-Musterabkommen weisen viele Abkommen eine besondere Bestimmung für den Fall auf, dass die **Vergütungen** nicht dem Künstler oder Sportler selbst, sondern **einer anderen Person zufliessen**. Die Besteuerung erfolgt gleich wie bei direkt bezogenen Vergütungen am Arbeitsort. Mehrere Abkommen[51] lassen diese Folge aber nur eintreten, wenn der Künstler oder mit ihm verbundene Personen an den Gewinnen der anderen Personen beteiligt sind. Das Abkommen mit Japan setzt voraus, dass der Künstler oder Sportler das betreffende Unternehmen beherrscht. Nach einzelnen Abkommen[52] muss ein Anstellungsverhältnis gegeben sein. Einige Abkommen enthalten keine besondere Norm[53]. In diesen Fällen finden die

---

[48] Belgien, Malaysia, Niederlande, Portugal.

[49] Belgien, Bulgarien, China, Deutschland, Elfenbeinküste, Frankreich, Grossbritannien, Indien, Indonesien, Jamaica, Korea, Malaysia, Marokko, Österreich, Philippinen, Polen, Rumänien, Singapur, Slowenien, Thailand, Tschechische Republik, Ungarn.

[50] Gilt auch für Sportler unter den Abkommen mit Bulgarien, Frankreich, China, Indien, Indonesien, Jamaica, Korea, Polen, Rumänien, Slowenien, Thailand, Tschechische Republik, Ungarn.

[51] Australien, Bulgarien, Finnland, Jamaica, Kanada, Luxemburg, Mexiko, Philippinen, Polen, Rumänien, Russische Föderation, Slowakei, Tunesien, Ungarn, USA, Venezuela.

[52] Schweden, Südafrika, Trinidad und Tobago.

[53] Irland, Niederlande, Pakistan, Portugal, Spanien.

Bestimmungen über die Besteuerung der Unternehmensgewinne bzw. der selbständigen Erwerbstätigkeit Anwendung.

3.6.5. Vergütungen für Tätigkeiten im öffentlichen Dienst (Art. 19 Abs. 1 OECD-MA)

Grundsätzlich teilen alle Abkommen dem **Schuldnerstaat** das Besteuerungsrecht zu, wobei jedoch Ausnahmen zugunsten des Wohnsitzstaates bestehen oder die Besteuerung wie bei unselbständiger Arbeit vorgesehen wird.

Die Abkommen folgen mehrheitlich Art. 19 Abs. 1 OECD-MA[54].

Andere Abkommen sehen vor, dass der Schuldnerstaat die Vergütungen nur dann besteuern kann, wenn der Empfänger Staatsangehöriger dieses Staates ist[55]. Andernfalls finden die allgemeinen Bestimmungen über die Besteuerung der Einkünfte aus unselbständiger Erwerbstätigkeit Anwendung.

Die Abkommen mit Dänemark und Deutschland teilen das Besteuerungsrecht dem Wohnsitzstaat zu, wenn die Dienste dort erbracht werden und der Empfänger Staatsangehöriger dieses Staates ist, ohne zugleich Staatsangehöriger des Schuldnerstaates zu sein. Dies gilt im Fall von Deutschland auch für gewisses, im Grenzgebiet tätiges Personal.

Die Abkommen mit Liechtenstein[56], den Niederlanden und Österreich sehen ausschliesslich das Schuldnerstaatsprinzip vor.

Hinsichtlich der **Regiebetriebe** folgen die meisten Abkommen Art. 19 Abs. 3 OECD-MA, wonach auf Erwerbseinkünfte aus einer gewerblichen Tätigkeit eines Vertragsstaats in der Regel die Bestimmungen über die Besteuerung der unselbständigen Erwerbstätigkeit oder der Verwaltungsratsentschädigungen Anwendung finden.

3.7. Studenten (Art. 20 OECD-MA)

Entsprechend der Regelung im OECD-Musterabkommen enthalten alle Abkommen eine Bestimmung, wonach Studien- und Ausbildungsgelder im **Aufenthaltsstaat** von den Steuern befreit sind.

Unter mehreren Abkommen[57] wird diese Steuerbefreiung unter gewissen Voraussetzungen auch für Erwerbseinkünfte als Lehrling, Praktikant oder Werkstudent gewährt.

---

[54] Ägypten, Australien, Belgien, Bulgarien, China, Ecuador, Elfenbeinküste, Finnland, Griechenland, Grossbritannien, Indonesien, Island, Jamaica, Kanada, Luxemburg, Marokko, Mexiko, Neuseeland, Norwegen, Philippinen, Rumänien, Russische Föderation, Slowakei, Slowenien, Sri Lanka, Thailand, Tschechische Republik, Tunesien, Ungarn, USA, Venezuela, Vietnam.

[55] Frankreich, Indien, Irland, Italien, Japan, Korea, Malaysia, Pakistan, Portugal, Schweden, Singapur, Spanien, Südafrika, Trinidad und Tobago.

[56] Eine Ausnahme gilt für Vergütungen von öffentlich-rechtlichen Institutionen, an der sich sowohl die Schweiz wie auch Liechtenstein beteiligen.

[57] China, Elfenbeinküste, Indonesien, Irland, Jamaica, Korea, Malaysia, Marokko, Pakistan, Portugal, Schweden, Singapur, Sri Lanka, Trinidad und Tobago, Tunesien.

Einzelne Abkommen[58] gewähren auch **Professoren und Lehrern** für Einkünfte aus Lehr- oder Forschungstätigkeit eine Steuerbefreiung im Aufenthaltsstaat, sofern der Aufenthalt zwei Jahre nicht übersteigt. Das DBA mit den Philippinen schliesst solche Einkünfte vom Geltungsbereich des Abkommens aus.

3.8. Ruhegehälter

Private Ruhegehälter (Art. 18 OECD-MA)

Entsprechend dem OECD-Musterabkommen können Ruhegehälter für frühere unselbständige Arbeit (ausgenommen Tätigkeiten im öffentlichen Dienst) nur im **Wohnsitzstaat** des Empfängers besteuert werden.

Ausnahmen bestehen unter folgenden Abkommen:

Belgien: Ruhegehälter, die Kriegs- oder Militärdienstgeschädigten ausgerichtet werden, können nur im Quellenstaat besteuert werden;

Kanada: Der Quellenstaat kann eine auf 15% begrenzte Steuer erheben;

Pakistan: Pakistan kann Pensionen aus dort errichteten Kassen besteuern;

Schweden: Schweden kann Pensionen, die aufgrund der schwedischen Sozialversicherung gezahlt werden, unter Anrechnung der schweizerischen Steuern besteuern.

Mehrere Abkommen[59] bestimmen ausdrücklich, dass die für Ruhegehälter geltende Regelung auch auf Renten, die keinen Bezug auf ein früheres Arbeitsverhältnis haben, Anwendung findet. Das Abkommen mit Kanada sieht ein subsidiäres Besteuerungsrecht des Quellenstaates vor, sofern der Wohnsitzstaat nicht besteuert.

Öffentlich-rechtliche Ruhegehälter (Art. 19 Abs. 2 OECD-MA)

Zahlreiche Abkommen[60] folgen Art. 19 Abs. 2 OECD-MA, wonach grundsätzlich der **Schuldnerstaat** das Besteuerungsrecht hat, wobei **Ausnahmen zugunsten des Wohnsitzstaates** bestehen.

Nach mehreren Abkommen[61] kann der **Schuldnerstaat** die Ruhegehälter besteuern, **sofern** der Empfänger **Staatsangehöriger** dieses Staates ist. Andernfalls steht dem Wohnsitzstaat des Empfängers das Besteuerungsrecht zu.

Einzelne Abkommen[62] sehen ein **ausschliessliches Besteuerungsrecht des Schuldnerstaates** vor, wobei in den Abkommen mit Deutschland, Ka-

---

[58] China, Indonesien, Japan, Korea, Malaysia.

[59] Ägypten, Australien, China, Elfenbeinküste, Grossbritannien, Indien, Indonesien, Jamaica, Kanada, Malaysia, Neuseeland, Norwegen, Pakistan, Singapur, Sri Lanka, Trinidad und Tobago, USA.

[60] Ägypten, Belgien, Bulgarien, China, Ecuador, Elfenbeinküste, Finnland, Griechenland, Grossbritannien, Indonesien, Island, Jamaica, Luxemburg, Marokko, Mexiko, Neuseeland, Philippinen, Polen, Rumänien, Russische Föderation, Slowakei, Slowenien, Sri Lanka, Thailand, Tschechische Republik, Ungarn, USA, Venezuela, Vietnam.

[61] Frankreich, Irland, Italien, Japan, Korea, Pakistan, Portugal, Schweden, Singapur, Spanien, Südafrika.

[62] Dänemark, Deutschland, Indien, Kanada, Liechtenstein, Malaysia, Niederlande, Norwegen, Österreich, Trinidad und Tobago.

nada, Liechtenstein, den Niederlanden und Norwegen Besonderheiten zu beachten sind: Im Abkommen mit Deutschland findet dieser Grundsatz auch auf Militärrenten und Wiedergutmachungsentschädigungen Anwendung. Unter dem Abkommen mit Kanada können Ruhegehälter aus kanadischen Quellen, die an einen in der Schweiz ansässigen Empfänger gezahlt werden, in der Schweiz besteuert werden, unter Vorbehalt einer begrenzten kanadischen Quellensteuer von 15%. Andererseits hat die Schweiz als Schuldnerstaat ein ausschliessliches Besteuerungsrecht. Ausnahmen bestehen für Militärpensionen und Leistungen der Militärversicherung. Für öffentlichrechtliche Ruhegehälter, die aus Norwegen gezahlt werden, gilt ein ausschliessliches Besteuerungsrecht des Wohnsitzstaates.

Das Abkommen mit Australien (Ausnahme: Militärpensionen bzw. Leistungen der Militärversicherung) teilt das Besteuerungsrecht ausschliesslich dem Wohnsitzstaat zu.

Entsprechend der Regelung in Art. 19 Abs. 3 OECD-MA bestimmen die meisten Abkommen[63] hinsichtlich der **Regiebetriebe**, dass auf Ruhegehälter aus einer gewerblichen Tätigkeit eines Vertragsstaats die Bestimmungen über die privaten Ruhegehälter Anwendung finden.

3.9. Andere Einkünfte (Art. 21 OECD-MA)

Die meisten Abkommen enthalten eine Generalklausel, wonach die im Abkommen nicht besonders behandelten Einkünfte nur im **Wohnsitzstaat** des Empfängers besteuert werden können.

Das Abkommen mit Grossbritannien schliesst aber Trusteinkünfte von dieser Regelung aus.

Unter dem Abkommen mit Neuseeland gilt diese Regelung nur für drittstaatliche Einkünfte.

Einzelne Abkommen[64] enthalten keine Generalklausel. Somit können Doppelbesteuerungen von Renten, Alimenten, Unterhaltszahlungen, Trusteinkünften sowie Einkünften aus dritten Staaten etc. nicht vermieden werden.

4. Vermögen (Art. 22 OECD-MA)

Alle Abkommen, die sich auf das Vermögen beziehen (vgl. Anlage 1 S. 135) enthalten mit wenigen Ausnahmen die gleichen Zuteilungsregeln wie das OECD-Musterabkommen.

[63] Ägypten, Australien, Belgien, Bulgarien, China, Deutschland, Ecuador, Elfenbeinküste, Finnland, Grossbritannien, Griechenland, Indien, Indonesien, Island, Jamaica, Japan, Kanada, Korea, Luxemburg, Malaysia, Marokko, Mexiko, Neuseeland, Norwegen, Pakistan, Philippinen, Polen, Portugal, Rumänien, Russische Föderation, Slowakei, Slowenien, Sri Lanka, Thailand, Trinidad und Tobago, Tschechische Republik, Tunesien, Ungarn, USA, Venezuela.

[64] Ägypten, Australien, China, Indien, Indonesien, Kanada, Malaysia, Mexiko, Pakistan, Philippinen, Singapur, Thailand, Trinidad und Tobago, Vietnam.

4.1. Unbewegliches Vermögen

Die Besteuerung erfolgt im **Belegenheitsstaat**. Unter dem Abkommen mit Frankreich gilt dies auch für das Vermögen gewisser Immobiliengesellschaften, das nach innerstaatlichem Recht den Gesellschaftern zugerechnet wird.

4.2. Bewegliches Betriebsvermögen

Dieses Vermögen kann in dem Staat besteuert werden, in welchem die **Betriebstätte** liegt; dies gilt grundsätzlich auch für solches Vermögen, das zu einer der Ausübung eines freien Berufes dienenden **festen Einrichtung** gehört.

4.3. Schiffe und Luftfahrzeuge

Schiffe und Luftfahrzeuge können am Ort der Leitung bzw. im Sitzstaat des Unternehmens besteuert werden.

4.4. Beteiligungen an Personengesellschaften

Solches Vermögen wird auch ohne ausdrückliche Bestimmung in dem Staat besteuert, in dem die Gesellschaft eine Betriebstätte hat.

4.5. Übriges bewegliches Vermögen

Dieses kann grundsätzlich nur im **Wohnsitzstaat des Eigentümers** besteuert werden.

Ist das Vermögen mit einer **Nutzniessung** belastet, so teilen vereinzelte Abkommen[65] dem Staat das Besteuerungsrecht zu, in dem der Nutzniesser ansässig ist. Unter dem Abkommen mit Deutschland wird aufgrund einer Verständigungsvereinbarung von 1983[66] die Besteuerung in beiden Staaten auf die Hälfte des nach internem Recht festgelegten Gesamtvermögens begrenzt. Im Abkommen mit Österreich behalten sich beide Staaten das Besteuerungsrecht vor, wobei für den Fall einer Doppelbesteuerung auf das Verständigungsverfahren hingewiesen wird. Die übrigen Abkommen enthalten keine ausdrückliche Bestimmung über die steuerliche Behandlung von Nutzniessungsvermögen.

Ausnahmen von der Besteuerung im Wohnsitzstaat enthalten die Abkommen mit Deutschland[67], Finnland[68] und Frankreich[69].

---

[65] Finnland, Frankreich, Niederlande.

[66] Vgl. *Locher/Meier/von Siebenthal/Kolb*, Doppelbesteuerungsabkommen Schweiz-Deutschland 1971 und 1978, B 22.5 Nr. 6.

[67] Für Beteiligungen an stillen Gesellschaften, Gewinnobligationen und partiarischen Darlehen, wenn der Schuldnerstaat besteuert.

[68] Anteile an Immobiliengesellschaften, die zur Nutzung der ihr gehörenden Liegenschaften berechtigen, können im Belegenheitsstaat besteuert werden.

[69] Hausrat wird in dem Staat besteuert, in dem sich die Wohnung, zu der er gehört, befindet.

V. Methoden zur Vermeidung der Doppelbesteuerung (Art. 23 OECD-MA)

Die Zuteilung des Besteuerungsrechts an den Quellen-, Belegenheits- oder Betriebstättestaat erfolgt in den schweizerischen DBA in der Regel nicht ausschliesslich. Dadurch kann in diesen Fällen auch der Wohnsitzstaat besteuern. Der Methodenartikel legt fest, wie der Wohnsitzstaat die Doppelbesteuerung vermeiden muss.

1. Schweiz als Wohnsitzstaat

Die Schweiz **befreit** nach dem Abkommen die im anderen Vertragsstaat steuerbaren Einkünfte und Vermögensteile von ihren Steuern, berücksichtigt diese aber bei der Festsetzung des Steuersatzes für das übrige Einkommen und Vermögen. In einzelnen Fällen wird die Steuerbefreiung nur gewährt, wenn der andere Staat von seinem Besteuerungsrecht tatsächlich Gebrauch macht.

Für Einkünfte, die im anderen Vertragsstaat aufgrund eines Abkommens einer begrenzten Quellensteuer unterliegen (z.B. Dividenden, Zinsen und Lizenzgebühren), gewährt die Schweiz in der Regel die **pauschale Steueranrechnung** gemäss dem Bundesratsbeschluss vom 22. August 1967 über die Durchführung der in den Abkommen des Bundes zur Vermeidung der Doppelbesteuerung vorgesehenen Entlastung für ausländische Steuern. Eine Ausnahme bildet das vor Einführung der pauschalen Steueranrechnung abgeschlossene Abkommen mit Pakistan; anstelle einer Anrechnung der ausländischen Quellensteuern können diese bloss vom steuerbaren Einkommen als Unkosten in Abzug gebracht werden.

Im Verhältnis zu gewissen Staaten, mit denen eine über den OECD-Regelungen liegende Sockelsteuer vereinbart werden musste, ist die Anrechnung auf 10% beschränkt[70].

Unter einer Reihe von Abkommen[71] gewährt die Schweiz eine Anrechnung von Quellensteuern auf Zinsen, teilweise auch auf Lizenzgebühren, die aufgrund besonderer Massnahmen des Quellenstaates nicht oder zu einem tieferen Satz als dem Abkommenssatz erhoben worden sind; die Anrechnung wird aber höchstens im Ausmass der in diesem Abkommen vorgesehenen Maximalsätze gewährt (**fiktive Anrechnung**).

In zahlreichen Abkommen[72] wird zudem das **Holdingprivileg** für Dividenden aus dem Partnerstaat ausdrücklich zugesichert.

---

[70] Ägypten, Elfenbeinküste, Indien, Indonesien, Mexiko, Philippinen, Thailand.

[71] Ägypten, China, Griechenland, Indien, Jamaica, Korea, Malaysia, Marokko, Portugal, Singapur, Spanien, Thailand, Trinidad und Tobago, Tunesien, Vietnam.

[72] Australien, Belgien, Bulgarien, China, Ecuador, Finnland, Grossbritannien, Irland, Island, Jamaica, Japan, Korea, Luxemburg, Malaysia, Mexiko, Neuseeland, Norwegen, Pakistan, Philippinen, Portugal, Rumänien, Russische Föderation, Singapur, Slowakei, Slowenien, Spanien, Thailand, Trinidad und Tobago, Tunesien, Venezuela.

2. Partnerstaat als Wohnsitzstaat

Die reine **Steuerbefreiung** im Partnerstaat wird nur unter dem Abkommen mit der Elfenbeinküste gewährt. Mehrere Abkommen[73] sehen eine Steuerbefreiung mit **Anrechnung in Sonderfällen** vor. Die meisten Abkommen vermeiden die Doppelbesteuerung im Partnerstaat aufgrund der **Steueranrechnung**[74]. Teilt ein Abkommen dem Quellen- bzw. Belegenheitsstaat ein ausschliessliches Besteuerungsrecht zu (z.B. Vergütungen aus öffentlichem Dienst), so hat der normalerweise zur Steueranrechnung verpflichtete Staat die Steuerbefreiung zu gewähren[75].

VI. Verschiedene Bestimmungen

1. Gleichbehandlung (Art. 24 OECD-MA)

Alle Abkommen, ausgenommen diejenigen mit Australien und Neuseeland, enthalten eine Gleichbehandlungsklausel, die weitgehend mit der entsprechenden Bestimmung des OECD-Musterabkommens übereinstimmt.

Die in Art. 24 Abs. 4 OECD-MA enthaltene Bestimmung über den **Abzug von Zinsen, Lizenzgebühren und anderen Entgelten** ist nur in einem Teil der Abkommen[76] enthalten.

Mit Ausnahme der Abkommen mit einigen Staaten[77] gilt die Gleichbehandlung nicht nur für die unter das Abkommen fallenden Steuern, sondern für **Steuern jeder Art und Bezeichnung**.

---

[73] Belgien, Bulgarien, Deutschland, Ecuador, Frankreich, Island, Luxemburg, Marokko, Niederlande, Norwegen, Österreich, Polen, Spanien, Südafrika, Tunesien, Ungarn.

[74] Ägypten, Australien, China, Dänemark, Finnland, Griechenland, Grossbritannien, Indien, Indonesien, Irland, Italien, Jamaica, Japan, Kanada, Korea, Malaysia, Mexiko, Neuseeland, Pakistan, Philippinen, Portugal, Rumänien, Russische Föderation, Schweden, Singapur, Slowakei, Slowenien, Sri Lanka, Thailand, Trinidad und Tobago, Tschechische Republik, USA, Venezuela (für den Fall, dass Venezuela zur Besteuerung des weltweiten Einkommens übergehen sollte; z.Zt. Befreiungsmethode), Vietnam.

[75] Dies gilt nicht unter den Abkommen mit Pakistan und den USA; unter dem Abkommen mit Schweden findet die Befreiungsmethode nur für öffentlich-rechtliche Vergütungen Anwendung.

[76] Belgien, Bulgarien, China, Ecuador, Elfenbeinküste, Finnland, Griechenland, Grossbritannien, Irland, Island, Italien, Jamaica, Korea, Luxemburg, Marokko, Mexiko, Norwegen, Philippinen, Polen, Rumänien, Russische Föderation, Slowakei, Slowenien, Sri Lanka, Tschechische Republik, Tunesien, Ungarn, USA, Venezuela, Vietnam.

[77] Ägypten, Indien, Indonesien, Kanada, Malaysia, Mexiko (einschliesslich der mexikanischen Steuer auf den Aktiven), Philippinen, Russische Föderation, Singapur, Thailand, Tunesien, Vietnam.

2. Verständigungsverfahren (Art. 25 OECD-MA)

Alle Abkommen enthalten eine Klausel über das Verständigungsverfahren, die inhaltlich weitgehend mit der entsprechenden Klausel des OECD-Musterabkommens übereinstimmt.

Eine **Frist für die Stellung des Gesuches** um Einleitung des Verständigungsverfahrens ist nicht in allen Abkommen enthalten. Die meisten Abkommen weisen aber die in Art. 25 Abs. 1 OECD-MA festgelegte Frist von drei Jahren[78] bzw. eine Frist von zwei Jahren[79] oder einem Jahr[80] auf.

Art. 25 OECD-Musterabkommen 1977 bestimmt in Abs. 2, dass eine Verständigungsregelung ungeachtet der **Fristen des innerstaatlichen Rechts** der Vertragsstaaten durchzuführen ist. Diese Bestimmung findet sich nur im Abkommen mit Italien.

Die meisten Abkommen[81] sehen zudem vor, dass Doppelbesteuerungen auch in **Fällen, die im Abkommen nicht behandelt** sind, im Verständigungsverfahren beseitigt werden können. Unter den Abkommen mit Belgien und Grossbritannien können die Vertragsstaaten im Wege des Verständigungsverfahrens Massnahmen gegen die **missbräuchliche Inanspruchnahme** des Abkommens erwägen.

Das Abkommen mit den USA öffnet die Möglichkeit, in Fällen, in denen die zuständigen Behörden nicht in der Lage sind, sich auf eine Verständigungslösung zu einigen, mit Zustimmung aller Beteiligten ein **Schiedsgericht** einzuschalten, dessen Entscheidung bindend ist.

3. Informationsaustausch (Art. 26 OECD-MA)

Nur rund die Hälfte der schweizerischen Abkommen enthalten eine Klausel über den Austausch von Informationen. Entgegen der entsprechenden Bestimmung des OECD-Musterabkommen beschränken sich diese Abkommen auf den Austausch solcher Auskünfte, die für die richtige Anwendung des Abkommens notwendig sind. Einzig das Abkommen mit den USA enthält eine erweiterte Amtshilfeklausel, indem auch Auskünfte für die Verhütung von Steuerbetrugsdelikten u. dgl. ausgetauscht werden können. Grundsätzlich können aber auch unter den Abkommen ohne Auskunftsklausel die für die richtige Anwendung eines Abkommens oder zur Verhütung von Abkommensmissbräuchen notwendigen Auskünfte erteilt werden.

---

[78] Ägypten, Belgien, Bulgarien, China, Ecuador, Elfenbeinküste, Finnland, Griechenland, Indien, Italien, Jamaica, Korea, Luxemburg, Marokko, Neuseeland, Polen, Rumänien, Russische Föderation, Slowakei, Slowenien, Sri Lanka, Thailand, Tschechische Republik, Tunesien, Ungarn, Vietnam.

[79] Indonesien, Kanada, Mexiko, Norwegen, Philippinen, Portugal, Venezuela.

[80] Frankreich, Niederlande.

[81] Unter den Abkommen mit Australien, Belgien, Grossbritannien, Mexiko und Pakistan besteht diese Möglichkeit nicht.

4. Diplomaten (Art. 27 OECD-MA)

Alle Abkommen enthalten eine Bestimmung über Diplomaten und Konsularbeamte; teilweise findet sich eine erweiterte Fassung entsprechend den Vorschlägen im Kommentar zum OECD-Musterabkommen, die sich auch auf internationale Organisationen und ihre Beamten bezieht.

Normalerweise gelten Diplomaten und Konsularbeamte als im Entsendestaat ansässig, wenn sie die Staatszugehörigkeit dieses Staates besitzen und dort den ordentlichen Steuern unterliegen. Internationale Organisationen und ihre Beamten werden in der Mehrheit der Abkommen ausdrücklich von den Abkommensvorteilen ausgeschlossen.

VII. Besondere Fragen

1. Abkommensberechtigung

Eine Person in der Schweiz kann die Vorteile eines schweizerischen DBA nur dann beanspruchen, wenn sie als in der Schweiz ansässige Person gilt, das uneingeschränkte Nutzungsrecht an den Vermögenswerten, die die abkommensbegünstigten Einkünfte abwerfen, hat und allfällige weitere Bedingungen erfüllt[82].

Indessen sehen die DBA in der Regel nicht vor, dass diese Einkünfte den schweizerischen Steuern unterliegen müssen. Ausnahmen bestehen unter den bestehenden Abkommen für natürliche Personen, die einer Pauschal- oder Spezialbesteuerung unterliegen[83] sowie in gewissen Fällen für Gesellschaften[84].

Einige Abkommen enthalten zudem Sonderbestimmungen für Wegzügler[85].

Die Abkommen weisen auch besondere Bestimmungen für abkommensbegünstigte Einkünfte auf, die einer Betriebstätte (oder festen Einrichtung) im Quellenstaat zuzurechnen sind. In diesem Fall werden die vorgesehenen Quellensteuerentlastungen nicht gewährt, da diese Einkünfte als Bestandteil des Gewinns erfasst werden. Ausnahmen davon bestehen unter dem Abkommen mit Italien.

2. Die missbräuchliche Inanspruchnahme von DBA

2.1. Missbrauchstatbestand

2.1.1. Übermässige Weiterleitung von abkommensbegünstigten Einkünften und Speicherung von abkommensbegünstigten Einkünften

Sofern eine Gesellschaft nicht unter die besonderen Bestimmungen des Kreisschreibens vom 17. 12. 1999 für aktiv tätige, börsenkotierte oder Hol-

---

[82] Vgl. insbesondere den BRB 1962.
[83] Vgl. Ziff. IV.1.1 (persönlicher Geltungsbereich).
[84] Belgien, Frankreich, Italien, Deutschland.
[85] Vgl. Ziff. IV.2.2 (Wohnsitz).

dinggesellschaften fällt[86], liegt nach dem BRB 1962 und den zugehörigen Kreisschreiben der Eidg. Steuerverwaltung vom 31. 12. 1962 und vom 17. 12. 1999 eine missbräuchliche Inanspruchnahme von DBA des Bundes insbesondere dann vor, wenn einer oder beide der folgenden Tatbestände erfüllt ist:

Übermässige Weiterleitung von abkommensbegünstigten Einkünften

Von diesen Einkünften dürfen höchstens die Hälfte zur Erfüllung von Ansprüchen nicht abkommensberechtigter Personen verwendet werden. Die Weiterleitung kann dabei in Form von Schuldzinsen, Lizenzgebühren, Kommissionen, Beiträgen sowie Entwicklungs-, Werbe-, Einführungs- und Reisespesen etc. erfolgen; auch die Vornahme von Abschreibungen auf Vermögenswerten, die von nicht abkommensberechtigten Personen erworben worden sind, gilt als Erfüllung solcher Ansprüche; dies betrifft namentlich die Abschreibung entgeltlich erworbener Urheber- und Patentrechte, Verfahren und dergleichen. Dabei umfasst der Kreis der nicht abkommensberechtigten Personen alle natürlichen und juristischen Personen sowie Personengesellschaften, die nach dem anwendbaren DBA als nicht in der Schweiz ansässig gelten oder die nicht abkommensberechtigt sind.

Speicherung von abkommensbegünstigten Einkünften

Eine ausländisch beherrschte schweizerische Gesellschaft muss für jedes Geschäftsjahr mindestens 25% des Bruttobetrags der abkommensbegünstigten Einkünfte (d.h. des vollen Betrages nach Abzug der einbehaltenen und nicht erstattbaren ausländischen Quellensteuer) als Gewinn ausschütten. Die Form der Ausschüttung ist dabei nicht von Bedeutung; auch verdeckte Gewinnausschüttungen werden an die Pflichtausschüttung angerechnet. Hat eine Gesellschaft geschäftsmässig begründete Verluste erlitten, kann die Pflichtausschüttung herabgesetzt werden oder sogar wegfallen, sofern die übrigen Bedingungen des BRB 1962 erfüllt sind. Zu hohe Abschreibungen zugunsten nicht abkommensberechtigter Personen entbinden aber nicht von der Ausschüttungspflicht; Kursverluste können aber in der Regel berücksichtigt werden.

2.1.2. Unangemessene Finanzierung

Es gelten generell die Finanzierungs- und Verzinsungsrichtlinien der Eidg. Steuerverwaltung[87]. Ein Verstoss gegen diese Richtlinien stellt solange keine missbräuchliche Inanspruchnahme von DBA dar, als dadurch nicht die Weiterleitungsbeschränkungen verletzt werden.

---

[86] Vgl. Ziff. 2.4

[87] Vgl. Merkblatt S-02 111 vom 29. 1. 1999 und Kreisschreiben der Eidg. Steuerverwaltung betreffend verdecktes Eigenkapital (Art. 65 und 75 DBG) bei Kapitalgesellschaften und Genossenschaften vom 6. 6. 1997, wiedergegeben *in Locher/Meier/von Siebenthal/Kolb*, Doppelbesteuerungsabkommen Schweiz-Deutschland 1971 und 1978, A 6.5.6 und A 6.4.1.6.

2.2. Personengesellschaften

Personengesellschaften ohne Geschäftsbetrieb in der Schweiz haben keinen Anspruch auf Steuerentlastungen, sofern sie die abkommensbegünstigten Einkünfte zu mehr als der Hälfte nicht abkommensberechtigten Personen gutschreiben.

2.3. Familienstiftungen

Ebenso haben **Familienstiftungen**, an denen nicht abkommensberechtigte Personen zu einem wesentlichen Teil interessiert sind, keinen Anspruch auf Steuerentlastungen.

2.4. Besondere Bestimmungen für aktiv tätige, börsenkotierte oder Holdinggesellschaften

Aktiv tätige und börsenkotierte Gesellschaften sowie reine Holdinggesellschaften dürfen zur Erfüllung von Ansprüchen nicht abkommensberechtigter Personen mehr als 50 Prozent der abkommensbegünstigten Erträge verwenden, sofern diese Aufwendungen geschäftsmässig begründet sind und belegt werden können. Bei diesen Gesellschaften gilt ein Gewinnausschüttungsverhalten solange als angemessen i. S. v. Art. 2 Abs. 2 Bst. b BRB 1962, als keine Gefährdung des Steuerbezuges gemäss Art. 47 Abs. 1 VStG in Verbindung mit Art. 9 Abs. 1 VStV gegeben ist.

Demgegenüber dürfen Holdinggesellschaften, die neben der Verwaltung und Finanzierung von Beteiligungen noch andere Aktivitäten ausüben (z. B. Lizenzverwertung, Refakturierung usw.), zur Erfüllung von Ansprüchen nicht abkommensberechtigter Personen nicht mehr als 50 Prozent der abkommensbegünstigten Erträge verwenden.

2.5. Massnahmen

Der BRB 1962 sieht verschiedene Massnahmen gegen die ungerechtfertigte Inanspruchnahme von DBA vor. So können die schweizerischen Steuerbehörden die auf einem Antragsformular vorgesehenen amtlichen Bescheinigungen verweigern, das Antragsformular nicht weiterleiten oder bereits abgegebene Bescheinigungen widerrufen. Auch kann die Eidg. Steuerverwaltung die ungerechtfertigt in Anspruch genommene Steuerentlastung durch Steuereinzug rückgängig machen oder nötigenfalls der ausländischen Steuerbehörde Meldung erstatten.

2.6. Missbrauchsbestimmungen in schweizerischen DBA

In den Abkommen mit **Belgien, Deutschland, Frankreich und Italien** sind Teile des BRB 1962 übernommen und ergänzt worden. Diese Bestimmungen werden durch den BRB 1962 und die dazugehörigen Kreisschreiben nicht eingeschränkt. Dies bedeutet, dass im Verhältnis zu diesen Staaten die Weiterleitungs-, Ausschüttungs- und Finanzierungsvorschriften des jeweiligen DBA von allen ausländisch beherrschten Gesellschaften, unabhängig von der Art und Weise der Geschäftstätigkeit, Börsenkotierung usw. einzuhalten sind.

Die Abkommen mit **Japan, Norwegen, Österreich und Singapur** weisen auf die schweizerischen Missbrauchsvorschriften hin.

Missbrauchsvorschriften hinsichtlich der Entlastung von Quellensteuern auf Dividenden bzw. der Gewährung der Steuergutschrift an die Aktionäre enthalten die Abkommen mit **Grossbritannien, Marokko** und den **Niederlanden**.

Das DBA mit den **USA** enthält eine ausführliche Bestimmung über die Begrenzung der Abkommensvorteile. Die Vorschriften des BRB 1962 finden daher im Verhältnis zu den USA keine Anwendung.

3. Gewinnberichtigung bei verbundenen Unternehmen

Art. 9 Abs. 1 OECD-MA sieht vor, dass ein Vertragsstaat bei verbundenen Unternehmen Gewinne eines in seinem Gebiet ansässigen Unternehmens aufrechnen darf, wenn diese aufgrund der besonderen Beziehungen zwischen den verbundenen Unternehmen niedriger ausgefallen sind als sie zwischen unabhängigen Dritten ausgefallen wären. Dadurch soll verhindert werden, dass verbundene Unternehmen Gewinne von einer Steuerhoheit in die andere verschieben. In den schweizerischen DBA finden sich entsprechende Bestimmungen. Sind indessen die aufgerechneten Gewinne bereits im anderen Vertragsstaat besteuert worden, hat die Gewinnaufrechnung eine wirtschaftliche Doppelbesteuerung zur Folge. Daher sieht Art. 9 Abs. 2 OECD-MA vor, dass bei berechtigten Gewinnaufrechnungen der andere Vertragsstaat eine entsprechende Berichtigung seiner Steuer vorzunehmen hat. Die schweizerischen Abkommen enthalten keine entsprechende Klausel, da nach schweizerischem Steuerrecht solche Gewinnaufrechnungen bei rechtskräftigen Veranlagungen keinen Revisionsgrund darstellen. Die Schweiz ist aber bereit, im Wege des Verständigungsverfahrens entsprechende Berichtigungen zuzugestehen, wobei aber eine Verjährungsfrist von 10 Jahren zu beachten ist.

VIII. Ausblick

Die Schweiz wird weiterhin bemüht sein, das Abkommensnetz auszubauen und wichtige Abkommen den heutigen Gegebenheiten anzupassen, dies mit der Zielsetzung, günstige Voraussetzungen für die international tätige schweizerische Wirtschaft und auch für ausländische Investoren in der Schweiz zu schaffen. Die bisherige schweizerische Abkommenspolitik, die sich grundsätzlich bewährt hat, wird dabei die internationalen Entwicklungen auf diesem Gebiet weiterhin zu berücksichtigen haben.

Anlage 1

Liste der Doppelbesteuerungsabkommen des Bundes

(Stand 1. 1. 2000)

Vertragsstaat	Steuern	Datum	Bemerkungen
Ägypten	Einkommen	20. 5. 1987	
Albanien	Eink. & Verm.	12. 11. 1999	noch nicht in Kraft
Argentinien	Eink. & Verm.	23. 4. 1997	noch nicht in Kraft
Australien	Einkommen	28. 2. 1980	
Belarus	Eink. & Verm.	26. 4. 1999	noch nicht in Kraft
Belgien	Eink. & Verm.	28. 8. 1978	
Bulgarien	Eink. & Verm.	28. 10. 1991	
China	Eink. & Verm.	6. 7. 1990	
Dänemark	Eink. & Verm.	23. 11. 1973	gelten auch für Färöer-Inseln (20. 2. 1978);
		11. 3. 1997	Protokoll
	Erbschaft	23. 11. 1973	gilt auch für die Faröer-Inseln (20. 3. 1978)
Deutschland	Eink. & Verm.	11. 8. 1971	
		17. 10. 1989	Protokoll
		21. 12. 1992	Protokoll
	Erbschaft	30. 11. 1978	
Ecuador	Eink. & Verm.	28. 11. 1994	
Elfenbeinküste	Einkommen	23. 11. 1987	
Finnland	Eink. & Verm.	16. 12. 1991	
	Erbschaft	27. 12. 1956	
Frankreich	Eink. & Verm.	9. 9. 1966	
		3. 12. 1969	Zusatzabkommen
		22. 7. 1997	Zusatzabkommen
	Erbschaft	31. 12. 1953	
Griechenland	Einkommen	16. 6. 1983	
Grossbritannien	Einkommen	8. 12. 1977	
		5. 3. 1981	Änderungsprotokoll
		17. 12. 1993	Änderungsprotokoll
	Erbschaft	12. 6. 1956	*)
		17. 12. 1993	
	Einkommen	30. 9. 1954	gilt im Verhältnis zu gewissen Gebieten **) weiter

Vertragsstaat	Steuern	Datum	Bemerkungen
Indien	Einkommen	2. 11. 1994	
Indonesien	Einkommen	29. 8. 1988	
Irland	Eink. & Verm.	8. 11. 1966	
		24. 10. 1980	Änderungsprotokoll
Island	Eink. & Verm.	3. 6. 1988	
Italien	Eink. & Verm.	9. 3. 1976	
		28. 4. 1978	Zusatzprotokoll
Jamaika	Einkommen	6. 12. 1994	
Japan	Einkommen	19. 1. 1971	
Kanada	Eink. & Verm.	5. 5. 1997	
Kasachstan	Eink. & Verm.	21. 10. 1999	noch nicht in Kraft
Korea (Süd)	Einkommen	12. 2. 1980	
Kroatien	Eink. & Verm.	12. 3. 1999	noch nicht in Kraft
Kuwait	Eink. & Verm.	16. 2. 1999	noch nicht in Kraft
Liechtenstein	Einkommen	22. 6. 1995	kein umfassendes Abkommen
Luxemburg	Eink. & Verm.	21. 1. 1993	
Malaysia	Einkommen	30. 12. 1974	
Marokko	Einkommen	31. 3. 1993	
Mexiko	Einkommen	3. 8. 1993	
Moldova	Eink. & Verm.	13. 1. 1999	noch nicht in Kraft
Mongolei	Eink. & Verm.	20. 9. 1999	noch nicht in Kraft
Neuseeland	Einkommen	6. 6. 1980	
Niederlande	Eink. & Verm.	12. 11. 1951	
		22. 6. 1966	Zusatzprotokoll
	Erbschaft	12. 11. 1951	
Norwegen	Eink. & Verm.	7. 9. 1987	
	Erbschaft	7. 12. 1956	
Österreich	Eink. & Verm.	30. 1. 1974	
		18. 1. 1994	Protokoll
	Erbschaft	30. 1. 1974	
Pakistan	Einkommen	30. 12. 1959	
		15. 6. 1962	Protokoll
Philippinen	Einkommen	24. 6. 1998	noch nicht in Kraft
Polen	Eink. & Verm.	2. 9. 1991	
Portugal	Eink. & Verm.	26. 9. 1974	
Rumänien	Eink. & Verm.	25. 10. 1993	
Russland	Eink. & Verm.	15. 11. 1995	

Vertragsstaat	Steuern	Datum	Bemerkungen
Schweden	Eink. & Verm.	7. 5. 1965	
		10. 3. 1992	Protokoll
	Erbschaft	7. 2. 1979	
Singapur	Eink. & Verm.	25. 11. 1975	
Slowakei	Eink. & Verm.	14. 2. 1997	
Slowenien	Eink. & Verm.	12. 6. 1996	
Staaten der ehemaligen Sowjetunion (ohne Russland und baltische Staaten)	Einkommen	5. 9. 1986	Kein umfassendes Abkommen; Anwendbarkeit für die GUS-Staaten ist im Einzelfall abzuklären
Spanien	Eink. & Verm.	26. 4. 1966	
Sri Lanka	Eink. & Verm.	11. 1. 1983	
Südafrika	Einkommen	3. 7. 1967	
Thailand	Einkommen	12. 2. 1996	
Trinidad & Tobago	Einkommen	1. 2.1973	
Tschechische Rep.	Eink. & Verm.	4. 12. 1995	
Tunesien	Einkommen	10. 2. 1994	
Ungarn	Eink. & Verm.	9. 4. 1981	
Vereinigte Staaten	Einkommen	24. 5. 1951	
von Amerika		2. 10. 1996	
	Erbschaft	9. 7. 1951	
Venezuela	Eink. & Verm.	20. 12. 1996	
Vietnam	Eink. & Verm.	6. 5. 1996	

*) Aufgehoben durch das Abkommen von 1993; in gewissen Fällen weiterhin anwendbar.
**) Antigua, Barbados, Belize, Dominica, Gambia, Grenada, Jungfern-Inseln, Malawi, Montserrat, St. Christopher, Nevis & Anguilla, St. Lucia, St. Vincent, Zambia und Zimbabwe.

Anlage 2

Verzeichnis der staatsvertraglichen Begrenzungen der ausländischen Steuern (Stand 1. 1. 2000)

Übersicht über die zulässigen Steuersätze in Prozenten Aa)*

Quellenstaat	Dividenden				Zinsen	Lizenzgebühren	private Pensionen und Renten	Entlastung in der Schweiz
	Regel	Tochtergesellschaft		Sonderfälle				
			Beteiligung %					
Ägypten	0	0		Ae)	15 Ac)	12,5	0	Ad)Ar)Az)
Albanien Ab)	15	5	25		5	5	0	Ad)
Argentinien Ab)	15	10	25	Ae)	12 Br)	0	0	Ad)
Australien	15	15		Ae)	10	10	0	Ad)
Belarus Ab)	15	5	25		8 Ac) Ag)	10/5/3 Bz)	0	Ad)
Belgien	15	10	25		10 Ac)	0	0	Ad)
Bulgarien	15	5	25		10 Ac)	0	0	Ad)
China	10	10			10 Ac)	10	0	Ad) Ar)
Dänemark	0	0			0	0	0	
Deutschland	10	5	20	Af)	0	0	0	Ad) Ai)
Ecuador	15	15		Ae)	10 Ac)	10	0	Ad)
Elfenbeinküste	15	15		Ay)	15 Ac)	10	0	Ad) Az)
Finnland	5	0	20		0	0	0	Ad)
Frankreich	15	0	10	Bs)	0	5	0	Ad)
Griechenland	35	35		Ae)	10	5	0	Ad)Ap)Ar)
Grossbritannien	15	5	25	Ak)	0	0	0	Ad)
Indien	0	0			15 Bc)	20/15 Bd)	0	Ad)Az)
Indonesien	15	10	25		10	12.5 Ax)	0	Ad)Az)
Irland	15	Am)	25	Am)	0	0	0	Ad)
Island	15	5/15 Al)	25		0	0	0	Ad)
Italien	15	15			12,5	5	0	Ad)
Jamaika	15	10	10		10 Ag)	10 Be)	0	Ad)
Japan	15	10	25		10 Ac)	10	0	Ad)
Kanada	15	5 Bt)	10 Bu)		10 Ac)	10 Bv)	15 Ao)	Ad)Ao)
Kasachstan Ab)	15	5	10	Ca)	10 Ac)	10	0	Ad)
Korea (Süd)	15	10	25		10 Ac)	10	0	Ad)Ar)
Kroatien Ab)	15	5	25		5	0	0	Ad)
Kuwait Ab)	15	15		Ae)	10 Ae)	0	0	
Liechtenstein	–	–	–		0 Bn)	–	–	
Luxemburg	15	0 Ba)	25		10 Aw)	0	0	Ad)
Malaysia	15	5	25	Ap)	10 Aq)	10 Aq	0	Ad)Ap)Ar)
Marokko	15	7	25		10	10	0	Ad)Ar)

Quellenstaat	Dividenden				Zinsen	Lizenzgebühren	private Pensionen und Renten	Entlastung in der Schweiz
	Regel	Tochtergesellschaft		Sonderfälle				
			Beteiligung %					
Mexiko	15	5	25	Ap)	15/10 Bb)	10	0	Ad)Ap)
Moldova Ab)	15	5	25		10 Ac)	0	0	Ad)
Mongolei	15	5	25		10 Ac)	0	0	Ad)
Neuseeland	15	15			10	10	0	Ad)
Niederlande	15	0	25	As)	5 Ac)	0	0	Ad)
Norwegen	15	5	25		0	0	0	Ad)
Österreich	5	5			5	5	0	Ad)
Pakistan	–	10/20	33 1/3	At)	30/0 Au)	0	0	Au)
Philippinen Ab)	15	10	10		10	15	0	By)
Polen	15	5	25		10	0	0	Ad)
Portugal	15	10	25		10	5	0	Ad)Ar)
Rumänien	10	10			10 Ac)	0	0	Ad)
Russland	15	5	20	Bf)	10 Bg)	0	0	Ad)
Schweden	15	0	25		5 Aw)	0	0	Ad)
Singapur	15	10	25	Ap)	10 Aq)	5 Aq)	0	Ad)Ap)Ar)
Slowakei	15	5	25		10 Bg)	5 Bo)	0	Ad)
Slowenien	15	5	25		5 Bp)	5 Bp)	0	Ad)
Ex-Sowjetunion Bq)	–	–			–	0	0	
Spanien	15	10	25		10 Ac)	5	0	Ad)Ar)
Sri Lanka	15	10	25		10/5 An)	10 Ax)	0	Ad)
Südafrika	7,5	7,5		Ae)	10 Ac)	0	0	Ad)
Thailand	15	10	10		15/10 Bl)Ac)	15/10/ 5 Bm)	0	Ad)Ar)
Trinidad und Tobago	20	10	10		10	10 Ax)	0	Ad)Ar)
Tschechische Rep.	15	5	25		0	5 Bh)	0	Ad)
Tunesien	10	10		Ae)	10	10	0	Ad)
Ungarn	10 Av)	10 Av)			10 Bw)	0	0	Ad)
USA	15	5	10	Bi)	0 Bj)	0	0 Bk)	Ad)
Venezuela	10	0	25	Ae)	5	5	0	Ad)
Vietnam	15	10/7	25/50		10 Ac)	10	0	Ad)Ar)

* Aa) Die Begrenzungen gelten in der Regel in gleicher Weise auch für die schweizerische Verrechnungssteuer.

Ab) Noch nicht in Kraft.

Ac) In bestimmten Fällen sind Zinsen im Quellenstaat steuerbefreit.

Ad) Die Schweiz gewährt für die im Quellenstaat erhobene Steuer die pauschale Steueranrechnung.

Bei allen anderen Abkürzungen handelt es sich weitgehend um länderspezifische Details, die ggf. bei der eidgenössischen Steuerverwaltung erfragt werden können.

Anlage 3

Steuerentlastungen für schweizerische Dividenden und Zinsen auf Grund von Doppelbesteuerungsabkommen
(Fälligkeiten 1996 bis 1998)

Vertragsstaat (Wohnsitzstaat des Einkommensempfängers)	Eidg. Verrechnungssteuer von 35 % Entlastung für: Dividenden um %	Dividenden auf *) %	Obligationen- und Bankzinsen um %	Obligationen- und Bankzinsen auf *) %	Formular für Erstattungsantrag	Steuern auf Hypothekarzinsen Begrenzung auf ..%*)
Ägypten					60	
Regel	20	15	20	15 a		15 a c
Beteiligungen ab 25 %	30	5				
Australien	20	15	25	10	98	10 c
Belgien					97	
Regel	20	15	25	10 a		10 a
Beteiligungen ab 25 %	25	10				
Bulgarien					60	
Regel	20	15	25	10 a		10
Beteiligungen ab 25 %	30	5				
China, Volksrepublik	25	10	25	10 a	60	10 a
Dänemark	35	0	35	0	89	0
Deutschland					85	
Regel	20	15	35	0		0
Schuldner: Grenzkraftwerk	30	5				
Beteiligungen ab 20 %	30	5				
Gewinnobligationen und partiarische Darlehen			5	30		
Ecuador	20	15	25	10 a	60	10 a
Elfenbeinküste	20	15	20	15	60	15 c
Finnland					88	
Regel	25	10	35	0		0
Beteiligungen ab 20 %	30	5	35	0		
Frankreich					83	
Regel	30 20 d	5 15 d	25	10		10
Sonderfall b	20	15				
Beteiligungen ab 10 % d	35	0	35	0 d		0 d

Vertragsstaat (Wohnsitzstaat des Einkommensempfängers)	Eidg. Verrechnungssteuer von 35 % Entlastung für: Dividenden um %	Dividenden auf *) %	Obligationen- und Bankzinsen um %	Obligationen- und Bankzinsen auf *) %	Formular für Erstattungsantrag	Steuern auf Hypothekarzinsen Begrenzung auf ..%*)
Griechenland					60	
Regel	20	15	25	10		10 c
Beteiligungen ab 25 %	30	5				
Grossbritannien					86	
Regel	20	15	35	0		0 c
Beteiligungen ab 25 %	30	5				
Indien	20	15	20/25	15/10 a 1	60	15 c
Indonesien					60	
Regel	20	15	25	10		10 c
Beteiligungen ab 25 %	25	10				
Irland					91	
Regel	20	15	35	0		0
Beteiligungen ab 25 %	25	10				
Island					60	
Regel	20	15	35	0		0
Beteiligungen ab 25 %	30	5				
Italien	20	15	22,5	12,5	95	12,5
Jamaika					60	
Regel	20	15	25	10 a		10 c k
Beteiligungen ab 10 %	25	10				
Japan					93	
Regel	20	15	25	10 a		10 a c
Beteiligungen ab 25 %	25	10				
Kanada	20	15	20	15 a	96	15 a
ab 1. 1. 1998						
Regel	20	15	25	10 a	93	10 a
Beteiligungen ab 10 %	30	5				
Korea (Süd)					60	
Regel	20	15	25	10 a		10 a c
Beteiligungen ab 25 %	25	10				
Liechtenstein	–	–	–	–	–	0
Luxemburg					79	
Regel	20	15	25	10		0
Beteiligungen ab 25 %	35/30	0/5				
Malaysia					60	
Regel	20	15	25	10		10 c
Beteiligungen ab 25 %	30	5				

Vertragsstaat (Wohnsitzstaat des Einkommensempfängers)	Eidg. Verrechnungssteuer von 35 % Entlastung für					Steuern auf Hypothekarzinsen
	Dividenden		Obligationen- und Bankzinsen		Formular für Erstattungsantrag	Begrenzung auf . . %*)
	um %	auf *) %	um %	auf *) %		
Marokko					60	
Regel	20	15	25	10		10 c
Beteiligungen ab 25 %	28	7				
Mexiko					60	
Regel	20	15	20	15 a		15 c
Beteiligungen ab 25 %	30	5				
Neuseeland	20	15	25	10	60	10 c
Niederlande					81	
Regel	20	15	30	5		5 e
Beteiligungen ab 25 %	35	0				
Norwegen					87	
Regel	20	15	35	0		0
Beteiligungen ab 25 %	30	5				
Österreich	30	5	30	5	84	5
Pakistan					60	
Regel	f		f			
Beteiligungen ab 33 1/3 %	20	15				
Gesellschaften			20	15		
Polen					60	
Regel	20	15	25	10		10
Beteiligungen ab 25 %	30	5				
Portugal					94	
Regel	20	15	25	10		10
Beteiligungen ab 25 %	25	10				
Rumänien	25	10	25	10	60	10 a
Russische Föderation					60	
ab 1. 1. 1998						
Regel	20	15	25	10 a o		10
Beteiligungen ab 20 % und mind. Fr. 200.000.--	30	5				
Schweden					80	
Regel	20	15	30	5		5
Beteiligungen ab 25 %	35	0				
Singapur					60	
Regel	20	15	25	10		10
Beteiligungen ab 25 %	25	10				

Vertragsstaat (Wohnsitzstaat des Einkommensempfängers)	Eidg. Verrechnungssteuer von 35 % Entlastung für					Steuern auf Hypothekarzinsen
	Dividenden		Obligationen- und Bankzinsen		Formular für Erstattungsantrag	Begrenzung auf ..%*)
	um %	auf *) %	um %	auf *) %		
Slowakei ab l. 1. 1998					60	
Regel	20	15	25	10 a		10
Beteiligungen ab 25 %	30	5				
Slowenien ab l. 1. 1998					650	
Regel	20	15	30	5		5
Beteiligungen ab 25 %	30	5				
Spanien					90	
Regel	20	15	25	10		10
Beteiligungen ab 25 %	25	10				
Sri Lanka					60	
Regel	20	15	25/30	10/5 k		10
Beteiligungen ab 25 %	25	10				
Südafrika	27,5	7,5	25	10 g	92	10 c g
Trinidad und Tobago					60	
Regel	15	20	25	10		10
Beteiligungen ab 10 %	25	10				
Thailand ab l. 1. 1997					60	
Regel	20	15	20/25	15/10 a l		10 c
Beteiligungen ab 10 %	25	10				
Tschechische Rep.					60	
Regel	20	15	35	0		0
Beteiligungen ab 25 %	30	5				
Tunesien	25	10	25	10	60	10 c
Ungarn	25	10	25	10	60	10
Venezuela ab 1. 1. 1998					60	
Regel	25	10	30	5 a		5
Beteiligungen ab 25 %	35	0				
Vereinigte Staaten					82	
Regel	20	15	30	5		5 c
Beteiligungen ab 95 %	30	5			823 h	
Schweizerbürger		i		i	829	f
ab 1. 2. 1998						
Regel	20	15	35	0	82 C, 82 E, 82 I	0
Beteiligungen ab 10 %	30	5			823 h	
Pensionskassen	35	0				

Vertragsstaat (Wohnsitzstaat des Einkommensempfängers)	Eidg. Verrechnungssteuer von 35 % Entlastung für					Steuern auf Hypothekarzinsen Begrenzung auf ..%*)
	Dividenden		Obligationen- und Bankzinsen		Formular für Erstattungsantrag	
	um %	auf*) %	um %	auf*) %		
Vietnam ab 1. 1. 1998					60	
Regel	20	15	25	10 a		10
Beteiligungen ab 20 %, jedoch unter 50 %	25	10				
ab 50 %	28	7				

*) Der von der Schweiz nicht erstattete Betrag ist grundsätzlich auf die Einkommensteuer des Vertragsstaates anrechenbar.

Anmerkungen

a Die Steuerbefreiungen für bestimmte Zinsen (Ägypten: Art. 11 Abs. 3, Belgien: Art. 11 Abs. 3 und 4, Bulgarien: Art. 11 Abs. 3, China: Art. 11 Abs. 3, Ecuador: Art. 11 Abs. 3 und 4, Indien: Art. 11 Abs. 4, Jamaika: Art. 11 Abs. 3 und Ziffer 2 des Protokolls, Japan: Art. 11 Abs. 3 und 4, Kanada: Art. 11 Abs. 3 und 4, Korea: Art. 11 Abs. 3, Mexiko: Art. 11 Abs. 2 Bst. a und Abs. 3, Rumänien: Art. 11 Abs. 3, Russland: Art. 11 Abs. 3, Slowakei: Art. 11 Abs. 3, Thailand: Art. 11 Abs. 3 lit a), Venezuela: Art. 11 Abs. 3, Vietnam: Art. 11 Abs. 3) dürften für schweizerische Steuern kaum von Bedeutung sein.

b Französische Gesellschaft mit Beteiligung von mindestens 20 %, sofern an ihr nicht in Frankreich ansässige Personen überwiegend interessiert sind und die Aktien weder der ausschüttenden noch der empfangenden Gesellschaft an der Börse kotiert sind oder ausserbörslich gehandelt werden.

c Vermögensteuern fallen nicht unter das Abkommen und können daher voll erhoben werden.

d Für Fälligkeiten ab 1. 8. 1998.

e Quellensteuern bis 5 % des Bruttobetrags sind zulässig, nicht aber veranlagte Steuern.

f Keine Entlastung.

g Keine Entlastung, solange Südafrika ausländische Zinsen beim südafrikanischen Gläubiger nicht besteuert.

h Herabsetzung der Verrechnungssteuer an der Quelle, wenn die Beteiligung mehr als 50 % der Stimmrechte, die in der Generalversammlung ausgeübt werden können, umfasst.

i Besondere Entlastung (BRB vom 2. 11. 1951; SR 672.933.61): Erstattung, soweit die Verrechnungssteuer nicht an die amerikanische Steuer angerechnet werden kann.

k Zinsen von Bankdarlehen 5 %.

l Zinsen von Bankdarlehen 10 %.

m Im Ansässigkeitsstaat steuerbefreite, anerkannte Pensionskassen, deren Destinataire zu über 50 % in einem Vertragsstaat ansässig sind, und welche die dividendenzahlende Gesellschaft nicht beherrschen.

n Volle Entlastung bei Bankzinsen auf Guthaben, die ausschliesslich für Zwecke der diplomatischen und konsularischen Mission der Russischen Föderation in der Schweiz gehalten werden, sowie für Zinsen auf Guthaben der russischen Regierung bei der Bank für Internationalen Zahlungsausgleich (BIZ).

o Zinsen auf Bankdarlehen 5 %, Zinsen bei Kreditverkäufen quellensteuerfrei.

G. Steuerliche Voraussetzungen und Folgen des Wohnsitzwechsels von Deutschland in die Schweiz

Jörg Weigell*

Übersicht

---

* Für die kritische Durchsicht des Manuskripts und wertvolle Anregungen danke ich Herrn Ministerialrat Prof. Dr. Bernd *Runge* herzlich.

I. Motive für einen Wohnsitzwechsel

Nach geltendem Steuerrecht verfügt Deutschland über im internationalen Vergleich sehr hohe Steuersätze. Derzeit fällt neben der progressiv ausgestalteten Einkommensteuer mit einem Höchststeuersatz von 51 vH. (ab einem zu versteuernden Einkommen von DM 114.696,– für Ledige und DM 229.392,– für Verheiratete) noch ein Solidaritätszuschlag von 5,5 vH. auf die Einkommensteuer an. Für gewerbliche Einkünfte kommt die Gewerbesteuer auf den Ertrag hinzu, die – in Abhängigkeit von dem Hebesatz der jeweiligen Gemeinde – bis zu ca. 25 vH. betragen kann. Allerdings beträgt der Einkommensteuerhöchstsatz für gewerbliche Einkünfte derzeit 43 vH., wobei die Gewerbesteuer für die Ermittlung der einkommensteuerlichen Bemessungsgrundlage abgezogen werden kann. Die Steuerbelastung für gewerbliche Einkünfte beträgt damit maximal bis zu ca. 65 vH. Der Bundesfinanzhof hat allerdings mit Beschluss vom 24. 2. 1999, X 12 171/96[1] dem Bundesverfassungsgericht die Entscheidung zur Frage vorgelegt, ob der günstigere Steuersatz für die Einkünfte aus gewerblichen Einkünften verfassungsrechtlich überhaupt haltbar ist. Hinzu kommt noch die Kirchensteuer von 8 vH. bis 9 vH. Nachdem eine grundlegende Steuerreform in Deutschland in den letzten Jahren nicht zustande gekommen ist, hat die Bundesregierung Ende 1999/Anfang 2000 den Entwurf eines Gesetzes[1a] nunmehr vorgelegt. Danach ist vorgesehen, den Spitzensteuersatz von jetzt 51% auf 45% zu senken. Für Kapitalgesellschaften soll der Steuersatz auf 25% abgesenkt werden, wobei gleichzeitig vom bisherigen Grundsatz der Vollanrechnung beim unbeschränkt steuerpflichtigen Anteilseigner abgerückt werden soll. Personengesellschaften sollen die Möglichkeit erhalten, für eine Besteuerung wie Kapitalgesellschaften zu optieren. Sollte die Steuerreform in der von der Bundesregierung vorgelegten Form Gesetz werden, ergäbe sich für Privatpersonen und insbesondere Selbständige nach wie vor eine Steuerbelastung, die einschließlich des weiter erhobenen Solidaritätszuschlags von 5,5% sowie ggf. der Kirchensteuer deutlich über 50% liegt. Für Unternehmen würde sich allerdings eine niedrigere Steuerbelastung ergeben. Dabei ist jedoch zu berücksichtigen, dass vorgesehen ist, die Bemessungsgrundlage erheblich zu verbreitern. Durch die Abschaffung der Vollanrechnung und künftig vorgesehene hälftige Besteuerung der Ausschüttungen von Kapitalgesellschaften auf der Ebene des Anteilseigners bleibt auch insoweit die Steuerquote nach wie vor hoch.

„Abgeschafft" ist seit dem 1. 1. 1997 faktisch die **Vermögensteuer**. Dabei ist das Gesetz aber nicht formell außer Kraft gesetzt oder gar aufgehoben worden, weil sich die SPD-regierten Bundesländer hiergegen gesträubt ha-

---

[1] DStR 1999, 375.

[1a] Der Gesetzesentwurf enthält auch Änderungen, die die Hinzurechnungsbesteuerung nach dem AStG betreffen. Diese sind im nachfolgenden Text noch nicht berücksichtigt, da nach Auskunft der Finanzverwaltung im Gesetzgebungsverfahren noch mit weiteren Änderungen zu rechnen ist.

ben. Es besteht allerdings Einvernehmen darüber, daß die Vermögensteuer ab 1997 im Hinblick auf die Rechtsprechung des Bundesverfassungsgerichts[2] nicht mehr erhoben werden darf. Dies beruht auf dem vom Bundesverfassungsgericht postulierten sogenannten Halbteilungsgrundsatz, wonach dem Steuerbürger zumindest die Hälfte des von ihm erwirtschafteten Einkommens verbleiben muß. Welches Einkommen hierbei allerdings zugrunde zulegen ist und wie der Grundsatz sich im konkreten auswirkt, ist in den Einzelheiten sehr umstritten. Es ist jedenfalls gerade im Hinblick darauf, daß das Vermögenssteuergesetz formal nicht abgeschafft wurde, keinesfalls auszuschließen, daß bei einer zukünftigen deutlichen Absenkung der Einkommensteuerhöchstsätze die Vermögensteuer zu neuem Leben erwachen wird. Dies belegen auch die immer wieder auflebenden Diskussionen.

Das daneben häufig als **rauh empfundene Steuerklima** in Deutschland wird sich voraussichtlich auf absehbare Zeit nicht ändern, die steuerliche Belastung von Einkommen auch in Zukunft als drückend empfunden werden.

Es kommt weiter hinzu, daß die Steuerbelastung im **Erb- oder Schenkungsfall** auch nach der insoweit ab 1997 geänderten Rechtslage sehr hoch ist. Nach Überschreiten der Freibeträge beträgt die Erbschaftssteuerbelastung in der Steuerklasse 1, also unter den näheren Verwandten, bis zu 30 vH., in der ungünstigsten Steuerklasse 3 (zB für die nichteheliche Lebensgefährtin) bis zu 50 vH. Eine positive Ausnahme gilt insoweit allerdings für Betriebsvermögen, dessen Übergang zum einen grundsätzlich mit den günstigeren Steuersätzen der Steuerklasse 1 besteuert wird und das daneben durch günstige Bewertungsvorschriften und Abschläge sowie einen zusätzlichen Freibetrag bevorzugt behandelt wird.

Das **Steuerrecht der Schweiz** weist demgegenüber grundlegende Unterschiede auf. Dies gilt sowohl für die Ertragssteuern[3] als auch für die Erbschafts- und Schenkungssteuer[4]. Die Einkommensteuer zeichnet sich dabei dadurch aus, das – je nach Kanton – die maximale Steuerbelastung zwischen ca. 25 vH. und ca. 41 vH. liegt. Unter bestimmten Voraussetzungen ist daneben eine sehr günstige Pauschalbesteuerung möglich, so daß die Besteuerung der Erträge wesentlich unter der in Deutschland liegen kann und – je nach wirtschaftlichen und persönlichen Verhältnissen im Einzelfall – auch liegen wird. Ein Wohnsitzwechsel kann aber unter Umständen auch im Hinblick auf geplante Vermögensübertragungen bzw. mit Blick auf den Erbfall in Betracht kommen, weil verschiedene Kantone in der Schweiz eine Erbschafts- und Schenkungssteuer nicht kennen. Während im Kanton Fribourg nur Verwandte begünstigt sind, können im Kanton Schwyz sogar

---

[2] Beschluß des Bundesverfassungsgerichts vom 22. 6. 1995, 2 BVL 37/91, BStBl. II, 1995, 655; inwieweit sich die Situation durch die neuere Rechtsprechung des BFH (DStR 1999, 1845) ändert, wonach der Halbteilungsgrundsatz nicht zur Verfassungswidrigkeit der geltenden Steuersätze und insbesondere einer konkreten Ertragssteuerbelastung von ca. 60% führt, bleibt abzuwarten.

[3] Vgl. im einzelnen hierzu Kapitel I. A.

[4] Vgl. im einzelnen hierzu Kapitel I. E.

Schenkungen und Erbschaften an nichteheliche Lebenspartner erbschaftssteuerfrei vorgenommen werden. Vermögenssteuern kennt die Schweiz zwar ebenfalls; auch hier kann aber häufig eine Pauschalierung vereinbart werden. Ein weiterer in der Praxis nicht zu unterschätzender Gesichtspunkt kommt hinzu: Das „Steuerklima" ist in der Schweiz wesentlich angenehmer als in Deutschland. Auch wenn sich dieser Umstand rechtlich nicht fassen läßt, spielt er doch in der täglichen Praxis und im Umgang der Finanzbehörden mit dem Steuerbürger und seinem Berater häufig eine wichtige und positive Rolle.

II. Voraussetzungen für die Anerkennung des Wohnsitzwechsels durch das Steuerrecht

Grundvoraussetzung für die Beendigung der unbeschränkten Steuerpflicht in Deutschland ist nach nationalem deutschen Steuerrecht die Aufgabe des deutschen Wohnsitzes; daneben darf in Deutschland kein gewöhnlicher Aufenthalt begründet werden. Entgegen einem in Laienkreisen weitverbreiteten Irrtum spielt demgegenüber die Staatsangehörigkeit praktisch keine bzw. mit Einschränkungen für die erweiterte beschränkte Steuerpflicht und für die Erbschaftssteuer eine untergeordnete Bedeutung. Nur soweit der deutsche Wohnsitz tatsächlich aufgegeben wird, entfällt die mit der unbeschränkten Steuerpflicht einhergehende Besteuerung des Welteinkommens und wird die Besteuerung – treffend als beschränkte Steuerpflicht bezeichnet – auf bestimmte inländische Einkünfte beschränkt. Eine wesentliche Einschränkung erfährt der vorstehende Grundsatz allerdings durch die Bestimmungen der §§ 2ff. des Außensteuergesetzes („AStG") iVm. Art. 4 Abs. 4 DBA Deutschland-Schweiz („DBA"). Danach ist es dem deutschen Fiskus möglich, für eine Übergangszeit von bis zu sechs Jahren Deutsche im Rahmen der sogenannten erweiterten beschränkten Steuerpflicht[5] zu besteuern, auch wenn der deutsche Wohnsitz aufgegeben wurde.

1. Der Begriff des Wohnsitzes nach deutschem und schweizerischem Steuerrecht

Nach § 8 AO hat eine Person in Deutschland einen Wohnsitz, wenn „sie dort eine Wohnung unter Umständen innehat, die darauf schließen lassen, daß sie die Wohnung beibehalten und benutzen wird". Wann diese Voraussetzungen im Einzelfall gegeben sind, ist in einer Fülle von Entscheidungen des Reichs- und später des Bundesfinanzhofs Gegenstand des Rechtsstreits gewesen und ist durch diese Rechtsprechung konkretisiert worden.

Zum einen müssen **zum dauerhaften Wohnen geeignete Räumlichkeiten** vorhanden sein. Es muß also aus äußeren Umständen geschlossen werden können, daß der Inhaber die Wohnung beibehalten und auch zukünftig

---

[5] Vgl. u. III. 1.2.

als solche nutzen will. Das Wesen des Wohnsitzes im steuerlichen Sinne besteht somit darin, daß objektiv die Wohnung ihrem Inhaber jederzeit (wann immer er es wünscht) als Bleibe zur Verfügung steht und von ihm subjektiv zu einer entsprechenden Nutzung auch bestimmt ist. In dieser zur objektiven Eignung hinzutretenden subjektiven Bestimmung liegt der Unterschied zwischen dem bloßen Aufenthaltnehmen in einer Wohnung und dem Wohnsitz[6].

An das Vorliegen eines Wohnsitzes sind demnach nur relativ geringe Anforderungen zu stellen. So reicht nach der Rechtsprechung des Bundesfinanzhofs bereits ein eingerichtetes Zimmer, das zur jederzeitigen Benutzung zur Verfügung steht und in dem sich persönliche Gegenstände, insbesondere Kleidung befinden, zur Begründung eines Wohnsitzes aus[7]. Demgegenüber begründen häufige Hotelaufenthalte keinen Wohnsitz, auch wenn immer wieder ein und dasselbe Hotel aufgesucht wird. Es spielt grundsätzlich keine Rolle, ob die Räume angemessen oder gar standesgemäß sind[8]. Als Wohnung kommen also in Betracht: Baracken, Hotelzimmer bei Dauernutzung, Wochenendhäuser, Jagdhäuser, Gartenhäuschen in einer Laubenkolonie, Wohnwagen bei Dauermiete auf einem Campingplatz[9].

Nicht maßgebend ist demgegenüber insbesondere der Umstand, ob etwa eine **polizeiliche Anmeldung** erfolgt. Ob eine Wohnung auch subjektiv zur Nutzung als solche bestimmt ist, kann im Zweifelsfall vielmehr nach äußeren Anhaltsanzeichen, wie etwa der Beibehaltung eines Telefonanschlusses oder die Aufrechterhaltung von Vereinsmitgliedschaften vor Ort, geschlossen werden.

Der Wohnsitzbegriff verlangt ferner ein **Innehaben der Wohnung**, mit anderen Worten, der Steuerpflichtige muß über die Wohnung tatsächlich verfügen können. Eine derartige Verfügungsmacht fehlt, wenn sich jemand lediglich zu Besuchszwecken bei einer anderen Person aufhält, auch wenn es sich hierbei um Verwandte handelt, aber auch bei einem Hotelaufenthalt[10]. Entscheidend für die Frage, ob jemand eine Wohnung auch innehat, ist insbesondere, daß der Wohnsitz beibehalten und genutzt wird. Dabei kommt es allerdings nicht auf die tatsächliche Benutzung an. Es reicht bei Abwesenheit des Wohnungsinhabers vielmehr aus, wenn die Wohnung so ausgestattet ist, daß er jederzeit dorthin zurückkehren und sich darin aufhalten kann[11].

Die erforderliche Verfügungsmacht und damit ein Innehaben der Wohnung entfällt allerdings dann, wenn die Wohnung vermietet wird, es sei denn, die Vermietung erfolgt nur vorübergehend. In Anlehnung an § 9 Abs. 2 AO wird man einen Zeitraum von nicht mehr als sechs Monaten noch als vorübergehend ansehen können[12].

---

[6] BFH v. 26. Februar 1986 II R 200/82, BFH/NV 1987, 301.

[7] BFH v. 22. April 1994, BStBl. II 1994, 887.

[8] *Tipke/Kruse,* AO, § 8, Tz. 2.

[9] Vgl. *Tipke/Kruse,* AO, § 8 Tz. 2 mit Nachweisen aus der Rechtsprechung.

[10] Zu Einzelheiten s. *Tipke/Kruse,* AO, § 8, Tz. 3.

[11] BFH v. 19. 3. 1997, DStR 1997, 1003 *Tipke/Kruse,* § 8, Tz. 6.

[12] *Mößner* in Mößner u.a., Steuerrecht international tätiger Unternehmen, Köln 1992, 47f.

Die Definition des Wohnsitzes nach schweizerischem Steuerrecht richtet sich nach §§ 3 Abs. 2 StHG[13] bzw. 3 Abs. 2 DBG[14]. Danach begründet eine natürliche Person einen Wohnsitz in der Schweiz, wenn sie sich hier mit der Absicht dauernden Verbleibens aufhält oder wenn ihr das Bundesrecht hier einen besonderen gesetzlichen Wohnsitz zuweist. Anders als in Deutschland ist der Wohnsitzbegriff damit im Einklang mit dem schweizerischen Zivilrecht geregelt. Gleichwohl wird danach abgestellt auf die persönlichen und wirtschaftlichen Interessen bzw. darauf, wo deren Mittelpunkt liegt. Bei einer beabsichtigten Wohnsitznahme in der Schweiz muß also dargelegt werden, daß der Mittelpunkt der persönlichen und wirtschaftlichen Interessen in die Schweiz verlegt werden und auf welche Art und Weise dies geschehen kann und soll.

Für Deutschland wie für die Schweiz ist danach festzustellen, daß für die Bestimmung des Wohnsitzes allein bzw. ganz überwiegend tatsächliche Umstände maßgebend sind[15].

Neben der Begründung der unbeschränkten Steuerpflicht in Deutschland durch einen Wohnsitz kann die unbeschränkte Steuerpflicht auch durch einen gewöhnlichen Aufenthalt ausgelöst werden. Nach § 9 AO hat jemand seinen **gewöhnlichen Aufenthalt** dort, wo er sich unter Umständen aufhält, die erkennen lassen, daß er an diesem Ort oder in diesem Gebiet nicht nur vorübergehend verweilt. Auch hiernach kommt es demnach wieder auf äußere Merkmale an. Neben dem Aufenthalt an sich ist ein längeres Verweilen erforderlich. Im Wege des Umkehrschlusses aus § 9 Abs. 2 AO ergibt sich, daß eine Aufenthaltsdauer von mehr als sechs Monaten nicht zwingend erforderlich ist, um einen gewöhnlichen Aufenthalt zu begründen. Für diesen Fall muß aber erkennbar gewesen sein, daß der Steuerpflichtige sich ursprünglich länger als sechs Monate im Inland aufhalten wollte[16]. Bei einer kürzeren Aufenthaltsdauer wird daher ein gewöhnlicher Aufenthalt nur unter besonderen Umständen angenommen werden können[17]. Gesetzlich klargestellt ist schließlich, daß ein ausschließlich Besuchs-, Erholungs-, Kur- oder ähnlichen privaten Zwecken dienender Aufenthalt keinen gewöhnlichen Aufenthalt begründet, wenn der Aufenthalt nicht länger als ein Jahr dauert (§ 9 S. 3 AO).

---

[13] Bundesgesetz über die Harmonisierung der direkten Steuern der Kantone und Gemeinden vom 14. 12. 1990.

[14] Bundesgesetz über die direkten Bundessteuern vom 14. 12. 1990.

[15] BFH v. 22. 4. 1994, BStBl. II 1994, S. 887 und v. 23. 11. 1988, BStBl. II 1989, S. 182.

[16] BFH v. 3. 8. 1977, BStBl. 1978 II, S. 118; BFH v. 30. 8. 1989, BStBl. 1989 II, S. 956.

[17] BMF-Schreiben v. 3. 8. 1977, BStBl. 1997 I, S. 664 (AO-Anwendungserlaß zu § 9).

2. Die Regelung der Ansässigkeit durch das Doppelbesteuerungsabkommen

Besonderheiten ergeben sich bei einem Wegzug aus Deutschland durch die zwischen Deutschland und der Schweiz geschlossenen DBA für die Steuern vom Einkommen und Vermögen einerseits und die Nachlaß- und Erbschaftssteuern andererseits. Dabei soll an dieser Stelle zunächst nur auf die einkommens- bzw. ertragssteuerlichen Konsequenzen eingegangen werden; zu den für erbschafts- und schenkungssteuerliche Zwecke zu beachtenden Besonderheiten siehe unten IV.

Von zentraler Bedeutung für die Zuweisung des Besteuerungsrechts für einzelne Einkünfte an Deutschland oder an die Schweiz ist Art. 4 des DBA, der die **Ansässigkeit im Sinne des Abkommens** regelt. Die Beantwortung der Frage, in welchem der beiden Vertragsstaaten ein Steuerpflichtiger ansässig ist, spielt für die Zuordnung des Besteuerungsrechts an Deutschland oder die Schweiz eine herausragende Bedeutung. Die Ansässigkeit in einem der beiden Staaten ist zunächst Voraussetzung dafür, daß der Schutz des DBA von dem Steuerpflichtigen überhaupt in Anspruch genommen werden kann. Andererseits dient der Begriff auch der Bestimmung des Staates, dem das Besteuerungsrecht zufällt, wenn zu beiden Staaten persönliche lokale Anknüpfungsmomente im Sinne der unbeschränkten Steuerpflicht, also insbesondere im Hinblick auf einen Wohnsitz oder den gewöhnlichen Aufenthalt bestehen.

Das DBA Deutschland – Schweiz weist hinsichtlich der Regelung der Ansässigkeit gegenüber den sonstigen von Deutschland mit anderen Staaten geschlossenen DBA einige Besonderheiten auf. Diese Besonderheiten haben im wesentlichen zum Ziel, das Besteuerungsrecht der Bundesrepublik Deutschland über den im Verhältnis zu anderen Staaten üblichen Umfang aufrechtzuerhalten. Die Abkommensausgestaltung in dieser einmaligen Form war erforderlich, um zu vermeiden, daß aus Sicht der deutschen Finanzverwaltung und des Gesetzgebers unangemessene Steuervorteile aus dem zwischen der Bundesrepublik und der Schweiz bestehenden Steuergefälle durch Berufung auf die Bestimmung des DBA gezogen werden können.

2.1. Grundsatz; Einschränkung für Pauschalierte und Doppelwohnsitz

In Art. 4 Abs. 1 DBA enthält die Vorschrift zunächst die Grundregel, wonach „eine in einem Vertragsstaat ansässige Person“ eine Person ist, die nach dem in diesem Staat geltenden Recht dort unbeschränkt steuerpflichtig ist. Ansässig und damit persönlich abkommensberechtigt sind danach alle natürlichen und juristischen Personen, die in einem der beiden Vertragsstaaten unbeschränkt steuerpflichtig sind.

Diese allgemeine Regelung erfährt jedoch eine wesentliche Einschränkung: Gem. Art. 4 Abs. 6 DBA wird die Inanspruchnahme des DBA durch natürliche Personen ausgeschlossen, die in dem Wohnsitzstaat (Ansässigkeitsstaat) auf Einkünfte aus dem anderen Staat nicht die vollen Steuern entrichten. Hintergrund dieser Bestimmung ist das Bestreben, in die Schweiz ausgewanderte Deutsche, die dort einer Vorzugsbesteuerung **(Pauschalierung)** unterliegen, in möglichst weitgehendem Umfang in Deutschland weiter besteuern zu können. Ausländer, die in der Schweiz eine Erwerbstätigkeit weder ausüben noch ausgeübt haben, können dort auf Antrag anstelle der ordentlichen Steuer vom Einkommen eine Pauschalsteuer entrichten. Die Schweiz hat allerdings nach Inkrafttreten des DBA die Verordnung über die Pauschalierung der Wehrsteuer vom 15. 10. 1958 geändert und die Möglichkeit geschaffen, bei pauschaler Besteuerung aller übrigen Einkünfte nur die Einkünfte aus der Bundesrepublik „normal" zu versteuern. Heute findet sich die diesbezügliche Regelung in Art. 14 Abs. 3 DBG iVm. Ziffer 4.2 der VO über die Besteuerung nach dem Aufwand bei der direkten Bundessteuer vom 3. Dezember 1993. Damit hat die Schweiz die Rechtsfolgen des Art. 4 Abs. 6 DBA in der Bundesrepublik zu einem wesentlichen Teil zugunsten der sogenannten Pauschalierten beseitigt. Eine weitere grundlegende Einschränkung enthält Art. 4 Abs. 11 DBA. Danach kann Abkommensschutz nicht beansprucht werden, wenn einer Person Einkünfte nicht zuzurechnen sind, zB also bei Treuhandverhältnissen. Umstritten ist, inwieweit auch die Zurechnungen gem. § 5, 7ff. und § 15 AStG hiervon berührt wird. Dies ist nach zutreffender Auffassung nicht der Fall[18].

Unterhält ein Steuerpflichtiger einen Wohnsitz nur in einem der beiden Staaten und hat er auch seinen gewöhnlichen Aufenthalt nicht im anderen Staat, so ist die Bestimmung der Ansässigkeit eindeutig. Eine Reihe von Sonderregelungen sind in Art. 4 Abs. 2 und 3 DBA für die Fälle einer Doppelansässigkeit in beiden Staaten gem. Art. 4 Abs. 1 DBA enthalten. Dabei regelt Art. 4 Abs. 2 zunächst in Anlehnung an das OECD-Musterabkommen und die sonstigen von der Bundesrepublik geschlossenen Doppelbesteuerungsabkommen die Bestimmungen der Ansässigkeit im Kollisionsfall. Art. 4 Abs. 3 DBA enthält demgegenüber speziell für die Bundesrepublik sich aus einem Doppelwohnsitz als Rechtsfolge ergebende Konsequenzen.

Art. 4 Abs. 2 DBA regelt die Frage der Ansässigkeit nach einem Stufenverhältnis. Dabei bestimmt sich die Frage der Ansässigkeit zunächst danach, wo die Person über eine „ständige Wohnstätte" verfügt. Verfügt sie in beiden Vertragsstaaten über eine ständige Wohnstätte, so gilt sie als in dem Vertragsstaat ansässig, zu dem sie die engeren persönlichen und wirtschaftlichen Beziehungen hat (**Mittelpunkt der Lebensinteressen**, § 4 Abs. 2 lit. a DBA). Zu beachten ist, daß das DBA nicht vom Wohnsitz, sondern von der „ständigen Wohnstätte" spricht. Aus dem Wortlaut folgt, daß der Begriff „ständige Wohnstätte" enger ist als der des Wohnsitzes im Sinne der Abgabenordnung. Nach zutreffender Auffassung ist unter „ständige Wohnstätte" ein Wohnsitz zu verstehen, den der Steuerpflichtige nicht nur gelegentlich und dann auch nicht nur zu einem vorübergehenden Zweck verwendet[19]. Der BFH hat nunmehr ausdrücklich entschieden, daß ständige Wohnstätte iSd. Art. 4 DBA-Schweiz Räumlichkeiten sind, die nach Art und Einrichtung

[18] *Flick/Wassermeyer/Wingert/Kempermann*, Doppelbesteuerungsabkommen Deutschland-Schweiz, Art. 4, Rz. 234.

[19] *Flick u.a.*, DBA Art. 4, Rz. 32.

zum Wohnen geeignet sind, über die der Steuerpflichtige ständig verfügen kann und die er regelmäßig nutzt. Die Räumlichkeiten müssen dabei nicht den Mittelpunkt seiner Lebensinteressen bilden[20]. Gem. der ausdrücklichen Bestimmung des Verhandlungsprotokolls[21] zum DBA vom 18. 6. 1971 zu Art. 4 Abs. 2 und 3 DBA gelten als ständige Wohnstätte „nicht eine Wohnung oder Räumlichkeiten, die nach Charakter und Lage ausschließlich Erholungs-, Kur-, Studien- oder Sportzwecken dienen und nachweislich nur gelegentlich und nicht zum Zweck der Wahrnehmung wirtschaftlicher und beruflicher Interessen verwendet werden". Wann ein Wohnsitz damit zur ständigen Wohnstätte wird, muß im Einzelfall unter Berücksichtigung der konkreten Umstände ermittelt werden. Der BFH[22] hält das Inhaben einer Ferienwohnung von fünf bis sechs Wochen nicht für ausreichend, um einen Wohnsitz zu begründen. Da die „ständige Wohnstätte" in zeitlicher Hinsicht ein Mehr gegenüber dem Wohnsitz verlangt, wird diese Sechswochenfrist deutlich überschritten werden müssen. Flick ua.[23] halten es für bedenkenfrei, analog § 9 AO auf einen Zeitraum von sechs Monaten abzustellen, weil diese Vorschrift normiert, daß mit Ablauf von sechs Monaten ein bisher nur vorübergehender Zustand zu einem gewöhnlichen (= „ständigen") wird. Entscheidend wird in der Praxis häufig der vom Steuerpflichtigen zu erbringende Nachweis sein, daß die Wohnung tatsächlich nur gelegentlich und – was vor allem zu beachten und zusätzlich erforderlich ist – nicht zum Zwecke der Wahrnehmung wirtschaftlicher und beruflicher Interessen verwendet wird.

Kann der Mittelpunkt der Lebensinteressen nicht bestimmt werden oder besteht in keinem der beiden Vertragsstaaten eine ständige Wohnstätte, so richtet sich die Bestimmung der Ansässigkeit nach dem gewöhnlichen Aufenthalt (§ 4 Abs. 2b DBA). Läßt sich die Ansässigkeit auch hiernach nicht bestimmen, so kann hilfsweise die Staatsangehörigkeit herangezogen werden oder ist letztlich eine Verständigung zwischen den beiden Vertragsstaaten Bundesrepublik und Schweiz erforderlich.

2.2. Überdachende Besteuerung und Besteuerung Ausgewanderter

Zwei weitere zentrale Bestimmungen des Doppelbesteuerungsabkommens Deutschland-Schweiz finden sich in Art. 4 Abs. 3 und Art. 4 Abs. 4 DBA. Dabei regelt Art. 4 Abs. 3 den Fall des Doppelwohnsitzes. Die Anwendung

---

[20] BFH v. 16. Dezember 1998, DStR 1999, S. 449.

[21] Das Verhandlungsprotokoll bildet – anders als allgemein üblich – im Verhältnis zur Schweiz keinen Bestandteil des Abkommens. Es war jedoch zum Zeitpunkt der Unterzeichnung des Abkommens gefertigt und lag den gesetzgebenden Körperschaften bei der Ratifizierung des Abkommens vor. Daneben ist es als Anlage 2a zum BMF-Anwendungsschreiben vom 26. 3. 1975 in BStBl. 1975 I, S. 504 amtlich veröffentlicht. Vom rechtlichen Charakter her ist das Abkommen einer vorweggenommenen Verständigungsregelung gleichzusetzen; der BFH (vgl. FN 19) spricht von norminterpretierender Bedeutung.

[22] Urteil vom 6. 3. 1968, BStBl. 1968 II, S. 439.

[23] DBA, aaO, Art. 4, Rz. 33.

dieser Bestimmung kommt nur für Personen in Betracht, die nach dem jeweils nationalen Steuerrecht sowohl in der Schweiz als auch in der Bundesrepublik unbeschränkt steuerpflichtig sind, jedoch gem. Art. 4 Abs. 2 DBA nur in der Schweiz als ansässig gelten. Art. 4 Abs. 4 DBA betrifft demgegenüber nur den Personenkreis, der aus der Bundesrepublik ausgewandert ist, dh. der nach nationalem deutschen Steuerrecht in der Bundesrepublik nur noch mit den in der Bundesrepublik erzielten Einkünften beschränkt oder unter Berücksichtigung der Bestimmungen des Außensteuergesetzes erweitert beschränkt steuerpflichtig ist.

Art. 4 Abs. 3 DBA räumt Deutschland für den Fall, daß eine natürliche Person hier über eine ständige Wohnstätte verfügt oder ihren gewöhnlichen Aufenthalt von mindestens sechs Monaten im Kalenderjahr hat, die aber nach Art. 4 Abs. 2 DBA in der Schweiz als ansässig gilt, das Recht der sogenannten **überdachenden Besteuerung** ein, diese Person entsprechend den Vorschriften über die unbeschränkte Steuerpflicht besteuern. Auch soweit sich also nach DBA an sich ein Besteuerungsrecht der Schweiz ergibt, behält die Bundesrepublik ein eigenes Besteuerungsrecht. Die Bundesrepublik ist in diesem Fall zwar verpflichtet, die in der Schweiz – die das primäre Besteuerungsrecht behält – gezahlten Steuern auf die hier zu entrichtenden Steuern anzurechnen. Lediglich bei den in Art. 24 Abs. 1 Nr. 1 DBA genannten aus der Schweiz stammenden Einkünften verbleibt es bei einer Freistellung der dort genannten Einkünfte. Freigestellt sind damit insbesondere die Einkünfte aus einer aktiv tätigen gewerblichen Betriebsstätte oder einem freien Beruf sowie unter bestimmten Voraussetzungen Löhne und Gehälter, wenn die Arbeit in der Schweiz ausgeübt wird. Durch die Aufrechterhaltung der unbeschränkten Steuerpflicht und die zur Vermeidung der Doppelbesteuerung lediglich angeordnete Anrechnung der in der Schweiz gezahlten Steuern wird im Ergebnis das hohe Steuerniveau Deutschlands aufrechterhalten, die Gesamtsteuerlast wird auf das deutsche Steuerniveau hochgeschleust.

In der Praxis ist für die Beantwortung der Frage, wann die „überdachende deutsche Besteuerung“ nach Art. 4 Abs. 3 DBA für natürliche Personen eingreift, der Umstand von besonderer Bedeutung, daß diese überdachende deutsche Besteuerung nicht bereits dann eingreift, wenn ein Wohnsitz oder ein gewöhnlicher Aufenthalt iSv. § 8 bzw. § 9 AO vorliegt. Vielmehr enthält die Vorschrift einen eigenständigen engeren Abgrenzungsinhalt, weil eine ständige Wohnstätte[24] oder ein gewöhnlicher Aufenthalt von mindestens sechs Monaten erforderlich sind. Die Bestimmung knüpft also an eine Art **„qualifizierte, unbeschränkte Steuerpflicht“** an[25].

Art. 4 Abs. 4 DBA regelt spezielle Fälle der sich aus der Ansässigkeit ergebenden Rechtsfolgen. Die Bestimmung betrifft ausschließlich Personen, die in Deutschland beschränkt oder erweitert beschränkt steuerpflichtig sind. Mit ihr wird erreicht, daß dem deutschen Außensteuergesetz im Verhältnis zur Schweiz zumindest in eingeschränktem Umfang Geltung verschafft

[24] S.o. 2.1.
[25] *Flick u.a.*, DBA, Art. 4 TZ 60.

wird. Sie räumt Deutschland für beschränkt steuerpflichtige Personen ein auf längstens sechs Jahre befristetes Besteuerungsrecht ein, wobei allerdings in der Schweiz erhobene Steuern weitgehend angerechnet werden. Wie Art. 4 Abs. 3 DBA regelt auch Art. 4 Abs. 4 DBA damit ausschließlich das Besteuerungsrecht der Bundesrepublik und berührt die Besteuerung durch die Schweiz nicht.

Voraussetzung für die Aufrechterhaltung der beschränkten bzw. erweiterten beschränkten Steuerpflicht in der Bundesrepublik Deutschland ist, daß eine in der Schweiz ansässige natürliche Person mit Ausnahme Schweizer Staatsangehöriger, die in Deutschland mindestens fünf Jahre unbeschränkt steuerpflichtig waren, weiterhin aus Deutschland stammende Einkünfte erzielt. Für diese aus Deutschland stammenden Einkünfte[26] verbleibt es also bei dem primären Besteuerungsrecht der Bundesrepublik Deutschland. Die **Vorschrift** verhindert damit nicht die Wohnsitzverlegung in die Schweiz, sondern **nimmt** ihr lediglich für einen Übergangszeitraum ihre **steuerliche Anziehungskraft**. Teilweise läßt sich dies allerdings durch eine Umschichtung der Einkünfte vermeiden[27].

2.3. Juristische Personen

Für juristische Personen regeln Art. 4 Abs. 8 und Abs. 9 DBA als Pendant zu Art. 4 Abs. 2 und Art. 4 Abs. 3 DBA, welchem Staat im Kollisionsfall das Besteuerungsrecht zusteht. Das Besteuerungsrecht richtet sich für juristische Personen in beiden Fällen nach dem Mittelpunkt der tatsächlichen Geschäftsleitung. Für den Fall der doppelten Ansässigkeit von Gesellschaften hat sich die Bundesrepublik wiederum ein Besteuerungsrecht vorbehalten, wobei sie allerdings auch insoweit die in der Schweiz erhobenen Steuern weitgehend anrechnen muß. Im Fall der Doppelansässigkeit von Gesellschaften wird damit das Besteuerungsniveau ebenfalls auf das der Bundesrepublik hochgeschleust.

III. Einkommensteuerliche Konsequenzen des Wohnsitzwechsels

Wird der Wohnsitz in Deutschland aufgegeben und in die Schweiz verlegt, so endet grundsätzlich die unbeschränkte Steuerpflicht in Deutschland. Etwas anderes gilt dann, wenn in Deutschland ein Zweitwohnsitz beibehalten wird und demzufolge ein **Doppelwohnsitz** besteht. Auch soweit die unbeschränkte Steuerpflicht in Deutschland endet, kann Deutschland unter bestimmten Voraussetzungen ein Besteuerungsrecht für einzelne Einkünfte haben. Ein solches Besteuerungsrecht kann sich zum einen aus den Vorschriften über die beschränkte Steuerpflicht gem. § 2 iVm. § 49ff. EStG ergeben. Darüber hinaus kommt ein Besteuerungsrecht des deutschen Fiskus nach der sog. erweiterten beschränkten Steuerpflicht gem. § 2 AStG in Be-

---

[26] Vgl. III. 3.
[27] Vgl. III. 5.

tracht. Die erweiterte beschränkte Steuerpflicht gem. AStG greift jedoch nur im Jahr des Wegzugs und in den folgenden fünf Kalenderjahren ein (Art. 4 Abs. 4 DBA[28]). Lediglich soweit die aus Deutschland stammenden Einkünfte in der Schweiz pauschaliert besteuert werden, bleibt das Besteuerungsrecht Deutschlands für die aus deutschen Quellen stammenden Einkünfte auch über den Fünf-Jahres-Zeitraum hinaus aufrechterhalten (Art. 4 Abs. 6 DBA)[29].

Damit wird zunächst eines deutlich: Mit der Wohnsitzaufgabe endet das Besteuerungsrecht Deutschlands jedenfalls insoweit uneingeschränkt, als die **Einkünfte aus nicht-deutschen Quellen** stammen. Stammen die Einkünfte aus der Schweiz als neuem Wohnsitzstaat oder aus einem Drittland, so kann Deutschland diese Einkünfte vom Zeitpunkt des Wegzuges an grundsätzlich nicht mehr besteuern. Inwieweit bei Drittlandseinkünften die Schweiz ein Besteuerungsrecht als Wohnsitzland hat und tatsächlich ausübt, richtet sich nach dem zwischen der Schweiz und dem Drittstaat geschlossenen DBA[30].

Bei den aus Deutschland stammenden Einkünften hat die Schweiz als Wohnsitzstaat ebenfalls regelmäßig ein Besteuerungsrecht. Gem. Art. 24 Abs. 2 DBA iVm. den Vorschriften des nationalen Steuerrechts der Schweiz stellt die Schweiz die aus Deutschland stammenden Einkünfte, soweit das Besteuerungsrecht auch durch das DBA Deutschland zugewiesen ist, unter Progressionsvorbehalt von der Besteuerung in der Schweiz frei. Diese Einkünfte werden also nur noch für die Ermittlung der Höhe des Steuersatzes in der Schweiz herangezogen. Lediglich soweit Deutschland das Besteuerungsrecht gem. Art. 4 Abs. 3, 4 und 9 DBA[31] sowie gem. Art. 23 DBA in verschiedenen gesondert geregelten Mißbrauchsfällen behält sowie in den Fällen, in denen Deutschland Dividenden, Zinsen und Lizenzgebühren mit einer Abzugssteuer belegt, rechnet die Schweiz lediglich die in der Bundesrepublik Deutschland gezahlten Abzugssteuern an.

1. Die beschränkte und die erweiterte beschränkte Einkommensteuerpflicht

1.1. Grundsatz: Übergang des Besteuerungsrechts auf die Schweiz

Die unbeschränkte deutsche Einkommensteuerpflicht und damit die Verpflichtung zur Besteuerung des gesamten Welteinkommens endet grundsätzlich mit der Aufgabe des deutschen Wohnsitzes und der Begründung eines neuen Wohnsitzes in der Schweiz. Eine Ausnahme gilt lediglich für den Fall, daß der Wegziehende in Deutschland einen Wohnsitz aufrechterhält. In diesem Fall bleibt zwar grundsätzlich die unbeschränkte deutsche Einkommenssteuerpflicht bestehen. Diese unbeschränkte Steuerpflicht ist jedoch durch das DBA dann zugunsten der Schweiz eingeschränkt, wenn der Weg-

---

[28] Vgl. II.2.2.
[29] Vgl. II.2.1.
[30] Vgl. hierzu Kapitel I F.
[31] Vgl. hierzu II.2.2.

ziehende in Deutschland nicht weiter über eine „ständige Wohnstätte" oder über einen „gewöhnlichen Aufenthalt von mindestens sechs Monaten im Kalenderjahr" verfügt[32]. Verfügt der Wegziehende nach wie vor über eine solche ständige Wohnstätte, so verbleibt es im Ergebnis bei der unbeschränkten Steuerpflicht in Deutschland, lediglich die in der Schweiz gezahlten Steuern werden angerechnet (Art. 4 Abs. 3 DBA).

Wirkungen entfaltet das DBA zugunsten des Wegziehenden dann, wenn dieser in der **Schweiz** seinen **ausschließlichen Wohnsitz** begründet. In diesem Fall können zunächst in Deutschland sämtliche Einkünfte, die nicht aus einer deutschen Quelle stammen, hier nicht mehr besteuert werden. Nicht mehr in Deutschland besteuert werden können damit insbesondere alle Einkünfte aus schweizerischen Quellen sowie Einkünfte aus Quellen aus Drittstaaten.

Aufrechterhalten bleibt das Besteuerungsrecht unter Umständen für die in § 1 Abs. 4 iVm. § 49 EStG aufgezählten inländischen Einkünfte. Dabei werden im Jahr des Wegzuges die während der beschränkten Einkommenssteuerpflicht erzielten inländischen Einkünfte in eine Veranlagung zur unbeschränkten Einkommenssteuerpflicht einbezogen (§ 2 Abs. 7 Satz 3 EStG). Hinsichtlich der Einkünfte, die § 49 als inländische Einkünfte im Sinne der beschränkten Einkommenssteuerpflicht definiert, ist durch das DBA geregelt, welchem Staat das Besteuerungsrecht in welchem Umfang zugewiesen wird. Da die Schweiz wie Deutschland grundsätzlich das Welteinkommen der in der Schweiz ansässigen Personen besteuert, regelt das DBA weiterhin die Frage, wie die Doppelbesteuerung vermieden wird, konkret, in welchem Umfang die Schweiz in der Bundesrepublik Deutschland gezahlte Steuern auf die dort zu entrichtenden Steuern anrechnet oder inwieweit die deutschen Einkünfte unter Progressionsvorbehalt von der Besteuerung in der Schweiz freigestellt sind.

Deutschland wie die Schweiz erheben Steuern aufgrund ihrer eigenen Steuergesetze. Durch das DBA, das diese eigenen Steuergesetze voraussetzt, erfolgt zur Vermeidung einer Doppelbesteuerung lediglich eine Beschränkung dieses Steuerrechts der beiden Staaten[33]. Nur wenn die tatbestandlichen Voraussetzungen für die Besteuerung nach jeweiligem innerstaatlichen Recht gegeben sind und durch das DBA dieser Besteuerungsanspruch nicht begrenzt wird, ist eine Besteuerung zulässig und möglich.

Unter Berücksichtigung der Bestimmungen des innerstaatlichen Steuerrechts einerseits und der vom DBA gezogenen Schranken andererseits kann daher in Deutschland eine Besteuerung nur noch im Rahmen der beschränkten oder der erweiterten beschränkten Steuerpflicht erfolgen.

1.2. Die beschränkte Steuerpflicht

Natürliche Personen, die im Inland weder ihren Wohnsitz noch ihren gewöhnlichen Aufenthalt haben, sind beschränkt einkommenssteuerpflichtig,

---

[32] Vgl. II. 2.

[33] *Vogel,* DBA, Einl. 15.

wenn sie inländische Einkünfte iSd. § 49 EStG haben. Diese Vorschrift führt enumerativ auf, welche inländischen Einkünfte der **beschränkten Einkommenssteuerpflicht** unterliegen. Der **Einkünftekatalog** des § 49 EStG knüpft grundsätzlich an die Einkunftsarten des § 2 Abs. 1 EStG an. Daneben sind die in § 49 Abs. 1 EStG aufgeführten Einkünfte im Verhältnis zueinander nach den allgemeinen Vorschriften der §§ 13 ff. EStG zu beurteilen. Die Einkünftequalifikation selbst erfolgt aber nach den besonderen Gesetzmäßigkeiten des § 49 Abs. 2 EStG: Nach dieser Vorschrift bleiben die im Ausland gegebenen Besteuerungsmerkmale außer Betracht, soweit bei ihrer Berücksichtigung inländische Einkünfte nicht angenommen werden können (sog. isolierende Betrachtungsweise).

Im einzelnen unterliegen der beschränkten Steuerpflicht in Deutschland vor allem folgende Einkünfte:
- Einkünfte aus einer im Inland betriebenen Land- und Forstwirtschaft, § 49 Abs. 1 Nr. 1, § 13, 14 EStG
- Einkünfte aus Gewerbebetrieb, jedoch nur wenn im Inland eine Betriebsstätte unterhalten wird oder ein ständiger Vertreter bestellt ist sowie ua. bei Einkünften aus künstlerischer oder sportlicher Betätigung, die in Deutschland ausgeübt oder verwertet wird, sowie bei Einkünften im Zusammenhang mit der Veräußerung von Anteilen an einer Kapitalgesellschaft, wenn eine wesentliche Beteiligung iSv. § 17 EStG besteht, § 49 Abs. 1 Nr. 2 iVm. 15–17 EStG
- Einkünfte aus selbständiger Arbeit, die im Inland ausgeübt oder verwertet wird, §§ 49 Abs. 1 Nr. 3, 18 EStG
- Einkünfte aus nichtselbständiger Arbeit, die im Inland ausgeübt oder verwertet wird oder worden ist bzw. die aus inländischen öffentlichen Kassen bezahlt wird, §§ 49 Abs. 1 Nr. 4, 19 EStG
- Einkünfte aus Kapitalvermögen, soweit die Einkunftsquelle in Deutschland liegt bzw. im Fall von Zinsen, soweit eine Besicherung durch inländischen Grundbesitz erfolgt ist, §§ 49 Abs. 1 Nr. 5, 20 EStG
- Einkünfte aus Vermietung und Verpachtung, insbesondere deutschen Grundbesitzes, §§ 49 Abs. 1 Nr. 6, 21 EStG
- sonstige Einkünfte unter bestimmten Voraussetzungen (insbesondere wiederkehrende Bezüge, Spekulationsgeschäfte, Abgeordnetenbezüge, Nutzung beweglicher Sachen und Überlassung von Know-How), §§ 49 Abs. 1 Nr. 7–9, 22 Nr. 1, 2, 3 und 4 EStG.

In den §§ 50 ff. EStG ist geregelt, in welchem Umfang Betriebsausgaben bzw. Werbungskosten im Zusammenhang mit den inländischen Einkünften, Sonderausgaben, außergewöhnliche Belastungen etc. von beschränkt steuerpflichtigen Personen geltend gemacht werden können und nach welchem Tarif beschränkt Steuerpflichtige besteuert werden.

Hervorzuheben ist insbesondere, daß **Betriebsausgaben und Werbungskosten** nach § 50 Abs. 1 Satz 1 EStG grundsätzlich nur abziehbar sind, soweit sie in einem wirtschaftlichen Zusammenhang mit inländischen Einkünften stehen. Durch § 50 Abs. 2 Satz 1 EStG wird der Verlustausgleich insbesondere dahingehend eingeschränkt, daß Verluste aus Veranlagungseinkünften nicht mit steuerabzugspflichtigen Einkünften ausgeglichen werden können. Das Verbot gilt auch in umgekehrter Richtung; positive Veranlagungseinkünfte können also auch nicht mit negativen steuerabzugspflichtigen Einkünften ausgeglichen werden. Dieser Ausschluß des Verlustausgleichs in beide Richtungen ist eine Konsequenz aus der Abgeltungswirkung des § 50 Abs. 5 Satz 1 EStG[34]. Sonderausgaben einschließlich der Pauschbeträge gem. § 10 EStG mit Ausnahme der in § 10 Abs. 1 Nr. 5 EStG genannten Zinsen auf Steuerzahlungen (§§ 233a, 234237 AO) sind nicht abzugsfähig. Eine Besonderheit gilt insoweit für Arbeitnehmer, die die Pauschbeträge abziehen können (§§ 50 Abs. 4 Satz 1, 10c Abs. 1–3 EStG). Zulässig ist in gewissem Umfang ein Spendenabzug, §§ 10b, 34g EStG. Ein Verlustabzug gem. § 10d EStG ist möglich bei Verlusten in wirtschaftlichem Zusammenhang mit inländischen Einkünften. Allerdings muß sich dies aus Unterlagen ergeben, die im Inland aufbewahrt werden (§ 50 Abs. 1 Satz 3 EStG). Hinsichtlich des Verlustabzugs ist zu beachten, daß die dem Verlustausgleichsverbot unterliegenden Einkünfte gem. 50 Abs. 2 Satz 2 EStG nicht abgezogen werden dürfen.

Schließlich sind außergewöhnliche Belastungen mit gewissen Ausnahmen zugunsten von Arbeitnehmern nicht abzugsfähig (§§ 50 Abs. 1 Satz 5, 50 Abs. 4 und 33a Abs. 1 EStG).

Die in § 34 EStG vorgesehenen Tarifvergünstigungen für Entschädigungen oder Vergütungen gem. § 24 Nr. 1 und 3 EStG sind ebenfalls nicht anwendbar (§ 50 Abs. 1 Satz 5 EStG).

Hinsichtlich des **Steuertarifs** ist insbesondere zu beachten, daß die Steuer grundsätzlich nach der Grundtabelle zu berechnen ist, also eine Zusammenveranlagung von Ehegatten im Rahmen der beschränkten Steuerpflicht nicht möglich ist (§ 50 Abs. 3 Satz 1 EStG). In vielen praktisch bedeutsamen Fällen wird die Steuer daneben im **Abzugsweg** einbehalten (§ 50a EStG).

Für das Jahr des Wegzugs und die fünf folgenden Kalenderjahre wird das insoweit bestehende Besteuerungsrecht Deutschlands durch das DBA nicht eingeschränkt.

1.3. Die erweiterte beschränkte Steuerpflicht

Neben der beschränkten Steuerpflicht kann die sogenannte erweiterte beschränkte Steuerpflicht des § 2 AStG eingreifen. Durch § 2 AStG wird die beschränkte Steuerpflicht insbesondere dahingehend erweitert, daß nicht nur bestimmte, in § 49 Abs. 1 EStG enumerativ aufgeführte Inlandseinkünfte in Deutschland steuerpflichtig bleiben, sondern vielmehr darüber hinaus alle Einkünfte iSd. § 2 Abs. 1 Satz 1 EStG, die bei unbeschränkter Einkommenssteuerpflicht nicht ausländische Einkünfte im Sinne des § 34c Abs. 1 EStG sind. Daneben tritt gem. § 2 Abs. 5 AStG eine Vollprogression. Für die abzugspflichtigen Einkünfte gem. § 50 Abs. 5 Satz 1 EStG wird schließlich die dort vorgesehene Abgeltungswirkung aufgehoben.

---

[34] BFH vom 10. 4. 75, BStBl. 1975 II, 586; BFH vom 12. 11. 86, BStBl. 1987, II, S. 256.

Im einzelnen gelten folgende Voraussetzungen und Rechtsfolgen:

Die **erweiterte beschränkte Steuerpflicht** betrifft nur natürliche Personen deutscher Staatsangehörigkeit, die innerhalb eines Zehn-Jahres-Zeitraumes vor der Auswanderung mindestens fünf Jahre lang unbeschränkt steuerpflichtig gewesen sein müssen. Dabei berechnen sich die in § 2 Abs. 1 AStG angesprochene Zehn-Jahres-Frist wie die Fünf-Jahres-Frist nicht nach Veranlagungszeiträumen, sondern gem. § 108 AO iVm. §§ 187ff. BGB[35]. Die fünfjährige unbeschränkte Steuerpflicht kann sich dabei aus mehreren zeitlichen Teilstücken zusammensetzen[36]. Die Zehn-Jahres-Frist und Fünf-Jahres-Frist beziehen sich dabei auch auf Zeiträume, in denen eine unbeschränkte Einkommenssteuerpflicht in der früheren DDR gegeben war (§ 21 Abs. 6 AStG)[37].

Gem. § 2 Abs. 1 Nr. 1 AStG greift die erweiterte beschränkte Einkommenssteuerpflicht nur ein, wenn der Auswanderer in einem ausländischen Gebiet ansässig ist, in dem er mit seinem Einkommen nur einer niedrigen Besteuerung unterliegt. Dabei trifft die Beweislast für die Annahme der Ansässigkeit in einem **Niedrigsteuerland** nach allgemeinen Beweisgrundsätzen die Finanzverwaltung[38]. In welchen ausländischen Gebieten eine niedrige Besteuerung vorliegt, ist abstrakt anhand eines Einkommensvergleiches einer unverheirateten natürlichen Person mit steuerpflichtigen Einkünften von DM 150000 zu ermitteln (§ 2 Abs. 2 Nr. 1 AStG). Ergibt dieser unabhängig von den Verhältnissen der konkret zu besteuernden Person anzustellende Vergleich, daß die fiktive Einkommensteuer in dem ausländischen Gebiet mehr als 1/3 geringer ist als die Belastung einer im Inland ansässigen natürlichen Person, so spricht eine widerlegbare Vermutung dafür, daß eine niedrige Besteuerung vorliegt. Gleiches gilt bei einer **Vorzugsbesteuerung** (Pauschalierung, § 2 Abs. 2 Nr. 2 AStG). Die Widerlegung der Vermutung der niedrigen Besteuerung kann insbesondere durch Anstellung eines konkreten Belastungsvergleiches im Rahmen einer sog. Schattenveranlagung erfolgen. Beweist die betroffene natürliche Person auf diesem Weg, daß sie nicht niedrigbesteuert ist, so kommt eine erweiterte beschränkte Steuerpflicht nicht in Betracht.

In sachlicher Hinsicht setzt § 2 Abs. 1 Nr. 2 AStG voraus, daß der Auswanderer weiterhin **wesentliche wirtschaftliche Interessen** in Deutschland hat. Wann wesentliche wirtschaftliche Interessen im Inland vorliegen, regelt

---

[35] *Flick/Wassermeyer* in: *Flick/Wassermeyer/Becker*, AStG, § 2 AStG, Anm. 13, 15; allgemeine Meinung.

[36] *Flick/Wassermeyer*, aaO Anm. 15.

[37] Das Bundesverfassungsgericht hat am 14. 5. 1986 entschieden, daß die Fristen sich auch auf Zeiträume vor dem 1. 1. 1972, dem Inkrafttreten des Außensteuergesetzes, erstrecken dürfen und daß in dieser Erstreckung keine verfassungswidrige Rückwirkung zu sehen ist. Damit dürfte auch § 21 Abs. 6 AStG für frühere Bürger der DDR verfassungsgemäß sein.

[38] *Flick/Wassermeyer*, aaO, § 2 AStG, Anm. 61b; *Schaumburg*, Internationales Steuerrecht, S. TZ 5327; aA: *Baranowski* in *Runge/Ebling/Baranowski*, Die Anwendung des Außensteuergesetzes, Heidelberg 1974, S. 14.

§ 2 Abs. 3 AStG. Diese Vorschrift beschreibt drei alternative Fälle unmittelbarer wesentlicher wirtschaftlicher Inlandsinteressen:

- Unternehmer- oder Mitunternehmerschaft in einem inländischen Gewerbebetrieb, wobei bei Kommanditisten hinzukommen muß, daß diese zu mehr als 25 vH. an diesem Gewerbebetrieb beteiligt sein müssen, oder das Halten einer wesentlichen Beteiligung an einer Kapitalgesellschaft; abgestellt wird jeweils auf die Beteiligung bzw. das Halten zu Beginn des Veranlagungszeitraums (§ 2 Abs. 3 Nr. 1 AStG);
- Erzielen nichtausländischer Einkünfte, die mehr als 30 vH. der Gesamteinkünfte betragen oder DM 120.000 übersteigen (§ 2 Abs. 3 Nr. 2 AStG);
- Nichtausländisches Vermögen, wenn dieses zu Beginn des Veranlagungszeitraumes mehr als 30 vH. des Gesamtvermögens oder DM 300.000 übersteigt (§ 2 Abs. 3 Nr. 3 AStG).

Liegen die persönlichen und sachlichen Voraussetzungen der erweiterten beschränkten Steuerpflicht vor, so begründet dies die erweiterte beschränkte Steuerpflicht auf die Dauer von zehn Jahren; dabei wird das Jahr der Auswanderung nicht mitgerechnet. Durch Art. 4 Abs. 4 DBA wird die Zehn-Jahres-Frist auf fünf Jahre verkürzt[39]. Zu beachten ist allerdings, daß die volle Zehn-Jahres-Frist greift, wenn wegen einer Pauschalierung auch der deutschen Einkünfte in der Schweiz der betreffende Steuerpflichtige nach dem DBA nicht als in der Schweiz ansässig gilt (Art. 4 Abs. 6 DBA)[40].

Gem. § 2 Abs. 1 AStG sind erweitert beschränkt steuerpflichtige Personen über die normale beschränkte Steuerpflicht hinaus beschränkt einkommenssteuerpflichtig mit allen Einkünften, die **nicht ausländische Einkünfte** iSd. § 34c EStG sind. Wann ausländische Einkünfte vorliegen, ist in § 34d EStG im einzelnen geregelt[41]. Da § 2 Abs. 5 AStG die Rechtsfolgen der erweiterten beschränkten Steuerpflicht jedenfalls nach Auffassung der Finanzverwaltung nicht nur bei den nicht-ausländischen, sondern gleichermaßen bei allen übrigen im Inland steuerpflichtigen Einkünften eintreten läßt[42], werden auch solche Einkünfte betroffen, die nicht unter den Begriff der nichtausländischen, wohl aber unter die inländischen Einkünfte im Sinne der beschränkten Steuerpflicht des § 49 EStG fallen. Insbesondere kommt danach

---

[39] Vgl. II. 2.2.

[40] Vgl. II. 2.1.

[41] Es gibt Einkünfte, die sowohl inländische iSd. § 49 Abs. 1 EStG als auch solche iSd. § 34 EStG sind. In diesen Fällen ist zweifelhaft, welche Einkünfte tatsächlich von § 2 Abs. 1 AStG erfaßt werden, zB Einkünfte aus selbständiger Tätigkeit, die in Deutschland ausgeübt, aber im Ausland ausgewertet wird oder umgekehrt, §§ 49 Abs. 1 Nr. 3, 34 Nr. 3 EStG oder Einkünfte aus nicht selbstständiger Tätigkeit, §§ 49 Abs. 1 Nr. 4 EStG, 34d Nr. 6 EStG. In diesen Fällen verbleibt es zumindest uneingeschränkt bei der normal beschränkten Steuerpflicht. Nach wohl zutreffender Auffassung fallen unter den Regelungsbereich des § 2 Abs. 1 AStG uneingeschränkt die inländischen Einkünfte iSv. § 49 EStG.

[42] Vgl. 2.50 des Schreibens des BdF vom 11. 7. 1974, BStBl. 1974 I, 442, Grundsätze zur Anwendung des Außensteuergesetzes.

der Steuersatz zur Anwendung, der sich für sämtliche Einkünfte der entsprechenden Person ergibt, und entfallen die Beschränkungen der beschränkten Steuerpflicht, wonach die Steuer bei bestimmten Einkünften (zB Aufsichtsratvergütungen) mit dem Steuerabzug abgegolten ist.

Folgt man der meines Erachtens zutreffenden Auffassung der Finanzverwaltung, wonach § 2 AStG auch den gesamten Einkünftekatalog des § 49 Abs. 1 EStG umfaßt, so werden darüber hinaus folgende erweiterte Inlandseinkünfte erfaßt[43]:

1. Einkünfte aus Kapitalvermögen iSd. § 20 EStG, wenn der Schuldner unbeschränkt steuerpflichtig ist; hierunter fallen zB Zinsen aus von Inländern gegebenen Schuldscheindarlehen;
2. Einkünfte aus Vermietung und Verpachtung von beweglichen Vermögen im Inland, sofern dieses nicht zu einem im Ausland belegenen Sachinbegriff gehört;
3. Einkünfte aus wiederkehrenden Bezügen iSd. § 22 Ziff. 1 EStG, wenn der Verpflichtete unbeschränkt steuerpflichtig ist oder seinen Sitz im Inland hat;
4. Einkünfte aus Spekulationsgeschäften iSd. § 22 Nr. 2 EStG, wenn die veräußerten Wirtschaftsgüter nicht im Ausland belegen sind;
5. Einkünfte aus Leistungen, wenn der zur Vergütung der Leistung Verpflichtete unbeschränkt steuerpflichtig ist oder seinen Sitz im Inland hat;
6. Einkünfte aus Gewerbebetrieben, die weder einer inländischen noch ausländischen Betriebsstätte zuzurechnen sind;
7. Einkünfte aus der Veräußerung von Wirtschaftsgütern, die zum Anlagevermögen eines ausländischen Betriebs gehören oder im Inland belegen sind; hierzu gehört auch eine nicht schon unter § 17 EStG fallende Veräußerung von Anteilen an einer Kapitalgesellschaft, die ihre Geschäftsleitung oder ihren Sitz im Inland hat;
8. Andere Einkünfte, die das deutsche Steuerrecht (§ 49 EStG iVm. § 34 d EStG) weder dem Inland noch dem Ausland zurechnet (zB Erträge aus beweglichen Sachen, die nicht zum Anlagevermögen eines ausländischen Betriebs gehören);
9. Einkünfte, die dem Steuerpflichtigen nach § 5 AStG zuzurechnen sind.

Durch § 2 Abs. 4 AStG wird normiert, daß abweichend von der normalen beschränkten Steuerpflicht bei der erweiterten beschränkten Steuerpflicht die Inlandseinkünfte unter Progressionsvorbehalt stehen und die Abgeltungswirkung des § 50 Abs. 5 Satz 1 EStG sowie das Verbot der Körperschaftssteueranrechnung gem. § 50 Abs. 5 Satz 2 EStG nicht gelten. Es bleibt allerdings bei dem Mindeststeuersatz von 25 vH. gem. § 50 Abs. 3 Satz 2 EStG.

Daneben kommt der Steuersatz zur Anwendung, der sich für sämtliche Einkünfte des Steuerpflichtigen ergibt. Damit hat der Auswanderer, obwohl er mit seinem Welteinkommen nicht mehr der unbeschränkten Steuerpflicht

---

[43] Vgl. TZ 2.50.1. des Schreibens des BdF vom 11. 7. 1974, BStBl. 1974 I, S. 442, Grundsätze zur Anwendung des Außensteuergesetzes.

unterliegt, für Zwecke des Progressionsvorbehaltes sein gesamtes Welteinkommen offenzulegen[44].

Schließlich erfaßt § 5 AStG als Ergänzung zu § 2 AStG auch jene Fälle, in denen erweitert beschränkt steuerpflichtige Personen ihre wesentlichen wirtschaftlichen Inlandsinteressen mittelbar über zwischengeschaltete Auslandsgesellschaften iSv. § 7 AStG halten. In diesem Fall sind die erweiterten Inlandseinkünfte der zwischengeschalteten Auslandsgesellschaft wie Einkünfte des erweitert beschränkt steuerpflichtigen Anteilseigners selbst bei diesem zu versteuern. Gegenstand der Zurechnung sind Zwischeneinkünfte, also niedrigbesteuerte Einkünfte aus passivem Erwerb iSv. § 8 AStG sowie – über § 14 AStG – schließlich auch die Zwischeneinkünfte nachgeschalteter Auslandsgesellschaften.

2. Steuerfolgen bei Anerkennung der Ansässigkeit durch das DBA

Nach Ablauf der Übergangsfrist von fünf Jahren gem. Art. 4 Abs. 4 DBA und soweit nicht die Ansässigkeit in der Schweiz aufgrund von Art. 4 Abs. 6 DBA versagt wird[45], kann ein in die Schweiz ausgewanderter Deutscher in Deutschland nur noch unter voller Berücksichtigung der vom Doppelbesteuerungsabkommen Deutschland – Schweiz gezogenen Grenzen mit ganz bestimmten aus Deutschland bezogenen Einkünften besteuert werden.

Wie vorstehend dargestellt, weist das DBA Deutschland – Schweiz gerade hinsichtlich der Regelung der Abkommensberechtigung aufgrund seiner Vorschriften betreffend die Ansässigkeit eine Reihe von Bestimmungen auf, die vom üblichen Muster abweichen. Soweit ein Deutscher, der in die Schweiz ausgewandert ist, allerdings als in der Schweiz ansässig iSd. Art. 4 DBA gilt, greift der **Abkommensschutz uneingeschränkt**. Dies führt dazu, daß die Schweiz als Wohnsitzstaat grundsätzlich ein uneingeschränktes Besteuerungsrecht hat. Steht der Schweiz als Wohnsitzstaat das Besteuerungsrecht danach zu, so darf Deutschland auch insoweit kein Besteuerungsrecht mehr ausüben, als die Einkünfte aus deutschen Quellen stammen und nicht im DBA ein ausschließliches Besteuerungsrecht für einzelne aus Deutschland stammende Einkünfte oder das Recht zur Einbehaltung einer der Höhe nach begrenzten Quellensteuer Deutschland zugewiesen ist.

Entsprechend den auch im Verhältnis zu anderen Ländern üblichen DBA weist das DBA Deutschland – Schweiz **Deutschland als Quellenstaat** das ausschließliche Besteuerungsrecht für folgende Einkünfte zu:

- Einkünfte aus in Deutschland belegenem unbeweglichen Vermögen (Grundvermögen) können in Deutschland besteuert werden. Dabei kommt es nicht darauf an, ob das Grundvermögen Privat- oder Betriebsvermögen darstellt (Art. 6 DBA).
- Unternehmensgewinne eines in Deutschland belegenen Unternehmens oder Teils eines Unternehmens können hier nur besteuert werden, wenn

---

[44] Vgl. hierzu *Flick/Wassermeyer*, aaO, § 2 AStG, Anm. 117ff.

[45] Vgl. hierzu II.2.

eine Betriebsstätte in Deutschland besteht (Art. 7 DBA). Wann eine Betriebsstätte vorliegt, richtet sich dabei nicht nach nationalem deutschen Steuerrecht, sondern nach Art. 5 DBA; danach ist eine Betriebsstätte eine feste Geschäftseinrichtung, in der die Tätigkeit des Unternehmens ganz oder teilweise ausgeübt wird. Eine solche Betriebsstätte liegt insbesondere auch dann vor, wenn sich eine in der Schweiz ansässige Person als Gesellschafter an einer deutschen Personengesellschaft (insbesondere auch als Kommanditist an einer Kommanditgesellschaft oder als Gesellschafter an einer offenen Handelsgesellschaft) beteiligt oder in Deutschland ein Einzelunternehmen betreibt.

- Einkünfte aus einem freien Beruf oder aus einer sonstigen selbständigen Tätigkeit ähnlicher Art können in Deutschland nur besteuert werden, soweit die Person für die Ausübung hier über eine feste Einrichtung verfügt und die Einkünfte dieser festen Einrichtung zugerechnet werden können (Art. 14 DBA). Entscheidend ist damit, wo gearbeitet wird, nicht wo die Arbeit gegebenenfalls verwertet wird[46]. Die bloße Verwertung einer im Wohnsitzstaat ausgeübten Tätigkeit, die im Rahmen der beschränkten Steuerpflicht ebenfalls in Deutschland erfaßt werden könnte, rechtfertigt nach dem DBA kein Besteuerungsrecht in Deutschland[47].
- Einkünfte aus unselbständiger Arbeit (nichtselbständige Tätigkeit), die in Deutschland ausgeübt wird, können grundsätzlich in Deutschland besteuert werden (Art. 15 DBA). Erhebliche Einschränkungen gelten in diesem Fall allerdings dann, wenn die Vergütung von einem schweizerischen Arbeitgeber gezahlt wird. In diesem Fall kann Deutschland die Vergütung (anteilig) nur insoweit besteuern, als der Empfänger sich länger als 183 Tage in Deutschland aufhält. Diese Einschränkung gilt jedoch dann nicht, wenn die Vergütung von einer in Deutschland belegenen Betriebsstätte des Schweizerischen Arbeitgebers gezahlt wird und soweit der Arbeitgeber nicht in Deutschland ansässig ist. Besonderheiten ergeben sich gem. Art. 15 Abs. 4 für leitende Angestellte und Art. 15 a DBA für Grenzgänger[48].
- Aufsichtsratvergütungen, die von einer in Deutschland ansässigen Gesellschaft gezahlt werden, können in Deutschland besteuert werden (Art. 16 DBA). Gem. § 50 a Abs. 2 EStG beträgt die Aufsichtsratssteuer in Deutschland 30 vH.
- Besonderheiten gelten für berufsmäßige Künstler und Sportler, egal, ob diese nach nationalem Steuerrecht als Gewerbetreibende, selbständig oder unselbständig Tätige anzusehen sind. Diese können in Deutschland nur insoweit besteuert werden, als sie ihre Tätigkeit hier persönlich ausüben. Dabei ist es gleichgültig, ob die Einkünfte dem Künstler oder Sportler direkt zufließen, oder eine Verwertungsgesellschaft dazwischengeschaltet ist (Art. 17 Abs. 1 Satz 2 DBA). Mit dieser Regelung sollen Mißbrauchsgestaltungen verhindert werden, die durch die Zwischenschaltung einer sogenannten Künstlergesellschaft erreicht werden könnten. In Deutsch-

---

[46] BFH BStBl. II 1969, S. 579, S. 581; 1973, S. 660, S. 661.

[47] *Vogel*, DBA, Art. 14, Rz. 1618.

[48] Vgl. hierzu bei FN 88.

land unterliegen diese Einkünfte der Abzugsbesteuerung; der Steuersatz beträgt 25 vH. der Einnahmen (§ 50 a Abs. 4 EStG), wobei ein Betriebsausgaben- oder Werbungskostenabzug nicht zulässig ist.

– Einkünfte aus öffentlichen deutschen Kassen einschließlich der Ruhegehälter können in Deutschland besteuert werden (Art. 19 DBA).

Soweit die vorstehend genannten Einkünfte in Deutschland besteuert werden können, stellt die Schweiz diese Einkünfte von der dortigen Besteuerung frei. Die Schweiz behält sich lediglich das Recht vor, die Einkünfte bei der Bemessung des Steuersatzes (also im Rahmen des Progressionsvorbehalts) zu berücksichtigen.

Soweit eine in der Schweiz ansässige Person Dividenden einer in Deutschland ansässigen Kapitalgesellschaft (insbesondere GmbH oder AG) bezieht, behält Deutschland lediglich ein Recht zur Einbehaltung einer Quellensteuer (Kapitalertragssteuer). Bei Gewinnausschüttungen von Kapitalgesellschaften an natürliche Personen ist diese Kapitalertragssteuer regelmäßig auf 15 vH. begrenzt (Art. 10 Abs. 2 lit. d DBA). Zu den Dividenden rechnen auch Einnahmen aus einer Beteiligung an einem Handelsgewerbe als stiller Gesellschafter, aus Genußrechten, aus Gewinnobligationen oder aus partiarischen Darlehen, soweit diese Beträge bei der Gewinnermittlung des Schuldners abzugsfähig sind; in diesen Fällen beträgt die zulässige Abzugssteuer 30 vH. (Art. 10 Abs. 2 lit. c DBA). Die Schweiz rechnet die in Deutschland gezahlten Steuern auf die dort zu zahlenden Einkommenssteuern an (Art. 24 Abs. 2 DBA).

Besonderheiten gelten für Zinsen und Lizenzgebühren: Sowohl Zinsen (Art. 11 DBA) als auch Lizenzgebühren (Art. 12 DBA) können grundsätzlich nur im Ansässigkeitsstaat besteuert werden. Das heißt, nach einer Wohnsitzverlegung in die Schweiz können auch Zinsen, die aus Deutschland stammen, nur noch in der Schweiz besteuert werden. Dies gilt selbst dann, wenn die Zinsen grundbuchmäßig abgesichert sind. Damit steht fest, daß auch Hypothekenzinsen in Abkehr vom Belegenheitsprinzip nicht unter die Regelung für Einkünfte aus unbeweglichem Vermögen fallen[49]. Nicht zu den Zinsen iSv. Art. 11 rechnen zB Vergütungen als stiller Gesellschafter; vielmehr sind diese kraft ausdrücklicher Bestimmung als Dividenden anzusehen, mit der Folge, daß Deutschland insoweit zum Quellensteuerabzug berechtigt ist. Zu den Lizenzgebühren zählen im wesentlichen die Vergütungen für Benutzung oder das Recht auf Benutzung von Urheberrechten, Vergütungen für die Benutzung oder das Recht auf Benutzung von gewerblichen Schutzrechten (Patenten, Warenzeichen usw.), Vergütungen für die Benutzung oder das Recht auf Benutzung gewerblicher oder wissenschaftlicher Ausrüstung (Miete, Pacht, Leasing) sowie Know-How-Vergütungen[50].

Gem. Art. 28 DBA ist Deutschland durch das DBA allerdings nicht daran gehindert, Quellensteuern zu erheben. Diese Quellensteuern können allerdings gem. Art. 28 DBA in Verbindung mit den Vorschriften des deutschen

---

[49] *Wingert* in *Flick/Wassermeyer u. a.*, Art. 11, TZ 48.

[50] *Kempermann* in *Flick/Wassermeyer u.a.*, DBA, aaO, Art. 12, TZ 26.

Steuerrechts auf Antrag erstattet werden. Bei Lizenzgebühren ist daneben auf Antrag auch vom Abzug der Steuer abzusehen (Art. 28 Abs. 2 Satz 2 DBA).

Sowohl für Zinsen als auch für Lizenzgebühren ist gem. Art. 11 Abs. 4 bzw. Art. 12 Abs. 4 DBA allerdings ein überhöhter Zins bzw. eine überhöhte Lizenzgebühr nicht vom Abkommensschutz erfaßt. Insoweit bleibt es vielmehr beim Besteuerungsrecht Deutschlands, das den als unangemessen anzusehenden Anteil der Vergütungen nach den Regeln der verdeckten Gewinnausschüttung und damit des Art. 10 bezüglich Dividenden behandeln kann[51].

3. Wegzugsbesteuerung bei Wohnsitzaufgabe

Gem. § 6 AStG greift eine Wegzugsbesteuerung ein, wenn eine natürliche Person insgesamt mindestens zehn Jahre lang unbeschränkt einkommenssteuerpflichtig war und durch Aufgabe ihres Wohnsitzes oder gewöhnlichen Aufenthaltes die unbeschränkte Steuerpflicht beendet. Dabei ist es ohne Belang, ob der Wegzug in ein Hoch- oder Niedrigsteuerland oder in ein Land erfolgt, mit dem ein DBA abgeschlossen ist oder nicht. Durch die Vorschrift wird die Besteuerung derjenigen stillen Reserven sichergestellt, die in Anteilen an einer deutschen (inländischen) Kapitalgesellschaft iSd. § 17 EStG angefallen sind. Der Wegzug tritt an die Stelle des in § 17 für die Gewinnrealisierung vorausgesetzten Tatbestandsmerkmals der Veräußerung. Die Wegzugsbesteuerung ist damit der letzte Akt innerhalb der unbeschränkten Steuerpflicht[52].

Das DBA Schweiz steht – wie auch andere DBA – der Besteuerung nach § 6 AStG nicht entgegen. Denn § 6 AStG entfaltet keine Wirkungen über den Zeitpunkt des Wegzuges hinaus, sondern stellt den Zugriff des deutschen Fiskus auf die unter seiner Steuerhoheit entstandenen stillen Reserven sicher.

Kommt es nach dem Wegzug zu einer Veräußerung von Anteilen aus einer wesentlichen Beteiligung, so droht grundsätzlich im Hinblick auf das Nebeneinander von inländischer **Wegzugsbesteuerung** und Versteuerung tatsächlicher Veräußerungsgewinne im Ausland andererseits eine doppelte Besteuerung ein und desselben Wertzuwachses. Diese Doppelbesteuerung ist grundsätzlich nur durch ein Verständigungsverfahren zu vermeiden[53]; dabei wird durch Art. 13 Abs. 5 DBA im Verhältnis zur Schweiz allerdings eine Doppelbesteuerung schon dadurch vermieden, daß der bei der Wegzugsbesteuerung in Deutschland zugrunde gelegte Wert in der Schweiz gegebenenfalls als Anschaffungskosten heranzuziehen ist.

---

[51] Vgl. *Zwosta* in *Debatin/Wassermeyer*, DBA, Art. 11, Rz. 74f. bzw. Art. 12 Abs. Rz. 72f.

[52] *Flick/Wassermeyer*, aaO, § 6 AStG Anm. 6.

[53] *Flick/Wassermeyer*, aaO, § 6 AStG Anm. 8c.

Allerdings ist in diesem Zusammenhang zu berücksichtigen, daß gem. Art. 16 Abs. 3 DBG Kapitalgewinne aus der Veräußerung von Privatvermögen in der Schweiz auf Bundesebene steuerfrei sind. Gem. Art. 7 Abs. 4 lit. b StHG sind Kapitalgewinne aus beweglichem Vermögen ebenfalls steuerfrei (vorbehaltlich bestimmter immobilienbezogener Tatbestände, Art. 12 Abs. 2 lit. a und d StHG). Nachdem daneben bereits zum gegenwärtigen Zeitpunkt nach den Steuerrechtsordnungen der meisten Kantone eine Besteuerung von im Privatvermögen gehaltenen Beteiligungen an Kapitalgesellschaften nicht erfolgt und das Bundesgesetz über die Steuerharmonisierungen der direkten Steuern der Kantone und Gemeinden (StHG) gem. Art. 72 Abs. 1 StHG von den Kantonen grundsätzlich bis zum Ablauf des 31. Dezember 2001 in kantonales Recht umzusetzen ist, ist insoweit mit einer Besteuerung in der Schweiz nicht zu rechnen. Die Kapitalgewinne aus der Veräußerung von in Geschäftsvermögen befindlichen Beteiligungen sind allerdings sowohl auf Bundes- als auch auf kantonaler Ebene der Besteuerung unterworfen (Art. 18 Abs. 2–4, 58 DBG).

Im Jahr des Wegzugs und in den folgenden fünf Kalenderjahren ist im übrigen gem. Art. 4 Abs. 4 DBA zu prüfen, inwieweit die Schweiz überhaupt als Ansässigkeitsstaat anzusehen ist und nicht Veräußerungsgewinne von wesentlichen Beteiligungen noch in Deutschland besteuert werden können. Soweit Art. 4 Abs. 4 DBA nicht eingreift (zB bei schweizerischen Staatsangehörigen, die ihren Wohnsitz von Deutschland in die Schweiz verlegt haben), ist daneben Art. 13 Abs. 4 DBA zu beachten, wonach unter Umständen Deutschland das Besteuerungsrecht für Gewinne aus Veräußerungen aus wesentlichen Beteiligungen zusteht, wenn die natürliche Person im Laufe der fünf Jahre vor der Veräußerung in Deutschland ansässig war und in der Schweiz mit dem Veräußerungsgewinn nicht steuerpflichtig ist. Auch eine unter Umständen nur kurzfristige Ansässigkeit in Deutschland innerhalb der letzten fünf Kalenderjahre ist dabei ausreichend[54].

Im Rahmen einer frühzeitigen und langfristigen **Planung des Wegzugs** lassen sich die steuerlichen Folgen des § 6 AStG unter Umständen vermeiden. So kann insbesondere eine wesentliche Beteiligung durch Veräußerung oder Verschenkung eines Teils so reduziert werden, daß die Beteiligung unter der Wesentlichkeitsschwelle von 10 vH. iSd. § 17 EStG liegt. Voraussetzung ist allerdings, daß die Reduktion der Beteiligungsquote spätestens fünf Jahre vor dem Wegzug erfolgt, da der verbleibende Anteil weiterhin für diesen Zeitraum von den Folgen des § 17 EStG erfaßt wird.[55,56]

---

[54] *Scherer* in *Debatin/Wassermeyer*, DBA, Art. 13 Rz. 173.

[55] Im Rahmen der Planung ist gegebenenfalls auch zu berücksichtigen, daß eine weitere Absenkung der Quote für die wesentliche Beteiligung diskutiert wird und eine Änderung hier denkbar ist.

[56] Eine unentgeltliche Übertragung der Anteile auf nicht unbeschränkt steuerpflichtige Personen unterliegt allerdings ebenfalls der fiktiven Veräußerungsgewinnbesteuerung (§ 6 Abs. 3 Nr. 1 AStG).

4. Behandlung von einbringungsgeborenen Anteilen

Wird ein Betrieb, Teilbetrieb oder Mitunternehmeranteil in eine Kapitalgesellschaft gegen Gewährung neuer Anteile an dieser Gesellschaft unter dem Teilwert eingebracht, so entstehen sogenannte einbringungsgeborene Anteile (§ 21 Abs. 1 Satz 1 UmwStG). Bei einer Veräußerung dieser Anteile ist unabhängig vom Bestehen einer wesentlichen Beteiligung iSv. § 17 EStG der Veräußerungspreis, der nach Abzug der Veräußerungskosten die Anschaffungskosten übersteigt, steuerpflichtig. Soweit vor dem Wegzug eine solche Einbringung erfolgt ist und die Steuervergünstigung des Umwandlungssteuergesetzes wegen Einbringung in eine inländische Kapitalgesellschaft oder in eine Kapitalgesellschaft eines anderen Mitgliedsstaates der EU in Anspruch genommen worden sind, ist der bei Wegzug bestehende Wertzuwachs unabhängig von einer Veräußerung zu versteuern (§ 21 Abs. 2 Nr. 2 UmwStG).

Die zum Zeitpunkt der Umwandlung noch nicht aufgedeckten stillen Reserven sind in diesem Fall also im Zeitpunkt des Wegzugs aufzudecken und zu versteuern.

Die Tatbestandsvoraussetzungen des § 21 Abs. 2 UmwStG und des § 6 AStG können nebeneinander erfüllt sein. In diesem Fall geht meines Erachtens die Besteuerung gem. § 21 UmwStG der Besteuerung gem. § 6 AStG vor[57].

5. Steuerlich sinnvolle Begleitmaßnahmen

Die (steuerliche) Attraktivität einer Wohnsitzverlagerung in die Schweiz erfährt im Hinblick auf die Regelungen betreffend die Ansässigkeit wie dargestellt erhebliche Einschränkungen. Insbesondere für den Fall einer Pauschalierung der Einkünfte in der Schweiz kann Deutschland aus deutschen Quellen stammende Einkünfte im Rahmen der erweiterten beschränkten Steuerpflicht des Außensteuergesetzes noch für einen erheblichen Zeitraum besteuern.

Soweit die Wohnsitzverlegung zu einer Steueroptimierung führen soll, sind daher unter Umständen zusätzliche Begleitmaßnahmen angezeigt. Aus steuerlicher Sicht muß es dabei das Ziel des betreffenden Steuerpflichtigen sein, nach Möglichkeit ausländische Einkünfte iSv. § 2 Abs. 1 Satz 1 AStG in Verbindung mit der Legaldefinition ausländischer Einkünfte in §§ 34c Abs. 1, 34d EStG zu erzielen. Ob und inwieweit dies im Einzelfall möglich und sinnvoll ist und zB inländisches Betriebs- oder Grundvermögen zum Zwecke einer Vermeidung einer Besteuerung in Deutschland tatsächlich veräußert werden soll, ist eine Frage, die in jedem Einzelfall einer eingehenden Untersuchung bedarf.

---

[57] Ebenso für das Verhältnis von § 21 UmwStG zu § 17 EStG, BFH BStBl. 1994, II, S. 222; vgl. zu den Einzelheiten auch *Flick, Wassermeyer u.a.*, aaO, § 6 AStG, TZ 8a.

Generelle Empfehlungen lassen sich in diesem Bereich nicht geben, da insbesondere neben steuerlichen Erwägungen auch allgemeine wirtschaftliche Aspekte und andere außersteuerliche Gesichtspunkte zu berücksichtigen sind.

IV. Erbschaftsteuerliche Konsequenzen des Wohnsitzwechsels

Auch im Hinblick auf eine geplante Vermögensübertragung durch Schenkung oder den späteren Erbfall kann eine Wohnsitzverlagerung in die Schweiz interessant sein. Dabei ist zunächst zu beachten, daß die Erbschafts- und Schenkungssteuer kantonal in der Schweiz sehr unterschiedlich geregelt ist. Im günstigsten Fall bleiben selbst Schenkungen und Erbschaften nicht nur unter Verwandten, sondern auch im Verhältnis beispielsweise zu nichtehelichen Lebensgefährten steuerfrei.[58]

In Deutschland sind die steuerlichen Folgen einer Schenkung und einer Erbschaft in einem einheitlichen Steuergesetz geregelt. Während dabei der Erwerb von Todes wegen (§§ 1 Abs. 1 Nr. 1, 3 ErbStG) und die Schenkungen unter Lebenden (§ 1 Abs. 1 Nr. 2, § 7 ErbStG) als zwei unterschiedliche Besteuerungstatbestände ausgestaltet sind, verbleibt es hinsichtlich der Bemessungsgrundlage sowie des Steuertarifs bei einheitlichen Regelungen.

Die Erbschafts- und Schenkungssteuer in ihrer gesetzlichen Ausgestaltung als Erbanfallssteuer, dh., jeder Erbe eines Erblassers wird selbständig besteuert, artikuliert sich im Rahmen der unbeschränkten Steuerpflicht an zwei persönlichen Anknüpfungspunkten, nämlich entweder der Inländereigenschaft des Erblassers/Schenkers oder der des Erwerbers. Zu der unbeschränkten Steuerpflicht tritt die erweiterte unbeschränkte Steuerpflicht iSd. § 2 Abs. 1 Nr. 1b ErbStG. Neben der unbeschränkten und der erweiterten unbeschränkten Steuerpflicht steht die beschränkte Erbschaftssteuerpflicht (§ 2 Abs. 1 Nr. 3 ErbStG), die in allen Fällen eintritt, in denen weder der Erblasser (Schenker) noch der Erwerber Inländer sind. Weiterhin regelt § 4 AStG die erweiterte beschränkte Erbschaftssteuerpflicht, die durch die Umgehungsvorschrift des § 5 Abs. 1 Satz 2 AStG ergänzt wird.

Der Besteuerungsanspruch Deutschlands wie der Schweiz wird dabei zugeteilt bzw. begrenzt durch das Abkommen zur Vermeidung der Doppelbesteuerung auf dem Gebiet der Nachlaß- und Erbschaftssteuern („Erb-DBA“). Nach Art. 1 Erb-DBA gilt dieses Abkommen für Nachlässe von Erblassern, die im Zeitpunkt ihres Todes einen Wohnsitz in einem Vertragsstaat oder in beiden Vertragsstaaten haben. Das DBA regelt damit nicht Schenkungsfälle; diese sind – soweit es um das Besteuerungsrecht Deutschlands geht – vielmehr ausschließlich nach deutschem Erbschaftssteuergesetz zu beurteilen[59]. Durch den Ausschluß der Schenkungssteuer vom Anwendungsbereich des Abkommens kann es zu Doppelbesteuerungsfällen kommen, wenn Schen-

---

[58] Vgl. Kap. I. E.

[59] Eine Ausnahme gilt für Betriebsvermögen, s. 3., Fn. 75.

kungen vor dem Todesfall die Bemessungsgrundlage der Erbschaftssteuer nach innerstaatlichem Recht erhöhen[60].

Unter Berücksichtigung der Regelungen des deutschen Erbschaftssteuergesetzes einerseits sowie der Bestimmungen des DBA andererseits gelten danach für Erbschafts- und Schenkungsfälle zunächst einheitliche Anknüpfungsmerkmale nach deutschem Erbschaftssteuerrecht. Für Erbschaftsfälle erfolgt dann unter bestimmten Voraussetzungen eine Beschränkung des Besteuerungsrechts Deutschlands durch das DBA. Im folgenden ist daher zunächst einheitlich für Erbschafts- und Schenkungsfälle dargestellt, in welchem Umfang und unter welchen Voraussetzungen Deutschland ein Besteuerungsrecht zusteht. Sodann ist zu berücksichtigen, inwieweit dieses Besteuerungsrecht in Erbschaftsfällen durch das DBA eingeschränkt ist.

1. Unbeschränkte und erweiterte unbeschränkte Steuerpflicht

Die unbeschränkte Erbschaftssteuerpflicht gem. § 2 Abs. 1 Nr. 1 ErbStG setzt voraus, daß an einer Erbschaft oder Schenkung ein Inländer beteiligt ist. Als Inländer gelten zunächst natürliche Personen, die ihren Wohnsitz oder gewöhnlichen Aufenthalt[61] im Inland haben. Ist also der Erblasser zur Zeit seines Todes, der Schenker zur Zeit der Ausführung der Schenkung oder der Erwerber zum Zeitpunkt der Entstehung der Steuer ein Inländer, so tritt Steuerpflicht für den gesamten Vermögensanfall ein. Der Erbschaftssteuer wird also das Weltvermögen unterworfen.

Gem. § 2 Abs. 1 Nr. 1 lit. b ErbStG gelten als Inländer auch Deutsche, die sich nicht länger als fünf Jahre dauernd im Ausland aufgehalten haben, ohne im Inland einen Wohnsitz zu haben. Deutsche Staatsangehörige unterliegen demzufolge nach ihrem Wegzug aus Deutschland für weitere fünf Jahre der unbeschränkten deutschen Erbschaftssteuerpflicht. Dabei kommt es nicht darauf an, ob der Erblasser/Schenker oder der Erwerber ihren Wohnsitz ins Ausland verlegen. Soweit nicht beide am Vermögensübergang beteiligten Personen ihren Wohnsitz schon länger als **fünf Jahre im Ausland** haben, bleibt es grundsätzlich bei der unbeschränkten deutschen Erbschaftssteuerpflicht; das gesamte Weltvermögen ist demzufolge in Deutschland steuerpflichtig.

Die erweiterte unbeschränkte Erbschaftssteuerpflicht nach § 2 Abs. 1 Nr. 1 b ErbStG kann nur dadurch vermieden werden, daß nach einem Wegzug sowohl der Schenker (bzw. gegebenenfalls auch der potentielle Erblasser) als auch der Erwerber auf die deutsche Staatsangehörigkeit verzichten.

Da die unbeschränkte Erbschaftssteuerpflicht wie die erweiterte unbeschränkte Erbschaftssteuerpflicht für den gesamten Vermögensanfall gelten, kommt es grundsätzlich nicht darauf an, ob es sich um Inlands- oder um

[60] *Gersch* in *Flick/Wassermeyer u. a.*, aaO, Erb-DBA, Art. 1 TZ 7.
[61] Vgl. II.1

Auslandsvermögen handelt.[62] Gleichwohl ist der Umfang des Vermögensanfalls unterschiedlich. Soweit es sich bei dem Erblasser um einen Inländer handelt, sind sämtliche Erwerbe aus seinem Nachlaß und alle sonstigen Vermögensanfälle steuerpflichtig, die nach § 3 ErbStG als von ihm zugewendet gelten.[63] Für Schenkungen unter Lebenden gilt Entsprechendes, in diesem Fall sind die unentgeltlichen Zuwendungen in vollem Umfang steuerpflichtig. Ist demgegenüber der Erbe oder der Beschenkte ein Inländer, so erstreckt sich die Steuerpflicht nur auf das, was dem inländischen Erwerber zufällt. Das bei ausländischen Bewerbern anfallende Vermögen unterliegt dagegen nicht der unbeschränkten Steuerpflicht, wenn Erblasser oder Schenker keine Inländer sind[64].

2. Beschränkte und erweiterte beschränkte Steuerpflicht

Soweit weder der Erblasser/Schenker noch der Erwerber Inländer sind, tritt die beschränkte Erbschaftssteuerpflicht (gem. § 2 Abs. 1 Nr. 3 ErbStG) ein. Im Hinblick auf die bei der unbeschränkten Erbschaftssteuerpflicht geltende Doppelanknüpfung Erblasser/Schenker einerseits und Erwerber andererseits sowie die zeitliche Ausdehnung durch die erweiterte unbeschränkte Steuerpflicht hat die beschränkte Erbschaftssteuerpflicht keine große Bedeutung.[65] Der beschränkten Erbschaftssteuerpflicht unterliegt der Vermögensanfall, der Inlandsvermögen iSd. § 121 BewG darstellt. Bei Inlandsvermögen handelt es sich insbesondere um inländisches land- und forstwirtschaftliches Vermögen, inländisches Grundvermögen, inländisches Betriebsvermögen, Beteiligungen an inländischen Kapitalgesellschaften, Patente, Gebrauchsmuster und Topographien, die in einem inländischen Buch oder Register eingetragen sind, Wirtschaftsgüter, die einem inländischen gewerblichen Betrieb überlassen sind, grundpfandrechtlich gesicherte Forderungen, Forderungen aus stillen Beteiligungen und partiarischen Darlehen sowie Nutzungsrechte an Inlandsvermögen.

Neben die beschränkte Steuerpflicht tritt gem. § 4 AStG die erweiterte beschränkte Erbschaftssteuerpflicht. Durch diese Vorschrift wird die beschränkte Steuerpflicht über die in § 121 BewG genannten Wirtschaftsgüter hinaus ausgedehnt. Sie tritt zusätzlich ein „für alle Teile des Erwerbs …, deren Erträge bei unbeschränkter Einkommenssteuerpflicht nicht ausländische Einkünfte iSd. § 34c Abs. 1 EStG wären". Die erweiterte beschränkte Erbschaftssteuerpflicht betrifft demzufolge ausgewanderte natürliche Personen unter den gleichen Voraussetzungen wie die erweiterte beschränkte Einkommenssteuerpflicht (§ 2 Abs. 1 Satz 1 AStG)[66]. Wie im Rahmen der Einkommensteuer wird auch für Zwecke der Erbschaftssteuer versucht,

---

[62] Einschränkungen ergeben sich für Diplomaten und Konsuln, vgl. *Troll*, ErbStG, § 2, TZ 12.

[63] *Troll*, ErbStG, § 2 TZ 8.

[64] *Troll*, ErbStG, § 2, TZ 8.

[65] *Schaumburg*, Außensteuerrecht, TZ 7.33.

[66] Vgl. III.1.3.

der Wohnsitzverlegung in niedrigbesteuerte Gebiete den steuerlichen Anreiz zu nehmen. Die erweiterte beschränkte Erbschaftssteuerpflicht ist sowohl gegenüber der unbeschränkten als auch der erweiterten unbeschränkten Erbschaftssteuerpflicht subsidiär[67]. Bei Überschneidungen zwischen der erweiterten unbeschränkten Erbschaftssteuerpflicht einerseits und der erweiterten beschränkten Erbschaftssteuerpflicht andererseits tritt daher die **erweiterte beschränkte Erbschaftssteuerpflicht** zurück. Damit greift die erweiterte beschränkte Erbschaftssteuerpflicht regelmäßig nur für die Zeit zwischen Ablauf der Fünf-Jahres-Frist nach § 2 Abs. 1 Nr. 1b ErbStG und Ablauf des Zehn-Jahres-Zeitraums nach § 2 Abs. 1 AStG ein, soweit nicht ohnehin der Erwerber ein Inländer ist (und es aus diesem Grund bei der unbeschränkten Steuerpflicht verbleibt). Ferner tritt die erweiterte beschränkte Erbschaftssteuerpflicht nur dann ein, wenn in der Schweiz weniger als 30 vH. der deutschen Erbschaftssteuer zu entrichten sind (§ 4 Abs. 2 AStG).

Auf den Erblasser oder Schenker muß schließlich zur Zeit der Entstehung der Steuerschuld § 2 Abs. 1 Satz 1 AStG anwendbar sein. § 4 Abs. 1 Satz 1 AStG knüpft damit an die Tatbestandsmerkmale der für die erweiterte beschränkte Einkommenssteuerpflicht maßgebenden Vorschriften an. Danach ist Voraussetzung, daß der Erblasser oder Schenker in den letzten zehn Jahren vor der Auswanderung als Deutscher insgesamt mindestens fünf Jahre lang unbeschränkt einkommenssteuerpflichtig war, in der Schweiz mit seinem Einkommen nur einer niedrigen Besteuerung des Einkommens (§ 2 Abs. 2 AStG) unterlag bzw. unterliegt und schließlich unmittelbar oder mittelbar wesentliche wirtschaftliche Interessen (§ 2 Abs. 3 und 4 AStG) im Inland hatte[68]. Die erweiterte beschränkte Erbschaftssteuerpflicht erfaßt das erweiterte Inlandsvermögen, dh. das Vermögen, dessen Erträge bei unbeschränkter Steuerpflicht nicht ausländische Einkünfte iSd. § 34c Abs. 1 EStG wären[69]. Über das Inlandsvermögen gem. § 121 BewG hinaus wird daher noch folgendes erweitertes Inlandsvermögen erfaßt[70]:

a) Kapitalforderungen gegen Schuldner im Inland;
b) Spareinlagen und Bankguthaben bei Geldinstituten im Inland;
c) Aktien und Anteile an Kapitalgesellschaften, Investmentfonds und offenen Immobilienfonds sowie Geschäftsguthaben bei Genossenschaften im Inland;
d) Ansprüche auf Renten und andere wiederkehrende Leistungen gegen Schuldner im Inland sowie Nießbrauchs- und Nutzungsrechte an Vermögensgegenständen im Inland;
e) Erfindungen und Urheberrechte, die im Inland verwertet werden;
f) Versicherungsansprüche gegen Versicherungsunternehmen im Inland;
g) bewegliche Wirtschaftsgüter, die sich im Inland befinden;

---

[67] *Schaumburg*, Außensteuerrecht, TZ 7.60; *Flick/Wassermeyer* in *Flick/Wassermeyer/Becker*, AStG, § 4, Anm. 6, 10, 10a.

[68] Vgl. III.1.3.

[69] Vgl. III.1.3.

[70] BMF, Schreiben vom 2. 12. 1994, BStBl. 1995 I, TZ 4.1.1.

h) Vermögen, dessen Erträge nach § 5 AStG der erweiterten beschränkten Steuerpflicht unterliegen;
i) Vermögen, das nach § 15 AStG dem erweitert beschränkt Steuerpflichtigen zuzurechnen ist.

Aus dem Charakter der erweiterten beschränkten Steuerpflicht als Ergänzung zur normal beschränkten Erbschaftssteuerpflicht folgt, daß die für die beschränkte Erbschaftssteuerpflicht geltenden Vorschriften über die Bemessungsgrundlage, die Wertermittlung, Steuerbefreiungen etc. zur Anwendung kommen[71]. Schulden und Lasten sind demzufolge in Anwendung des § 10 Abs. 6 Satz 2 ErbStG insoweit abzugsfähig, als sie mit den der erweiterten beschränkten Erbschaftssteuerpflicht unterliegenden Vermögensgegenständen im wirtschaftlichen Zusammenhang stehen.

Als Ergänzung zu § 4 AStG erfaßt § 5 Abs. 2 Satz 1 AStG die Fälle, in denen bei erweiterter beschränkter Erbschaftssteuerpflicht der Erblasser/ Schenker seine Inlandsinteressen nicht unmittelbar, sondern mittelbar über zwischengeschaltete Auslandsgesellschaften hält bzw. hielt.

3. Einschränkungen des deutschen Besteuerungsrechts durch das Erbschaftssteuer-DBA

Wie oben bereits ausgeführt, gilt das Erbschaftssteuer-DBA grundsätzlich nur für Erbschafts-, nicht aber für Schenkungsfälle. Im Rahmen des persönlichen Geltungsbereichs des Erbschaftssteuerabkommens (Art. 1 Erb-DBA) wird dabei allein auf den Erblasser abgestellt. Dieser ist abkommensberechtigt, wenn er seinen Wohnsitz im Zeitpunkt des Todes in Deutschland oder in der Schweiz hatte. Wo die Erben oder sonstigen Bedachten ihren Wohnsitz haben, ist ohne Bedeutung[72]. Sachlich gilt das Abkommen für Nachlaß- und Erbschaftssteuern, die für Rechnung eines der beiden Vertragsstaaten, der Länder, Kantone oder sonstigen Gebietskörperschaften erhoben werden (Art. 2 Erb-DBA), allerdings – wie ausgeführt – beschränkt auf Erbfälle.

Die Frage des Wohnsitzes und des Doppelwohnsitzes regeln Art. 4 Abs. 1 und 2 DBA.

Danach hatte der Erblasser seinen Wohnsitz in Deutschland, „wenn er Inländer im Sinne des Erbschaftssteuerrechts der Bundesrepublik Deutschland war“ (Art. 4 Abs. 1 lit. a ErbStG). Da nach deutschem Erbschaftssteuerrecht als Inländer im Rahmen der erweiterten unbeschränkten Steuerpflicht insbesondere auch solche Personen gelten, die sich nicht länger als fünf Jahre dauernd im Ausland aufgehalten haben, ohne im Inland einen Wohnsitz zu haben (§ 2 Abs. 1 Nr. 1 lit. b ErbStG)[73], verbleibt es also auch nach dem Wegzug grundsätzlich bei einem deutschen Wohnsitz. Wird gleichzeitig ein Wohnsitz in der Schweiz begründet, so ist nach Art. 4 Abs. 2 Erb-DBA der

---

[71] *Flick/Wassermeyer* in *Flick/Wassermeyer/Becker*, AStG, § 4, Anm. 6.
[72] *Gersch* in *Flick/Wassermeyer u.a.*, aaO, Erb-DBA, Art. 1, TZ 8.
[73] S. IV. 1.

Wohnsitz im Sinne des Abkommens primär nach dem Mittelpunkt der Lebensinteressen (Art. 4 Abs. 2 lit. a Erb-DBA), hilfsweise nach dem gewöhnlichen Aufenthalt, der Staatsangehörigkeit oder im Rahmen eines zwischen den zuständigen Behörden herzustellenden Einvernehmens festzustellen (Art. 4 Abs. 2 lit. b–d Erb-DBA).

Danach wird der Wohnsitz im Sinne des DBA nach einer Wohnsitzverlegung regelmäßig in der Schweiz liegen.

Soweit allerdings der **Erblasser** nach Art. 4 Abs. 1 und 2 Erb-DBA seinen **Wohnsitz in der Schweiz** hat, verfügt Deutschland über ein zusätzliches **konkurrierendes Besteuerungsrecht**. Dies setzt nach Art. 4 Abs. 3 Erb-DBA voraus, daß der Erblasser im Zeitpunkt seines Todes seit mindestens fünf Jahren in der Bundesrepublik über eine ständige Wohnstätte[74] verfügte. Die konkurrierende Besteuerung führt dazu, daß die Steuerbelastung auf das deutsche Steuerniveau angehoben wird. Soweit allerdings schweizerische Teile des Nachlaßvermögens von der deutschen Steuer befreit sind, bleibt diese Steuerbefreiung bestehen. In den übrigen Fällen rechnet Deutschland die schweizerischen auf die deutschen Steuern an.

Daneben hat sich Deutschland ein konkurrierendes Besteuerungsrecht für den Fall vorbehalten, daß der Erblasser seinen Wohnsitz im Todesjahr oder in den vorangegangenen fünf Kalenderjahren in die Schweiz verlegt hatte und in den letzten Jahren vor der Aufgabe seines letzten Wohnsitzes in der Bundesrepublik Deutschland mindestens fünf Jahre über eine solche Wohnstätte verfügt hatte (Art. 4 Abs. 4 Erb-DBA). Damit bleibt für den Fall einer Wohnsitzverlegung die deutsche erweiterte unbeschränkte und erweiterte beschränkte Steuerpflicht auf maximal sechs Jahre aufrechterhalten. Die Regelung gilt nicht für Nachlässe von Schweizer Bürgern, bei Aufnahme einer „echten unselbständigen Tätigkeit in der Schweiz für einen Arbeitgeber, an dem er über das Arbeitsverhältnis hinaus weder unmittelbar noch mittelbar durch Beteiligung in anderer Weise wirtschaftlich interessiert war" (Art. 4 Abs. 4 Satz 2 lit. a, aa, Erb-DBA) und wenn die Wohnsitzverlegung wegen Eheschließung mit einem schweizerischen Staatsangehörigen erfolgt (Art. 4 Abs. 4 Satz 2 lit. a, bb, Erb-DBA). Auch im Fall des Art. 4 Abs. 4 Erb-DBA wird die Steuerlast auf das deutsche Niveau angehoben.

Durch die Art. 5 bis 7 Erb-DBA ist entsprechend den im Abkommen zur Vermeidung der Doppelbesteuerung auf dem Gebiet der Erbschaftssteuer üblichen Abkommen geregelt, in welchen Fällen welchem Vertragsstaat das Besteuerungsrecht zusteht. Danach kann unbewegliches Vermögen (Grundvermögen) im Belegenheitsstaat besteuert werden (Art. 5 Erb-DBA). Es kommt nicht darauf an, ob das Grundvermögen Privat- oder Betriebsvermögen darstellt (Art. 5 Abs. 3 Erb-DBA). Gleiches gilt für Vermögen, das Betriebsvermögen einer Betriebsstätte eines Unternehmens darstellt (Art. 6

[74] Vgl. II.2.1.; nach der ausdrücklichen Anordnung des Art. 4 Abs. 5 Erb-DBA gilt als ständige Wohnstätte nicht eine Wohnung oder Räumlichkeit, die Erholungs-, Kur-, Studien- oder Sportzwecken dient und nachweislich nur gelegentlich verwendet wird.

Erb-DBA)[75]. Besonderheiten gelten für Seeschiffe und Flugzeuge; hier wird auf den Ort der tatsächlichen Geschäftsleitung des Unternehmens, das diese betreibt, abgestellt (Art. 7 Erb-DBA).

Soweit es sich nicht um Grundvermögen oder Vermögen einer Betriebsstätte handelt (sowie gegebenenfalls bei Schiffen und Flugzeugen) wird das Besteuerungsrecht grundsätzlich dem Wohnsitzstaat des Erblassers im Zeitpunkt des Todes zugewiesen (Art. 8 Erb-DBA). Unabhängig von den vorstehenden Ausführungen kann das Nachlaßvermögen allerdings grundsätzlich dann in Deutschland besteuert werden, wenn der Erwerber (zB Erbe oder Vermächtnisnehmer) im Zeitpunkt des Todes des Erblassers in Deutschland über eine ständige Wohnstätte verfügte oder dort seinen gewöhnlichen Aufenthalt hatte (Art. 8 Abs. 2 Satz 1 Erb-DBA). In diesem Fall kann die Schweiz zwar ihr primäres Besteuerungsrecht ausüben, Deutschland hat jedoch ein **nachrangiges Besteuerungsrecht** mit der Folge, daß die Erbschaftssteuer auf deutsches Niveau angehoben wird. Eine Ausnahme gilt lediglich für den Fall, daß sowohl Erblasser als auch Erwerber schweizerische Staatsangehörige waren.

Durch Art. 9 Erb-DBA wird geregelt, daß der Staat, der einen Vermögenswert besteuern darf, die damit in wirtschaftlichem Zusammenhang stehenden Schulden berücksichtigen muß. Ein solcher Zusammenhang wird in der Regel dann angenommen werden, wenn eine Schuld einen bestimmten Gegenstand belastet oder darauf sichergestellt ist. Werden jedoch Geschäftsschulden durch privates Vermögen sichergestellt, so sind sie vom Betriebsvermögen und nicht vom Privatvermögen abzuziehen. Alle sonstigen Schulden werden nach Abs. 2 von dem Vermögen abgezogen, das nur im Wohnsitzstaat besteuert werden kann. Ein danach sich ergebender Schuldenüberschuß ist zunächst vom sonstigen Vermögen abzuziehen, das der gleiche Staat besteuern darf (Art. 9 Abs. 3 Erb-DBA). Ein verbleibender Schuldenrest in einem Staat ist vom anderen Staat zu berücksichtigen.

Im Hinblick auf die Einräumung des konkurrierenden Besteuerungsrecht an die Bundesrepublik Deutschland gem. Art. 4 Abs. 3 und 4 Erb-DBA und Art. 8 Abs. 2 Erb-DBA sind daneben zusätzliche Bestimmungen aufgenommen, die einen in beiden Staaten übereinstimmenden Schuldenabzug gewährleisten (Art. 9 Abs. 2 Erb-DBA). Diese Bestimmung verpflichtet die Bundesrepublik Deutschland unter den dort genannten Voraussetzungen zum Abzug weiterer Verbindlichkeiten.

Die Vermeidung der Doppelbesteuerung in Erbschaftsfällen regelt Art. 10 Erb-DBA. Nach Art. 10 Abs. 1 Erb-DBA rechnet die Bundesrepublik Deutschland die in der Schweiz gezahlten Erbschaftssteuern an, soweit der Erblasser seinen Wohnsitz im Zeitpunkt des Todes in Deutschland hatte. Ausgenommen ist lediglich schweizerisches Grundvermögen, wenn der

---

[75] Eine Besonderheit gilt allerdings für die **Schenkung von Geschäftsbetrieben**. Für diese sind gem. einer Verständigungsregelung zwischen Deutschland und der Schweiz gem. BMF-Schreiben vom 7. 4. 1988 (IV C 6-S 1301 Schz. -2588, abgedruckt im Textteil Erb. 5.4. bei *Flick/Wassermeyer u.a.* DBA-Schweiz) die für Erbschaftsfälle geltenden Regelungen entsprechend anzuwenden.

Erblasser im Zeitpunkt seines Todes schweizerischer Staatsangehöriger war; lediglich insoweit wendet Deutschland die Freistellungsmethode an.

Die Schweiz wendet demgegenüber bei dort im Zeitpunkt des Todes ansässigen Erblassern grundsätzlich die Freistellungsmethode an. Soweit demzufolge einzelne Vermögensgegenstände in Deutschland besteuert werden können, stellt die Schweiz das Vermögen unter Progressionsvorbehalt von der Besteuerung frei.

Art. 10 kommt im Rahmen des Erbschaftssteuer-DBA zentrale Bedeutung zu. Durch die Festschreibung der Anrechnungsmethode zur Vermeidung der Doppelbesteuerung für den Fall, daß der Erblasser seinen Wohnsitz im Zeitpunkt des Todes in Deutschland hatte und in Verbindung mit den oben dargestellten Möglichkeiten der konkurrierenden Besteuerung nach Art. 4 Abs. 3 und 4 Erb-DBA sowie das Recht Deutschlands, bei Wohnsitz des Erwerbers in Deutschland nach Art. 8 Absatz 2 Satz 1 Erb-DBA zu verfahren, verbleibt es regelmäßig immer bei einer Gesamtsteuerlast nach dem in der Regel höheren Tarif deutschen Erbschaftssteuerrechts. Auch unter Berücksichtigung des DBA ist dies nicht zu vermeiden.

V. Die Verlegung des Wohnsitzes von der Schweiz nach Deutschland

Wird der Wohnsitz von der Schweiz nach Deutschland zurückverlegt, so lebt hier die unbeschränkte Steuerpflicht (wieder) auf. Nach Art. 4 des DBA wechselt die Ansässigkeit mit dem Zeitpunkt der Wohnsitzverlegung. Bestimmte Übergangsfristen, wie sie beim Wohnsitzwechsel von Deutschland in die Schweiz gelten[76], sind bei der Rückverlegung des Wohnsitzes nicht vorgesehen.

1. Wohnsitzwechsel während des Kalenderjahres

Erfolgt der Wohnsitzwechsel während des Kalenderjahres, so ist allerdings die Regelung des Art. 4 Abs. 5 DBA zu beachten. Danach können im Fall des Wechsels der Ansässigkeit (Wohnsitzwechsels) in jedem Staat die Steuern auf der Grundlage der unbeschränkten Steuerpflicht nur nach Maßgabe der Zeit erhoben werden, während welcher die Person als in diesem Staat ansässig gilt.

Bis einschließlich 1995 war durch § 2 Abs. 7 Satz 3 EStG bereits auf der Grundlage des innerstaatlichen Rechts die entsprechende Rechtsfolge geregelt. Beim Wechsel zwischen beschränkter und unbeschränkter Steuerpflicht wurden zwei Ermittlungszeiträume angenommen, für die je eine Veranlagung durchzuführen war.

Mit den Jahressteuergesetzen 1996 und 1997 wurde § 2 Abs. 7 Satz 3 EStG nunmehr zweimal geändert. Nach der nunmehr geltenden Fassung „sind die während der beschränkten Einkommenssteuerpflicht erzielten inländischen Einkünfte in eine Veranlagung zur unbeschränkten Einkommens-

---

[76] Vgl. II.2.

steuerpflicht einzubeziehen". Damit erfolgt nach innerstaatlichem Recht generell nur noch eine Veranlagung[77]. Art. 4 Abs. 5 DBA steht dem nicht entgegen, da die Vorschrift materielles Recht und kein Verfahrensrecht regelt. Trotz des scheinbar anders lautenden Wortlauts der Vorschrift werden nur die Rechte des Wohnsitzstaates auf die Dauer der Ansässigkeit begrenzt[78]. Allerdings darf Deutschland aufgrund der Regelung des Art. 4 Abs. 5 DBA nur solche Einkünfte den während der unbeschränkten Steuerpflicht erzielten hinzurechnen, für die es auch als Quellenstaat ein Besteuerungsrecht nach dem DBA Schweiz besitzt[79].

2. Steuerlich sinnvolle Begleitmaßnahmen

Im Hinblick auf das Wiederaufleben der unbeschränkten Steuerpflicht in Deutschland nach einer Wohnsitzverlegung stellt sich regelmäßig vor allem die Frage, inwieweit steuerpflichtige Einkünfte möglicherweise auf einen Zeitpunkt vor der Rückverlegung des Wohnsitzes vorgezogen werden können. Dies ist insbesondere dann von Interesse, wenn die entsprechenden Einkünfte in der Schweiz nicht besteuert werden. So ist zukünftig davon auszugehen, daß **Veräußerungsgewinne** von Beteiligungen **in der Schweiz** aufgrund innerstaatlichen Rechts **steuerfrei** sind. Unter Umständen empfiehlt sich daher eine Veräußerung von Gesellschaftsanteilen vor einer Rückverlegung des Wohnsitzes nach Deutschland. Dies gilt insbesondere auch für Beteiligungen an Gesellschaften in Drittstaaten. Da nach der Rechtsprechung des Bundesfinanzhofs[80] bei einer Veräußerung der gesamte Veräußerungsgewinn in Deutschland steuerpflichtig ist – also auch der Teil des Wertzuwachses, der vor der Verlegung des Wohnsitzes nach Deutschland entstanden ist –, können sich durch solche vorgezogenen Veräußerungen erhebliche Steuervorteile ergeben. Dies gilt um so mehr, als der ermäßigte Steuersatz des § 34 EStG jedenfalls bei höheren Gewinnen keine Entlastung mehr mit sich bringt.

Verlegen nur einzelne Familienangehörige den Wohnsitz nach Deutschland zurück – zB die ursprünglich minderjährigen Kinder nach Abschluß der Schul- oder Universitätsausbildung –, so bestehen unter Umständen im Familienverbund Gestaltungsalternativen, die unter anderen Umständen verschlossen sind. So können beispielsweise die nach Deutschland zurückkehrenden Familienangehörigen mit insgesamt bis zu 50 vH. an einer schweizerischen Gesellschaft beteiligt sein, die niedrigbesteuert und passiv tätig iSv. § 8 Abs. 1 bzw. 3 AStG ist. Eine **Zwischengesellschaft** mit der Folge der Hinzurechnung der anteiligen auf den unbeschränkt steuerpflichtigen Gesellschafter der anteiligen Einkünfte liegt in diesem Fall nicht vor, weil es an einer Beteiligung unbeschränkt Steuerpflichtiger zu mehr als der Hälfte fehlt. Zu beachten ist allerdings, daß Gewinnausschüttungen in diesem Fall

---

[77] Paus INF 1997, 327.

[78] *Hamminger* in *Debatin/Wassermeyer*, DBA, Schweiz, Art. 4, Rz. 163.

[79] *Mössner* IStR 1997, 225, 228.

[80] Urteil vom 19. 3. 1996, BStBl. II 1996, 312.

von dem unbeschränkt Steuerpflichtigen als Einkünfte aus Kapitalvermögen zu versteuern sind, also nur thesaurierte Gewinne der Gesellschaft selbst nicht besteuert werden können. Im übrigen gilt die Beteiligungsgrenze von 50 vH. nicht für Zwischeneinkünfte mit Kapitalanlagecharakter iSd. § 10 Abs. 6 Satz 2 AStG. In diesem Fall ist die Grenze, bis zu der ein unbeschränkt Steuerpflichtiger ohne die steuerlichen Konsequenzen der Hinzurechnungsbesteuerung nach Außensteuergesetz an der Zwischengesellschaft beteiligt sein darf, auf 10 vH. beschränkt (§ 7 Abs. 6 AStG). Eine Ausnahme von dieser Regelung gilt wiederum dann, wenn die Zwischeneinkünfte mit Kapitalanlagecharakter nicht mehr als 10 vH. der gesamten Bruttoerträge der ausländischen Zwischengesellschaft betragen oder den absoluten Betrag von DM 120.000 nicht übersteigen (§ 10 Abs. 6 Satz 1 AStG).

Sieht man von im Einzelfall möglichen Gestaltungen ab, so ist jedoch vom Zeitpunkt der Rückverlegung des Wohnsitzes an die unbeschränkte Steuerpflicht in Deutschland mit allen Konsequenzen wieder zu beachten. Soweit allerdings vor Ablauf von fünf Jahren der deutsche Wohnsitz wieder aufgegeben und in ein Niedrigsteuergebiet, insbesondere also auch in bestimmte Kantone der Schweiz zurück- bzw. erneut verlagert wird, ist zu berücksichtigen, daß dann eine erweiterte beschränkte Steuerpflicht gem. § 2 AStG nicht erneut greift. Denn § 2 AStG setzt voraus, daß innerhalb der letzten zehn Jahre vor dem Ende der unbeschränkten Steuerpflicht eine natürliche Person als Deutscher mindestens fünf Jahre unbeschränkt steuerpflichtig gewesen ist. Damit greifen bei einem erneuten Wohnsitzwechsel in die Schweiz die Wirkungen des DBA unmittelbar nach der erneuten Wohnsitzverlegung.

VI. Exkurs: Investitionen in der Schweiz bei Beibehaltung des deutschen Wohnsitzes

Ein Wohnsitzwechsel in die Schweiz bringt eine völlige **Umstellung der Lebensverhältnisse** mit sich. Häufig sind solche weitreichenden Veränderungen nicht gewollt und beabsichtigt. Gleichzeitig können sich in der Schweiz im Einzelfall aber Chancen für eine unternehmerische Betätigung eröffnen, die eine Investition in ein dortiges Unternehmen oder eine Beteiligung an einem in der Schweiz ansässigen Unternehmen interessant erscheinen lassen.

Wie bei Investitionen im Ausland allgemein stellt sich auch bei einer Investition in der Schweiz ua. die Frage nach dem rechtlichen und hier insbesondere dem steuerrechtlichen Umfeld und den konkreten steuerlichen Konsequenzen. Dabei steht regelmäßig die Frage im Vordergrund, ob Erträge aus der Investition in Deutschland steuerlich voll erfaßt werden können oder nicht. Eine volle steuerliche Erfassung der im Ausland angefallenen Erträge in Deutschland erfolgt dann, wenn die Einkünfte aus der Beteiligung in Deutschland steuerpflichtig sind und die in der Schweiz gezahlten Steuern lediglich auf die in Deutschland fälligen Steuern angerechnet werden können, die **Besteuerung** also **auf das deutsche Niveau hochgeschleust** wird.

Eine Berücksichtigung im eingeschränkten Umfang ergibt sich demgegenüber nur dann, wenn die Einkünfte aufgrund eines DBA von der Besteuerung in Deutschland freigestellt sind, wobei eine solche Freistellung dann regelmäßig mit der Maßgabe erfolgt, daß die in der Schweiz erzielten Einkünfte bei der Ermittlung des Steuersatzes im Rahmen des Progressionsvorbehalts zu berücksichtigen sind. Bei Einschaltung einer Kapitalgesellschaft (juristische Person) kann die Besteuerung des Gesellschafters unter Umständen vorläufig vermieden werden, solange nicht eine Gewinnausschüttung erfolgt.

Die gleichen Überlegungen kommen dann zur Anwendung, wenn in der Schweiz lediglich ein **weiterer Wohnsitz** begründet, der deutsche Wohnsitz aber beibehalten wird. Handelt es sich in diesem Fall bei dem deutschen Wohnsitz um eine ständige Wohnstätte, greift die überdachende Besteuerung in Deutschland ein, dh. es verbleibt bei der vollen Steuerpflicht in Deutschland, soweit nicht die Einkünfte nach dem DBA von der Besteuerung in Deutschland freigestellt sind. Dies gilt selbstverständlich auch dann, wenn der deutsche Wohnsitz Hauptwohnsitz bleibt und damit der Mittelpunkt der Lebensinteressen in Deutschland liegt[81].

Soweit eine Investition in der Schweiz erfolgt, kann dies in Form einer Beteiligung an einer Kapitalgesellschaft (insbesondere Aktiengesellschaft oder Gesellschaft mit beschränkter Haftung) oder in Form einer Beteiligung an einer Personengesellschaft, zB einer Kommanditgesellschaft erfolgen[82]. Erfolgt die Beteiligung an einer Kapitalgesellschaft, so ist hinsichtlich der steuerlichen Konsequenzen für den in Deutschland ansässigen Beteiligten weiterhin von erheblicher Bedeutung, ob es sich um eine sogenannte Zwischengesellschaft im Sinne des Außensteuergesetzes handelt.

1. Beteiligung an einer Kapitalgesellschaft

Kapitalgesellschaften sind juristische Personen und werden demzufolge als eigenständige Steuersubjekte behandelt. Dieser Grundsatz gilt in Deutschland wie in der Schweiz. Er ist auch dann zu beachten, wenn verschiedene Kapitalgesellschaften miteinander verbunden sind, etwa als Mutter- und Tochter-Gesellschaft. Lediglich wenn die Intensität der Beteiligungen besonders hoch und damit eine Organschaft (§ 14 KStG) in der Bundesrepublik anzunehmen ist, werden steuerrechtlich mehrere Kapitalgesellschaften zusammengefaßt.

Konsequenz der Behandlung von Kapitalgesellschaften als eigenständige Steuersubjekte ist insbesondere, daß ihr Einkommen auf der Ebene der Gesellschaft selbst und unabhängig von dem der Anteilseigner der Besteuerung unterworfen wird. Eine Zusammenrechnung oder Verrechnung von Einkünften der Gesellschaft und des Gesellschafters bzw. eine Verrechnung von Verlusten des einen mit Gewinnen des anderen ist nicht möglich. Die Besteuerung beim Anteilseigner wird vielmehr regelmäßig bis zur Ausschüt-

---

[81] Vgl. hierzu II. 2. ff.

[82] Zu den unterschiedlichen Besteuerungsfolgen in der Schweiz, insbesondere den erheblichen kantonalen Abweichungen, s. Kapitel I. B.

tung von Gewinnen durch die Gesellschaft hinausgeschoben. Während bei inländischen Kapitalgesellschaften das Anrechnungsverfahren im Fall der Gewinnausschüttung gewährleistet, daß die von der Kapitalgesellschaft gezahlten Körperschaftssteuern im Fall einer Ausschüttung gem. § 20 Abs. 2 Nr. 3 iVm. § 36 Abs. 2 Nr. 3 EStG ebenso wie die bei der Gewinnausschüttung einbehaltene Kapitalertragssteuer voll auf die persönliche Einkommensteuer des Anteilseigners angerechnet werden können und damit auch eine wirtschaftliche Doppelbesteuerung vermieden wird, ist eine solche Anrechnung der von schweizerischen Kapitalgesellschaft gezahlten Steuern grundsätzlich nicht möglich[83].

Die **Abschirmwirkung** einer schweizerischen Kapitalgesellschaft hat zur Folge, daß deren Gewinne von der deutschen Besteuerung grundsätzlich so lange nicht erfaßt werden, als sie in der schweizerischen Gesellschaft thesauriert werden. Sobald allerdings eine Gewinnausschüttung an den in Deutschland ansässigen Anteilseigner erfolgt, wird diese Gewinnausschüttung als Dividende in Deutschland besteuert (Art. 10 Abs. 1 DBA). Vom Dividendenbegriff gem. Art. 10 Abs. 1 DBA sind gemäß der Legaldefinition in Art. 10 Abs. 4 DBA ua. Einnahmen aus Aktien, Anteilen an einer Gesellschaft mit beschränkter Haftung, Rechten mit Gewinnbeteiligung sowie aus sonstigen Gesellschaftsanteilen stammende Einnahmen, die den Einnahmen aus Aktien gleichgestellt sind, Einnahmen aus Beteiligung an einem Handelsgewerbe als stiller Gesellschafter, aus Gewinnobligationen oder aus partiarischen Darlehen sowie Ausschüttungen von Investmentfonds umfaßt. Da die Form der Gewinnausschüttung für die Klassifizierung als Dividende unerheblich ist, gehören neben den offenen auch verdeckte Gewinnausschüttungen zu den Dividenden im abkommensrechtlichen Sinn.[84] Die Erwähnung der stillen Gesellschaft bezieht sich kraft ausdrücklichen Hinweises in Art. 10 Abs. 4 DBA ausschließlich auf deutsches Recht. Danach ist auf die §§ 230ff. HGB abzustellen. Hiernach liegt eine stille Gesellschaft vor, wenn sich eine Person an einem Handelsgewerbe eines anderen mit einer Vermögenseinlage beteiligt. Der stille Gesellschafter ist ausschließlich am Gewinn und Verlust beteiligt und hat beim Ausscheiden nur Anspruch auf sein Auseinandersetzungsguthaben. Nicht beteiligt ist er insbesondere an den stillen Reserven. Im Gegen-

[83] Eine Ausnahme von diesem Grundsatz gilt allerdings für den Fall, daß an der schweizerischen Kapitalgesellschaft eine deutsche Muttergesellschaft unter den Voraussetzungen des § 26 Abs. 2ff. KStG beteiligt ist. In diesem Fall kann im Wege der indirekten Anrechnung auch die in der Schweiz bezahlte Körperschaftsteuer auf die deutsche Körperschaftsteuer angerechnet werden. Voraussetzung ist eine aktive Tätigkeit der ausländischen Gesellschaft iSv. § 8 Abs. 1 Nr. 1–6 AStG oder das Holdingprivileg des § 8 Abs. 2 AStG. Unter bestimmten Voraussetzungen greift danach das erweiterte Schachtelprivileg des § 8b Abs. 2 KStG, das eine steuerfreie Weiterausschüttung innerhalb inländischer Holdingstrukturen ermöglicht. Eine Steuerbelastung entsteht allerdings auf der letzten Stufe bei Ausschüttung an natürliche Personen. Diese haben die nicht mit Körperschaftsteuer belastenden Dividenden der Einkommensteuer zu unterwerfen, wobei keine Möglichkeit der Körperschaftssteueranrechnung besteht (§ 36 Abs. 2 Nr. 3 EStG).

[84] *Zwosta* in *Debatin/Wassermeyer*, DBA Schweiz, Art. 10, Rz. 72.

satz zur stillen Gesellschaft ist bei der atypisch stillen Gesellschaft der stille Gesellschafter als Mitunternehmer im Sinne des Steuerrechts anzusehen. Er trägt Unternehmerrisiko und kann Unternehmerinitiative entfalten. Er ist insbesondere auch am Vermögen und damit an den stillen Reserven des Inhabers (Unternehmens) beteiligt. Art. 10 Abs. 4 DBA betrifft nur die typisch stille Gesellschaft. Die atypisch stille Gesellschaft wird als Mitunternehmerschaft qualifiziert, die unter den Anwendungsbereich des Art. 7 DBA fällt.[85] Das schweizerische Recht kennt keine eigenständigen Rechtsvorschriften für die stille Gesellschaft, sondern beurteilt diese Rechtsverhältnisse je nach Ausgestaltung entweder als partiarische Darlehen (mit der Folge, daß es sich um Dividenden iSv. Art. 10 Abs. 4 DBA handelt), soweit nach deutschem Recht eine typisch stille Gesellschaft anzunehmen ist oder als einfache Gesellschaft i S. der Art. 530ff. OR für den Fall, daß im Sinne des deutschen Steuerrechts eine atypisch stille Gesellschaft vorliegt[86].

Die Schweiz ist für den Fall der Zahlung von Dividenden lediglich berechtigt, eine Abzugssteuer (Quellensteuer) einzubehalten. Die in der Schweiz einbehaltene Quellensteuer beträgt maximal 30 vH., insbesondere bei stillen Gesellschaften und partiarischen Darlehen (Art. 10 Abs. 2 lit. c DBA). Eine Begrenzung auf 5 vH. ist ausschließlich auf zwischengesellschaftliche Dividenden, dh. sogenannte Schachteldividenden ab einer Beteiligungsquote von mindestens 20 vH. vorgesehen (Art. 10 Abs. 2 lit. b DBA)[87]. Die in der Schweiz zu entrichtenden Quellensteuern sind gem. Art. 24 Abs. 1 NR. 2 DBA iVm. § 34c EStG auf die in Deutschland zu zahlende Einkommensteuer anrechenbar. Gem. dem schweizerischen Bundesgesetz über die Verrechnungssteuer vom 13. 10. 1965 (VStG) wird in der Schweiz derzeit eine Verrechnungssteuer von 35 vH. einbehalten (Art. 13 lit. a VStG). Dieses Recht zum Einbehalt wird durch das DBA nicht berührt (Art. 28 Satz 1 DBA). Vielmehr ist in der Schweiz ein Antrag auf Erstattung in Höhe des Differenzbetrages zu stellen, soweit die Erhebung der Quellensteuer durch das Abkommen eingeschränkt ist (Art. 28 Abs. 2 DBA). Die Frist für den Antrag auf Erstattung beträgt drei Jahre (Art. 28 Abs. 3 DBA).

Zusammenfassend ist demzufolge festzustellen, daß die aufgrund des Steuergefälles zwischen Deutschland und der Schweiz niedrigere Besteuerung in der Schweiz als Steuervorteil nur so lange erhalten bleibt, wie die Gewinne thesauriert werden[88]. Kommt es zu einer Ausschüttung der nach

---

[85] *Zwosta*, aaO, RZ 83; *Wingert/Strohner* in *Flick/Wassermeyer u. a.*, DBA, Art. 10 Rz. 122.

[86] Dies hat – wie oben ausgeführt – zur Folge, daß die atypisch stille Gesellschaft als Mitunternehmerschaft qualifiziert wird und unter den Anwendungsbereich des Art. 7 fällt; zu den sich dann ergebenden Konsequenzen vgl. 3.

[87] Zur Möglichkeit der indirekten Anrechnung gem. § 26 Abs. 2 ff. EStG vgl. Fn. 81.

[88] Eine Gestaltungsalternative besteht allerdings u. U. bei folgender Variante: Ist der Gesellschafter auch als Vorstandsmitglied, Direktor, Geschäftsführer oder Prokurist der schweizerischen Kapitalgesellschaft tätig, so greift unter der weiteren Voraussetzung Steuerfreistellung unter Progressionsvorbehalt ein, daß die Arbeit in der Schweiz ausgeübt wird (Art. 15 Abs. 4 iVm. Art. 24 Abs. 1 Nr. 1 lit. d DBA). Zu beachten ist in diesem Fall weiterhin insbesondere die Grenzgängerregelung gem.

auf der Ebene der schweizerischen Gesellschaft angefallenen Steuern verbleibenden Gewinne an den deutschen Anteilseigner, so werden die ausgeschütteten Gewinne (Dividenden) in Deutschland voll besteuert[89]. Wirtschaftlich kommt es demzufolge zu einer Doppelbesteuerung der von der schweizerischen Gesellschaft erwirtschafteten Gewinne auf der Ebene der Gesellschaft einerseits und wegen der fehlenden Anrechnungsmöglichkeit der von der Gesellschaft gezahlten Steuer beim Anteilserwerber in Deutschland andererseits.

Die vorstehenden Ausführungen gelten nur, solange die schweizerische Gesellschaft als Rechtssubjekt anzuerkennen ist und es sich nicht um eine sogenannte **Basisgesellschaft** oder Zwischengesellschaft iSd. §§ 7ff. AStG handelt[90]. Daneben darf der Sitz der Geschäftsleitung nicht im Inland liegen, da ansonsten unbeschränkte Körperschaftssteuerpflicht besteht (§ 1 Abs. 1 KStG).

2. Basisgesellschaften und Zwischengesellschaften iSd. Außensteuergesetzes

Keine Aufschub- bzw. Abschirmwirkung entfalten sogenannte Basisgesellschaften und Zwischengesellschaften iSd. §§ 7ff. AStG.

Der Begriff der Basisgesellschaft ist nicht normiert. Unter steuerlichen Gesichtspunkten kann unter einer Basisgesellschaft eine Auslandsgesellschaft bezeichnet werden, durch deren Einschaltung Einkünfte und Vermögen der inländischen Besteuerung entzogen werden sollen. Dabei wird regelmäßig die **Einkünfteverlagerung in Niedrigsteuerländer** (Steueroasen) gefordert[91]. Die Rechtsprechung hat die Nichtanerkennung von Basisgesellschaften regelmäßig auf einen Mißbrauch von rechtlichen Gestaltungsmöglichkeiten iSd. § 42 AO (früher: § 6 Steueranpassungsgesetz StAnpG) gestützt. Die Voraussetzungen dieser Vorschrift greifen dann ein, wenn Formen und Gestaltungsmöglichkeiten des Rechts gewählt werden, die gegenüber den wirtschaftlichen Vorgängen, Tatsachen und Verhältnissen unangemessen, dh. durch keine wirtschaftlichen oder sonst beachtlichen Gründe gerechtfertigt sind. Der Tatbestand des § 42 AO wurde vor allem dann als erfüllt angesehen, wenn für die Errichtung von Auslandsgesellschaften wirtschaftliche oder sonst beachtliche Gründe fehlen und keine eigene wirtschaftliche Tätigkeit entfaltet wird[92].

Art. 15a DBA. Grenzgänger können in Deutschland besteuert werden. Die Grenzgängereigenschaft entfällt nur dann, wenn die Person im Kalenderjahr an mehr als 60 Arbeitstagen aufgrund der Arbeitsausübung nicht an ihren Wohnsitz zurückkehrt.

[89] Ausnahme: vgl. Fn. 81; wie dort dargestellt, kommt es jedoch spätestens bei einer Ausschüttung an den deutschen Anteilseigner zu einer wirtschaftlichen Doppelbesteuerung.

[90] Vgl. sogleich 2.

[91] *Schaumburg*, aaO, Rz. 10.33.

[92] Vgl. aus der Rechtsprechung ua. BFH vom 10. 6. 92, BStBl. 1992 II, S. 1029; vom 28. 1. 92, BStBl. 1993 II, S. 84, beide mit umfangreichen weiteren Nachweisen auf die Rechtsprechung und die Entwicklung.

Insbesondere in den Entscheidungen vom 23. 10. 1991[93] und 10. 6. 1992[94] hat sich der BFH mit dem Konkurrenzverhältnis des § 42 AO einerseits und der §§ 7–14 AStG andererseits auseinandergesetzt. Dabei hat der BFH festgestellt, daß § 42 AO zwar im Ausgangspunkt gegenüber den §§ 7–14 AStG logisch vorrangig ist, weil die Rechtsfolge des § 42 AO bereits bei der Einkünftezurechnung ansetzt und die Einkünfte von vornherein dem zurechnet, der sie bei unterstellter angemessener Gestaltung erzielt hätte. Allerdings setzt der logische Vorrang des § 42 AO voraus, daß dessen Tatbestandsmerkmale vollständig erfüllt sind. Dies ist zunächst dann nicht der Fall, wenn die Hinzurechnungsbesteuerung eine höhere inländische Steuer auslöst. Dabei ist auf die Gesamtdauer der Gestaltung abzustellen. Weiterhin darf die Unangemessenheit der Gestaltung nicht ausschließlich auf Tatumständen beruhen, die nach § 8 AStG die Einkünfte einer Auslandsgesellschaft als Zwischeneinkünfte qualifizieren[95].

Im Ergebnis wird damit die Anwendung des § 42 AO und die Annahme einer mißbräuchlichen Gestaltungsmöglichkeit durch die Hinzurechnungsbesteuerung der §§ 7–14 AStG verdrängt, soweit nicht ausnahmsweise lediglich eine sogenannte Briefkastengesellschaft ohne eigene Geschäftsräume und eigenes Personal zur Beurteilung ansteht. Das Erzielen von Einkünften aus passivem Erwerb rechtfertigt insbesondere dann nicht den Vorwurf des Mißbrauchs, wenn gerade die Voraussetzungen der §§ 7–14 AStG vorliegen, insbesondere die Einkünfte nach § 8 Abs. 1 AStG als Zwischeneinkünfte zu qualifizieren sind[96].

Soweit nicht unter Berücksichtigung der vorstehend dargestellten Grundsätze eine Basisgesellschaft anzunehmen ist mit der Folge, daß die Einkünfte der Gesellschaft unmittelbar dem Gesellschafter zugerechnet werden, kann unter den Voraussetzungen der §§ 7ff. AStG eine Zwischengesellschaft anzunehmen sein. In diesem Fall wird zwar der ausländischen Gesellschaft als eigener Rechtsperson nicht die Anerkennung als solche versagt, die Einkünfte der Gesellschaft werden jedoch dem deutschen Gesellschafter entsprechend seiner Beteiligungsquote zugerechnet. Damit entfällt die Aufschub- bzw. Abschirmwirkung weitgehend.

Eine Zwischengesellschaft liegt gem. § 7 Abs. 1 AStG vor, wenn die drei nachfolgenden Tatbestandsvoraussetzungen erfüllt sind:
- An der ausländischen (schweizerischen) Gesellschaft müssen Inländer zu mehr als der Hälfte beteiligt sein;
- die Einkünfte der Zwischengesellschaft müssen aus passivem Erwerb stammen;
- die Gesellschaft muß niedrigbesteuert sein.

---

93 BStBl. 1992 II, S. 1026.

94 BStBl. 1992 II, S. 1029.

95 BFH vom 23. 10. 1991 und 10. 6. 1992, aaO.

96 *Kraft*, Schlußfolgerungen aus der BFH-Rechtsprechung zur Abgrenzung des § 42 AO von den §§ 7ff. AStG aus der Sicht der internationalen Steuerberatung, IStR 1993, S. 148ff, S. 153.

Die Tatbestandsvoraussetzungen werden in §§ 7 Abs. 2–5 und 8 AStG konkretisiert. §§ 9–13 AStG regeln sodann die Rechtsfolgen der **Hinzurechnungsbesteuerung**, § 14 AStG als Ergänzungsvorschrift regelt Tatbestandsvoraussetzungen wie Rechtsfolgen von sogenannten nachgeschalteten Zwischengesellschaften.

Nur wenn sowohl die persönliche Tatbestandsvoraussetzung (Beteiligung von Inländern zu mehr als der Hälfte) als auch beide sachlichen Tatbestandsvoraussetzungen (passive Einkünfte, Niedrigbesteuerung) erfüllt sind, liegt eine Zwischengesellschaft vor und treten die entsprechenden Rechtsfolgen ein. Die Abgrenzung der (unschädlichen) aktiven Tätigkeit einer ausländischen Gesellschaft von einer (schädlichen) passiven Tätigkeit ist in § 8 Abs. 1 AStG in der Weise vorgenommen, daß ein numerus clausus der Einkünfte aus aktiver Tätigkeit aufgeführt ist. Alle Einkünfte, die in dieser Vorschrift nicht ausdrücklich als aktiv bezeichnet sind, sind danach Einkünfte aus passivem Erwerb. Nicht Zwischengesellschaften sind die sogenannte Landes- und Funktionsholding iSv. § 8 Abs. 2 Nr. 1 und 2 AStG. Eine niedrige Besteuerung liegt vor, wenn die Einkünfte nicht einer Belastung durch Ertragssteuern von 30 vH. oder mehr unterliegen (§ 8 Abs. 3 AStG).

Eine Besonderheit gilt für Zwischengesellschaften, die Einkünfte mit Kapitalanlagecharakter beziehen (§ 7 Abs. 6 iVm. § 10 Abs. 6 Satz 2 AStG). Soweit die Bruttoerträge mit Kapitalanlagecharakter mehr als 10 vH. der gesamten Bruttoerträge der ausländischen Zwischengesellschaft betragen oder DM 120.000 übersteigen, erfolgt eine Hinzurechnung beim unbeschränkt steuerpflichtigen Anteilseigner, wenn dieser mindestens zu 10 vH. an der Zwischengesellschaft beteiligt ist.

Liegen die tatbestandsmäßigen Voraussetzungen in persönlicher und sachlicher Hinsicht vor, so sind die Einkünfte, für die die ausländische Kapitalgesellschaft Zwischengesellschaft ist, bei jedem Gesellschafter unmittelbar mit dem Teil steuerpflichtig, der auf die dem Gesellschafter zuzurechnende Beteiligung an dem Kapital der Gesellschaft entfällt (§ 7 Abs. 1 AStG). Dieser Betrag, vermindert um die in der Schweiz gezahlten Steuern, ist als Hinzurechnungsbetrag gem. § 10 AStG anzusetzen. Dabei gehört der Hinzurechnungsbetrag zu den Einkünften aus Kapitalvermögen iSv. § 20 Abs. 1 Ziffer 1 EStG und gilt unmittelbar nach Ablauf des maßgeblichen Wirtschaftsjahres der ausländischen Gesellschaft als zugeflossen (§ 10 Abs. 2 AStG).

Erfolgen zu einem späteren Zeitpunkt Gewinnausschüttungen, so unterliegen diese Gewinnausschüttungen ebenfalls der Einkommenssteuerpflicht. Um die dadurch entstehende Doppelbelastung zu vermeiden, ordnet § 11 AStG an, daß der Hinzurechnungsbetrag zunächst um Gewinnanteile zu kürzen ist, die der unbeschränkt Steuerpflichtige in dem Kalenderjahr oder Wirtschaftsjahr, in dem der Hinzurechnungsbetrag anzusetzen ist, von der ausländischen Gesellschaft bezieht. Übersteigt die Gewinnausschüttung den Hinzurechnungsbetrag, so erfolgt eine Erstattung „in Höhe der Einkommens- oder Körperschaftsteuer und der Gewerbesteuer, die für die vorangegangenen vier Kalenderjahre oder Wirtschaftsjahre auf Hinzurechnungsbeträge bis zur Höhe des übersteigenden Betrags entrichtet und noch nicht erstattet worden sind" (§ 11 Abs. 2 AStG). Werden die früher bereits hinzugerechneten Beträge erst nach Ablauf des Vier-Jahres-Zeitraums ausgeschüttet, kommt es zu einer effektiven Doppelbesteuerung[97].

Die **Aufschub- und Abschirmwirkung** ist damit **nahezu vollständig aufgehoben**, wenn eine Beteiligung an einer schweizerischen Kapitalgesellschaft erfolgt, die als Zwischengesellschaft im Sinne der §§ 7ff. AStG zu qualifizieren ist. Fallen auf der Ebene dieser Gesellschaft Gewinne an, so sind diese bei den unbeschränkt steuerpflichtigen Anteilseignern im Jahr nach ihrer Entstehung hinzuzurechnen. Bei einer späteren Ausschüttung dieser Gewinne an die Anteilseigner droht eine Doppelbesteuerung, wenn die Ausschüttung nicht innerhalb der vier folgenden Kalenderjahre erfolgt.

3. Beteiligung an einer schweizerischen Personengesellschaft (Betriebsstätte)

Eine Beteiligung an einer in der Schweiz ansässigen Kapitalgesellschaft führt wie vorstehend dargestellt dazu, daß spätestens bei einer Ausschüttung der Gewinne an den in Deutschland ansässigen Anteilseigner die Dividenden in Deutschland besteuert werden. Dabei kommt es zu einer wirtschaftlichen Doppelbesteuerung der zunächst auf der Ebene der Gesellschaft erfaßten Gewinne; nur der der Kapitalgesellschaft nach Zahlung eigener Steuern verbleibende Nettobetrag kann als Bruttobetrag an den Gesellschafter ausgeschüttet werden und unterliegt hier wiederum der vollen Besteuerung. Eine Anrechnung der von der Gesellschaft gezahlten Steuern auf die persönliche Einkommensteuer des Anteilseigners ist nicht möglich[98]. Diese Nachteile bei Einschaltung einer auch aktiv tätigen Gesellschaft in der Schweiz müssen bei einer sinnvollen Steuerplanung berücksichtigt werden.

Soweit eine Investition in der Schweiz geplant ist, kommt als Alternative zur Einschaltung einer Kapitalgesellschaft in der Schweiz die Einschaltung einer schweizerischen Personengesellschaft in Betracht. Personengesellschaften sind insbesondere die sog. einfache Gesellschaft (Art. 530ff. OR), die Kollektivgesellschaft (Art. 552ff. OR) und die Kommanditgesellschaft (Art. 764ff. OR). Die einfache Gesellschaft entspricht der Gesellschaft bürgerlichen Rechts (§§ 705ff. BGB), die Kollektivgesellschaft der Offenen Handelsgesellschaft (§§ 105ff. HGB) und die Kommanditgesellschaft der Kommanditgesellschaft (§§ 162ff. HGB) deutschen Rechts. Die in Deutschland gegebene Möglichkeit, bei einer Kommanditgesellschaft eine persönliche Haftung durch Einsetzung einer Komplementärin, die ihrerseits

---

[97] Der BFH hat diese Doppelbesteuerung mit Urteil vom 5. 4. 1995, BStBl. 1995 II, S. 629, als verfassungsrechtlich noch haltbar angesehen; zur Vermeidung einer Übermaßbesteuerung hat sich der BFH jedoch für einen Abzug der nach Ablauf des Vierjahreszeitraums noch nicht verrechneten Hinzurechnungsbeträge aus Billigkeitsgründen vom Veräußerungs- bzw. Liquidationsgewinn (§ 11 Abs. 3 AStG) ausgesprochen.

[98] Ausnahme: internationales Schachtelprivileg gem. § 26 Abs. 2ff. KStG, vgl. Fn. 81.

nur beschränkt haftet (GmbH, AG), vollständig auszuschließen, besteht in der Schweiz nicht. Der Komplementär einer Kommanditgesellschaft muß hier immer eine natürliche Person sein[99].

Beteiligt sich eine in Deutschland ansässige Person an einer schweizerischen Personengesellschaft, so führt dies steuerlich dazu, daß der Gesellschafter (die Person) sowohl nach innerstaatlichem schweizerischen wie nach innerstaatlichem deutschen Recht eine Betriebsstätte in der Schweiz begründet[100]. Personengesellschaften im Sinne des schweizerischen wie des deutschen Rechts sind weder in der Schweiz noch in Deutschland eigenständige Steuerobjekte. Sie sind damit grundsätzlich nicht selbst abkommensberechtigt. Soweit allerdings eine Betriebsstätte auch iSv. Art. 7 DBA Schweiz vorliegt[101], können die Unternehmensgewinne im Betriebsstättenstaat (also der Schweiz) insoweit besteuert werden, als sie der Betriebsstätte dort zugerechnet werden können[102]. Zu den Betriebsstätteneinkünften iSv. Art. 7 Abs. 7 DBA gehören neben den Einkünften aus Beteiligungen an Personengesellschaften im allgemeinen auch die Vergütungen, die ein Gesellschafter einer Personengesellschaft von der Gesellschaft für seine Tätigkeit im Dienste der Gesellschaft, für die Gewährung von Darlehen oder für die Überlassung von Wirtschaftsgütern bezieht[103]. Soweit eine in Deutschland ansässige Person demzufolge in der Schweiz Betriebsstätteneinkünfte erzielt, können diese primär in der Schweiz besteuert werden.

Zu beachten ist allerdings, daß Einkünfte der Betriebsstätte aus einer zugehörigen Beteiligung an einer Kapitalgesellschaft (Dividendenzahlung) nicht von der Freistellung umfaßt werden, sondern insoweit die Anrechnungsmethode greift.

Dies besagt noch nichts darüber, wie die Doppelbesteuerung vermieden wird. Hierfür trifft Art. 24 Abs. 1 Nr. 1 lit. a DBA eine eigenständige Regelung. Danach werden in der Schweiz erzielte **Betriebsstätteneinkünfte** un-

---

[99] Zu den Grundzügen des Rechts der schweizerischen Personengesellschaften vgl. Kapitel II. I.

[100] Dies gilt auch für die atypisch stille Gesellschaft, die als Mitunternehmerschaft qualifiziert und als einfache Gesellschaft im Sinne schweizerischen Gesellschaftsrechts gilt, vgl. 1. bei Fn. 81 und 82.

[101] Unter einer Betriebsstätte ist eine feste Geschäftseinrichtung zu verstehen, durch die die Tätigkeit eines Unternehmens ganz oder teilweise ausgeübt wird; zu den Einzelheiten vgl. Kommentierungen zu Art. 7 DBA Deutschland – Schweiz und zu Art. 7 OECD-Musterabkommen.

[102] Die Zurechnungsregeln des DBA normieren, welche Gewinne der Betriebsstätte im einzelnen zuzurechnen sind, insbes. die abkommensrechtlichen Regelungen über den Betriebsstättenvorbehalt, die in den für Dividenden, Zinsen und Lizenzgebühren maßgeblichen Verteilungsnormen enthalten sind, vgl. Art. 7 Abs. 2–6 und Art. 10 Abs. 7, Art. 11 Abs. 3 und Art. 12 Abs. 3 DBA.

[103] Art. 7 Abs. 7 DBA Schweiz weicht damit ausdrücklich von dem OECD-Musterabkommen und den sonstigen von der Bundesrepublik Deutschland geschlossenen Abkommen ab. Die Regelung ist auf § 15 Abs. 1 Nr. 2 Satz 1 2. Halbsatz, Nr. 3 EStG zugeschnitten; vgl. hierzu auch BFH vom 17. 10. 1990, BStBl. II 1991, S. 211 und vom 26. 2. 1992, BStBl. II 1991, S. 937.

ter bestimmten Voraussetzungen und **unter Progressionsvorbehalt** (Art. 24 Abs. 1 Nr. 1 Satz 2 DBA) von der Besteuerung in Deutschland freigestellt. Auf Freistellung besteht Anspruch, „soweit die Gewinne nachweislich durch Herstellung, Bearbeitung, Verarbeitung oder Montage von Gegenständen, Aufsuchen und Gewinnung von Bodenschätzen, Bank- und Versicherungsgeschäfte, Handel oder Erbringung von Dienstleistungen unter Teilnahme am allgemeinen Wirtschaftsverkehr erzielt werden und aus eigener Tätigkeit der Betriebsstätte stammen" (Art. 24 Abs. 1 Nr. 1 lit. a DBA).

Liegen diese Voraussetzungen nicht vor, kommt nicht die Freistellungsmethode (unter Progressionsvorbehalt), sondern die Anrechnungsmethode zur Anwendung. In diesem Fall wird das Steuerniveau also auf die in Deutschland geltende Höhe hochgeschleust, in der Schweiz gezahlte Steuern werden lediglich angerechnet.

Zu beachten ist danach vor allem, daß die Existenz einer Betriebsstätte in der Schweiz allein nicht ausreicht, um die Freistellung in Deutschland für deren Einkünfte zu erlangen. Es ist vielmehr zusätzlich erforderlich, daß die in der **Aktivitätsklausel** des Art. 24 Abs. 1 Nr. 1 lit. a DBA aufgeführten bestimmten Tätigkeitsmerkmale erfüllt sind. Aus der Formulierung „soweit" folgt weiter, daß nicht schlechthin die gesamten Einkünfte der Betriebsstätte von der deutschen Steuer freigestellt sind. Vielmehr kommt die Steuerbefreiung nur in Betracht, soweit sie durch die aktiven Tätigkeiten erzielt wurden. Konsequenz ist damit, daß unter Umständen nur ein Teil des gesamten Gewinns der Betriebsstätte freigestellt wird, während für den anderen Teil die Anrechnungsmethode (Art. 24 Abs. 1 Nr. 2 DBA) gilt. Die Betriebsstättenergebnisse sind nach den aktiven und den nichtaktiven Tätigkeiten aufzuteilen[104]. Die Finanzverwaltung beanstandet aus Vereinfachungsgründen nicht, wenn der Gewinn aus nichtaktiven Tätigkeiten dem aktiven Bereich zugeordnet wird, soweit die ihm zugrundeliegenden Bruttoerträge nicht mehr als 10 vH. der gesamten Bruttoerträge der Betriebsstätte betragen, vorausgesetzt, daß dieser Gewinn den Betrag von DM 120.000,– nicht übersteigt[105]. Weiterhin ist zu beachten, daß die Gewinne der Betriebsstätte „nachweislich" durch die aufgeführten Tätigkeiten erzielt werden müssen. Hieraus kann nicht eine völlige Verlagerung der Beweislast auf den Steuerpflichtigen abgeleitet werden. Vielmehr ist der Begriff „nachweislich" an den Schranken des § 90 Abs. 2 AO zu messen, wonach die Nachweisverpflichtung in Art. 24 Abs. 1 Nr. 1 lit. a DBA Ausfluß der allgemeinen Mitwirkungspflicht des Steuerpflichtigen ist[106].

Bei der Durchführung von Investitionen in der Schweiz durch Personen, die in Deutschland ansässig bleiben, bietet daher die Beteiligung an einer schweizerischen Personengesellschaft – wie auch die Eröffnung eines Einzelunternehmens – steuerlich eine sehr attraktive Gestaltungsalternative.

---

[104] Zu den Einzelheiten vgl. BMF-Schreiben vom 26. März 1975, BStBl. 1975 I S. 479, TZ 3.1.2 ff.

[105] BMF vom 26. März 1975, aaO TZ 3.1.2.2.

[106] *Wingert/Strohner* in *Flick/Wassermeyer u.a.*, aaO, DBA, Art. 24, TZ 72; vgl. zu den Mitwirkungspflichten 4.

Soweit eine aktive Tätigkeit in der Schweiz ausgeübt wird, kann eine Besteuerung in der Schweiz unter Freistellung der Einkünfte in Deutschland erreicht werden und verbleibt es endgültig bei einer Besteuerung auf schweizerischem Steuerniveau.

4. Mitwirkungspflichten/Auskunftsklausel des DBA

Gem. § 85 AO haben die Finanzbehörden die Steuer nach Maßgabe der Gesetze gleichmäßig festzusetzen und zu erheben. Sie haben insbesondere sicherzustellen, daß Steuern nicht verkürzt, zu Unrecht erhoben oder Steuererstattungen und Steuervergütungen nicht zu Unrecht gewährt oder versagt werden. Zur Durchsetzung dieser Grundsätze sind die Finanzbehörden verpflichtet, den Sachverhalt von Amts wegen zu ermitteln (§ 88 AO). Dies gilt für inländische und ausländische Sachverhalte gleichermaßen, wobei alle für den Einzelfall bedeutsamen, insbesondere auch die für die Beteiligten günstigen Umstände zu berücksichtigen sind.

Bei der Erfüllung ihrer Untersuchungspflicht bedient sich die Finanzbehörde gem. § 90 AO der Mitwirkung der Steuerpflichtigen oder anderer beteiligter Personen. § 90 Abs. 1 Satz 1 AO begründet eine allgemeine Mitwirkungspflicht, die durch zahlreiche weitere Mitwirkungstatbestände der Abgabenordnung ergänzt bzw. konkretisiert wird. Darüber hinaus gibt es gem. § 90 Abs. 1 Satz 2 AO die Verpflichtung, die für die Besteuerung erheblichen Tatsachen vollständig offenzulegen, die bekannten Beweismittel anzugeben.

Die **Sachverhaltsaufklärungspflicht der Finanzbehörden** wird begrenzt durch das Völkerrecht. Zu den völkerrechtlich garantierten Rechtspositionen eines jeden Staates gehört insbesondere der Anspruch darauf, daß andere Staaten seine Gebietshoheit respektieren. Hoheitsakte eines Staates auf dem Gebiet eines anderen Staates ohne dessen Zustimmung sind danach unzulässig[107]. So ist es beispielsweise verboten, auf fremdem Hoheitsgebiet Außenprüfungen, Fahndungsmaßnahmen und sonstige Ermittlungen durchzuführen.

Im Hinblick auf das völkerrechtliche Verbot, Sachverhaltsaufklärungsmaßnahmen im Ausland durchzuführen, gebietet § 90 Abs. 2 AO erweiterte Mitwirkungspflichten für Beteiligte. Diese haben grenzüberschreitende ausländische Sachverhalte aufzuklären und die erforderlichen Beweismittel zu beschaffen. Die Rechtsprechung leitet aus der Verpflichtung zur Beschaffung von Beweismitteln ausdrücklich auch die Verpflichtung zur **Beweisvorsorge** ab[108]. War allerdings eine Beweisvorsorge aus rechtlichen und/oder tatsächlichen Gründen nicht möglich und ist auch die Beweismittelbeschaffung fehlgeschlagen, so ist eine Verletzung der Beweismittelbeschaffungspflicht nicht gegeben. Die Finanzbehörde darf hieraus im Rahmen der Beweiswürdigung keine negativen Schlüsse ziehen[109].

---

[107] *Tipke/Kruse*, AO, § 117, TZ 1.
[108] *Tipke/Kruse*, AO, § 90, TZ 6.
[109] *Tipke/Kruse*, AO, § 90, TZ 6ff. mwN.

Nach Art. 273[110] des schweizerischen Strafgesetzbuches folgt die rechtliche Unmöglichkeit der Beweismittelbeschaffung. Denn diese ist gesetzlich untersagt.[111] Demgegenüber ist allerdings zu berücksichtigen, daß nach der Gegenauffassung in der Literatur [112] und insbesondere der Rechtsprechung des BFH[113] Art. 273 schweizerisches Strafgesetzbuch der Verpflichtung zur Beweismittelbeschaffung nicht entgegenstehen soll. Damit muß in der Praxis regelmäßig berücksichtigt werden, daß die Erklärung, Beweismittel aus der Schweiz könnten nicht beigebracht werden, steuerlich zu Lasten des Beteiligten ausgelegt werden kann. Unabhängig hiervon kann eine Beweiswürdigung zu Lasten des Steuerpflichtigen bzw. eine Schätzung der Besteuerungsgrundlagen in Betracht kommen.

Ergänzend zu § 90 Abs. 2 AO ordnet § 17 AStG zum Zweck der Durchführung der Hinzurechnungsbesteuerung insbesondere an, daß Geschäftsbeziehungen zu Zwischengesellschaften offenzulegen sowie Bilanzen und Erfolgsrechnungen dieser Gesellschaften vorzulegen sind. § 17 Abs. 2 AStG läßt in diesem Zusammenhang in beschränktem Umfang auch Schätzungen zu.

Neben den Vorschriften der Abgabenordnung ist eine Auskunftserteilung gem. Art. 27 DBA möglich. Allerdings enthält das DBA Deutschland-Schweiz anders als Art. 26 des OECD-Musterabkommens nicht die große, sondern nur die sog. kleine Auskunftsklausel. Diese läßt nur den Austausch von Informationen zu, die zur richtigen Durchführung des Abkommens notwendig sind. Dabei besteht nach Art. 27 DBA kein völkerrechtlicher Anspruch Deutschlands gegenüber der Schweiz auf eine Auskunftserteilung (dies ergibt sich aus der Formulierung „können")[114]. Darüber hinaus haben Deutschland und die Schweiz unterschiedliche Auffassungen über die Reichweite der **Auskunftsklausel**. Während Deutschland die Auffassung vertritt, der **Informationsaustausch** gehe soweit, wie die in Betracht kom-

---

[110] Art. 273 des schweizerischen StGB lautet:

Wirtschaftlicher Nachrichtendienst

Wer ein Fabrikations- oder Geschäftsgeheimnis auskundschaftet, um es einer fremden amtlichen Stelle oder einer ausländischen Organisation oder privaten Unternehmung oder ihren Agenten zugänglich zu machen,

wer ein Fabrikations- oder Geschäftsgeheimnis einer fremden amtlichen Stelle oder einer ausländischen Organisation oder privaten Unternehmung oder ihren Agenten zugänglich macht,

wird mit Gefängnis, in schweren Fällen mit Zuchthaus bestraft. Mit der Freiheitsstrafe kann Busse verbunden werden.

[111] Ebenso *Schmidt/Gassmann*, Der schweizerische Schutz von Geschäftsgeheimnissen gegenüber dem Ausland, AWD 1970, S. 464ff.; *Hangarter*, Erweiterte Mitwirkungspflichten bei Auslandsbeziehungen und schweizerischer Geheimnisschutz, RIW/AWD 1982, S. 176ff.; *Wöhrle/Schelle/Gross*, AStG § 17, S. 118; *Schaumburg*, Internationales Steuerrecht, TZ 19.

[112] Vgl. insbes. *Tipke/Kruse*, AO, § 90 TZ 6 mwN.

[113] BFH vom 16. 4. 1980, BStBl. 1981 II, S. 492; BFH vom 16. 4. 1986, BStBl. 1986 II, S. 736.

[114] Ebenso: *Wingert/Strohner* in *Flick/Wassermeyer u.a.*, Art. 27, TZ 3.

menden Steuern unter das DBA fallen und die Besteuerung nach dem relevanten innerstaatlichen Steuerrecht dem DBA widerspricht, vertritt die Schweiz die Auffassung, es ergebe sich bereits aus dem Zweck eines DBA die Doppelbesteuerung zu vermeiden. Damit hätten sowohl die Steuerpflichtigen als auch die Finanzbehörden der beiden Vertragsstaaten die zur Erfüllung dieses Zwecks erforderlichen Auskünfte zu erteilen, ohne daß es noch einer Auskunftsklausel bedürfe. Dies gelte insbesondere für das Verfahren zur Entlastung von Quellensteuern, für das Verständigungsverfahren, aber auch zur Vermeidung einer mißbräuchlichen Inanspruchnahme des DBA[115].

Nach alledem wird die Auskunftsklausel des DBA von Schweizer Seite eher restriktiv ausgelegt.

---

[115] Siehe dazu Botschaft des schweizerischen Bundesrats vom 20. 10. 1991 III, Art. 27, abgedruckt in *Flick/Wassermeyer u.a.*, Texte zum DBA 1971, 4.1.

H. Grundsätze des schweizerischen Sozialversicherungssystems: Drei-Säulen-Konzept

Roger Iff

Übersicht

I. Historische Entwicklung

Das schweizerische Sozialversicherungsrecht entstand wie dasjenige sehr vieler europäischer Staaten seit der zweiten Hälfte des vorherigen Jahrhunderts. Die industrielle Entwicklung führte nicht nur zu wirtschaftlicher Hochblüte, sondern auch zu Verarmung und Abhängigkeit der sich bildenden Arbeitnehmerschaft. Absenzen wegen Krankheit, Alter oder Unfall hatten wegen der fehlenden Lohnzahlung existenzielle Nöte zur Folge. Diese Umstände liessen kurz nach der Jahrhundertwende die ersten Gesetze entstehen: das Militärversicherungsgesetz sowie das Kranken- und Unfallversicherungsgesetz.

Zwischen den beiden Weltkriegen wurde die verfassungsmässige Grundlage für eine Alters-, Hinterbliebenen- und Invalidenversicherung (AHV und IV) geschaffen. Das gestützt darauf erlassene Ausführungsgesetz wurde vom Volk jedoch verworfen.

Während des 2. Weltkrieges trat per Vollmacht der Bundesbeschluss über die Lohnausfallentschädigung für diensttuende Arbeitnehmer (als Vorläufer der heutigen Erwerbsersatzordnung EO) in Kraft. Unmittelbar nach Kriegsende wurden mit dem Einsetzen des wirtschaftlichen Aufschwungs in rascher Folge diverse eidgenössische Gesetze erlassen. 1948 trat die heutige AHV in Kraft, 1951 eine erste Grundlage für die Arbeitslosenversicherung, 1953 die Erwerbsersatzordnung, im gleichen Jahr die landwirtschaftliche Familienzulagenordnung (für ausserhalb der Landwirtschaft tätige Arbeitnehmer ist sie auf kantonaler Ebene geregelt), 1960 die Invalidenversicherung IV und 1966 das Bundesgesetz über die Ergänzungsleistungen zur AHV/IV.

Die Abstimmung, mit der 1972 die bisher wichtigste verfassungsmässige Grundlage – Art. 34quater – angepasst wurde, kann man als Meilenstein der Entwicklung betrachten, wurde doch damit erstmals ein klares Konzept, das heute geltende 3-Säulen-Prinzip, eingeführt. Die **1. Säule**, zum damaligen Zeitpunkt bestehend aus AHV/IV/EO und Ergänzungsleistungen (staatliche Vorsorge) soll die Existenz sichern, die **2. Säule** (berufliche Vorsorge) soll die Fortsetzung der gewohnten Lebenshaltung in angemessener Weise ermöglichen und über die **3. Säule** (private Vorsorge) wird der individuelle Zusatzbedarf abgedeckt.

Das schweizerische Vorsorgesystem nach der Abstimmung 1972:

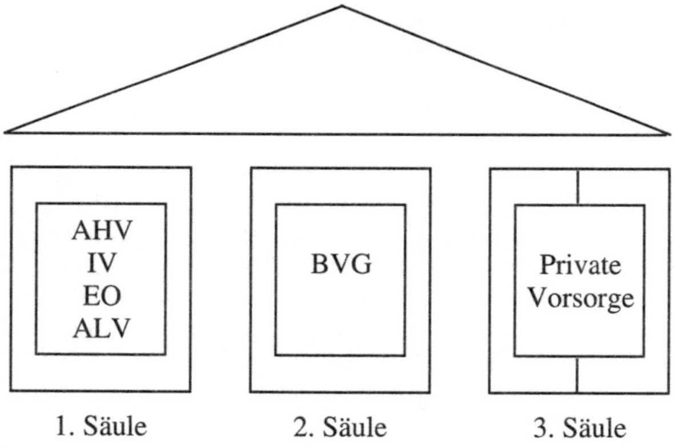

Kurz nach Erlass dieses 3-Säulen-Prinzips deckte die Rezession Mitte der 70er Jahre die Schwächen einer fehlenden obligatorischen Arbeitslosenversicherung (ALV) auf. 1977 wurde eine Übergangsordnung geschaffen, die 1984 formell durch ein Bundesgesetz ersetzt wurde. Schliesslich wurde zu Beginn der 80er Jahre auch das seit 1912 unveränderte Unfallversicherungsgesetz (UVG) einer gründlichen Revison unterzogen, sodass 1984 ein „neues" UVG in Kraft treten konnte. Nach fast 13-jähriger Diskussion über die Umsetzung des 3-Säulen-Prinzips trat 1985 das Bundesgesetz über die berufliche Alters-, Hinterlassenen- und Invalidenvorsorge (BVG) in Kraft gesetzt. In den 90er Jahren wurde das Militärversicherungsgesetz (MVG) einer kompletten Revision unterzogen. Als jüngstes Gesetz ist per 1. 1. 1996 ein komplett neues Krankenversicherungsgesetz (KVG) in Kraft getreten, welches ein Obligatorium für die in der Schweiz wohnhafte Bevölkerung geschaffen hat.

II. Rechtsgrundlagen

Verfassungsmässige Grundlage für die schweizerische Sozialversicherung bilden Art. 111 bis 117 der neuen Verfassung. Daneben werden die einzelnen Versicherungen in speziellen Gesetzen, Verordnungen und Wegleitungen geregelt, zT auch auf kantonaler Ebene. Im einzelnen handelt es sich um folgende Erlasse:

- Bundesgesetz über die Alters- und Hinterlassenenversicherung AHVG („Kennzahl" SR 831.10)
- Bundesgesetz über die Invalidenversicherung IVG (SR 831.20)
- Bundesgesetz über Ergänzungsleistungen zur Alters-, Hinterlassenen- und Invalidenversicherung ELG (SR 831.30)
- Bundesgesetz über die Erwerbsersatzordnung für Dienstuende in Armee und Zivilschutz EOG (SR 834.1)
- Bundesgesetz über die obligatorische Arbeitslosenversicherung und die Insolvenzentschädigung AVIG (SR 837.0)
- Bundesgesetz über die berufliche Alters-, Hinterlassenen- und Invalidenvorsorge BVG (SR 831.40)
- Bundesgesetz über die Unfallversicherung UVG (SR 832.20)
- Bundesgesetz über die Krankenversicherung KVG (SR 832.10).

III. Das 3-Säulen-Prinzip

Die nachstehenden Erläuterungen der einzelnen Versicherungen folgen grundsätzlich dem Drei-Säulen-Prinzip, wie es sich seit 1972 präsentiert. Die später hinzugekommenen obligatorischen Versicherungen (Unfallversicherung, Krankenversicherung) werden am Schluss behandelt.

1. Die AHV

Die Alters- und Hinterlassenenversicherung will mit ihren Leistungen den Existenzbedarf einer Person bei **Wegfall ihres Erwerbseinkommens** oder wegen **Tod des Versorgers** abdecken. Sie basiert auf dem sogenannten Umlageverfahren, dh. die während einer Periode eingenommenen Beiträge werden sogleich zur Bezahlung der Leistungen in der gleichen Periode verwendet.

Bei der AHV sind grundsätzlich alle Personen, welche in der Schweiz wohnen oder hier erwerbstätig sind, obligatorisch versichert. Zu den obligatorisch versicherten Personen zählen auch sogenannte Entsandte, dh. Angestellte von Schweizer Firmen, welche für eine bestimmte Zeit – in der Regel nicht länger als 3–5 Jahre, vereinzelt auch 6 Jahre – im Ausland arbeiten, jedoch weiterhin von der Schweizer Firma (und nicht etwa von der ausländischen Betriebsstätte oder Tochter) entlöhnt werden. Schweizer-Bürger mit Wohnsitz im Ausland können sich der freiwilligen Versicherung für Auslandschweizer anschliessen. Nicht versichert sind dagegen beispielsweise in die Schweiz entsandte Arbeitnehmer ausländischer Firmen, die diplomatischen oder konsularischen Vertreter anderer Staaten sowie Personen, die sich lediglich zu Ausbildungszwecken in der Schweiz aufhalten.

Die AHV-Beitragspflicht beginnt für Erwerbstätige am 1. Januar nach dem Erreichen des 17. Altersjahres bzw. für Nichterwerbstätige, wie zB Schüler und Studenten, mit dem Erreichen des 20. Altersjahres. Sie endet mit dem Erreichen des ordentlichen AHV-Alters. Bei Erwerbstätigkeit im Rentenalter müssen weiterhin Beiträge bezahlt werden. Es gibt jedoch einen Freibetrag in Höhe von CHF 1.400 pro Monat und für jedes einzelne von mehreren Arbeitsverhältnissen.

Die AHV-Beiträge belaufen sich bei **unselbständig Erwerbstätigen** auf gesamthaft 8,4% vom sogenannt massgebenden Lohn und sind je hälftig von Arbeitnehmer und Arbeitgeber zu entrichten. Zum massgebenden Lohn zählt jedes Entgelt für in unselbständiger Stellung geleistete Arbeit wie Lohn, Teuerungszulagen, Gratifikationen, Naturalbezüge, Ferienentschädigungen usw. Nicht zum massgebenden Lohn gehören dagegen gewisse Versicherungsleistungen bei Unfall, Krankheit und Invalidität. Einen oberen Grenzbetrag gibt es nicht, dh. die AHV-Beiträge werden vom gesamten Einkommen erhoben, obwohl nur die Beiträge bis zu einer oberen Einkommensgrenze von derzeit CHF 72.360 (Stand 2000) sogenannt rentenbildend wirken. Beiträge für darübergehende Lohnbestandteile haben „Solidaritätscharakter".

Selbständig Erwerbstätige entrichten einen Beitrag in Höhe von 7,8 % von ihrem prinzipiell nach steuerlichen Grundsätzen ermittelten Reineinkommen. Massgebend für die Beitragsfestsetzung ist die Veranlagung der direkten Bundessteuer. Bei einem Jahreseinkommen unter CHF 48.300 kommt eine sinkende Beitragsskala zur Anwendung. Für jährliche Einkommen unter CHF 7.800 ist generell der Mindestbetrag in Höhe von CHF 324 zu entrichten.

Nichterwerbstätige haben ebenfalls Beiträge zu entrichten. Als solche gelten Personen zwischen dem 21. Altersjahr und dem AHV-Rentenalter, die keine oder aufgrund einer Erwerbstätigkeit allenfalls nur geringe Beiträge entrichten. Typische Angehörige dieser Kategorie sind beispielsweise Studenten, Weltenbummler, geschiedene Frauen und vorzeitig Pensionierte. Bei diesen Personen bildet das Vermögen sowie kapitalisiertes allfälliges Ersatzeinkommen wie Renten, Alimente usw. die Basis für die Beitragsberechnung. Der Beiträg beläuft sich (inklusive IV- und EO-Beiträge) auf mindestens CHF 390 und maximal CHF 10.100.

Die AHV erbringt hauptsächlich Geldleistungen in Form von lebenslänglichen **Renten** wie Alters-, Hinterlassenenrenten (Witwen-, Waisen- und seit dem 1. 1. 1997 unter bestimmten Bedingungen auch **Witwer**renten) sowie **Hilflosenentschädigungen**; Kapitalien als eigentliche Leistungsform kennt das AHV-Recht seit der 10. AHV-Revision nicht mehr. Daneben werden für AHV-Bezieher Erstattungsleistungen für die Kosten von Hilfsmitteln wie Prothesen, Schuhwerk, Perücken, Rollstühle usw. erbracht.

Seit dem 1. 1. 1997 hat jede Person – unabhängig davon, ob sie ledig, verheiratet, geschieden oder verwitwet ist – einen individuellen Anspruch auf eine Rente. Berechnungsbasis für diese Rente bilden grundsätzlich die einem persönlichen Beitragskonto gutgeschriebenen eigenen Beiträge. Bei verheirateten Personen werden die während der Ehejahre von den Partnern erbrachten Beiträge aufgeteilt und gegenseitig angerechnet. Seit der 10. AHV-Revision wird ausserdem für die Erziehung von Kindern bis 16 Jahren sowie für die Betreuung pflegebedürftiger Angehöriger eine Erziehungs- oder Betreuungsgutschrift – eine Art fiktives Einkommen – berücksichtigt[1].

Die Höhe der Renten hängt einerseits von der Anzahl der **Beitragsjahre** und anderseits vom massgebenden **durchschnittlichen Jahreseinkommen** während der Erwerbszeit ab. Dabei wird der Teuerung mit einem Aufwertungsfaktor Rechnung getragen. Hinzu kommt seit dem Inkrafttreten der 10. AHV-Revision eine Art „fiktives Erwerbseinkommen" in Form von Erziehungsgutschriften. Wurden lückenlos Beiträge entrichtet[2] und resultiert aufgrund der Berechnung[3] ein durchschnittliches Einkommen von über CHF 72.360, kommt eine Vollrente zur Auszahlung. In allen anderen Fällen (keine vollen Beitragsjahre, durchschnittliches Einkommen kleiner als CHF 72.360) wird eine Teilrente ausbezahlt.

Die minimale Alters- bzw. Invalidenrente beträgt pro Person und Jahr CHF 12.060, die maximale Alters- bzw. Invalidenrente CHF 24.120. Bei Ehepaaren ist die Altersrente jedoch auf 150% der maximalen Altersrente plafoniert, also auf CHF 36.180. Die Witwen- bzw. Witwerrente beträgt maximal 80% der einfachen Altersrente. Die Waisenrente beträgt 40% der massgebenden einfachen Altersrente. Mehrere Waisenrentenansprüche sind auf 60% begrenzt (maximal also CHF 14.328).

Anspruch auf eine Altersrente haben Männer, welche das **65. Altersjahr** zurückgelegt haben bzw. Frauen, welche das **62. Altersjahr** zurückgelegt haben. Seit 1997 können Männer jedoch schon mit 64 in Pensionierung gehen, ab 2001 ab dem 63. Altersjahr. Allerdings müssen dafür lebenslängliche Rentenkürzungen von 6,8% bzw. 13,6% in Kauf genommen werden. Bei den Frauen hingegen wird das AHV-Alter in zwei Etappen auf ein ordentliches Schlussalter von 64 angehoben: ab dem Jahr 2001 gilt bei Frauen 63 als ordentliches Pensionierungsalter, ab dem Jahr 2005 ein solches von 64. Diese schrittweise Anhebung wird durch die Möglichkeit einer vorzeitigen Pensionierung mit Kürzungen von lediglich 3,4% bzw. 6,8% gemildert[4]. Der Bezug der Altersleistung kann auch aufgeschoben werden. Als Dauer kann zwischen 1 und 5 Jahren gewählt werden. Je nach gewählter Aufschubsdauer erhöht sich die Rente um 5% bis 31,5%.

---

[1] Die Gutschrift beträgt pro Erziehungsjahr – unabhängig der Anzahl Kinder – derzeit maximal CHF 36.180 (Stand 2000).

[2] Männer 44 Beitragsjahre, Frauen 41 Beitragsjahre.

[3] Massgebend ist das durchschnittliche Jahreseinkommen, welches sich wie folgt ergibt: Gesamte Einkommenssumme während der Erwerbszeit plus allfällige Gutschriften, korrigiert um einen Aufwertungsfaktor, welcher der Teuerung Rechnung tragen soll, dividiert durch die Anzahl der Beitragsjahre.

[4] Vgl. Abschnitt d der Uebergangsbestimmungen der 10. AHV-Revision.

Die AHV-Ansprüche müssen mittels amtlichem Formular von der versicherten Person vor ihrer Pensionierung geltend gemacht werden. Leistungen werden grundsätzlich nur an Personen mit Wohnsitz in der Schweiz ausbezahlt. Ausnahmen gibt es für diejenigen Länder, mit denen die Schweiz ein Sozialversicherungsabkommen abgeschlossen hat, was im Verhältnis zu Deutschland der Fall ist.

2. Invalidenversicherung

Die Invalidenversicherung verfolgt als Hauptziel die Ein- bzw. Wiedereingliederung von behinderten Personen in den Arbeitsprozess[5]. Rentenzahlungen werden erst dann geleistet, wenn die Ein- bzw. Wiedereingliederung nicht mehr möglich ist oder wenn zumindest eine Erwerbsunfähigkeit von 40% vorliegt. Bei krankheitsbedingter Erwerbsunfähigkeit muss diese mindestens 1 Jahr gedauert haben, bevor Ansprüche geltend gemacht werden können[6]. Da die Prüfung nochmals gewisse Zeit in Anspruch nimmt, können bis zu zwei Jahre andauernde Perioden entstehen, während denen ein Versicherter faktisch kein Einkommen hat. Diese Vorsorgelücke wird einerseits durch eine mässige arbeitsrechtliche Lohnfortzahlungspflicht gemäss Art. 324 a OR sowie mit Taggeldversicherungen gedeckt.

Der Kreis der bei der IV **versicherten Personen** ist grundsätzlich identisch mit demjenigen der AHV. Es sind daher alle in der Schweiz wohnhaften und/oder erwerbstätigen Personen sowie die Auslandschweizer, die sich freiwillig bei der AHV unterstellen, versichert[7]. Die Beitragspflicht beginnt für Erwerbstätige am 1. Januar nach dem vollendeten 17. Altersjahr, für Nichterwerbstätige am 1. Januar nach dem vollendeten 20. Altersjahr. Sie endet ebenfalls wie die AHV-Beitragspflicht mit dem 64. bzw. 65. Altersjahr. Die Beiträge belaufen sich für Arbeitnehmer und Arbeitgeber gesamthaft auf 1,4% des massgebenden Lohnes (ohne obere Grenze). Sie werden wie die AHV-Beiträge je hälftig von Arbeitnehmer und Arbeitgeber finanziert.

Getreu dem Grundsatz **„Eingliederung vor Rente“** kennt die IV zunächst diverse Eingliederungsmassnahmen, welche vor der Ausrichtung von Geldleistungen ausgeschöpft sein müssen. Es sind dies medizinische Massnahmen[8] wie zB Übernahme von Kosten eines Physiotherapeuten, berufliche Massnahmen wie Berufsberatung, Umschulungen usw., schulische Massnahmen wie Sprachheilbehandlung, Hörtraining, Sondergymnastik und ähnliches, die Abgabe von Hilfsmitteln, die Übernahme von Pflegebeiträgen für Minderjährige etc. Während der Eingliederungszeit werden Taggelder bis zu CHF 205 ausbezahlt. Erst wenn solche Massnahmen keinen Erfolg zeigen, kommt eine Rente zur Auszahlung. Dabei wird unterschieden zwischen einer Viertel-, einer halben und einer ganzen Rente, die bei Invaliditätsgraden ab 40 Pro-

---

[5] Vgl. Art. 8 IVG.
[6] Vgl. Art. 29 IVG. Die Deckungslücke kann anderweitig gefüllt werden.
[7] Vgl. Art. 1 IVG.
[8] Vgl. Art. 12 ff. IVG.

zent, 50 Prozent bzw. 66$^2/_3$ Prozent ausbezahlt werden[9]. Für die Bemessung des Invaliditätsgrades wird dabei auf einen Vergleich zwischen dem sogenannten Validen- und dem Invalideneinkommen abgestellt, dh. auf einen Vergleich zwischen einem hypothetischem Einkommen, das als Gesunder erzielbar wäre und demjenigen, das als Invalider zumutbarerweise noch erzielbar ist[10]. Die Renten betragen zwischen CHF 1.005 bis CHF 2.010.

Sodann kennt die IV **Hilflosenentschädigungen**, welche an Versicherte gezahlt werden, die in ihren alltäglichen Lebensverrichtungen auf die Hilfe von Dritten angewiesen sind. Dazu zählen Verrichtungen wie An- und Auskleiden, Aufstehen, Absitzen, Abliegen, Essen und Trinken, Körperpflege usw. Je nach Ausmass der Hilflosigkeit wird zwischen leichter, mittlerer und schwerer Hilflosigkeit unterschieden. Dementsprechend wird eine Entschädigung von 20%, 50% oder 80% der einfachen Minimal-Altersrente gem. AHV ausbezahlt, was Beträge zwischen CHF 201 und 804 pro Monat ergibt.

3. Erwerbsersatzordnung

Die EO bezweckt, den Verdienstausfall infolge Militärdienst, Zivildienst usw. teilweise zu ersetzen. Obligatorisch versichert sind grundsätzlich alle Personen, die in der Schweiz **Militär- oder Zivildienst** leisten. Auch Auslandschweizer, welche in der Schweiz zB die Rekrutenschule absolvieren, sind versichert. Die rechtliche Durchführung der EO lehnt sich in weiten Teilen an die AHV-Gesetzgebung an. So ist grundsätzlich beitragspflichtig, wer AHV-Beiträge zu entrichten hat[11]. Beiträge müssen demzufolge alle Personen entrichten, die in der Schweiz wohnen und/oder hier eine Erwerbstätigkeit ausüben. Dies kann dazu führen, dass auch Personen Beiträge entrichten, welche möglicherweise nie in den Genuss von Leistungen kommen.

Die EO-Beiträge betragen 0,3% des Erwerbseinkommens und werden hälftig von Arbeitgeber- und Arbeitnehmer finanziert. Nichterwerbstätige müssen mindestens CHF 12 maximal CHF 300 bezahlen.

Die EO gewährt Haushaltsentschädigungen, Entschädigungen für Alleinstehende, Kinderzulagen, Unterstützungszulagen und Betriebszulagen, welche der Höhe nach vom zu leistenden Dienst, vom Lohn und vom Zivilstand abhängig sind. Die verschiedenen Entschädigungen ergeben Taggeldansprüche und sind als solche grundsätzlich kumulierbar. Die Gesamtentschädigung darf jedoch CHF 205 nicht überschreiten.

4. Arbeitslosenversicherung

Die Arbeitslosenversicherung will den versicherten Personen einen angemessenen Ersatz für die **Erwerbsausfälle** wegen Arbeitslosigkeit, Kurzar-

---

[9] Vgl. Art. 28 IVG.
[10] Vgl. Art. 28 Abs. 2 IVG.
[11] Vgl. Art. 27 EOG.

beit, schlechtem Wetter und bei **Zahlungsunfähigkeit des Arbeitgebers** garantieren[12], aber auch die Arbeitslosigkeit bekämpfen und sie verhüten.

Versichert sind laut Bundesgesetz grundsätzlich alle Arbeitnehmer. Die Versicherungspflicht deckt sich weitgehend mit derjenigen der AHV. Nicht versichert und somit auch nicht bezugsberechtigt sind insbesondere die Selbständigerwerbenden. Auch AHV-Bezieher und Arbeitslose sind von der Beitragspflicht befreit[13].

Die ALV-Beiträge wurden 1996 im Rahmen einer Revision angehoben. Sie betragen derzeit 3 Prozent für den Lohnbestandteil bis CHF 106.800 und 1 Prozent auf den übersteigenden Teil bis CHF 267.000. Darüber hinausgehende Lohnbestandteile sind ALV-beitragsfrei.

Damit von der Arbeitslosenversicherung in Zusammenhang mit einer Arbeitslosigkeit Leistungen beansprucht werden können, müssen eine Reihe von Voraussetzungen erfüllt sein[14]. So hat derjenige, welcher eine Leistung beanspruchen will, beispielsweise arbeitslos zu sein, in der Schweiz zu wohnen, die Mindestbeitragszeit zu erfüllen usw. All diese Voraussetzungen werden im Gesetz näher umschrieben[15]. Sind die einzelnen Voraussetzungen erfüllt, werden nach gewissen Wartezeiten auf der Basis des zuletzt versicherten Lohnes, maximal aber CHF 8.100 pro Monat, **Taggelder** ausbezahlt. Diese betragen zwischen 70 bis 80 Prozent des Tagesverdienstes[16]. Die Anspruchsdauer richtet sich einerseits nach dem Alter des Versicherten und anderseits nach der Tatsache, ob dieser an arbeitsmarktlichen Massnahmen wie Umschulungen, Weiterbildungen usw. teilnimmt. Je nach Situation ergeben sich Ansprüche von bis zu 520 Taggeldern, in Situationen kurz vor Erreichen des ordentlichen AHV-Rentenalters sogar von bis zu 640 Taggeldern.

5. Berufliche Vorsorge

Die berufliche Vorsorge soll den Betagten, Hinterlassenen und Invaliden zusammen mit den Leistungen der eidgenössischen Versicherungen (AHV, IV) die **Fortsetzung der gewohnten Lebenshaltung** in angemessener Weise ermöglichen. Im Gegensatz zur staatlichen Vorsorge, welche nach dem sogenannten Umlageverfahren finanziert wird, funktioniert die berufliche Vorsorge nach dem sogenannten **Kapitaldeckungsverfahren**. Die künftig auszurichtenden Leistungen werden somit vorfinanziert.

Das BVG, bei welchem es sich um ein Rahmengesetz mit minimalen Vorschriften handelt, schreibt eine vom Arbeitgeber losgelöste Durchführung vor. Der Arbeitgeber, welcher obligatorisch zu versichernde Personen beschäftigt, hat dabei entweder eine eigene Vorsorgeeinrichtung zu errichten oder sich einer solchen anzuschliessen. Als mögliche Formen nennt der Gesetzgeber abschliessend die Stiftung, die Genossenschaften oder die Gebiets-

---

[12] Vgl. Art. 1 AVIG.
[13] Vgl. zur Beitragspflicht Art. 2 AVIG.
[14] Vgl. Art. 8 AVIG.
[15] Vgl. Art. 10ff. AVIG.
[16] Monatsverdienst dividiert durch 21,7.

körperschaften (Bund, Kanton, Gemeinde). Die ganz überwiegende Rechtsform ist die Stiftung.

Obligatorisch zu versichern gem. den Bestimmungen des Bundesgesetzes über die Alters-, Hinterlassenen- und Invalidenvorsorge BVG sind alle AHV-beitragspflichtigen Arbeitnehmer, welche das 17. Altersjahr vollendet und einen Jahreslohn von mehr als CHF 24.120 beziehen[17]. Keine obligatorische Versicherungspflicht besteht also beispielsweise für selbständig Erwerbstätige, für Personen ohne AHV-beitragspflichtigen Arbeitgeber, invalide Personen.

Für die jungen Arbeitnehmer schreibt das Gesetz nur eine Deckung für die Risiken Tod und Invalidität vor[18]; für das Risiko Alter muss erst ab dem 1. Januar nach Vollendung des 24. Altersjahres vorgesorgt bzw. gespart werden. Versichert ist sodann im Rahmen des Obligatoriums nur der Lohn zwischen CHF 24.120 und CHF 72.360, welcher als sogenannter **koordinierter Lohn** bezeichnet wird. Es steht einem Unternehmen jedoch frei, bessere Leistungen als diejenigen gemäss BVG zu definieren, insbesondere zB Lohnbestandteile über CHF 72.360 zu versichern. Hierbei ist von **überobligatorischer Vorsorge** die Rede. In der Praxis ist dies überwiegend der Fall. Zu dieser Entwicklung tragen sicherlich die steuerlich attraktiven Rahmenbedingungen bei.

Gem. BVG müssen die Vorsorgeeinrichtungen mindestens die vom Gesetz vorgeschriebenen Witwen-, Waisen-, Invaliden- und Altersleistungen erbringen. Diese hängen grundsätzlich vom individuell angesparten **Altersguthaben** ab. Die Sparbeiträge betragen gemäss Gesetz je nach Alter 7%, 10%, 15% oder 18% des koordinierten Lohnes. Bei einem 38-jährigen Mann beträgt in einem Vorsorgeplan gemäss Vorschriften des BVG der Sparbeitrag beispielsweise 10% vom koordinierten Lohn, dh. 10% von CHF 72.360 ./. CHF 24.120 = 10% von 48.240 = CHF 4.824. Aus dem derart angesparten Altersguthaben, zu dem noch die über die Jahre aufgelaufenen Zinserträge hinzukommen, wird bei Erreichen des Pensionierungsalters die **Altersrente** berechnet. Sie beträgt 7,2% des vorhandenen Altersguthabens[19]. Eine **Invalidenrente** wird bei mindestens 50%-iger Invalidität ausgezahlt. Sie beträgt ebenfalls 7,2% des Altersguthabens, wobei dieses speziell berechnet wird[20]. Die **Witwenrente** beträgt 60% der Alters- bzw. Invalidenrente. Eine solche kommt allerdings nur dann zur Auszahlung, wenn die Witwe entweder für den Unterhalt eines oder mehrerer Kinder aufkommen muss oder wenn sie das 45. Altersjahr zurückgelegt und die Ehe mindestens fünf Jahre gedauert hat. Andernfalls erhält sie eine einmalige Abfindung. Unter bestimmten Voraussetzungen gilt auch die geschiedene Frau bei Tod ihres Ex-Mannes als Witwe. Die **Waisenrente** beträgt 20% der Alters- bzw. Invalidenrente.

---

[17] Vgl. Art. 2 BVG.

[18] Vgl. Art. 7 BVG.

[19] Aufgrund der laufenden Diskussionen im Zusammenhang mit der 1.BVG Revision ist damit zu rechnen, dass dieser Umrechnungssatz nach unten korrigiert wird. So wie es aussieht, dürfte der neue Umrechnungssatz ca. 6,6–6,8% betragen.

[20] Vgl. Art. 24 Abs. 2 BVG.

Diese Renten können – sofern das Vorsorgereglement eine entsprechende Möglichkeit vorsieht – auch in **Kapitalform** ausgerichtet werden.

Die im Rahmen der beruflichen Vorsorge angesparten Mittel bleiben bis zum Eintritt eines Versicherungsfalles grundsätzlich dem Vorsorge-Kreislauf verhaftet. Der Versicherte kann also nicht frei über dieses Guthaben verfügen. Dementsprechend werden die Gelder bei einem Stellenwechsel als **Freizügigkeitsleistung** auf die Vorsorgestiftung des neuen Arbeitgebers überwiesen, oder es kann bei Fehlen eines neuen Arbeitgebers eine Freizügigkeitspolice (Versicherungslösung) oder ein Freizügigkeitskonto (Banklösung) errichtet werden. Die damit zusammenhängenden Modalitäten sind seit dem 1. 1. 1995 im Bundesgesetz über die Freizügigkeit in der beruflichen Alters-, Hinterlassenen- und Invalidenvorsorge geregelt[21]. Ausnahmsweise können die gebundenen Mittel vorzeitig, dh. vor Eintreten eines Vorsorgefalles, aus dem 2. Säule-Kreislauf entnommen werden. Dies ist insbesondere dann möglich,

- wenn jemand die Schweiz endgültig verlässt,
- wenn jemand eine selbständige Erwerbstätigkeit aufnimmt und der obligatorischen beruflichen Vorsorge nicht mehr untersteht
- oder wenn jemand die Vorsorgegelder im Rahmen der Wohneigentumsförderung beansprucht[22], um damit selbstbewohntes Wohneigentum zu finanzieren oder bestehende Hypotheken zu amortisieren.

Bei Verheirateten ist für eine vorzeitige Barauszahlung stets die Zustimmung des Ehepartners notwendig.

6. Freie Vorsorge im Rahmen der 3. Säule

Mit der freien Vorsorge im Rahmen der 3. Säule sollen die weitergehenden **privaten Vorsorgebedürfnisse** abgedeckt werden. Man unterscheidet einen gebundenen Teil, als **Säule 3a** bezeichnet, und einen freien Teil, als **Säule 3b** bezeichnet. Die Unterscheidung hat Auswirkungen im steuerlichen Bereich. Für die Säule 3a gilt der Grundsatz, dass die Beiträge abgezogen werden dürfen, dafür die Leistungen bei Auszahlung besteuert werden, während Beiträge an Versicherungen im Rahmen der Säule 3b lediglich im Rahmen einer bescheidenen Pauschale abgezogen werden dürfen (was unter steuerlichen Aspekten meistens eine Finanzierung mit versteuertem Geld bewirkt), später dafür grundsätzlich steuerfrei ausbezahlt werden.

6.1. Gebundene Selbstvorsorge Säule 3a

Bei der **gebundenen Selbstvorsorge** im Rahmen der Säule 3a handelt es sich um spezielle Vorsorgevereinbarungen, welche mit Bankstiftungen oder Versicherungsgesellschaften abgeschlossen werden können. Bei einem Vertrag mit einer Bankstiftung handelt es sich meistens um einen reinen **Sparvertrag**, während die Vereinbarung mit einer Versicherungsgesellschaft

---

[21] Vgl. Freizügigkeitsgesetz.

[22] Vgl. Art. 30a ff. BVG sowie die Verordnung über die Wohneigentumsförderung mit Mitteln der beruflichen Vorsorge.

stets einen **Versicherungsschutz** (Todesfallkapital, Rentenleistungen bei Erwerbsunfähigkeit usw.) beinhaltet.

Die Vorsorgeverträge müssen vor dem Vertrieb von der Eidg. Steuerverwaltung geprüft werden und bestimmte Anforderungen erfüllen. So müssen die Mittel analog wie diejenigen bei der 2. Säule grundsätzlich bis zum Eintritt eines Vorsorgefalles **gebunden** bleiben, dh. während der Aufbauphase kann analog zur 2. Säule nicht frei über das Geld verfügt werden. Ferner ist im Todesfall eine bestimmte **Begünstigungsreihenfolge** einzuhalten. Bei Tod geht die Leistung zuerst zwingend an den überlebenden Ehegatten, hernach an die direkten Nachkommen oder an Personen, welche vom Verstorbenen massgeblich unterstützt worden sind. Fehlen ein Ehegatte oder Nachkommen oder unterstützte Personen, geht die Leistung an die Eltern, hernach an die Geschwister und in letzter Linie an die übrigen Erben. Der Vorsorgenehmer hat aber das Recht, die Reihenfolge Eltern – Geschwister – übrige Erben abzuändern und die Ansprüche näher zu definieren.

Um einen Säule-3 a-Vertrag abschliessen zu können, muss in der Schweiz ein AHV- und steuerpflichtiges Erwerbseinkommen erzielt werden. Passive Einkünfte wie Zinsen, Dividenden usw. berechtigen beispielsweise nicht zum Abschluss einer derartigen Vorsorgevereinbarung[23]; ebensowenig könnte beispielsweise ein selbstständig Erwerbstätiger in einem Verlustjahr Beiträge geltend machen. Die Eidg. Steuerverwaltung verlangte anfänglich kumulativ die unbeschränkte Steuerpflicht, musste diese Voraussetzung aufgrund eines für sie negativ ausgegangenen höchstrichterlichen Entscheides später jedoch fallenlassen[24].

Die **maximalen Beiträge** sind nach oben beschränkt: sofern jemand einer Pensionskasse (2. Säule) angehört, dh. an diese Beiträge entrichtet, können maximal CHF 5.789 einbezahlt werden (Stand 2000). Andernfalls dürfen 20 Prozent des steuerlich massgebenden Erwerbseinkommens, maximal jedoch CHF 28.944 (Stand 2000)[25] entrichtet werden. In der Praxis schliessen sehr oft selbständig Erwerbstätige eine derartige Versicherung ab, da für diesen Personenkreis die berufliche Vorsorge im Rahmen der Säule 2 nicht obligatorisch ist.

Die Mittel bleiben wie diejenigen der 2. Säule grundsätzlich bis zum Erreichen des Pensionierungsalters gebunden. Sie können jedoch schon 5 Jahre vor Erreichen des ordentlichen AHV-Alters, dh. frühestens ab Alter 60 (Männer) bzw. 57 (Frauen; Stand 2000; später wohl Anhebung auf 58 bzw. 59 je nach geltendem ordentlichen Pensionierungsalter), **vorzeitig bezogen** werden. Ausserdem ist ein früherer Bezug beispielsweise möglich bei definitivem Verlassen der Schweiz, bei Aufnahme einer selbständigen Erwerbstätigkeit oder wenn jemand das Geld im Rahmen der Wohneigentumsförderung verwendet.

---

23 Vgl. Kreisschreiben Nr. 2 der Eidg. Steuerverwaltung vom 31. Januar 1986.

24 Vgl. Bundesgerichtsurteil vom 21. 6. 1991, publiziert in StE 1992 B 27.1 Nr. 14.

25 Vgl. Art. 7 der Verordnung über die steuerliche Abzugsberechtigung für Beiträge an anerkannte Vorsorgeformen (BVV 3).

6.2. Vorsorge im Rahmen der Säule 3b

Im Rahmen der Säule 3b werden die weitergehenden privaten Vorsorgebedürfnisse abgedeckt. Es gibt keine Obligatorien, weshalb es auch jedermann freisteht zu entscheiden, ob er private Vorsorgemassnahmen ergreifen will und falls ja, welche. Unter die Säule 3b sind daher grundsätzlich alle freiwilligen privaten Massnahmen gleich welcher Art einzuordnen. Dazu zählen alle Produkte bei Banken (Sparheft, Obligationen, Fonds, Aktien, derivative Anlageinstrumente wie Optionen, Futures usw.), alle Produkte der Versicherunggesellschaften wie private Spar- und Risikoversicherungen, private Altersrentenversicherungen, Erwerbsunfähigkeitsversicherungen usw., ferner der Besitz von Immobilien, von Sammelobjekten wie Schmuck, Gold, Münzen, Bildern, Autos, Briefmarken usw.

7. Unfallversicherung

Das aktuell geltende Unfallversicherungsgesetz ist seit 1984 in Kraft. Es bezweckt, die wirtschaftlichen, gesundheitlichen und immateriellen Folgen im Zusammenhang mit **Berufsunfällen, Nichtberufsunfällen und Berufskrankheiten** zu mildern. Als Unfall gilt die plötzliche, nicht beabsichtigte, schädigende Einwirkung eines ungewöhnlichen äusseren Faktors auf den menschlichen Körper[26]. Berufskrankheiten sind solche, die ausschliesslich oder vorwiegend bei beruflicher Tätigkeit durch schädigende Stoffe oder bestimmte Arbeiten entstanden sind[27].

Die obligatorische Unfallversicherung wird hauptsächlich durch die **SUVA**, eine öffentlich-rechtliche Anstalt mit eigener Rechtspersönlichkeit, durchgeführt. Sie kann aber auch von **privaten Versicherungsgesellschaften** und teilweise von anerkannten **Krankenkassen** durchgeführt werden. Bestimmte Gewerbe haben mit Blick auf den Träger keine Wahlmöglichkeit und müssen sich obligatorisch bei der SUVA versichern. Es sind dies beispielsweise die industriellen Betriebe, das Bau- und Installationsgewerbe, Handelsbetriebe, die mit Hilfe von Maschinen schwere Güter in grosser Menge lagern usw.[28].

Obligatorisch zu versichern sind gem. UVG die in der Schweiz beschäftigten Arbeitnehmer, einschliesslich der Heimarbeiter, Lehrlinge, Praktikanten, Volontäre sowie der in Lehr- oder Invalidenwerkstätten tätigen Personen[29]. Selbständigerwerbende können sich freiwillig nach den Bestimmungen des UVG versichern.

Obligatorisch versichert wird derzeit ein Lohn von maximal CHF 106.800. Darüber liegende Lohnbestandteile müssen generell freiwillig gegen die aus Unfall entstehenden Nachteile versichert werden. Die Prämien werden aufgrund einer Erfahrungstarifierung sowie der Kosten für die Verwaltung fest-

---

[26] Vgl. Art. 9 der Verordnung zum Unfallversicherungsgesetz.
[27] Vgl. Art. 9 Abs. 1 UVG.
[28] Vgl. Art. 66 UVG.
[29] Vgl. Art. 1 UVG.

gelegt. Sie liegen im Promillebereich und basieren auf der Lohnsumme. Die Prämien für die obligatorische Unfallversicherung sind vollumfänglich vom Arbeitgeber zu bezahlen, diejenige für die obligatorische Nichtberufsunfallversicherung kann dagegen hälftig auf die Angestellten überwälzt werden. Sie werden jedoch auch sehr häufig vom Arbeitgeber alleine getragen[30].

Das UVG erbringt einerseits im (kurzfristigen) Bereich Leistungen, die man als **Taggelder** bezeichnet. Der Anspruch darauf entsteht nach einer Wartefrist von 2 Tagen[31]. Das Taggeld beträgt bei voller Arbeitsunfähigkeit 80% des versicherten Lohnes, derzeit (Stand 2000) maximal CHF 234 pro Tag. Wenn von der Fortsetzung der ärztlichen Behandlung keine namhafte Besserung des Gesundheitszustandes des Versicherten mehr erwartet werden kann und allfällige Eingliederungsmassnahmen der Invalidenversicherung abgeschlossen sind, besteht Anspruch auf eine **Rente**[32]. Diese beträgt im Rahmen des Obligatoriums 80% des versicherten Verdienstes (derzeit maximal CHF 106.800). Sofern andere Versicherer wie beispielsweise die Invalidenversicherung, eine Pensionskasse usw. wegen des gleichen Ereignisses Leistungen erbringen müssen, wird lediglich eine ergänzende Rente bis 90% des versicherten Verdienstes erbracht (als Komplementärrente bezeichnet). Daneben kennt das UVG auch **Hinterlassenenleistungen**. Die Witwenrente beträgt maximal 40% des versicherten Lohnes, die Halbwaisenrente 15% pro Waise, für Vollwaisen 25% pro Waise. Bei mehreren Hinterlassenen wird aber nur maximal 70% ausbezahlt. Wenn gleichzeitig Leistungen aus der staatlichen AHV und IV fliessen, wird ebenfalls nur eine Komplementärrente bis auf 90 Prozent des maximal versicherbaren Lohnes erbracht[33].

8. Krankenversicherung

Die Krankenversicherung ist seit 1912 zwar gesetzlich geregelt, jedoch erst seit dem 1. 1. 1996 im Bereich der **Krankenpflege** obligatorisch. Seither hat sich jede Person mit Wohnsitz in der Schweiz obligatorisch zu versichern, wobei hinsichtlich des Krankenversicherers grundsätzlich freie Wahl besteht. Die Kassen haben eine Aufnahmepflicht. Jeder Versicherte kann daher den Versicherer wechseln, ohne grundsätzlich mit Nachteilen rechnen zu müssen – eine Möglichkeit, die vorher stark eingeschränkt war.

Die obligatorische Krankenpflegeversicherung erfasst alle Personen mit Wohnsitz in der Schweiz. Zugezogene aus dem Ausland sind grundsätzlich verpflichtet, sich innerhalb von drei Monaten versichern zu lassen. Zwischen dem 15. und dem 64. Altersjahr kann ferner auf freiwilliger Basis eine Taggeldversicherung abgeschlossen werden. Auf privater Basis müssen generell auch alle Leistungen versichert werden, welche über das Obligatorium hinausgehen. Dazu gehört beispielsweise der private Spitalaufenthalt. Derartige

---

[30] Vgl. Art. 91 UVG

[31] Vgl. Art. 16 Abs. 2 UVG.

[32] Vgl. Art. 19 UVG.

[33] Vgl. Art. 31 Abs. 4 UVG.

Verträge unterstehen denn auch nicht dem Krankenversicherungsgesetz, sondern dem Versicherungsvertragsgesetz.

Die Krankenversicherer erheben Prämien aufgrund der durch den Bundesrat bewilligten Tarife. Diese können nach ausgewiesenen Kostenunterschieden kantonal und regional abgestuft sein. Ansonsten müssen sie aber gleich sein, also unabhängig von Geschlecht und Eintrittsalter.

Die Versicherungsnehmenden haben sich an den Kosten der für sie erbrachten Leistungen in bestimmtem Umfang zu beteiligen. Es gibt einen fixen Selbstbehalt (Franchise) von derzeit CHF 230 pro Kalenderjahr, einen Selbstbehalt von 10% der die Franchise übersteigenden Kosten, maximal jedoch CHF 600 ohne Franchise sowie bei Alleinstehenden einen Beitrag von CHF 10 pro Aufenthaltstag in einem Spital (ohne Mutterschaft). Die Franchise kann erhöht werden, was zu entsprechenden Prämienreduktionen führt. Ferner gewähren die Kantone Versicherten in bescheidenen wirtschaftlichen Verhältnissen Zuschüsse an die Prämien. Die Ausgestaltung ist, da sie den Kantonen obliegt, sehr unterschiedlich.

Die obligatorische Krankenversicherung – auch als soziale Krankenversicherung bezeichnet – übernimmt die Kosten für Untersuchungen, Behandlungen und Pflegemassnahmen, die ambulant oder stationär sowie im Pflegeheim durchgeführt werden, die Kosten für Analysen und Arzneimittel, für Transport- und Rettungskosten usw., ferner auch für Unfälle, sofern kein Unfallversicherer zuständig ist. Das Eidgenössische Departement des Innern hat über den Leistungsbereich eine umfangreiche Regelung erlassen[34].

IV. Steuern im Rahmen der 3-Säulen-Konzeption

Im Sinne einer rudimentären Darstellung lässt sich festhalten, dass die obligatorischen Beiträge im Rahmen der 1. und 2. Säule wie auch diejenigen für die obligatorische Unfall- und Nichtberufsunfallsversicherung grundsätzlich vollumfänglich vom laufenden Einkommen abgezogen werden können. Diese uneingeschränkte **Abzugsfähigkeit** gilt grundsätzlich auch für Beiträge, welche zur Finanzierung von Lückenjahren im Rahmen der beruflichen Vorsorge geleistet werden. Die mit dem sogenannten Stabilisierungsprogramm einhergehenden Regelungen haben jedoch gewisse Einschränkungen gebracht[35]. Umgekehrt sind die daraus fliessenden Leistungen grundsätzlich vollumfänglich, dh. zu 100% **als Einkommen zu versteuern**.

Diese Regel entfaltet insbesondere im Bereich der beruflichen Vorsorge erst ab dem Jahre 2001 uneingeschränkt Wirkung. Zum gegenwärtigen Zeitpunkt gibt es in diesem Bereich noch einige Ausnahmen. So sind in einzel-

[34] Vgl. Verordnung über die Leistungen in der obligatorischen Krankenpflege-Versicherung, Krankenpflege-Leistungsverordnung

[35] Vgl. neu Art. 79a des BVG. Danach ist die maximale Einkaufssumme beschränkt auf die Summe von CHF 72.360 multipliziert mit der Anzahl der Jahre bis zur ordentlichen Pensionierung, also mit zunehmendem Alter abnehmend. Ein einleuchtender Grund für diese Regelung ist nicht erkennbar.

nen Kantonen insbesondere die AHV-Leistungen nur in beschränktem Umfang (in der Regel 80%) steuerbar. Zahlreiche kantonal unterschiedliche Übergangsbestimmungen gibt es auch im Bereich der 2. Säule, aufgrund derer sich unter Umständen allenfalls eine lebenslängliche 80%-ige Besteuerung ergeben kann.

In bezug auf die Leistungsformen gilt, dass **Rentenleistungen** stets zusammen mit dem übrigen Einkommen erfasst werden. **Kapitalleistungen** dagegen werden grundsätzlich getrennt vom übrigen Einkommen und mit speziellen Methoden besteuert, was wegen der Brechung der Progression vorteilhaft ist[36].

Prämien für Lebensversicherungen im Rahmen der privaten Vorsorge (Säule 3b) sind nur beschränkt im Rahmen einer Pauschale abzugsfähig. Die Höhe der Prämie variiert von Kanton zu Kanton. Sie hängt vom Zivilstand ab (ledig, verheiratet usw.) und erhöht sich, wenn für den Unterhalt von Kinder aufgekommen werden muss. Die Pauschalen bewegen sich je nach Kanton in Grössenordnungen zwischen CHF 1.000 bis CHF 7.000, die Kinderabzüge bewegen sich zwischen CHF 300 bis CHF 600 pro Kind. Unter diesen Abzug fallen nur Prämien an private Personenversicherungen (Kranken- und private Lebensversicherungen) sowie – falls die Pauschale nicht ausgeschöpft wäre – Sparzinsen. Prämien für Haftpflichtversicherungen, Kaskoversicherungen, Feuerversicherungen, Vermögensschadenversicherungen usw. können generell nicht abgezogen werden.

Die bescheidenen Pauschalen haben meistens zur Folge, dass private Sparversicherungen grundsätzlich aus versteuertem Geld gespeist werden. Diesem Umstand wird bei der Auszahlung Rechnung getragen. Sparversicherungen gegen laufende Prämie werden grundsätzlich steuerfrei ausbezahlt. Eine Ausnahme gilt für Versicherungen gegen Einmalprämie: diese werden – allerneuesten Entwicklungen auf Ebene der direkten Bundessteuer zufolge – nur dann steuerfrei ausgerichtet, wenn die Auszahlung nach dem 60. Altersjahr aufgrund eines mindestens fünfjährigen Vertragsverhältnisses ausbezahlt werden, das zudem vor dem 66. Altersjahr begründet wurde[37]. Auf kantonaler Ebene gelten zum Teil erheblich abweichende Regelungen. Leistungen aus Versicherungen, die nur im Todesfall ausbezahlt werden, unterliegen dagegen tendenziell noch der Erbschaftsteuer, in einigen Kantonen sowie auch beim Bund jedoch der Einkommensteuer.

V. Ausländer in der Schweiz

Die vorangehenden Kapital haben gezeigt, dass in der Schweiz sehr weitgehende Obligatorien bestehen, die grundsätzlich auch für ausländische Ar-

---

[36] Neueste Bestrebungen zielten jedoch darauf ab, für die Besteuerung von Kapitalleistungen im Rahmen der 2. Säule das übrige Einkommen zu berücksichtigen; vgl. dazu insbes. den Bericht der Expertenkommission zur Prüfung des Systems der direkten Steuern auf Lücken (Expertenkommission Steuerlücken), Bern 1998. Dazu ist es aber nicht gekommen (vgl. S. 79).

[37] Neueste Version im Rahmen des Stabilisierungsprogramms.

beitnehmer bzw. ausländische, aber in der Schweiz tätige Selbständigerwerbende ihre Wirkung entfalten. So unterliegen insbesondere Verwaltungsratshonorare schweizerischer Gesellschaften der AHV/IV, unabhängig davon ob sie an den Betroffenen selbst fliessen oder nicht[38]. Ebenso gelten Teilhaber von Personengesellschaften (einfache Gesellschaft, Kollektivgesellschaft, Kommanditgesellschaft) mit Sitz in der Schweiz als hier erwerbstätig. Allfällige Einkünfte gelten überwiegend als Einkommen aus selbständiger Erwerbstätigkeit[39]. Dementsprechend erhalten die Personen bei der Aufnahme der Erwerbstätigkeit einen Ausweis, den es aufzubewahren gilt, weil er bei späterer Geltendmachung von Leistungen vorzuweisen ist.

Trotz eines als dicht erscheinenden Regelungswerkes gibt es einige **Ausnahmen**, welche keine obligatorische Unterstellung bewirken. Diese Ausnahmen haben ihre Grundlagen teilweise darin, dass völkerrechtliche Privilegien bestehen (zB bei Diplomaten), dass wegen einer genügenden Versicherungsdeckung im Ausland von einer Unterstellung abgesehen wird oder dass wegen einer Entsendung[40] aus dem ausländischen Staat auf die Unterstellung verzichtet wird. Denkbar ist auch, dass wegen einer bloss kurzfristigen Erfüllung der Voraussetzungen auf die Unterstellung verzichtet wird[41].

Sodann ist auf das 1964 abgeschlossene **Sozialversicherungsabkommen** zwischen der Schweiz und Deutschland, das Erste und Zweite Zusatzabkommen sowie auf das auch die bilateralen Abkommen mit Oesterreich und Liechtenstein ergänzende sogenannte Vierländerabkommen hinzuweisen[42]. In diesen Abkommen werden diverse grenzüberschreitende Fragen geregelt, besteht doch für den Einzelnen aufgrund der Tatsache, dass jeder Staat das Sozialversicherungsrecht grundsätzlich nur für sein eigenes Staatsgebiet erlässt, erhebliches Konfliktpotential[43] (zB doppelte oder fehlende Unterstellung). Es gilt auch zu beachten, dass das Abkommen mit Deutschland zu einer Zeit abgeschlossen wurde, in welcher sich die Sozialversicherungen noch nicht in der heutigen Form präsentierten. In sachlicher Hinsicht werden daher nicht alle Versicherungszweige erfasst. Geregelt werden grundsätzlich nur Fragen im Zusammenhang mit der AHV, der IV, der Unfallversicherung sowie der Krankenversicherung. Da diese Aufzählung abschliessend ist, findet das Abkommen (vorläufig) auf Fragen insbes. im Bereich der beruflichen Vorsorge (2. Säule) sowie der Arbeitslosenversicherung keine Anwen-

---

[38] Vgl. Kreisschreiben über die Versicherungspflicht in der AHV/IV, Ziff. 2034.

[39] Vgl. Beiträge der Selbständigerwerbenden und Nichterwerbstätigen (*WSN*) in der AHV, IV und EO, Ziff. 1021 ff.

[40] Der Begriff der Entsendung wird nirgends genau definiert. Charakteristisch scheint jedoch u. a. die Entlöhnung durch den bisherigen Arbeitgeber zu sein.

[41] Vgl. zB für die AHV/IV Art. 1 Abs. 2 lit. c AHVG (Erfüllen der Voraussetzungen für eine kurze Zeit) und Art. 2 AHVV, für die 2. Säule Art. 1 BVV 2 (genügende Versicherung im Ausland bei voraussichtlich nicht dauernder Tätigkeit in der Schweiz; Befreiung nur auf Gesuch), für die Unfallversicherung Art. 2 Abs. 2 UVG und Art. 2 lit. c, Art. 3, Art. 6 Abs. 2 UVV.

[42] Vgl. SR 0831 109.136.21.

[43] Vgl. *Hischier*, Das Statut des Arbeitsverhältnisses entsandter Arbeitnehmer schweizerischer Unternehmen, Schulthess Polygraphischer Verlag 1995, S. 167.

dung. Es gibt aber namentlich für die Arbeitslosenversicherung ein eigenständiges Abkommen mit allen angrenzenden Staaten[44].

In den Abkommen selbst werden beispielsweise Fragen der Unterstellung geregelt[45], wie verschiedene Beitragszeiten in den einzelnen Staaten berücksichtigt werden sollen[46], wann welche Rechtsvorschriften anzuwenden sind[47], welche Urkunden für welche Beweisaspekte, Verfahrensfragen beizubringen sind und vieles mehr. Die Abkommen werden laufend angepasst.

Weist der ausländische Versicherte (bzw. im Fall von Hinterlassenenleistungen der Verstorbene) bei der AHV/IV eine Beitragsdauer von mindestens einem Jahr auf, besteht ein (anteiliger) Anspruch auf Leistungen. Die Leistungen werden dabei nach den für schweizerische Staatsangehörige geltenden Regeln berechnet und meistens auch bei ausländischem Wohnsitz ausbezahlt.

Tabellarische Zusammenfassung wichtiger Versicherungen

Beiträge

AHV/IV/EO/ALV	total 13,1%; bis CHF 106.800 total 11,1% für Lohn CHF 106.801 – CHF 267.000 total 10,1% für darüber liegende Lohnbestandteile Finanzierung: Arbeitgeber mindestens 50% Selbständigerwerbende 9,5%, für Einkommen bis CHF 48.300 sinkende Beitragsskala. Verwaltungskosten zusätzlich: zwischen 0,5–1%. Keine Beiträge an Arbeitslosenversicherung.
BVG	obligatorische Sparbeiträge 7%/10%/15%/18% je nach Alter für Lohnbestandteil zwischen CHF 24.120/72.360/plus Risikokosten: 3–5% Übersteigender Lohn freiwillig versicherbar Nicht obligatorisch für Selbständigerwerbende
UVG	obligatorisch für Lohn bis CHF 106.800 Prämien: in ‰ der Lohnsumme vom Arbeitgeber alleine zu tragen Nicht obligatorisch für Selbständigerwerbende

---

[44] Vgl. SR 0837913.6

[45] Es gilt grundsätzlich das Erwerbsortprinzip. Ein in Deutschland ansässiger Grenzgänger hat daher an die Schweizerische AHV Beiträge zu entrichten. Aufgrund dieser Regelung ist insbes. denkbar, dass derjenige Staat, in welchem die Sozialversicherungsbeiträge zu entrichten sind, und der Staat, in welchem die Steuern zu bezahlen sind, nicht identisch sind.

[46] Vgl. Art. 6 des Vierländerabkommens.

[47] Vgl. zB Art. 5 des Abkommens zwischen der Schweizerischen Eidgenossenschaft und der Bundesrepublik Deutschland über Soziale Sicherheit, in welchem das Arbeitsortsprinzip statuiert wird.

Leistungen

AHV	Altersrenten CHF 1.005 bis CHF 2.010 Bei Verheirateten maximal CHF 3.015 Witwen/Witwerrente CHF 804 bis CHF 2.010 Waisenrente CHF 402 – CHF 804 pro Kind
IV	ordentliche Rente CHF 1.005 bis 2.010 Viertel-, halbe und ganze Renten je nach IV-Grad (40 %/50 %/66 ⅔ %) Kinderrenten CHF 402 bis CHF 804 pro Kind
UV	80 % des Jahreslohnes bis CHF 97.200 Wenn ergänzend zu IV-Leistungen: bis 90 % Lohn Hinterlassenenleistungen maximal 70% des versicherten Lohnes

Teil II
Gesellschafts-, Banken- und Niederlassungsrecht

I. Grundzüge des schweizerischen Gesellschaftsrechts

Adrian Plüss

Übersicht

I. Einleitung

Das schweizerische Gesellschaftsrecht ist auf ähnlichen Grundlagen und in einer ähnlichen Entwicklung entstanden wie die Gesellschaftsrechtsordnungen der umliegenden Länder. Der interessierte Leser, etwa aus Deutschland oder Österreich, wird deshalb leicht feststellen, dass das schweizerische etwa dieselben Gesellschaftsformen wie das deutsche oder österreichische Recht kennt und die Gesellschaftsverhältnisse ausgehend von vergleichbaren Ordnungsvorstellungen regelt. In den folgenden Ausführungen sollen daher weniger das schweizerische Gesellschaftsrecht systematisch dargestellt oder die Einzelregelungen aller Gesellschaftsformen kommentiert werden; statt dessen versuche ich, nach einem kurzen Abschnitt über die letzten und geplanten künftigen Entwicklungen praxisrelevante Einzelfragen darzustellen. Schliesslich sollen die einzelnen Gesellschaftsformen nach der Zielsetzung des Gesetzgebers und mit Blick auf ihre praktische Bedeutung vorgestellt werden; über die Ausgestaltung im einzelnen orientiert eine Tabelle.

Das schweizerische Gesellschaftsrecht enthält **keinen allgemeinen Teil**, der den besonderen Regelungen für jede einzelne Gesellschaftsform allgemein gültige Grundsätze oder Ordnungsvorstellungen voranstellen würde. Immerhin gilt das Recht der einfachen Gesellschaft grundsätzlich auch für die Kollektivgesellschaft und die KG, und enthalten die Art. 52 ff. ZGB Regelungen über die juristische Person im allgemeinen, die nicht nur für die anschliessend geregelten Vereine und Stiftungen, sondern auch für die AG, die Kommandit AG, die GmbH und die Genossenschaft als juristische Personen des Obligationenrechts gelten.
Das Gesellschaftsrecht der Schweiz kennt folgende Gesellschaftsformen:
- die einfache Gesellschaft[1];
- die Kollektivgesellschaft[2];
- die Kommanditgesellschaft[3];
- die Aktiengesellschaft[4];
- die Kommanditaktiengesellschaft[5];
- die GmbH[6];
- die Genossenschaft[7].

II. Geschichte und Zukunft des schweizerischen Gesellschaftsrechts

Die **Gesellschaftsformen** des schweizerischen Rechts haben ihre Wurzeln in Vergesellschaftungsformen des römischen und germanischen Rechts. Dagegen ist etwa der Trust, als Rechtsverhältnis mit Wurzeln im angloamerikanischen Recht, im schweizerischen Rechtssystem nicht bekannt. Müssen Rechtsverhältnisse eines Trusts aus dem Blickwinkel des schweizerischen Rechts beurteilt werden, ist dies nur dadurch möglich, dass Regelungen des schweizerischen Rechts für ähnlich ausgestaltete Verhältnisse analog angewendet werden.

Die erste Kodifikation des schweizerischen Gesellschaftsrechts datiert aus dem Jahr 1881. Anders als im deutschen und französischen Recht wurde das Gesellschaftsrecht nicht im Rahmen eines besonderen Handelsrechts für den Kaufmannsstand, sondern im Rahmen des Obligationenrechts vereinheitlicht. Die Ordnung der einzelnen Gesellschaftsformen entsprach weitgehend dem deutschen Recht[8] und war namentlich geprägt vom wirtschaftlichen Liberalismus jener Zeit.

Nach einem ersten Revisionsverfahren – es dauerte von 1911 bis 1936 – trat auf den 1. Juli 1937 ein umfassend überarbeitetes Gesellschaftsrecht in Kraft. Mit Blick auf die Erfahrungen mit dem alten Recht, die verschiedene

---

[1] Art. 530ff. OR.
[2] Art. 552ff. OR.
[3] Art. 594ff. OR.
[4] Art. 620ff. OR.
[5] Art. 764ff. OR.
[6] Art. 772ff. OR.
[7] Art. 828ff. OR.
[8] Handelsgesetzbuch von 1861 und Aktienrechtsnovelle von 1870.

Missbrauchsmöglichkeiten aufgezeigt hatten, versuchte das neue Recht, (Minderheits-)gesellschaftern und Gläubigern griffigere Instrumente zur Verfügung zu stellen, um solche Missbräuche zu verhindern. Auch das neue Gesellschaftsrecht war aber von einem liberalen Geist geprägt, während etwa das deutsche Aktiengesetz von 1937 betont interventionistische Regelungen enthielt.

Eine erneute Reformbedürftigkeit des Aktienrechts zeigte sich in den frühen sechziger Jahren. Dies hing damit zusammen, dass die AG zur weitaus überwiegenden Organisationsform mit beinahe universellem Verwendungszweck geworden war. Für viele im Zuge dieser Entwicklung entstandene (legitime) Bedürfnisse enthielt das Gesetz keine – oder keine angemessene – Regelung, so dass sich im praktischen Rechtsleben Ersatzlösungen herauskristallisierten, denen eine gesetzliche Grundlage weitgehend fehlte. Schliesslich zeigte sich, dass die gesetzliche Ordnung nach wie vor Umgehungen zuliess und den Klein- und Minderheitsaktionären zu wenig Schutz gegen missbräuchliches Verhalten eines Hauptaktionärs oder eines abhängigen Verwaltungsrats bot. – Wiederum führte ein aufwendiges Revisionsverfahren mit vielen Kehrtwendungen, neuen Denkanstössen und typisch helvetischen Kompromissbemühungen nach mehr als 25 Jahren dauernden Arbeiten zu einem wesentlich umgestalteten neuen Aktienrecht, das auf den 1. Juli 1992 in Kraft trat. – Auch dem **neuen Aktienrecht** liegt eine zurückhaltende Tendenz zugrunde. Festgehalten wurde auch an der Einheit des Aktienrechts, obwohl sich bei den heutigen Verhältnissen durchaus die Frage stellt, ob nicht getrennte Ordnungen für Klein- und Mittel-, bzw. für Grossgesellschaften getroffen werden sollten. Immerhin wurden Sondervorschriften für Grossgesellschaften geschaffen, so bei der Pflicht zur Konzernrechnung, bei den Offenlegungsvorschriften hinsichtlich der Jahresrechnung, der Konzernrechnung und des Aktionärsbestandes, bei der Abschlussprüfung und mit Bezug auf die Vinkulierung von Namensaktien. – Ob die proklamierte Stossrichtung der Reform – namentlich Schutz der Aktionäre und Gläubiger und Verbesserung der Struktur- und Funktionsfähigkeit der Organe – tatsächlich erfolgreich eingehalten worden ist, ist bereits nicht unumstritten. Zweifellos ist in vielen Punkten eine **Verbesserung und Anpassung an die praktischen Bedürfnisse** erreicht worden; zu kurz gekommen sind dagegen mE die kleinen und mittleren Gesellschaften (KMU), deren Anliegen nur teilweise zur Kenntnis genommen und berücksichtigt worden sind. Schliesslich ist bedauerlich, dass das schweizerische Aktienrecht weiterhin kein Konzernrecht kennt und nicht europakompatibel ausgestaltet worden ist. – Trotzdem ist das revidierte Aktienrecht positiv aufgenommen und überraschend schnell umgesetzt worden. So bemühen sich heute viele Publikumsgesellschaften, in ihren Jahresrechnungen und Jahresberichten nicht nur dem gesetzlichen Minimum zu entsprechen, sondern darüber hinausgehende, vornehmlich internationale Standards zu erfüllen, die allerdings auch weitgehend von der Börsengesetzgebung verlangt werden.

In einem weiteren Zusammenhang sind auch folgende Gesetzesreformen der neusten Zeit für das schweizerische Gesellschaftsrecht von Bedeutung:

- Auf den 1. Januar 1995 ist ein umfassend revidiertes **Anlagefondsgesetz** (und dazu gehörende Verordnungen) in Kraft getreten. Ziel des neuen Gesetzes ist der Schutz des sachkundigen Investors als des heute typischen Inhabers von Fondsanteilen; wesentlich für diesen Schutz ist die Sicherung der nötigen Informationen und die Gewährleistung eines verlässlichen und kompetenten Partners.
- Am 1. Februar 1997 bzw. 1. Januar 1998 ist ferner ein **Börsengesetz** (samt dazugehörenden Verordnungen) in Kraft getreten. Mit diesem Gesetz besteht erstmals eine eidgenössische Aufsichtsgesetzgebung im Bereich des Börsenwesens. Gesellschaftsrechtlich relevant sind namentlich Regelungen über die Offenlegung von Beteiligungen sowie einerseits die Pflicht zur Unterbreitung eines Kaufangebots an sämtliche Aktionäre (und allenfalls Partizipanten) und andererseits die Möglichkeit, verbleibende Aktionäre auszuschliessen.
- Schliesslich ist auf den 1. Juli 1996 auch ein revidiertes **Kartellgesetz** in Kraft gesetzt worden, das erstmals eine Kontrolle von grösseren Unternehmenszusammenschlüssen vorsieht.

Künftige gesellschaftsrechtliche Revisionen dürften in folgende Richtungen gehen:

- Bereits seit langem postuliert, aber noch nicht an die Hand genommen, wurde ein eigentliches **Konzernrecht.**
- Je nach dem, wie sich das Verhältnis der Schweiz zur EU gestaltet, dürfte ein geringerer oder gösserer Druck entstehen, das schweizerische Gesellschaftsrecht gesamthaft den Vorgaben der EU anzupassen, soweit diese in Richtlinien konkretisiert und zum Acquis Communautaire erklärt worden sind.
- Ebenfalls seit langem wird die Forderung nach einem umfassenden Unternehmensrecht erhoben. Dieses Postulat hat namentlich in jüngster Zeit – in Verbindung mit Begriffen wie **Shareholder bzw. Stakeholder Value** – eine neue Bedeutung erlangt.
- Gestützt auf eine immer liberalere Praxis der Handelsregisterbehörden ist ferner ein Gesetz in Vorbereitung, das die verschiedenen Formen des Rechtsformwechsels regeln soll (**Fusionsgesetz**). Der Erfolg einer solchen Gesetzgebung hängt wesentlich davon ab, dass solche Rechtsformwechsel steuerneutral vorgenommen werden können, weshalb auch entsprechende Änderungen der Steuergesetzgebung geplant sind.
- In der Beratung ist weiter ein Gesetz, dass die unternehmerische Rechnungslegung rechtsformunabhängig regeln soll (**Rechnungslegungsgesetz**); dem Gesetzesentwurf ist namentlich Kritik erwachsen, weil er eine Wiederaufwertungspflicht vorsieht.
- Schliesslich ist – im Anschluss an die Reform des Aktienrechts – eine **Reform des Rechts der GmbH im Gang**. Der diesbezügliche Expertenentwurf hat die Diskussion um die Einheit des Aktienrechts und die Ordnung von kleinen Unternehmen als GmbH oder als Sonderform der Aktiengesellschaft neu entfacht. Anzunehmen ist aber doch, dass es bei einer „sanften" Revision des Rechts der GmbH sein Bewenden haben wird.

Zusammenfassend kann erfreulicherweise festgestellt werden, dass der schweizerische Gesetzgeber die Zeichen der Zeit erkannt hat, und durchaus daran ist, das traditionelle Gesellschaftsrecht neu zu positionieren und in die richtige Vernetzung zu anderen Rechtsgebieten (Kapitalmarktrecht, Unternehmensrecht) zu bringen. Im Gegensatz zu früheren Tendenzen in ähnliche Richtungen gehen die Gesetzgebungsarbeiten von betont praxisnahen Ansätzen aus.

III. Numerus Clausus der Gesellschaftsformen

Anders als im Vertragsrecht, wo die Parteien nicht nur die gesetzlich geregelten, sondern auch gemischte oder völlig frei gestaltete Verträge eingehen können, stehen ihnen nur die sieben erwähnten Gesellschaftsformen zur Verfügung. Dies bedeutet zweierlei:

Gesellschaften können nur im Rahmen dieser Gesellschaftsformen gegründet werden. Es ist daher unmöglich, „gemischte" Gesellschaften (zB eine Verbindung von AG und Genossenschaft) oder solche ausserhalb der bekannten Formen (etwa die dem deutschen Recht bekannte GmbH & Co. KG) zu gründen. Dies führt dazu, dass **Gesellschaftsverhältnisse, die nicht einer zulässigen Gesellschaftsform entsprechen, rechtsunwirksam** sind und jedenfalls nicht ins Handelsregister eingetragen werden können. – Der Grund für diese auf den ersten Blick restriktive Ordnung liegt darin, dass Gesellschaftsverhältnisse nicht nur Rechtswirkungen zwischen den Parteien entfalten, sondern auch weitere Kreise – Gesellschaftsgläubiger wie zB Arbeitnehmer, allenfalls die Öffentlichkeit – betreffen. Nach der Auffassung des Gesetzgebers lässt sich der notwendige Schutz von Drittbetroffenen nur dadurch erreichen, dass über die Ausgestaltung von Gesellschaftsverhältnissen allgemein Transparenz herrscht und Dritte ihre Rechtsstellung anhand von klaren gesetzlichen Vorgaben ermessen können. Dabei geht es namentlich um die Haftung für Gesellschaftsschulden und die Vertretungsmacht.

Folgerichtig ist denn auch die innere Ordnung der verschiedenen Gesellschaftsformen wesentlich von zwingenden Rechtsvorschriften bestimmt. Immerhin bietet das Gesetz einen erheblichen Gestaltungsspielraum mit Blick auf die Organisation von Gesellschaften, die Regelung des Verhältnisses der Gesellschafter untereinander, die Ordnung von Eintritt und Austritt von Gesellschaftern, ihre Rechte und Pflichten, usw. Erweitert wird dieser Gestaltungsspielraum namentlich bei der AG dadurch, dass neben den Regelungen in Statuten und Reglementen auch vertragliche Vereinbarungen zwischen den Aktionären geschaffen werden können, in denen die Parteien ihre Beziehungen untereinander grundsätzlich frei ordnen und namentlich auch Organisationsgrundsätze und Ablaufvorschriften für das Gesellschaftsleben vorsehen können, die nicht den gesellschaftsrechtlichen Beschränkungen unterliegen. Immerhin dürfen auf diese Weise nicht die gesellschaftsrechtlichen Schutzbestimmungen umgangen werden und sind die vertraglichen Vereinbarungen daran zu messen, ob sie – für sich allein oder zusammen mit statutarischen oder reglementarischen Vorschriften – zu einer Rechtslage führen, die gesellschaftsrechtlich verboten ist.

Während sich im Vertragsrecht die verschiedenen Vertragstypen auf eine logisch-systematische Weise nach dem Inhalt der Hauptleistungspflichten unterscheiden, liegt dem schweizerischen Gesellschaftsrecht kein solches Organisationskonzept zugrunde. Als hauptsächliches Unterscheidungsmerkmal der verschiedenen Gesellschaftsformen kann zwar die (mehr oder weniger) **personalistische bzw. kapitalistische Ausgestaltung** angesehen werden. Dabei geht es darum, ob eher die persönliche Mitwirkung des einzelnen Gesellschafters oder aber seine Kapitalbeteiligung im Vordergrund steht; die personalistische bzw. kapitalistische Konzeption einer Gesellschaftsform betrifft allerdings nicht nur die Frage, ob sich das Stimmrecht der Gesellschafter nach ihrer Kapitalbeteiligung oder nach „Köpfen" bemisst, sondern durchzieht die gesamte Struktur, dh. auch etwa die Ausgestaltung der Kapitalbasis, die Frage nach der Zulässigkeit von persönlichen Leistungspflichten, die Frage, ob **Selbst- oder Drittorganschaft** herrschen soll, usw. Dass die verschiedenen Gesellschaftsformen nicht auf dem Reissbrett konzipiert, sondern historisch gewachsen sind, zeigt sich namentlich auch in diesem Zusammenhang; so sind sie kaum im Hinblick auf eine unterschiedliche Ausprägung verschiedener möglicher Strukturmerkmale geformt. – Immerhin liegt den Gesellschaftsformen ein – mehr oder weniger klares – gesetzgeberisches Leitbild zugrunde, dem allerdings der Verwendungszweck in der Praxis nicht immer entspricht.

IV. Einteilung der Gesellschaftsformen in Rechtsgemeinschaften und Körperschaften

Je nach ihrer rechtlichen Verselbständigung lassen sich die Gesellschaftsformen in Rechtsgemeinschaften bzw. Körperschaften einteilen.

Als **Rechtsgemeinschaften** gelten die einfache Gesellschaft, die Kollektivgesellschaft und die KG. Diese Gesellschaftsformen führen nicht zu einer Verselbständigung des Gesellschaftssubstrats in einer eigenen Rechtsperson, sondern es bleibt jenes nach wie vor den Trägern – den einzelnen Gesellschaftern – verhaftet. Dies bedeutet namentlich, dass das Gesellschaftsvermögen den Gesellschaftern zugeordnet wird und diese allein und ausschliesslich für die Schulden der Gesellschaft aufkommen müssen. Eine gewisse rechtliche Selbständigkeit wird bei der Kollektivgesellschaft und der KG dadurch erreicht, dass sie von Gesetzes wegen handlungs-, betreibungs- und prozessfähig sind[9] und für unerlaubte Handlungen haften, die ein Gesellschafter in Ausübung seiner geschäftlichen Tätigkeit begeht[10].

Dagegen sind die AG, die Kommanditaktiengesellschaft, die GmbH und die Genossenschaft **Körperschaften**. Diese Gesellschaftsformen sind Personenverbindungen mit eigener juristischer Persönlichkeit. Als solche treten

---

[9] Vgl. Art. 562 und 602 OR.

[10] Art. 567 Abs. 3 und Art. 602 OR.

sie im Rechtsverkehr selbständig als Trägerin von Rechten und Pflichten auf, schliessen Rechtsgeschäfte ab und können klagen und beklagt werden. Die Gesellschafter haben keine obligatorischen oder dinglichen Rechte am Gesellschaftsvermögen, sondern nur Mitgliedschaftsrechte gegenüber der Gesellschaft; da diese Mitgliedschaftsrechte regelmässig Anteile am Geschäftserfolg und am Liquidationserlös umfassen, kann immerhin von einer wirtschaftlichen Berechtigung der Gesellschafter am Gesellschaftsvermögen gesprochen werden.

Als eigentliche **Mischform** erscheint in diesem Zusammenhang die KG. Ferner enthält das Recht der GmbH verschiedene rechtsgemeinschaftliche Elemente, wie etwa die subsidiäre solidarische Haftung der Gesellschafter bis zum Betrag des Stammkapitals[11]. Aus dem Blickwinkel der Gesellschafter spielt diese Unterscheidung nicht nur eine Rolle für Überlegungen, inwieweit die gemeinsame Geschäftstätigkeit eigentums-, haftungs-, aber auch kontrollmässig verselbständigt werden soll, sondern bei der Wahl der geeigneten Gesellschaftsform.

V. Wirtschaftlicher – nichtwirtschaftlicher Gesellschaftszweck

Aus dem Blickwinkel der Gesellschafter ist ferner zu entscheiden, ob die Gesellschaft **wirtschaftliche oder nichtwirtschaftliche Zwecke** verfolgen soll; dies deshalb, weil nicht alle Gesellschaftsformen der einen wie der anderen Zweckrichtung zugänglich bzw. angemessen sind. Unter einem wirtschaftlichen Zweck versteht man das grundsätzliche Bestreben, geldwerte Vorteile (dh. finanzielle Erträge, aber auch andere Vorteile wie günstige Beschaffungsmöglichkeiten oä.) für die Gesellschafter zu erwirtschaften.

Nach Art. 772 Abs. 3 OR kann die GmbH nur zu wirtschaftlichen Zwecken gegründet werden. Diese Bestimmung wird heute als übermässig und sinnlos einschränkend empfunden, sie soll in der Revision des GmbH-Rechts fallen gelassen werden, ist aber im Geschäftsleben ohnehin nicht von Bedeutung.

Art. 552 Abs. 1/553 und Art. 594 Abs. 1/595 OR unterscheiden zwischen der kaufmännischen und der nichtkaufmännischen Kollektiv- bzw. Kommanditgesellschaft. Diese – kaum sehr einleuchtende – Differenzierung führt dazu, dass Kollektiv- bzw. Kommanditgesellschaften mit nicht wirtschaftlichem Zweck und ohne kaufmännisches Unternehmen (dazu vgl. sogleich) erst dann entstehen, wenn sie im Handelsregister eingetragen worden sind. Darin mag man eine gewisse Benachteiligung der nichtkaufmännischen Gesellschaften erblicken und daraus den Schluss ziehen, dass Kollektiv- bzw. Kommanditgesellschaften eher für Gesellschaften mit wirtschaftlicher Zielsetzung geeignet sind.

Die AG[12], die KG[13] und Genossenschaft[14] können für wirtschaftliche wie nichtwirtschaftliche Zwecke benutzt werden.

---

[11] Art. 802 OR.

[12] Vgl. Art. 620 Abs. 3 OR.

[13] Vgl. die Verweisung in Art. 764 Abs. 2 OR.

[14] So die heutige Interpretation von Art. 828 OR.

Die Praxis ergibt allerdings ein anderes Bild: Nichtwirtschaftliche Ziele werden kaum je im Rahmen dieser Gesellschaftsformen verfolgt. Wo solche Aktivitäten überhaupt rechtlich strukturiert werden, bietet sich die Rechtsform des Vereins nach Art. 60 ff. ZGB an, die den Beteiligten einen viel grösseren Gestaltungsspielraum einräumt und kaum Ablaufvorschriften aufstellt (etwa im Bereich der Rechnungslegung oder der Revision). Dort, wo die rechtliche Strukturierung fehlt, sind gemeinsame nichtwirtschaftliche Aktivitäten von verschiedenen Beteiligten häufig als einfache Gesellschaften anzusehen.

VI. Führen eines kaufmännischen Unternehmens

In ähnlicher Weise müssen Gesellschafter auch bedenken, ob ihre Gesellschaft ein kaufmännisches Unternehmen führen soll oder nicht, und es ist alsdann zu prüfen, in welchen Gesellschaftsformen dies zulässig bzw. sinnvoll ist. – Diese Fragestellung fällt nicht mit jener nach wirtschaftlichen oder nichtwirtschaftlichen Zielen zusammen, wie dies auf den ersten Blick den Anschein haben mag. So ist durchaus denkbar, dass die Gewinne des kaufmännischen Unternehmens zugunsten Dritter oder zugunsten der Allgemeinheit verwendet werden sollen. Allerdings liegt in der Praxis der Zweck eines kaufmännischen Unternehmens in der überwiegenden Mehrzahl der Fälle darin, einen Ertrag für die Gesellschafter zu erwirtschaften und werden nichtwirtschaftliche Ziele im allgemeinen nicht mit dem Betrieb eines kaufmännischen Unternehmens verfolgt.

Sowohl Kollektiv- und Kommanditgesellschaften, als auch AG, Kommanditaktiengesellschaften, GmbH und Genossenschaften dürfen und können ohne weiteres ein kaufmännisches Unternehmen betreiben[15].

Dabei kann kaum allgemein gesagt werden, dass sich einzelne Gesellschaftsformen grundsätzlich besser oder weniger gut zur Führung eines kaufmännisches Unternehmens eigneten.

Aus handelsregisterrechtlichen Gründen geht die Gerichts- und Behördenpraxis davon aus, dass die Wahl der einfachen Gesellschaft als Gesellschaftsform mit der Führung eines kaufmännischen Unternehmens nicht kompatibel seien. Betreiben natürliche Personen ein kaufmännisches Unternehmen, lässt sich diese Unvereinbarkeit dadurch beheben, dass man eine Kollektivgesellschaft statt einer einfachen Gesellschaft annimmt. Dieser Ausweg versagt jedoch, wenn juristische Personen beteiligt sind, da solche nicht Gesellschafter einer Kollektivgesellschaft sein können[16]. Setzen sich die Gesellschafter im Rahmen einer einfachen Gesellschaft über diese Einschränkung hinweg, hat dies allerdings keine rechtlichen Nachteile zur Folge.

---

[15] Vgl. Art. 552 Abs. 1, 594 Abs. 1, 772 Abs. 3 OR.

[16] Vgl. Art. 552 Abs. 1 OR.

VII. Verantwortlichkeit – Durchgriff

Soweit das Gesellschaftssubstrat in einer eigenen juristischen Person verselbständigt wird (AG, Kommanditaktiengesellschaft, GmbH und Genossenschaft), drängt es sich auf, den Schutz von Gläubigern in zwei Richtungen zu verstärken:

So sind unterschiedlichste Konstellationen denkbar, in denen geschäftsführende Gesellschafter ihre Organpflichten verletzen und dadurch Drittpersonen – und allenfalls auch der Gesellschaft – Schaden zufügen. Nicht immer ist es den Geschädigten möglich, nach den allgemeinen vertrags- bzw. deliktsrechtlichen Haftungsbestimmungen Schadenersatz von der Gesellschaft oder von verantwortlichen geschäftsführenden Gesellschaftern zu erlangen. Um diese Lücken zu füllen und um gleichzeitig eine möglichst umfassende, praxistaugliche Haftungsordnung zu erreichen, wurden im Recht der AG besondere Verantwortlichkeitsbestimmungen geschaffen (die aufgrund ausdrücklicher gesetzlicher Verweisungen auch im Recht der GmbH und der Genossenschaft gelten).

Nach diesen Bestimmungen werden allgemein **Organpersonen** (dh. Mitglieder des Verwaltungsrats, Direktoren, aber auch der geschäftsführende Alleinaktionär usw.) der Gesellschaft, den Aktionären und Gesellschaftsgläubigern für Schäden haftbar, die sie durch schuldhaft pflichtwidriges Verhalten verursachen. Hauptsächliche Verantwortlichkeitsfälle sind dabei **Verstösse gegen Rechnungslegungs- oder Gläubigerschutzbestimmungen** (etwa die gedankenlose Weiterführung einer verlustreichen Geschäftstätigkeit, bis die Gesellschaft überschuldet ist und ihre Schulden nicht mehr zu begleichen vermag; ebenso Fälle, in denen Banken und anderen Kreditinstituten „frisierte" Bilanzen und Erfolgsrechnungen vorgelegt werden, um in einer ausweglosen Situation noch neue Geldquellen erschliessen zu können). Nicht unter diese Haftungsbestimmungen fallen dagegen Konstellationen, in denen Gesellschaftsorgane nur gerade Vertragsverhältnisse zwischen der Gesellschaft und Drittpersonen nicht, mangelhaft oder nur teilweise erfüllen. Ähnliche Regelungen sind in jüngerer Zeit mehr und mehr im Bereich der Steuer- und Sozialversicherungsgesetzgebung entstanden, um ausstehende Steuern oder Sozialversicherungsbeiträge bei den Organpersonen einfordern zu können, wenn die Gesellschaft nicht mehr in der Lage ist, sie zu bezahlen.

Die Bedeutung dieser **Verantwortlichkeitsbestimmungen** ist gross, doch muss folgendes präzisiert werden:

– Setzt man die Zahl der veröffentlichten oder sonst bekanntgewordenen Gerichtsurteile über Verantwortlichkeitsklagen ins Verhältnis zu den **Gesellschaftszusammenbrüchen** (mit Konkurs- oder Nachlassliquidation), zeigt sich sofort, dass eine fehlgeschlagene Gesellschaftstätigkeit nicht ohne weiteres zur Verantwortlichkeit der Gesellschaftsorgane führt. Nicht nur in faktischer, sondern auch in rechtlicher Hinsicht ist zu betonen, dass Verluste, auch wenn sie das Gesellschaftssubstrat ganz und gar aufbrauchen, nicht ohne weiteres eine Pflichtverletzung darstellen, die eine Verantwortlichkeit nach sich zieht.

- Immerhin ist das Verantwortlichkeitsrecht heute doch so sehr ins Wirtschaftsleben eingedrungen, dass kaum ein grösserer Konkurs- oder Nachlassfall ohne entsprechende Begehren abgeht. In aller Regel suchen sich geschädigte Gläubiger zunächst den Kapitalkräftigsten aus, um ihm dann tatsächliche oder vermeintliche Pflichtverletzungen anzuhängen und auf diese Weise mindestens vergleichsweise Zahlungen zu erwirken.
- Sieht man die Gerichtspraxis durch, kann man allerdings noch festhalten, dass meistens nur ein krasses Fehlverhalten zur Gutheissung von Verantwortlichkeitsklagen geführt hat.
- Eine Ausnahme macht die Rechtsprechung der Steuer- und Sozialversicherungsbehörden und -gerichte. Namentlich im Bereich der Sozialversicherungsgesetzgebung liegen die Verhältnisse heute so, dass die ehemaligen Organe einer zusammengebrochenen Gesellschaft beinahe automatisch für die ausstehenden **Sozialversicherungsbeiträge** belangt werden können. Hier liegt denn auch **das grösste Risiko** für aussenstehende Berater, Rechtsanwälte oder Geschäftspartner, die sich als Mitglieder eines Verwaltungsrats zur Verfügung stellen.

Nicht selten wird die rechtliche Trennung zwischen juristischer Person und ihren Mitgliedern zur Verkürzung oder Beeinträchtigung der Rechte von Gläubigern oder anderen Drittpersonen eingesetzt. So können beispielsweise risikoreiche Geschäfte über eine Gesellschaft mit knapper Kapitalbasis (und auf ihr Vermögen beschränkter Haftung) abgeschlossen werden, obwohl sie eigentlich die Vermögenssphäre des Alleinaktionärs betreffen (und dieser mit seinem gesamten Vermögen einzustehen hätte).

In solchen und anderen Missbrauchsfällen wird regelmässig die rechtliche Selbständigkeit der vorgeschobenen Gesellschaft nicht mehr beachtet und werden sachen-, vertrags- und haftungsrechtliche Zuordnungen gemäss den tatsächlichen Verhältnissen vorgenommen. Dies bedeutet, dass der Alleinaktionär allenfalls für Verbindlichkeiten der Gesellschaft geradestehen muss oder dass umgekehrt Gesellschaftsvermögen zu seiner Konkursmasse gezogen wird, um seine Gläubiger zu befriedigen.

Ein solcher Durchgriff muss aber die **Ausnahme bleiben**. Er ist die angemessene Reaktion auf missbräuchliche, nicht aber auf atypische Konstruktionen, wie etwa die Einpersonengesellschaft, die durchaus legitimen Bedürfnissen des Wirtschaftslebens dienen kann.

VIII. Die einzelnen Gesellschaftsformen – Zielsetzung des Gesetzgebers und wirtschaftliche Bedeutung

1. Einfache Gesellschaft

Mit der einfachen Gesellschaft wollte der Gesetzgeber einerseits eine Grundform schaffen, die für unterschiedlichste Ziele verwendbar sein sollte; andererseits sollte die einfache Gesellschaft auch als Subsidiärform für alle Fälle dienen, in denen nicht die Voraussetzungen einer anderen Gesellschaftsform erfüllt sind.

Sowohl im wirtschaftlichen als auch nichtwirtschaftlichen Bereich ist die Bedeutung der einfachen Gesellschaft ausserordentlich gross. Neben bewusst eingegangenen und schriftlich geregelten bestehen aber unzählige Gesellschaftsverhältnisse, die täglich entstehen und wieder enden, ohne dass dies den Beteiligten bewusst wird.

Beispiele:
- Konkubinatsgesellschaft (nach den Verhältnissen im Einzelfall zu beurteilen, wobei immer auch zu prüfen ist, welche Lebens- und Vermögensbereiche dem Gesellschaftsrecht unterstellt werden sollen);
- Sozietäten im Dienstleistungsbereich (Rechtsanwälte, Treuhänder, Unternehmensberater, Architekten, Ingenieure uä.);
- gemeinsame Einkaufs- und/oder Verkaufsorganisationen von Unternehmen;
- Kartelle;
- Joint-Ventures;
- Aktionärbindungsverträge (namentlich, wenn die Ausübung der Mitwirkungsrechte geregelt wird);
- Gelegenheitsgesellschaften (zB. Konsortien von Banken für die Emission von Effekten; Baukonsortien).

2. Kollektivgesellschaft

Die Kollektivgesellschaft war als Gesellschaftsform für Verhältnisse gedacht, in denen die Gesellschafter zusammen ein kaufmännisches Unternehmen führen wollen. Wie bereits erwähnt, sieht das Gesetz aber ausdrücklich auch die nicht kaufmännische Kollektivgesellschaft vor.

Die wirtschaftliche Bedeutung der Kollektivgesellschaft ist verhältnismässig gering geblieben. Die Gründe dürften einerseits darin liegen, dass solche Gesellschaftsverhältnisse zu einer engen und eher statischen Bindung zwischen den Gesellschaftern führen, wodurch sich beispielsweise Probleme bei einer Nachfolgeregelung ergeben können, und andererseits darin, dass sich die AG in den letzten fünfzig Jahren derart durchgesetzt hat, dass bei Gesellschaftsgründungen häufig andere Gesellschaftsformen überhaupt nicht mehr in Betracht gezogen werden. Indessen eignet sich die Kollektivgesellschaft durchaus als Rechtsträger einfach strukturierter kaufmännischer Unternehmen (Dienstleistungsbetriebe, Ladengeschäfte, Gastronomie- oder Handwerksbetriebe uä.) sowie für Familiengesellschaften, in denen Gesellschafter aus verschiedenen Generationen ein alt eingesessenes Unternehmen weiterführen wollen.

3. Kommanditgesellschaft

Mit der Schaffung der KG versuchte der Gesetzgeber eine Gesellschaftsform zu schaffen, an der sich sowohl geschäftsführende als auch nicht geschäftsführende Gesellschafter beteiligen können.

Obwohl diese Gesellschaftsform historisch gewachsen und aus praktischen Bedürfnissen heraus entstanden ist, hat sie heute nur noch eine geringe Bedeutung im Wirtschaftsleben. Die KG eignet sich namentlich als Rechtsträger für Familienunternehmen, wo ein gemeinsam ererbter Betrieb dergestalt weitergeführt wird, dass nur einzelne Erben als Geschäftsführer tätig werden wollen.

4. Aktiengesellschaft

Die AG war (und ist auch nach der letzten Gesetzesrevision) als Organisationsform **für grössere und grösste Unternehmen** vorgesehen, an denen ausschliesslich oder doch vorwiegend Publikumsaktionäre beteiligt sind, die selbst nicht an der Geschäftsführung teilnehmen.

Wie erwähnt, hat die AG in den letzten fünfzig Jahren eine überragende Bedeutung im schweizerischen Wirtschaftsleben erlangt. Statistische Untersuchungen zeigen etwa folgendes:

- Die AG ist in allen Wirtschaftszweigen verbreitet.
- Die meisten Grossunternehmen werden heute im Rahmen einer AG betrieben. In letzter Zeit sind sogar einzelne Genossenschaften als Rechtsträger von Grossunternehmen in AGs umgewandelt worden (bzw. bestehen diesbezüglich Pläne).
- Die überwiegende Mehrzahl der AGs sind allerdings kleinere und kleine Gesellschaften mit geringem Kapital und wenigen Mitarbeitern. Viele AGs weisen nur gerade das gesetzlich verlangte Minimalkapital aus oder beschäftigen überhaupt keine Mitarbeiter.
- Als besondere Verwendungsformen sind namentlich Immobiliengesellschaften (im Rahmen einer AG verselbständigtes Grundstück) und Holdinggesellschaften (AG, die ausschliesslich oder doch vorwiegend Beteiligungen an anderen Gesellschaften hält) zu erwähnen.

5. Die Kommanditaktiengesellschaft

Die Kommanditaktiengesellschaft – eine Verbindung von Kommanditgesellschaft und AG in der Weise, dass einzelne Gesellschafter eine Stellung als Kollektivgesellschafter einnehmen – ist in der Schweiz kaum verbreitet. Zum heutigen Zeitpunkt bestehen weniger als zwanzig solcher Gesellschaften, darunter allerdings einige Grossgesellschaften und einige bedeutsame Privatbanken und Finanzgesellschaften.

Diese zwiespältige Sachlage zeigt, dass die Kommanditaktiengesellschaft zwar durchaus eine praxistaugliche Gesellschaftsform wäre, aber Unternehmern wie Beratern offenbar nicht geheuer ist. Obwohl die gesetzliche Regelung in ganzen acht Art. zweifellos zu summarisch ausgefallen ist, kann die Kommanditaktiengesellschaft in ganz bestimmten Konstellationen durchaus gute Dienste leisten. Es wäre daher durchaus einen Versuch wert, ob man mit einer entsprechenden Gesetzesrevision diese Gesellschaftsform reanimieren könnte.

Für näheres sei hier auf die Spezialliteratur verwiesen[17].

---

[17] Hinweise bei Arthur Meier-Hayoz/Peter Forstmoser: Schweizerisches Gesellschaftsrecht [8. Auflage, Bern 1998] § 17 N 1.

6. Gesellschaft mit beschränkter Haftung

Wie die Kollektivgesellschaft, ist auch die GmbH für Verhältnisse gedacht, wo einige wenige Gesellschafter gemeinsam ein kaufmännisches Unternehmen betreiben wollen, aber doch eine Verselbständigung in einer eigenen Rechtsperson angestrebt wird.

Bis in die jüngste Zeit hatte die GmbH in der gesellschaftsrechtlichen Literatur einen schlechten Ruf, und die Wahl dieser Gesellschaftsform wurde in der Praxis als „Notlösung" für Fälle betrachtet, in denen die Gesellschafter nicht die Mittel aufbringen konnten, um eine AG zu gründen und ihre Organisation zu finanzieren.

Seit dem Inkrafttreten des revidierten Aktienrechts im Juli 1992 ist es zu einem eigentlichen „GmbH-Boom" gekommen, und es wurden derart viele GmbHs gegründet, dass diese Gesellschaftsform heute die zweitwichtigste darstellt. Die Gründe dafür dürften hauptsächlich darin liegen, dass viele Organisationsvorschriften des Aktienrechts verschärft worden sind (Rechnungslegung, Revision, Kapitalverhältnisse usw.) und das Recht der AG dadurch für kleinere und mittlere Unternehmer unattraktiver geworden ist. Bei Lichte betrachtet machen aber auch die erwähnten Verschärfungen des Aktienrechts eine solche Kehrtwende nicht verständlich, und ist die Zuwendung zur GmbH durchaus als eine (längerfristige) Modeerscheinung zu verstehen. Vor diesem Hintergrund haben auch viele Rechtsberater das Recht der GmbH als interessantes neues Tätigkeitsgebiet entdeckt und ist die Präferenz für die GmbH wohl weniger das Ergebnis eines tiefschürfenden rechtlichen Vergleichs mit der AG.

Diese Entwicklung zeigt auch, dass rechtliche Institutionen – wie Produkte oder Dienstleistungen – in einem Wettbewerb stehen, der weniger den Intentionen des Gesetzgebers, dafür aber weit mehr Marktgesetzen und Dritteinflüssen folgt.

7. Genossenschaft

Die Genossenschaft ist traditionellerweise ein Institut der wirtschaftlichen Selbsthilfe und auch vom schweizerischen Gesetzgeber als solches konzipiert worden; dabei wurde aber durchaus berücksichtigt, dass gegebenenfalls die Führung eines kaufmännischen Unternehmens zum Gegenstand dieser Selbsthilfe gehören kann.

Obschon zahlenmässig von geringerer Bedeutung, wird die Genossenschaft in der Praxis für verschiedenste Zwecke verwendet.

Beispiele:
- Landwirtschaftsgenossenschaften (als wichtige Stützen des schweizerischen Bauernstandes);
- Konsum- und Einkaufsgenossenschaften (bei den Grossorganisationen Coop und Migros stellt sich allerdings mehr und mehr die Frage, ob nicht die Entwicklung zum universellen Anbieter von Lebensmittel- und Haushaltsprodukten eine Änderung der Rechtsform in die der AG nahelegen würde);

- lokale und regionale Sparkassen;
- Wohnbaugenossenschaften;
- Genossenschaften, an denen der Staat beteiligt ist oder die mit staatlichen Subventionen Aufgaben im Staatsinteresse wahrnehmen (sozialer Wohnungsbau; Krankenkassen; Kredit- und Bürgschaftsgenossenschaften).

IX. Tabellarische Übersicht über die Ausgestaltung der einzelnen Gesellschaftsformen

Benutzerhinweis: Die Übersicht besteht aus den neun Spalten (1) Gesellschafter, (2) Gründung, (3) Grundkapital, (4) Firmenbildung, (5) Buchführung, (6) Organe, Geschäftsführer und Vertretung, (7) Haftung für Gesellschaftsschulden, (8) Gewinn- und Verlustverteilung sowie (9) Auflösung – aus Platzgründen aufgeteilt auf drei hintereinandergeschaltete Teilübersichten.

	(1) **Gesellschafter**	(2) **Gründung**	(3) **Grundkapital**	(4) **Firmenbildung**
KollG	2 oder mehr; **nur natürliche Personen** Art. 557 OR	durch Abschluss des **Gesellschaftsvertrages** Art. 553 OR	kein festes Grundkapital vertragliche Regelung von Einlagen Art. 559 Abs. 3 OR	**Personenfirma** (Familienname aller oder mind. eines Gesellschafters mit Zusatz, der auf das Gesellschaftsverhältnis hinweist) Art. 947 Abs. 1 und 2 OR
KG	**Komplementäre** (unbeschränkt haftend): mind. 1; **nur natürliche Personen** **Kommanditäre** (nur mit der Kommanditsumme haftend): mind. 1 Art. 594 OR	wie Kollektivgesellschaft Art. 595 OR	wie Kollektivgesellschaft Art. 598 OR Die **Kommanditsumme** (Haftungsbetrag des Kommanditärs) muss in das Handelsregister eingetragen werden. Art. 596 Abs. 2 OR	**Personenfirma** (Familienname aller oder mind. eines unbeschränkt haftenden Gesellschafters mit Zusatz, der auf das Gesellschaftsverhältnis hinweist) Art. 947 Abs. 3, 607 OR
AG	mind. 3 **natürliche oder juristische Personen als Gründer** Art. 625 OR	**durch öffentlich beurkundeten Errichtungsakt** mit: Festlegung der Statuten Wahl der Organe (Verwaltungsrat und Revisionsstelle) Zeichnung und Liberierung der	festes **Aktienkapital** Art. 626 Ziff. 3 OR (mind. CHF 100.000.– [Art. 621 OR] wovon mind. CHF 50.000.– einbezahlt [Art. 632 Abs. 2 OR])	**freie Wahl:** Fantasiefirma Sachfirma Personenfirma (mit dem Zusatz AG) Art. 950 OR

	(1) **Gesellschafter**	(2) **Gründung**	(3) **Grundkapital**	(4) **Firmenbildung**
AG		Aktien und Eintragung im Handelsregister Art. 629–635 a OR	**ggf. festes Partizipationskapital**	
KAG	wie AG; mind. 1 Mitglied **haftet unbeschränkt** für die Gesellschaftsschulden Art. 764 Abs. 1 OR	ähnlich wie bei der AG	ähnlich wie bei der AG	wie KG Art. 947 Abs. 3 OR
GmbH	mind. 2 **natürliche oder juristische Personen als Gründer** Art. 772 Abs. 1 OR	ähnlich wie bei der AG	ähnlich wie bei der AG; **festes Stammkapital** (mind. CHF 20.000.–, wovon CHF 10.000.– einbezahlt; Maximalkapital CHF 2.000.000.–)	wie AG Zusatz GmbH oder Gesellschaft mbH muss in allen Fällen beigefügt werden Art. 949 OR
Gen	mind. 7 **natürliche oder juristische Personen als Gründer** Art. 831 OR **Die Mitgliederzahl darf nicht geschlossen sein.** Art. 828, 839, 842–845 OR	ähnlich wie bei der AG (keine öffentliche Beurkundung)	**fakultatives und jederzeit veränderliches Genossenschaftskapital** Art. 833 Ziff. 1 OR	wie AG Art. 950 OR

	(5) **Buchführung**	(6) **Organe, Geschäftsführung und Vertretung**	(7) **Haftung für Gesellschaftsschulden**
KollG	unterliegt **den allgemeinen Buchführungsvorschriften,** vgl. Art. 957 ff. OR	**Geschäftsführung und Vetretung** Gem. Abmachung im Gesellschaftsvertrag und Eintragung im Handelsregister Art. 554 Abs. 2 Ziff. 4 OR ergänzend gem. Gesetz: **jeder Gesellschafter einzeln** Art. 563 OR	**primär die Gesellschaft** mit ihrem Vermögen Art. 568 Abs. 3 OR **sekundär alle Gesellschafter,** und zwar 1. persönlich 2. unbeschränkt 3. solidarisch Art. 568 OR
KG	wie Kollektivgesellschaft	**Geschäftsführung und Vertretung** durch den oder die unbeschränkt haftenden Gesellschafter gem. Abmachung im Gesellschaftsvertrag und Eintragung im Handelsregister Art. 596 Abs. 2 Ziff. 5 OR ergänzend gem. Gesetz: **einzeln** Art. 599 OR durch den Kommanditär auf Grund einer speziellen Vollmacht, zB einer Prokura Art. 600 OR	**primär die Gesellschaft** mit ihrem Vermögen Art. 604 OR **sekundär die Gesellschafter** und zwar: Komplementäre wie die Gesellschafter der Kollektivgesellschaft Kommanditäre bis höchstens zur im Handelsregister eingetragenen Kommanditsumme Art. 608 Abs. 1 OR
AG	1. **die Jahresrechnung** bestehend aus: Erfolgsrechnung Bilanz Anhang 2. **Der Jahresbericht** Art. 663 d OR 3. **Die Konzernrechnung** Art. 663 d OR	**3 Organe** **Generalversammlung** Art. 698 OR **Unübertragbare Aufgaben** 1. Festsetzung und Änderung der Statuten 2. Wahl von Verwaltungsrat und Revisionsstelle 3. Genehmigung von Jahresbe- **Verwaltungsrat** Art. 707 ff. OR **Unübertragbare Aufgaben** 1. die Oberleitung 2. die Festlegung der Organisation 3. die Ausgestaltung des Rechnungswesens, der Finanz- **Revisionsstelle** **Aufgaben:** Art. 728–729 c OR Prüfung der Buchführung und der Jahresrechnung	**nur die Gesellschaft mit dem Gesellschaftsvermögen** Art. 620 Abs. 1 OR in keinem Fall die Aktionäre persönlich Art. 620 Abs. 2 OR

	(5) **Buchführung**	(6) **Organe, Geschäftsführung und Vertretung**	(7) **Haftung für Gesellschaftsschulden**
AG		richt und Jahresrechnung 4. Beschluss über die Gewinnverwendung 5. Entlastung des Verwaltungsrats 6. Beschluss über die Gegenstände, die der GV nach Gesetz oder Statuten vorbehalten sind Art. 698 Abs. 2 OR kontrolle und der Finanzplanung 4. die Ernennung und Abberufung der mit der Geschäftsführung und der Vertretung betrauten Personen 5. die Oberaufsicht 6. die Erstellung des Geschäftsberichtes, die Vorbereitung der Generalversammlung und die Ausführung ihrer Beschlüsse 7. die Benachrichtigung des Richters im Falle der Überschuldung	
KAG	wie AG	**3 Organe** **Generalversammlung Aufgaben wie bei AG** Zu wichtigen Beschlüssen ist die Zustimmung des **Verwaltung Aufgaben wie bei AG** Die Verwaltung besteht kraft Gesetz aus den unbeschränkt Haftenden. **Aufsichtsstelle Aufgaben:** Nicht nur periodische, zB jährliche, Rechnungsprüfung, sondern	**primär die Gesellschaft mit dem Gesellschaftsvermögen sekundär der oder die unbeschränkt, persönlich und solidarisch haftenden Gesellschafter** (= die Mitglieder

	(5) **Buchführung**	(6) **Organe, Geschäftsführung und Vertretung**			(7) **Haftung für Gesellschaftsschulden**
KAG		Verwaltungsrats (= unbeschränkt Haftenden) nötig.		**dauernde Überwachung der Tätigkeit der Verwaltung**	der Verwaltung) Abs. 764 Abs. 1 und Art. 765 Abs. 1 OR
GmbH	wie AG	**Gesellschafterversammlung** kann durch Urabstimmung ersetzt werden (Art. 808–810 OR)	**3 Organe** **Geschäftsführung Aufgaben:** ähnlich wie bei der AG Art. 811–818 OR	**Kontrollstelle fakultativ** gestützt auf statutarische Grundlage **Aufgaben:** wie bei der AG (Art. 819 Abs. 2 OR)	**grundsätzlich nur die Gesellschaft mit dem Gesellschaftsvermögen** Soweit das Stammkapital nicht voll einbezahlt ist, haftet jeder **Gesellschafter persönlich bis zur Höhe des gesamten fehlenden Betrags**
Gen	Kredit- und Versicherungsgenossenschaften: wie AG Art. 858 OR Übrige Genossenschaften wie Kollektivgesellschaften Art. 858 OR	**Generalversammlung** kann ersetzt werden durch eine **Delegiertenversammlung,** wenn die Genossenschaft mehr als 300 Mitglieder hat oder die Mehrheit der Mitglieder aus Genossenschaften besteht **Aufgaben:** ähnlich wie bei AG (Art. 879–893 OR)	**3 Organe** **Verwaltung Aufgaben:** ähnlich wie bei der AG (Art. 894–905 OR)	**Kontrollstelle Aufgaben:** ähnlich wie bei der AG (Art. 906–910 OR)	**gem. Gesetz nur das Genossenschaftsvermögen; die Statuten können eine subsidiäre (sekundäre) persönliche Haftung der Genossenschafter vorsehen** Art. 868 ff.

	(8) **Gewinn- und Verlustverteilung**	(9) **Auflösung**
KollG	**in erster Linie gem. Vereinbarung** im Gesellschaftsvertrag (Art. 557 Abs. 1 OR) **in zweiter Linie gem. Gesetz** (Art. 557 Abs. 2 OR): nach Köpfen (Art. 533 OR)	**Auflösungsgründe** vertragliche gesetzliche (namentlich Ausscheiden eines Gesellschafters, richterliches Urteil) **Liquidation** (Verflüssigung des Vermögens) vgl. Art. 582–590 OR Verjährung der persönlichen Haftung für Gesellschaftsschulden nach 5 Jahren seit Publikation der Auflösung (nach 2 Jahren im Fall der Übernahme des Geschäftes mit Aktiven und Passiven durch Dritte oder einen Gesellschafter); vgl. Art. 591–593 OR
KG	**Komplementäre** wie Kollektivgesellschaft **Kommanditäre** **in erster Linie gem. Vereinbarung** (Art. 598 Abs. 1 OR) **in zweiter Linie gem. Gesetz** (Art. 598 Abs. 2 OR): Emessen des Richters (Art. 601 Abs. 2 OR und Art. 611 OR)	ähnlich wie Kollektivgesellschaft; vertragliche; gesetzliche (namentlich Ausscheiden eines Gesellschafters, richterliches Urteil)
AG	**in erster Linie gem. Statuten bzw. GV-Beschluss** **in zweiter Linie gem. Gesetz:** Verteilung im Verhältnis der einbezahlten Nennwerte der Aktien (Art. 661 OR) nach Abzug der Zuweisung an die Reserven (Art. 674 OR)	**Auflösungsgründe** 1. nach Massgabe der Statuten 2. durch GV-Beschluss, über den eine öffentliche Urkunde zu errichten ist 3. durch Eröffnung des Konkurses 4. durch Urteil des Richters auf Grund einer Klage auf Auflösung (Art. 736–738 OR) **Liquidation** (Verflüssigung des Vermögens) 1. Gewöhnliche Liquidation nach Art. 739–747 OR 2. Konkursamtliche Liquidation nach SchKG 3. Fusion, dh. Zusammenschluss mit einer anderen AG oder Vereinigung von mehreren AG (Art. 748, 749 OR) 4. Übernahme durch ein öffentliches Gemeinwesen (Art. 751 OR) 5. Umwandlung in eine GmbH (Art. 824–826 OR)
KAG	wie AG	wie AG

	(8) **Gewinn- und Verlustverteilung**	(9) **Auflösung**
GmbH	wie AG Art. 804, 805 OR	ähnlich wie AG
Gen	**Gewinnverteilung** **gem. Gesetz (dispositiv):** keine Verteilung vorgesehen, der Gewinn fällt ins Gesellschaftsvermögen **gem. Statuten:** Verteilung (ähnlich wie bei der AG) zulässig	**Auflösungsgründe** ähnlich wie AG (aber keine Auflösungsklage möglich) Art. 911, 912 OR **Liquidation** wie AG (Art. 913 Abs. 1 OR) **Verteilung des Liquidationserlöses** kein gesetzlicher Anspruch der Genossenschafter auf den Liquidationserlös; die Statuten können eine Verteilung vorsehen Art. 913 OR

J. Grundzüge des Schweizer Bankenrechts unter Berücksichtigung des Bankgeheimnisses

Marianne Volonté

Übersicht

I. Bankengesetzgebung

1. Historische Grundlage

Der Ruf nach einem wirkungsvollen Bankengesetz erging in den dreissiger Jahren, im Bestreben die politische und wirtschaftliche Neutralität, insbesondere in Zusammenhang mit den sich anbahnenden nationalsozialistischen Tendenzen, zu manifestieren.

Das Bundesgesetz über die Banken und Sparkassen (im folgenden „BaG") trat am 1. März 1935 in Kraft. Man wollte die Gründung, Führung und Aufsicht der Banken in Bezug auf Kapitalausstattung, Organisation und Kontrolle zum Zweck des Gläubigerschutzes und der allgemeinen Sorgfalt des Geschäftsgebahrens festlegen. Der Artikel 47 BaG betreffend Bankgeheimnis stellte die einzige Norm mit direktem Kundenbezug dar.

2. Entwicklung

Das BaG hat in den über 60 Jahren einen äusserst wirksamen wirtschaftlichen Nährboden für die Schweizer Bankenindustrie geschaffen. Im Rahmen der verschiedenen Teilrevisionen wurde das BaG lediglich an die wirtschaftliche Entwicklung des Finanzsektors angepasst.

Die blühende Entwicklung der Bankenindustrie in der Schweiz ist jedoch nicht primär der Bankengesetzgebung zuzuschreiben, sondern findet ihre Erklärung vielmehr in der – im Verhältnis zu anderen (europäischen) Ländern – grösseren politischen und wirtschaftlichen Stabilität. Ein nicht zu vernachlässigender Faktor ist überdies die multikulturelle Eigenschaft der Schweiz, welche insbesondere die sprachlichen Eintrittsbarrieren für die Bürger der umliegenden Länder stark vereinfacht hat.

Auch das Fernbleiben der Schweiz von der EU wird in Bankenkreisen bis heute als Vorteil betrachtet.

Dies hinderte die Amerikaner mit dem für sie berühmten Nachdruck jedoch nicht, gewisse Gesetze, wie das **Insider-Strafrecht** und die **Geldwäscherei**-Artikel (Art. 305bis/ter StGB), auch in der Schweiz in aller Eile vorantreiben zu lassen. Tatsächlich sprach man bei der Einführung des Insider-Strafrechtsartikels (Art. 161 StGB) vom 1. Juli 1988 von einer „lex americana", da in den meisten anderen europäischen Ländern eine solche Norm damals noch nicht bestand.

Diese Strafrechtsnormen haben seit ihrer Einführung eine zum Bankgeheimnis vergleichsweise unbedeutende Rolle gespielt. Es gab bis heute weder namhafte Insider- noch Geldwäschereiverurteilungen, auch wenn im Zusammenhang mit den Schmiergeldaffären in Italien in den Jahren 1992–1997 über 4000 Rechtshilfegesuche anhängig gemacht wurden.

Zur faktischen Verbesserung der Vertragsposition des Bankkunden gegenüber den Banken verhalf die Einführung der Ombudsmann-Stelle im Jahre 1992. Der **Ombudsmann** befasst sich mit Fragen und Beschwerden von Bankkunden zu Geschäften, die durch eine Bank mit Sitz in der Schweiz getätigt werden. Jede direkt betroffene, natürliche oder juristische Person kann sich mündlich oder schriftlich an den Ombudsmann wenden. Das Verfahren ist kostenlos und es haben bereits viele Fälle auf diskrete Art und Weise und innerhalb nützlicher Frist geschlichtet werden können.

3. Ausblick

Heute könnte die These aufgestellt werden, dass sich die im Bankengesetz wiederspiegelnde, politische Überzeugung der 30iger Jahre als Boomerang erwiesen hat, indem sich die in letzter Zeit bestehende Polemik der Holocoust-Gelder vor allem gegen die Schweizer Banken richtete. Amerikanische Finanzanalysten behaupteten gar, dass die Fusion von 1997 zwischen SBV und UBS deshalb stattgefunden habe, weil sich insbesondere die UBS in Bezug auf diese Thematik in eine Sackgasse manövriert hätte.

Das Bankengeschäft wird aber auch ohne spektakuläre Geschichten zusehends komplexer. Die Schweizer Banken sehen sich mit einer zunehmenden Flut von nationalen und internationalen Gesetzen und Erlassen konfrontiert. Allein auf nationaler Ebene haben die Schweizer Banken über 200 verschiedene Gesetze, Verordnungen und Richtlinien zu respektieren.

Eines der brisantesten Gesetze war die Einführung des neuen Schweizer Geldwäscherei-Gesetzes vom 1. April 1998, welches bei Geldwäschereiverdacht eine Melde- und Sperrpflicht der Finanzinstitute, Vermögensverwalter, Rechtsanwälte und Treuhänder respektive der betreffenden Bankkonten vorsieht.

Die in der Schweiz anwendbaren internationalen Erlasse sind heute bereits auf eine Anzahl von über 30 angewachsen. In nächster Zeit wird uns die Konkretisierung folgender Themen beschäftigen:

- Einführung der europäischen Einheitswährung (EURO)
- Vereinheitlichung der europäischen und internationalen Finanzgesetzgebung: Am 13. Dezember 1997 wurde von der World Trade Organization in Genf der Grundstein für ein 102 Staaten umfassendes Übereinkommen zur Liberalisierung von Finanzdienstleistungen gelegt.
- Empfehlung der International Financial Action Task Force of Money Laundering vom 7. Februar 1990, welche die Banken ua. auffordert, interne Schulungen zur Verhinderung der Geldwäscherei durchzuführen.

II. Bankgeheimnis

1. Definition und gesetzliche Grundlage

Das Bankgeheimnis (Art. 47 BaG) ist ein Recht des Bankkunden respektive eine Pflicht der Bank und deren Angestellten sowie externen Beauftragten (BGE 121 IV 45 ff). Das **Bankgeheimnis** interessiert deshalb in der Beziehung zwischen Bank und Kunde viel mehr als die anderen im Bankengesetz aufgeführten Pflichten der Banken.

Der schweizerische Gesetzgeber hat sich nicht damit begnügt, die Pflicht des Bankiers zur Wahrung seines Berufsgeheimnisses zum öffentlichrechtlichen Gebot zu erheben: Art. 47 BaG bedroht die widerrechtliche Geheimnisverletzung mit Gefängnisstrafe. Widerrechtlich ist die Preisgabe nur dann nicht, wenn ein Staatsvertrag, ein Bundesgesetz oder ein kantonales Gesetz die Auskunftspflicht der Banken vorsehen.

Für Ausländer ist es wichtig zu wissen, dass der Kunde einer sich im Ausland befindenden Zweigniederlassung oder Tochtergesellschaft einer Schweizer Bank nicht Schutzobjekt von Art. 47 BaG ist (*Bodmer/Kleiner/Lutz*, Kommentar zum Schweizer Bankengesetz Art. 47 N 100), dh. dass sich die ausländischen Geschäftssitze von Schweizer Banken nicht auf das schweizerische Bankgeheimnis berufen können, sondern dass einzig und allein die lokale Gesetzgebung anwendbar ist.

1.1. Zivilrecht

Das Bankgeheimnis ist nicht nur durch das BaG geschützt, sondern auch Ausfluss des Persönlichkeitsschutzes nach zivilrechtlichen Normen.

Im Zivilrecht bezweckt das Bankgeheimnis, die Privatsphäre des Individuums zu schützen. Die Privatsphäre ist Teil der Persönlichkeitsrechte, welche durch das Schweizerische Zivilgesetzbuch geschützt sind (Art. 28 ZGB). Eine Verletzung des Bankgeheimnisses wird vom Bundesgericht deshalb auch als Verstoss gegen diese Persönlichkeitsrechte gewertet.

Gleichzeitig ist das Bankgeheimnis Bestandteil des Vertragsrechtes zwischen Bank und Kunden. Bei Verletzung des Vertrages kommt deshalb die obligationenrechtliche Haftung zum Tragen, welche in der Regel gemäss Auftragsrecht (Art. 394 ff. OR), beurteilt wird.

1.2. Prozessrecht

Im Rahmen des Zivil- und Strafprozessrechtes, welches in der Schweiz kantonal geregelt ist, findet man nur wenige Kantone, welche das Bankgeheimnis ausdrücklich garantieren. Aber selbst wenn das Bankgeheimnis im kantonalen Zivilprozessrecht geschützt ist, gehen allfällige staatsvertragliche oder gesamtschweizerische Normen, welche das Bankgeheimnis nicht schützen oder ausdrücklich aufheben, dem kantonalen Recht nach dem Grundsatz „Bundesrecht bricht kantonales Recht“ vor.

2. Auskunftspflicht der Banken

2.1. Allgemeines

Die Banken werden durch verschiedene Bestimmungen des Zivil- und Strafrechtes gegenüber Privaten bzw. Behörden zur Auskunft verpflichtet.

In der Praxis hat sich gezeigt, dass das Bankgeheimnis im Zivilrecht mit wenigen Ausnahmen, wie zB im Erb- oder neuerdings im Eherecht, Angriffen seitens Dritter standhält.

Schwieriger sieht die Angelegenheit im Rahmen des Strafrechtes aus. Im folgenden soll deshalb insbesondere auf die Standfestigkeit des Schweizer Bankgeheimnisses im Strafrecht eingegangen werden.

2.2. Materielles Strafrecht und Strafprozessrecht

Materielles Strafrecht

Die Intensivierung der Bekämpfung des organisierten Verbrechens und seiner Folgen sowie die Umwandlung von aus Verbrechen stammenden Werten haben neben anderen Ländern auch die Schweiz in den letzten Jahren dazu bewogen, ihre Strafgesetzgebung zu revidieren. Es handelt sich dabei insbesondere um Bestimmungen, die auf die Verhinderung der Geldwäscherei, die mangelnde Sorgfalt in Finanzgeschäften und die Zugehörigkeit zu einer kriminellen Organisation abzielen. Gleichzeitig wurden strafrechtliche Bestimmungen eingeführt, die ein angemessenes Funktionieren der Finanzmärkte (Art. 161 StGB betreffend Insidergeschäfte und 161bis StGB betreffend Kursmanipulation) gewährleisten sollen.

Kriminalisiert ist in der Schweiz aber auch der sog. Steuerbetrug, der durch den kantonalen (strafrechtlichen) Untersuchungsrichter verfolgt wird. Weil Steuerfragen im internationalen Verhältnis oft im Vordergrund stehen, wird dieser Problemkreis weiter unten in Ziff. III nochmals ausführlicher behandelt.

Prozessuales Strafrecht

Die meisten kantonalen Strafprozessordnungen räumen Berufsgeheimnisträgern wie Geistlichen, Ärzten und Rechtsanwälten, ein **Zeugnisverweigerungsrecht** ein. Über das Bankgeheimnis schweigen sich diese Prozessordnungen jedoch zumeist aus, so jedenfalls die Strafprozessordnungen der wichtigsten Finanzplätze der Schweiz wie Zürich, Basel, Genf und Tessin. Dieses Schweigen wird als qualifiziertes Schweigen ausgelegt. In diesen Kantonen entbindet das Bankgeheimnis die Bankangestellten im Rahmen eines Strafprozesses also nicht von der Aussagepflicht, noch steht es prozessualen Zwangsmassnahmen entgegen (BGE 95 I 439 ff, 96 I 749).

2.3. Sorgfaltspflichtvereinbarung

Ergänzt werden die strafrechlichen Gesetzesbestimmungen durch eine Serie von Standesregeln, denen sich die Banken freiwillig unterwerfen. Die wichtigste ist die erstmals am 1. Juli 1977 stipulierte **Sorgfaltspflichtvereinbarung**.

In dieser Vereinbarung verpflichten sich die Banken freiwillig und gegenseitig auf einen gemeinsamen Verhaltenskodex im Zusammenhang mit der Entgegennahme von Geldern und der Handhabung des Bankgeheimnisses. Die Vereinbarung wird jeweils alle fünf Jahre erneuert respektive den verschärften generellen Rahmenbedingungen angepasst.

In der Präambel zur Sorgfaltspflichtvereinbarung 1998 heisst es Art. 1 b) und c), dass die Banken keine aktive Beihilfe zur Kapitalflucht leisten respektive keine aktive Beihilfe zur Steuerhinterziehung und dergleichen leisten würden durch Abgabe von unvollständigen oder irreführenden Bescheinigungen.

Die Banken haben dadurch in selbstregulierender Weise vorgeschrieben, was ihrer Ansicht nach Handlungen sind, welche vom Bankgeheimnis nicht erfasst sein sollen.

Diesen Standesregeln unterstehen die unterzeichnenden Banken mit sämtlichen in der Schweiz domizilierten Geschäftsstellen, nicht aber mit ihren ausländischen Zweigniederlassungen, Vertretungen oder Tochtergesellschaften. Den Rechtsanwälten und Notaren wurde mit der Einführung des Formulars „R“ die Pflicht auferlegt, Angaben über den Zweck der Kontoeröffnung zu machen.

Die Vereinbarung ist insofern bedeutend, als sich die Banken gewisse Vorsichtsmassnahmen bei der Annahme von Geldern auferlegt haben, bestimmte Geschäftspraktiken verpönen, respektive im Zweifelsfalle ablehnen.

Diese Standesregeln haben auch zu einer gewissen Vereinheitlichung des Geschäftsgebarens unter Banken geführt. Sie werden auch von Richtern bei der Auslegung des Inhaltes und Umfanges der Auskunftspflicht der Banken herangezogen, respektive gelten sie als sogenannter Mindeststandard.

Ob eine Bank in der Schweiz, welche direkt oder indirekt mit irgendeiner strafrechtlich relevanten Tat eines Auslandkunden in Zusammenhang gebracht wird, von einer nationalen respektive internationalen Behörde zur Auskunft verpflichtet werden kann, wird aufgrund der im nächsten Kapitel aufgeführten Kriterien entschieden.

III. Bankgeheimnis und Internationale Rechtshilfe

1. Rechtshilfe bei gemeinrechtlichen Delikten

Die Schweiz gewährt ausländischen Staaten seit Jahrzehnten Unterstützung bei der Verfolgung von Straftätern gemeinrechtlicher Delikte, wie Mord, Diebstahl, Betrug etc.

Bis 1983 geschah dies ausschliesslich aufgrund von multilateralen oder bilateralen Staatsverträgen, insbesondere dem europäischen Auslieferungsübereinkommen und dem europäischen Übereinkommen über die **Rechtshilfe** in Strafsachen von 1969 und dem zwischen der Schweiz und Deutschland abgeschlossenen Zusatzvertrag vom 13. November 1969.

Seit dem 1. Januar 1983 basiert die schweizerische Rechtshilfe und insbesondere das Verfahren an und von ausländischen Staaten auf dem Bundesgesetz über die internationale Rechtshilfe in Strafsachen (IRSG). Das IRSG findet Anwendung, wenn eine im konkreten Fall anwendbare, internationale Vereinbarung nicht ausdrücklich oder sinngemäss etwas anderes bestimmt (Art. 1 IRSG).

Mit der Einführung des IRSG gewährte die Schweiz erstmals in ihrer Geschichte Rechtshilfe in Abgabebetrugsfällen, was vor 1983 nur im Rechtshilfevertrag mit der USA vorgesehen war.

Welche Bedeutung das IRSG bei Fiskaldelikten hat, wird im folgenden näher beleuchtet.

2. Rechtshilfe bei Fiskaldelikten

2.1. Grundsatz

Das IRSG sieht folgenden Grundsatz in Sachen Fiskaldelikten vor: Einem Ersuchen wird nicht entsprochen, wenn Gegenstand des Verfahrens eine Tat ist, die auf eine Verkürzung fiskalischer Abgaben gerichtet erscheint oder

Vorschriften über währungs-, handels- oder wirtschaftspolitische Massnahmen verletzt werden.

Damit wird der bewährte Grundsatz bekräftigt, dass die Schweiz nicht bereit ist, in Steuerverfahren – sei dies im Rahmen eines Veranlagungs-, Nachsteuer-, Ordnungswidrigkeits- oder Hinterziehungsverfahren – Rechtshilfe zu leisten (BGE 96 I 745 mit Bezug auf das Veranlagungsverfahren).

Hat ein ausländischer Steuerpflichtiger im Rahmen seiner Deklarationsplicht nicht alle Einkommens- oder Vermögensbestandteile angegeben, so wird dies in der Schweiz als eine einfache Steuerhinterziehung gewertet. Die Deklaration des Steuerpflichtigen wird als „seine eigene Angabe " bezeichnet, welche gemäss Dr. F. Zuppinger (Cahier de droit fiscal international IFA Band LXVIII, S. 621) keinen Beweischarakter hat und damit auch nicht Urkunde sein kann. Die einfache Steuerhinterziehung ist in der Schweiz deshalb kein gemeinrechtliches Delikt, dh. dass für deren Verfolgung nicht die Strafbehörden zuständig sind, sondern die Verwaltungsbehörden. Die Voraussetzung für die Rechtshilfe besteht deshalb nicht und die Banken sind zur Geheimhaltung verpflichtet.

In dieser Hinsicht hat auch die deutsche Seite seit Jahrzehnten vergeblich versucht, die Schweiz zur Aufnahme von Amtshilfeklauseln zu überzeugen. Zum ersten Mal erfolgte dies im OECD-Musterabkommen von 1963, welches auf Vorschlag von Deutschland den Austausch von Auskünften für die Durchführung der Vorschriften des internen Rechts der Vertragsstaaten betreffend die unter das Abkommen fallenden Steuern vorsieht. Damals hat die Schweiz einen entsprechenden Vorbehalt gemacht[1].

Dieser Vorbehalt der Schweiz blieb auch im Rahmen des revidierten OECD-Abkommens zur Doppelbesteuerung von 1977 bestehen. Damit bleibt der Schweiz weiterhin die Möglichkeit gewahrt, entweder jegliche Klausel für die Amtshilfe abzulehnen oder eine auf die Anwendung des Abkommens begrenzte Klausel nur im Einzelfall zuzugestehen, wie dies auch im schweizerisch-deutschen Doppelbesteuerungsbkommen vom 11. August 1971 im Artikel 27 Absatz 1 vorgesehen ist[2].

---

[1] „Für die Schweiz ist eine besondere Bestimmung über den Austausch von Auskünften entbehrlich, weil auch eine ausdrückliche Vorschrift, dem Zweck des Abkommens entsprechend, nur den Austausch von Auskünften vorsehen kann, die für die richtige Durchführung und für die Verhinderung von Missbräuchen des Abkommens notwendig sind. Deshalb macht die Schweiz einen ausdrücklichen Vorbehalt zum Art. 26 über den Austausch von Auskünften."

[2] „Die zuständigen Behörden der Vertragsstaaten können auf Verlangen diejenigen (gemäss den Steuergesetzgebungen der beiden Staaten im Rahmen der normalen Verwaltungspraxis erhältlichen) Auskünfte austauschen, die notwendig sind für die richtige Durchführung dieses Abkommens. Jede auf diese Weise ausgetauschte Auskunft soll geheimgehalten und niemand zugänglich gemacht werden, der sich nicht mit der Veranlagung, der Erhebung, der Rechtsprechung oder Strafverfolgung hinsichtlich der unter dieses Abkommen fallenden Steuern befasst. Auskünfte, die irgendein Handels- oder Bank-, gewerbliches oder Berufsgeheimnis oder Geschäftsverfahren offenbaren würden, dürfen nicht ausgetauscht werden."

Die Schweiz hat deshalb gegenüber Deutschland zwei äusserst wichtige Einschränkungen gemacht: Erstens wird die Auskunftserteilung auf Tatbestände des Doppelbesteuerungsabkommens beschränkt und zweitens wird ausdrücklich auf das Bankgeheimnis als schützenswertes Gut hingewiesen.

2.2. Ausnahme Abgabebetrug

Als Ausnahme zum obenerwähnten Grundsatz der beschränkten Auskunftspflicht, welcher in praktisch allen Doppelbesteuerungsabkommen festgehalten wird, kann die Schweiz – sie muss aber nicht – gemäss IRSG einem Rechtshilfegesuch nachkommen, wenn Gegenstand des Verfahrens ein Abgabebetrug ist.

Dabei handelt es sich immer nur um die sog. kleine Rechtshilfe gemäss dem dritten Teil des IRSG, welche sich auf Übermittlung von Informationen, Einvernahme von Zeugen, Beschlagnahmung, Herausgabe von Akten und Schriftstücken etc. beschränkt. Eine Auslieferung des Täters oder die stellvertretende Strafverfolgung durch die Schweiz dagegen sind ausgeschlossen.

3. Voraussetzungen der Rechtshilfe in Sachen Steuerbetrug

3.1. Beidseitige Strafbarkeit

Zwangsmassnahmen, wie die Aufhebung des Bankgeheimnisses, dürfen nur ergriffen werden, wenn aus der Darstellung des Sachverhaltes hervorgeht, dass die im Ausland verfolgte Handlung die objektiven Merkmale eines nach schweizerischem Recht strafbaren Tatbestandes aufweist.

In Betracht fallen „Abgabebetrug“ und „Steuerbetrug“. Bei den direkten Steuern des Bundes und der Kantone spricht der Gesetzgeber von „Steuerbetrug", bei den indirekten Steuern (Verrechnungssteuer, Stempelabgabe, Mehrwertsteuer) von „Abgabebetrug“.

3.2. Begriff des Abgabebetruges

Der Ausdruck „Abgabe“ ist als Oberbegriff für direkte und indirekte Steuern sowie für Zölle und weitere, vorbehaltlos geschuldete Leistungen an das Gemeinwesen zu betrachten. Um den Tatbestand des Abgabebetruges zu erfüllen, muss der Täter durch sein arglistiges Verhalten bewirken, dass dem Gemeinwesen unrechtmässig und in einem erheblichen Betrag eine Abgabe, ein Betrag oder eine andere Leistung vorenthalten wird. Wesentlich ist also, dass ein arglistiges Handeln – welches eine qualifizierte Täuschung seitens des Täters bedingt – vorliegen muss.

3.3. Begriff des Steuerbetruges

Ob ein Steuerbetrug vorliegt, wird nach schweizerischem Recht definiert. Steuerbetrug begeht, wer zum Zwecke der Steuerhinterziehung gefälschte, verfälschte oder inhaltlich unwahre Urkunden, wie Geschäftsbücher, Bilanzen, Erfolgsrechnungen oder Lohnausweise und andere Bescheinigungen Dritter, zur Täuschung gebraucht.

Als Bescheinigungen Dritter gelten Rechnungen, Kontokorrentauszüge, Bankausweise, Postcheckabschnitte und öffentliche Urkunden; Bescheinigungen juristischer Personen über die Leistungen an Organe der Gesellschaft, Forderungsbescheinigungen etc. In diesem Zusammenhang sei auch auf die besondere Pflicht für Selbständigerwerbende, ihre Geschäftsbücher aufzubewahren, hingewiesen.

Blosse Arglist, ohne Verwendung von gefälschten Urkunden genügt also nicht, um den Tatbestand des Steuerbetruges bei den direkten Steuern zu erfüllen. Ebenfalls sollen reine Fahndungshandlungen das Recht auf Rechtshilfe ausschliessen.

Das Bundesgericht hat diese Grundsätze aber in einem, wenn auch stark umstrittenen Entscheid (BGE 111 Ib 242) vom November 1985 relativiert[3].

Mit dieser Definition der **„besonderen Machenschaften"** hat sich das Bundesgericht auf den Betrugstatbestand des Artikel 148 StGB berufen, was grosse Kritik hervorgerufen hat. Damit hat das Bundesgericht Steuerdelikte auf eine gemeinrechliche Stufe erhoben, was in unversöhnlichem Konflikt zum in der Schweiz immer noch vorherrschenden Verständnis des „Steuerdeliktes als Gentleman-Delikt" steht.

Dieser Entscheid ist hier insbesondere aus drei Gründen interessant:

- erstens, weil es sich beim Rechtshilfe ersuchenden Staat um eine Behörde der Bundesrepublik Deutschland handelte,
- zweitens, weil damit gezeigt wird, dass die Rechtshilfe in Fiskalsachen ausschliesslich gemäss IRSG beurteilt wird, was die bilateralen Abkommen in den Hintergrund rücken lässt,
- drittens, weil der gleiche Entscheid vom Bundesgericht in späteren Jahren wiederum als Begründung zur Gewährung der Rechtshilfe herangezogen wurde (114 Ib 56, 115 Ib 78).

Im letzten Fall (1989) handelte sich dabei um den berühmten Rechtshilfefall der Staatsanwaltschaft Bonn gegen die Sozialdemokratische Partei Deutschlands in Sachen Parteispendenaffäre.

Mit dem Entscheid 116 Ib 103 hat das Bundesgericht der Kritik ein Jahr später insofern Rechnung getragen, als es seine Grundsätze relativierte und erklärte, die Anforderungen an den Nachweis des Abgabebetruges sollten nicht allzu hoch angesetzt werden.

Ein Steuerbetrug liegt auch vor, wenn ein Vermögensverwalter sich seine Kommissionen unter Verwendung von fiktiven Verträgen und Rechnungen auf ein Konto im Ausland überweisen lässt (nicht veröffentlichter BGE vom 14. 2. 1997).

Kein Steuerbetrug lag nach der Auffassung des Bundesgerichtes im Fall eines deutschen Musiktherapeuten, in dessen Einnahme-Überschussrech-

---

[3] „..., dass der Steuerbetrug nicht notwendigerweise die Verwendung falscher oder gefälschter Urkunden voraussetzt, sondern dass auch andere Fälle arglistiger Täuschung der Steuerbehörde denkbar sind, zB durch ein für diese Behörden nicht durchschaubares Zusammenwirken des Steuerpflichtigen mit Dritten."

nung ein Teil der Einkünfte nicht erfasst war, vor. Da dieser in Deutschland nicht buchhaltungspflichtig war, kam der Überschussrechnung kein Beweischarakter zu. Folglich lag keine Urkundenfälschung vor (BGE 125 II 250ff.). Ein Abgabebetrug hätte unter Umständen auch dann gegeben sein können, wenn es sich bei den der Steuererklärung beigefügten Unterlagen nicht um Urkunden im strafrechtlichen Sinne handelt. Jedoch seien in einem solchen Fall besondere Machenschaften erforderlich, damit eine arglistige Täuschung angenommen werden könne. Hierzu gehörten Erfindungen und Vorkehrungen sowie das Ausnützen von Begebenheiten, die allein oder gestützt durch Lügen oder Kniffe geeignet sind, den Getäuschten irre zu führen oder ihn in seinem Irrtum zu bestärken. Auch hierfür waren keine Anhaltspunkte ersichtlich.

Folglich musste die Schweiz keine Rechtshilfe an Deutschland leisten und die Bankkonten blieben geheim.

Gemäss deutschem Einkommensteuergesetz können Steuerpflichtige, welche weder Bücher zu führen noch regelmässige Abschlüsse zu erstellen haben, als Gewinn den Überschuss der Betriebseinnahmen über die Betriebsausgaben ansetzen. Eine Pflicht zur Erstellung einer solchen Überschussrechnung besteht nach Auffassung des Bundesgerichts indes nicht, und sie gilt aus Sicht des Bundesgerichts auch nicht als Urkunde. Denn wo keine Kaufmännische Buchhaltung geführt wird, beweist eine solche Überschussrechnung lediglich, wie sich der erzielte Gewinn zusammensetzt. Sie ist dagegen funktional betrachtet weder dazu bestimmt noch dafür geeignet, zu beweisen, dass genau der in der Steuererklärung ausgewiesene Gewinn erzielt worden ist. In diesem Fall beweist die vom Steuerpflichtigen eingereichte Abrechnung „nicht mehr und nicht weniger, als seine Steuererklärung für sich allein beweisen würde, wenn ihr keine Einnahmen-Überschussrechnung beigelegt wäre". Anzumerken bleibt, dass die Urkundenqualität solcher Abrechnungen zu bejahen ist, sobald der Steuerpflichtige zur Buchführung verpflichtet ist oder freiwillig eine nach kaufmännischen Grundsätzen geführte Buchhaltung führt.

3.4. Weitere Voraussetzungen

Neben der bereits erwähnten Voraussetzung der beidseitigen Strafbarkeit sind für die Gewährung von Rechtshilfe ferner folgende Kriterien zu beachten:

- Keine Beeinträchtigung wesentlicher Interessen der Schweiz (ordre public).
- Prinzip der Spezialität, aus dem sich ergibt, dass Auskünfte nur für das dem Gesuch zugrundeliegende Verfahren verwendet werden dürfen. Werden sie trotzdem verwendet, kann der Angeschuldigte beim Bundesamt für Polizeiwesen in Bern intervenieren und dasselbe ersuchen, die Unterlagen von den ausländischen Behörden zurückzuverlangen[4].

---

[4] Diese Schritte waren in einem Fall aus Deutschland erfolgreich mit der Folge, dass ein steuerrechtlicher Entscheid, der in Verletzung des Spezialitätsprinzips getroffen wurde, von Deutschland annulliert werden musste (ZSR 100 II 575, vgl. SJ 1998, 409, nicht veröffentlichtes Bundesgerichtsurteil vom 24. 3. 1998).

- Selbst bei einem Schuldspruch wegen Abgabebetrug dürfen die Auskünfte aus der Schweiz nicht für das Veranlagungsverfahren in Deutschland verwendet werden (BGE II5 Ib 376 E.8)[5]; und (BGE 122 II 367)[6].
- Wahrung der Verhältnismässigkeit.
- Gewährleistung des „ordre public" (die Anwendung ausländischen Rechts darf das schweizerische Rechtsempfinden nicht verletzen).
- Die Tat darf nach schweizerischem Recht nicht absolut verjährt sein (im Falle der direkten Bundessteuer beträgt die relative Verjährung fünf Jahre).
- Die in Frage stehende Tat muss im ersuchenden Staat letztlich durch den Richter beurteilt werden können.

Jede Rechtshilfehandlung der Behörden gilt grundsätzlich als Verfügung. Zu unterscheiden ist dabei zwischen einer Vorladung zur Zeugeneinvernahme und einer Verfügung auf Aktenedition an den schweizerischen Untersuchungsrichter.

Keinesfalls darf eine Bank ohne Einwilligung des Kunden direkt an eine ausländische Behörde Auskünfte oder Unterlagen abgeben. Die (passive) Anwesenheit ausländischer Behörden bei einer Zeugeneinvernahme in der Schweiz ist jedoch unter Umständen möglich.

4. Rechtsmittel und Einsprache der Betroffenen

Das Rechtshilfegesetz bietet den von einem Rechtshilfegesuch betroffenen Personen eine Reihe von Verteidigungsmassnahmen. Als Betroffene gelten jene Personen, welche durch eine Verfügung berührt sind und ein schutzwürdiges Interesse zur Ergreifung eines Rechtsmittels haben.

---

[5] Die im Rahmen der Amtshilfe von der eidgenössischen Bankenkommission an das deutsche Bundesaufsichtsamt für den Wertpapierhandel (BAWe) übermittelten, kundenbezogenen Informationen im Falle eines Insiderhandels, dürfen nur mit Zustimmung der schweizerischen Aufsichtsbehörde an andere Behörden weitergeleitet werden; die Bankenkommission hat darüber gegebenenfalls in einer anfechtbaren Verfügung zu entscheiden (BGE 125 II 65).

[6] Gemäss dieser Rechtsprechung ist es grundsätzlich Sache der schweizerischen Behörden, diejenigen Akten auszuscheiden, die den ausländischen Strafverfolgungsbehörden übermittelt werden. Daher ist es nicht zulässig, die Auswahl der für das ausländische Strafverfahren erheblichen Akten vollständig den ausländischen Behörden zu überlassen. Nicht zulässig wäre es, den ausländischen Behörden nur diejenigen Unterlagen zu überlassen, die den im Rechtshilfeersuchen dargestellten Sachverhalt mit Sicherheit beweisen. Massgeblich ist die potentielle Erheblichkeit der beschlagnahmten Aktenstücke: Den ausländischen Strafverfolgungsbehörden sind diejenigen Aktenstücke zu übermitteln, die sich möglicherweise auf den im Rechtshilfeersuchen dargestellten Sachverhalt beziehen können; nicht zu übermitteln sind nur diejenigen Akten, die für das ausländische Strafverfahren mit Sicherheit nicht erheblich sind. Das Bundesgericht ist grundsätzlich nicht verpflichtet, von Amtes wegen nach weiteren der Rechtshilfe allenfalls entgegenstehenden Gründen zu forschen, die aus der Beschwerde nicht hervorgehen.

Dies gilt demzufolge namentlich für die in Untersuchung stehende Person selbst, aber auch für die zur Auskunft angehaltene Bank.

Im Einzelnen haben die Betroffenen gemäss IRSG folgende Abwehrmöglichkeiten:

- Rechtsmittel nach kantonalem Recht
- Einsprache an das Bundesamt für Polizeiwesen
- Verwaltungsbeschwerde an das Justizdepartement
- Verwaltungsgerichtsbeschwerde an das Bundesgericht
- Versiegelung nach kantonalem Recht

Ein Rechtsmittel sollte immer dann ergriffen werden, wenn sich Zweifel an der Rechtmässigkeit der angeordneten Rechtshilfemassnahme oder an der in Frage stehenden Tat ergeben.

Ausserdem besteht die Möglichkeit, dass eine Stellungnahme der Eidgenössichen Steuerverwaltung über die Qualifizierung des in Frage stehenden Deliktes eingeholt wird.

Im Übrigen ist es anerkannte Praxis der Banken, beim Eintreffen eines Rechtshilfegesuches mit dem betroffenen Kunden Kontakt aufzunehmen, sofern dies in der jeweiligen Verfügung des Untersuchungsrichters nicht ausdrücklich untersagt wird. Zu beachten ist, dass bei banklagernder Post die Fristen ab Zeitpunkt der Ablage ins Bankdossier zu laufen beginnen (BGE 124 II 124).

5. Praktische Bedeutung der Rechtshilfegesuche bei Fiskaldelikten

Die praktische Bedeutung der Rechtshilfe in Fiskalsachen in der Schweiz ist trotz Einführung des IRSG äusserst gering geblieben. Die meisten Gesuche betreffen Delikte wie Drogenhandel und gemeinrechtliche Betrugsdelikte.

IV. Zusammenfassung und Schlussfolgerung

Trotz massiver interner und externer Angriffe auf das Schweizer Bankgeheimnis kann festgehalten werden, dass es den interessierten Parteien bis heute gelungen ist, das Bankgeheimnis vor einer allzugrossen Durchlöcherung zu schützen.

Alle Zugeständnisse, welche insbesondere unter dem politischen Druck der USA gemacht werden mussten, sind denn auch insofern tragbar, als es der Schweiz in den Verhandlungen mit den meisten ausländischen Staaten gelungen ist, mindestens auf zwei Ebenen einen Riegel gegen die Aushöhlung des Bankgeheimnisses zu schieben:

Erstens ist die Formulierung der Rechtshilfe in den Staatsabkommen und im IRSG als nationalem Gesetz so gehalten, dass sich die Schweiz in Bezug auf das Bestehen, Inhalt und Umfang der Rechtshilfe einen recht grossen Spielraum vorbehält.

Zweitens, falls die Rechtshilfe von den Schweizer Behörden bejaht wird, stehen den Betroffenen erhebliche Einsprache- und Rechtsmittel zur Verfügung.

Bei den Banken besteht deshalb die berechtigte Hoffnung auf den Weiterbestand und den Schutz des Schweizer Bankgeheimnisses. Tatsächlich hat die Schweiz in ihrer Geschichte mehrmals bewiesen, dass eine ihrer Stärken das politisch Machbare ist. In diesem Sinne wird sie auch in Zukunft auf die Forderungen aus dem Ausland zu reagieren wissen.

K. Grundstückserwerb und Grundstücksveräusserung durch Ausländer[1] in der Schweiz

Peter A. Henggeler

Übersicht

---

[1] Der Begriff „Ausländer“ umfasst im folgenden sowohl das männliche wie auch das weibliche Geschlecht.

[2] Der Autor dankt an dieser Stelle Herrn Dr. Gianni *Bomio,* Direktionssekretär der Volkswirtschaftsdirektion des Kantons Zug und Leiter der kantonalen Bewilligungsbehörde Lex Friedrich für die wertvollen Anregungen und die kritische Durchsicht des Manuskripts.

I. Der Grundstückerwerb: Die Lex Friedrich[3] im Lichte der Revision von 1997

1. Einleitung: Zur Entstehungsgeschichte der Lex Friedrich[4]

Der Grundstückerwerb durch Ausländer ist in der Schweiz seit 1961 bewilligungspflichtig. Um die hohe ausländische Nachfrage bzw. den sog. Ausverkauf der Heimat einzudämmen, wurden zunächst Bundesbeschlüsse mit beschränkter Geltungsdauer erlassen, jeweils benannt nach dem zuständigen Regierungsmitglied (Bundesrat)[5]. Erst auf den 1. Januar 1985 trat mit der Lex Friedrich eine dauerhafte Rechtsgrundlage in Kraft. Sie war die Antwort des Gesetzgebers auf die Volksinitiative „gegen den Ausverkauf der Heimat"[6]. Es erstaunt nicht, dass in einem Land, in welchem der Anteil der ausländischen Wohnbevölkerung fast 20% ausmacht, die Angst vor der vermeintlichen Überfremdung durch den Erwerb von Grundstücken seit über 30 Jahren ein politisches Dauerthema ist.

Art. 1 BewG beschränkt den Erwerb von Grundstücken durch Personen im Ausland, um die Überfremdung des einheimischen Bodens zu verhindern. Referendumspolitische Überlegungen dürften die Ursache dafür sein, dass dieser Zweckartikel im Rahmen der Revision von 1997 unberührt belassen wurde. Nebst dem zentralen Überfremdungsgedanken enthält das BewG noch weitere Zielsetzungen wie zB die Wohnbauförderung oder die Förderung des Fremdenverkehrs[7]. Den mit dem Vollzug des Gesetzes beauftragten Kantonen werden im Rahmen ihrer Bewilligungskompetenzen

---

[3] Bundesgesetz über den Erwerb von Grundstücken durch Personen im Ausland (BewG) vom 16. Dezember 1983 (SR 211.412.41; Verordnung über den Erwerb von Grundstücken durch Personen im Ausland (BewV) vom 1. Oktober 1984 (SR 211.412.411).

[4] Vgl. dazu zB Botschaft des Bundesrates an das eidg. Parlament betr. Änderung der Lex Friedrich, BBl. 1994 II 509 ff. (zit. Botschaft 1994).

[5] Lex von Moos (AS 1961 203, BBl. 1960 II 1261); Lex Furgler (AS 1974 83, BBl. 1972 II 1241).

[6] In der Volksabstimmung vom 20. Mai 1984 wurde die Initiative bei einer Stimmbeteiligung von 42,5% mit 837.987 Ja gegen 874.964 Nein und 8,5 gegen 14,5 Ständestimmen knapp verworfen (BBl. 1984 II 991).

[7] Vgl. im folgenden das Standardwerk *Mühlebach Urs* und *Geissmann Hanspeter,* Kommentar zum Bundesgesetz über den Erwerb von Grundstücken durch Personen im Ausland, Brugg/Baden 1986, S. 13 (zit. *Mühlebach/Geissmann,* Kommentar).

Zielsetzungen wie zB Wirtschaftsförderung, Raumplanung, Umweltschutz etc. zugestanden[8].

Die naheliegende Frage im Zusammenhang mit der Überfremdung lautet, wie gross der ausländische Grundbesitz in der Schweiz tatsächlich ist. Sie lässt sich nicht schlüssig beantworten, weil der Erwerb von Grundstücken durch Ausländer erst seit der Einführung der Bewilligungspflicht im Jahre 1961 statistisch erfasst wird. Ferner unterliegen Immobilienkäufe niedergelassener Ausländer nicht der Bewilligungspflicht[9]. Aber auch ohne genaue Zahlen lassen die Schwierigkeiten, die Lex Friedrich zu modernisieren, den Schluss zu, dass die Furcht vor einem „Zuviel" nach wie vor weit verbreitet ist.

Seit der Ablehnung des Beitritts der Schweiz zum Europäischen Wirtschaftsraum (EWR) durch Volk und Stände am 6. Dezember 1992 sind insgesamt rund ein Dutzend parlamentarische Vorstösse sowie fünf Standesinitiativen eingereicht worden, welche alle eine Liberalisierung der Lex Friedrich verlangten. Der EWR-Vertrag sah nämlich nach einer Übergangsfrist und unter Vorbehalt einer Schutzklausel die Aufhebung der Lex Friedrich für Angehörige der Mitgliedstaaten vor[10]. Der Versuch von Bundesrat und Parlament, mittels massvoller Änderungen der Lex Friedrich den schweizerischen Immobilienmarkt im Rahmen der „marktwirtschaftlichen Erneuerung" behutsam für Ausländer zu öffnen, scheiterte aber überraschend in der Referendumsabstimmung vom 25. Juni 1995; der Neinanteil betrug 53,6%[11]. Gemäss Abstimmungsanalysen spielten damals die Themen Boden, Heimat und Ausländer sowie die Angst vor weiterer Landschaftsverschandelung die entscheidende Rolle[12]. Nur knapp zwei Jahre später unterbreitete der Bundesrat dem Parlament im Rahmen der Botschaft über besondere konjunkturpolitische Massnahmen[13] erneut Vorschläge zur Lockerung der Lex Friedrich. Diese gingen allerdings weniger weit als jene von 1995. Glücklicherweise lief diesmal die Referendumsfrist unbenutzt ab. Die Änderungen traten am 1. Oktober 1997[14] in Kraft. Damit ist ein entscheidender Schritt in Richtung einer Liberalisierung des schweizerischen Bodenmarktes getan worden.

Die Beschränkung des Grundstückerwerbs durch Ausländer ist im übrigen kein rein schweizerisches Anliegen. Auch andere Länder beschränken den Grundstückserwerb durch Personen im Ausland. Die Motive sind verschieden: Man will die Verteuerung der Bodenpreise verhindern, einheimi-

---

[8] *Voyame Joseph,* D'une Lex Furgler à l'autre, in: Festschrift für Bundesrat Dr. Kurt Furgler zum 60. Geburtstag, Zürich 1984, S. 348ff.

[9] Vgl. Botschaft 1994, aaO 512; Art 2 BewG.

[10] *Bandli Christoph,* Die Revision der Lex Friedrich vom 30. April 1997 – Anlass, Grundzüge, Umsetzung und Ausblick, in: Karl Steiner AG, Referate der Lex-Friedrich Anlässe vom 27. 8. und 10. 9. 97, S. 2 (zit. *Bandli*).

[11] BBl. 1995 III 1213.

[12] Botschaft über besondere konjunkturpolitische Massnahmen zur Substanzerhaltung der öffentlichen Infrastruktur und zur Förderung privater Investitionen im Energiebereich (Investitionsprogramm) sowie zur Erleichterung ausländischer Investitionen, vom 26. März 1997 (im folgenden Botschaft 1997), S. 24.

[13] Vom 26. März 1997 (97.027).

[14] AS 1997 II 2086, AS 1997 II 2122.

sche Industrie und Landwirtschaft schützen, den Erholungsraum für die einheimische Bevölkerung erhalten, die militärische Sicherheit, den traditionellen Lebensraum sowie soziale Strukturen erhalten[15]. Die Kleinräumigkeit der Schweiz, eingebettet in ein System der direkten Demokratie, verhilft der Thematik jedoch zu überdurchschnittlicher und oft emotionaler Beachtung.

2. Grundzüge der Revision 1997

Der Bundesrat hat in seiner Botschaft an das Parlament betont, dass die Analyse der Referendumsabstimmung vom 25. Juni 1995 klar gezeigt habe, dass selbst die Befürworter der damaligen Gesetzesrevision bezüglich der Ferienwohnungen eine restriktive Lösung wünschten. Ausländische Investitionen in wirtschaftlich genutzte Grundstücke seien jedoch nicht umstritten gewesen. Seit 1995 habe sich die Wirtschaftslage weiter verschlechtert, und es sei dringend nötig, Chancen zur Schaffung neuer Produktions- und Dienstleistungsbetriebe zu bieten[16]. Der Bundesrat klammerte die heiklen Fragen, nämlich den Wechsel zum Wohnortsprinzip[17], Lockerungen beim Erwerb von Ferienwohnungen sowie den Grundstückerwerb zum Zwecke der reinen Kapitalanlage oder des Immobilienhandels, aus.

Kernstück der Revision 1997 ist die Einschränkung der bislang generellen Bewilligungspflicht[18]. Zwei Bewilligungstatbestände sind seit dem 1. Oktober 1997 von der Bewilligungspflicht ausgenommen, nämlich die Betriebstätten-Grundstücke sowie die Hauptwohnungen[19]. Die Revision kommt ohne Zweifel einem eigentlichen Systemwechsel gleich: War der Grundstückerwerb durch Personen im Ausland früher grundsätzlich bewilligungspflichtig, bewirkt die neue Einschränkung der Bewilligungspflicht, dass nur noch der Erwerb von Grundstücken, die dem Wohnungsbau dienen, bewilligungspflichtig ist[20]. Erwähnenswert ist schliesslich die ersatzlose Aufhebung der Bestimmungen über die militärische Sicherheit[21].

---

[15] *Rechsteiner Beat,* Beschränkungen des Grundstückerwerbs durch Ausländer, in: Zürcher Studien zum öffentlichen Recht, Bd. 53, Zürich 1985, S. 58; *Lüthi Gian G.,* Anwendungsprobleme in der Bundesgesetzgebung über den Erwerb von Grundstükken durch Personen im Ausland, Diss. Zürich 1987, S. 19.

[16] Vgl. Botschaft 1997, S. 25.

[17] Der Wechsel vom Nationalitäts- zum Wohnortsprinzip hätte die Auslandschweizer den Ausländern gleichgestellt.

[18] Die in Art. 7 BewG aufgeführten bisherigen Ausnahmen von der Bewilligungspflicht sind wirtschaftlich gesehen von untergeordneter Bedeutung.

[19] Vgl. *Bandli,* aaO S. 3.

[20] Darunter fallen sowohl Bauland wie auch Grundstücke, die bereits mit Wohnungen überbaut sind, vgl. *Bandli,* aaO S. 3.

[21] Art. 5 Abs. 2 und Art. 12 Buchst. e BewG. Damit entledigte man sich grossen administrativen Leerlaufs (Einsprachen, Augenscheine etc.). Es soll vorgekommen sein, dass das Eidg. Militärdepartement (heute Departement für Verteidigung, Bevölkerungsschutz und Sport, abgekürzt VBS) dem Verkauf eines Objektes an einen Ausländer nur zustimmen wollte, wenn das Fenster, welches den Blick auf eine militärische

3. Was heisst „Personen im Ausland" und „Grundstückserwerb"[22]?

3.1. Der Begriff „Personen im Ausland"

Als Personen im Ausland gelten gem. Art. 5 BewG natürliche Personen, die nicht Schweizer Bürger sind und kein Recht haben, sich in der Schweiz niederzulassen, maW keine C-Bewilligung besitzt. Juristische Personen und vermögensfähige Gesellschaften ohne juristische Persönlichkeit gelten dann als Personen im Ausland, falls sie ihren statutarischen oder tatsächlichen Sitz im Ausland haben,

- sie zwar ihren Sitz in der Schweiz haben, aber von Personen im Ausland **beherrscht** sind, oder
- diese Personen ein Grundstück auf Rechnung von Personen im Ausland erwerben.

Die **beherrschende Stellung** ist dann gegeben, wenn die ausländische Person die juristische Person aufgrund ihrer finanziellen Beteiligung, ihres Stimmrechts oder aus anderen Gründen allein oder zusammen mit anderen Ausländern die Verwaltung und Geschäftsführung entscheidend beeinflusst. Hierbei gilt gem. Bundesgerichtspraxis die **wirtschaftliche Betrachtungsweise**[23]. Bei Immobiliengesellschaften im engeren Sinne, dh. Gesellschaften, bei denen der Hauptzweck oder der ausschliessliche Zweck im Erwerb bzw. der Veräusserung und Verwaltung von Grundstücken besteht, ist eine ausländische Beherrschung bereits gegeben, wenn nur ein Anteil (zB eine Aktie) von einer Person im Ausland gehalten wird. Bei Betriebsgesellschaften, deren tatsächlicher Wert der Aktiven zu mehr als einem Drittel aus Grundstücken besteht, ist eine ausländische Beherrschung gegeben, wenn Personen im Ausland mehr als 33% des Stimmrechts oder Kapitals halten. Bei allen übrigen Gesellschaften können sich Personen im Ausland auch in höherem Masse oder sogar mehrheitsmässig beteiligen.

Die in der Referendumsabstimmung von 1995 abgelehnte Änderung der Lex Friedrich sah ua. den Übergang vom Nationalitäts- zum Wohnsitzprinzip vor, was bedeutet hätte, dass Auslandschweizer der Bewilligungspflicht unterstellt worden wären[24]. Ohne Zweifel widerspricht das BewG den Niederlassungsverträgen, welche die Schweiz mit anderen Ländern abgeschlossen hat. Das Bundesgericht hatte dies zwar erkannt[25], war jedoch der Ansicht, dass der Gesetzgeber eine mögliche Verletzung internationalen Rechts bewusst in Kauf genommen habe. Im übrigen sei das Bundesge-

---

Anlage gestattete, zugemauert worden wäre. Hätte der Ausländer das Objekt lediglich mieten wollen, wäre der Blick auf die militärische Anlage ohne Einschränkungen möglich gewesen …

[22] Vgl. *Huber Felix,* Lex Friedrich Revision 1997, in: Karl Steiner AG, Referate, S. 3.

[23] Vgl. zB BGE 107 Ib 12ff., 107 Ib 20ff., 111 Ib 182ff., 112 Ib 241ff., 113 Ib 289ff., 115 Ib 102ff.

[24] Vgl. Botschaft 1994.

[25] Vgl. BGE 99 Ib 39ff. und 112 II 13 E. 8.

richt nach Art. 113 Abs. 3 der Bundesverfassung an den Willen des Gesetzgebers gebunden. In einem 1992 entschiedenen Fall (2A.12/1991) hat das Bundesgericht seine Meinung allerdings geändert. Zur Frage, ob das BewG mit dem staatsvertraglichen Gleichbehandlungsgebot vereinbar sei, entschied es, der Staatsvertrag mit dem Deutschen Reich (SR 0 142 111.363) verpflichte die Schweiz nicht, in Deutschland wohnhafte Deutsche gleich zu behandeln wie Schweizer Bürger. Nur in der Schweiz niedergelassene Deutsche könnten sich auf das staatsvertragliche Gleichbehandlungsgebot berufen. Diese restriktive Auslegung der Staatsverträge entspricht dem Willen des Gesetzgebers[26]. Damit ist uE aber das Problem noch nicht vom Tisch. Allfällige Retorsionsmassnahmen von Vertragsstaaten (die im übrigen vor allem die Auslandschweizer treffen würden, welche sich stets für die Beibehaltung des Nationalitätsprinzips eingesetzt haben) dürften aber wirtschaftspolitisch gesehen offensichtlich weniger Schaden anrichten als eine Ablehnung der Gesetzesrevision mittels Referendum. Wohl aus diesem Grunde wurde am Nationalitätsprinzip im Rahmen der Revision von 1997 nicht gerüttelt.

3.2. Der Begriff „Grundstückserwerb“

Auch der **Grundstückserwerb** wird wirtschaftlich definiert und umfasst jede Möglichkeit einer Person im Ausland, ein Grundstück[27] in der Schweiz zu erwerben und darüber die faktische Verfügungsmacht zu erlangen. Darunter fallen auch Rechte (Nutzungsrechte, Optionsrechte wie zB Kaufs-, Vorkaufs- oder Rückkaufsrecht) oder Kombinationen davon, welche dem Erwerber **eigentümerähnliche Stellung** verschaffen. So wurde der Erwerb von **Grundpfändern** als Umgehungsgeschäft betrachtet, wenn die Belastung der Liegenschaft dadurch das verkehrsübliche Mass übersteigt oder der Liegenschaftseigentümer vom Grundpfandgläubiger wirtschaftlich abhängig ist[28]. Ein ähnlicher Sachverhalt liegt vor, wenn langfristige **Mietverträge** mit Darlehen kombiniert werden, die der Mieter dem Vermieter zu nicht marktüblichen Zinsen gewährt[29]. Ein bewilligungspflichtiger Mietvertrag liegt zB auch dann vor, wenn eine einmalige Zahlung des Mietzinses zum voraus erfolgt, der Mieter andere wesentliche Vorleistungen erbringt oder sich das Recht einräumen lässt, ohne Zustimmung des Eigentümers wesentliche bauliche Veränderungen vornehmen zu können. Ebenfalls der Bewilligungspflicht unterliegt die Verknüpfung eines Mietvertrages mit einem Darlehensvertrag, wenn der Mietzins mit dem Darlehenszins verrechnet wird[30] (vgl. dazu Art. 1 Abs. 2 Buchst. a BewV, BGE 105 Ib 321; Bundes-

---

[26] Vgl. *Zünd Andreas,* Gesetzgebung über den Grundstückerwerb durch Personen im Ausland; Vereinbarkeit mit dem staatsvertraglichen Gleichbehandlungsgebot, in: ZBJV 128/1992, S. 643 f., BGE 112 Ib 178 ff.

[27] Darunter fällt auch das Stockwerkeigentum, also Miteigentumsanteile mit Sondernutzungsrecht.

[28] Vgl. BGE 107 Ib 12 ff.

[29] Vgl. *Huber,* aaO S. 4.

[30] Vgl. *Huber,* aaO S. 4.

amt für Justiz, Erwerb von Grundstücken durch Personen im Ausland, Wegleitung für die Grundbuchämter, Bern 24. 10. 97, Ziff. 76, zit. BfJ Wegleitung); vgl. ferner Ziff. 7 hiernach.

4. Der bewilligungsfreie Erwerb

4.1. Das Betriebsstätten-Grundstück

Bereits vor der Revision war es Ausländern gestattet, Grundstücke zum Zwecke einer ständigen Betriebsstätte (Handels-, Fabrikations- oder anderes nach kaufmännischer Art geführtes Gewerbe, Handwerksbetrieb, freie Berufe) zu erwerben. Die Revision 1997 hat die **Bewilligungspflicht aufgehoben**.

4.1.1. Was gilt als Betriebsstätte?

Was als **Betriebsstätte** gilt, beurteilt sich nach **steuerrechtlichen Kriterien**[31]: Die Betriebsstätte braucht nicht im Handelsregister eingetragen zu sein; es genügt, wenn eine Unternehmung physisch an einem Ort mit ständigen Anlagen oder Einrichtungen präsent ist, mit welchen ein qualitativ wesentlicher Teil des Betriebes vollzogen wird. **Massgebend** für den bewilligungsfreien Erwerb **ist neu alleine der Zweck**, dem das Grundstück dient. Nicht nur die klassischen Handels-, Industrie- und Gewerbearten, sondern auch Finanz- und Dienstleistungsbetriebe sowie die freien Berufe fallen darunter[32]. Das Grundstück einschliesslich angemessener Reserven muss betriebsnotwendig[33] sein. Der ausländische Erwerber des Grundstückes muss die Betriebsstätte nicht mehr selbst betreiben, sondern kann sie bzw. das Grundstück an Dritte vermieten oder verpachten.

4.1.2. Betriebsstätte als Kapitalanlage

Mit anderen Worten ermöglicht die revidierte Lex Friedrich, den **Erwerb von Betriebsgrundstücken zum Zweck der reinen Kapitalanlage**. Zulässig sind ebenfalls Beteiligungen an Unternehmungen, deren Aktiva zu einem wesentlichen Teil aus Betriebsgrundstücken bestehen, also zB Immobilien-

---

[31] *Huber,* aaO S. 4; ders., Schweizer Bodenmarkt wird für Ausländer offener, in: Finanz und Wirtschaft, Nr. 68 vom 3. 9. 97, S. 21; BGE 106 1 b 290.

[32] Neu werden auch Landwirtschaftsbetriebe im Anwendungsbereich der Lex Friedrich gleich behandelt wie die übrigen Unternehmungen. Da jedoch aufgrund des seit dem 1. Januar 1994 geltenden bäuerlichen Bodenrechtes nur Selbstbewirtschafter landwirtschaftliche Grundstücke erwerben können, ist die Lockerung hier von wenig praktischer Bedeutung, vgl. *Huber,* aaO, S. 5.

[33] Enthalten überbaute Grundstücke nicht betriebsnotwendige Flächen und sind diese Räume von untergeordneter Bedeutung, wird Erwerb und Vermietung durch den Ausländer toleriert. Steht die Fläche dieser nicht betriebsnotwendigen Räume jedoch nicht mehr in untergeordneter Bedeutung zur Gesamtfläche, wird die Aufteilung in Stockwerkeigentum verlangt. Diesfalls darf also der Ausländer nur den betriebsnotwendigen Teil des Grundstückes erwerben; *Huber,* aaO S. 8.

gesellschaften[34]. Ebenso entfällt die Bewilligungspflicht für einen Grundstückerwerb infolge Fusion einer Immobiliengesellschaft mit ihrer Schwestergesellschaft, sofern beide zu hundert Prozent der gleichen (ausländischen oder ausländisch beherrschten) Muttergesellschaft gehören. Gleiches gilt für eine Umwandlung einer Immobilien-GmbH in eine Immobilien-AG oder eine konzern-interne Ausgliederung von Grundstücken in eine neue Immobiliengesellschaft[35].

4.1.3. Bauland

Die Frage, ob **Bauland** in einer Industrie- und Gewerbezone im Sinne einer Betriebsstätte durch Ausländer bewilligungsfrei erworben werden darf, lässt sich heute noch nicht schlüssig beantworten. Immerhin scheint der neue Art. 18 a BewV den bewilligungsfreien Erwerb von nicht überbauten Grundstücken zuzulassen, sofern der Erwerber schriftlich bestätigt, das fragliche Grundstück in Zukunft zweckgerichtet überbauen zu wollen. Eine Zeitspanne, innerhalb welcher das Grundstück zu überbauen wäre, hat sich in der Gerichtspraxis noch nicht herausgebildet[36]. Die Wegleitung für die Grundbuchverwalter[37] geht von einer Frist von zwei bis drei Jahren aus. Doch können die Behörden gem. Art. 25 BewG den Erwerb nachträglich der Bewilligungspflicht unterstellen, sofern Missbrauch vorliegt.

4.1.4. Wohnanteilpläne

In manchen kommunalen Nutzungsplänen finden sich Vorschriften, wonach in Industrie- und Gewerbezonen ein gewisser Anteil mit Wohnungen zu überbauen sind. Man spricht hier von sog. **Wohnanteilplänen**. Der neue Art. 2 Abs. 3 BewG präzisiert nun, dass beim Erwerb von Grundstücken als Betriebsstätten auch Wohnungen bzw. für Wohnungen reservierte Flächen bewilligungsfrei miterworben werden dürfen, sofern dies öffentlich-rechtlich vorgeschrieben ist. Da sich weder das BewG noch die BewV zur Frage des zulässigen Umfanges einer solchen bewilligungsfrei erwerbbaren Wohnfläche äussern, dürfte einer nachträglichen Einschränkung dieser grosszügigen, liberalen Regelung wohl die gesetzliche Grundlage fehlen, soweit nicht eindeutig Missbrauch vorliegt[38]. Die Praxis wird hierzu den Weg zu weisen haben.

---

[34] Vgl. hinten Ziff. 7.2.

[35] Bundesamt für Justiz, Erwerb von Grundstücken durch Personen im Ausland, Erläuterungen zur Verordnungsänderung vom 10. September 1997, in: Steiner AG, Referate (zit. BfJ Erläuterungen). Betr. bewilligungspflichtige Sachverhalte siehe weiter hinten Ziff. 5.

[36] Vgl. im folgenden *Geissmann Hanspeter,* FuW-Serie zum Thema Revision der Lex Friedrich, in: Finanz und Wirtschaft, Nr. 76 vom 1. 10. 97, Nr. 78 vom 8. 10. 97, Nr. 80 vom 15. 10. 97, Nr. 82 vom 22. 10. 97 und Nr. 84 vom 29. 10. 97 (zit. *Geissmann,* FuW-Serie).

[37] Vgl. BfJ, Wegleitung.

[38] Ebenda.

4.1.5. Landreserven

Ähnliche Überlegungen sind bezüglich der zulässigen **Landreserven** angebracht, welche den künftigen Ausbau der Betriebsstätte sichern sollen. Unter der alten Regelung hatte sich die Praxis durchgesetzt, dass die Landreserven idR ein Drittel des gesamten Grundstückes nicht übersteigen sollten, wobei in begründeten Fällen zeitlich begrenzte Ausnahmen möglich waren[39]. Das neue Recht hat diese Praxis zwar ausdrücklich übernommen. Gem. unverändertem Art. 12 Buchstabe b BewG wird jedoch eine Bewilligung zwingend verweigert, wenn die Grundstücksfläche grösser ist, als es der Verwendungszweck erfordert. Im Falle von Betriebstätte-Grundstücken wird eine Bewilligung gar nicht mehr verweigert werden können, da keine mehr notwendig ist. Unter dem Vorbehalt des Missbrauchs darf erwartet werden, dass auch hier die Rechtsprechung den Widerspruch klären wird.

Zusammenfassend ergibt sich somit, dass **nur noch der reine Wohnungsbau** sowie das für diesen Zweck erworbene Bauland **bewilligungspflichtig** sind. Jede andere Nutzung eines Grundstückes als zu Wohnzwecken kann den Charakter einer Betriebsstätte haben und fällt daher nicht mehr unter die Bewilligungspflicht[40].

4.2. Die Hauptwohnung

Die zweite, grundlegende Lockerung der Lex Friedrich betrifft den Erwerb einer sog. Hauptwohnung, dh. den Erwerb für eigene Wohnzwecke, welcher ebenfalls nicht mehr der Bewilligungspflicht unterliegt. Diese entfällt dann, wenn die folgenden Voraussetzungen erfüllt sind:

- Es darf nur *eine* Hauptwohnung erworben werden.
- Der Erwerber muss eine natürliche Person sein und die Hauptwohnung auf seinen eigenen Namen erwerben; das Dazwischenschalten von juristischen Personen ist ausgeschlossen.
- Die Hauptwohnung muss vom Erwerber und seiner Familie genutzt werden, was eine Vermietung, auch teilweise, an Dritte ausschliesst.
- Der Erwerber muss mindestens eine gültige Aufenthaltsbewilligung (Ausländerausweis B) vorweisen können.
- Die Hauptwohnung kann nur am Ort des rechtmässigen und tatsächlichen Wohnsitzes erworben werden[41].
- Die Grundstücksfläche darf idR 3 000 m^2 nicht übersteigen[42].

Obschon die revidierte Fassung des BewG nun ausdrücklich keine Flächenlimitierung mehr enthält, bedeutet dies nun gerade nicht, dass jede Grundstücksfläche zulässig wäre. Nach wie vor gilt nämlich der in Art. 12

---

[39] *Huber,* Schweizer Bodenmarkt, aaO.

[40] *Huber,* Schweizer Bodenmarkt, aaO.

[41] Der Wohnsitz wird gem. Art. 5 Abs. 1 BewV zivilrechtlich definiert. Gem. Art. 23 ff. ZGB befindet er sich an dem Orte, wo eine Person sich mit der Absicht des dauernden Verbleibens aufhält und somit ihren eigentlichen Lebensmittelpunkt hat.

[42] Art. 18 a Abs. 2 Buchst. c BewV.

Buchst. b BewG fixierte Grundsatz, wonach eine Bewilligung verweigert wird, wenn die Fläche grösser ist, als es der Verwendungszweck erfordert. Eine weitere Neuerung besteht darin, dass der ausländische Eigentümer einer Hauptwohnung diese behalten darf, wenn er den Wohnsitz wechselt. Unter der alten Regelung musste diese innert zwei Jahren verkauft werden[43].

Zusammenfassend ist demnach festzuhalten, dass **Ausländer heute ohne Bewilligungsverfahren** eine Hauptwohnung erwerben dürfen, sofern sie die oben erwähnten **Voraussetzungen erfüllen**. Diese werden vom zuständigen Grundbuchamt, welches die Handänderung rechtswirksam vollzieht, geprüft[44].

5. Der bewilligungspflichtige Erwerb: Zweit- und Ferienwohnungen

Unverändert bewilligungspflichtig verbleiben damit der Erwerb von Zweit- und Ferienwohnungen. Zu diesem Zweck legt der Bundesrat alle zwei Jahre pro Kanton eine schrittweise zu reduzierende Höchstzahl von Kontingenten fest[45]. Die Statistik[46] zeigt allerdings, dass im gesamtschweizerischen Durchschnitt die Kontingente nie voll ausgeschöpft worden sind, und dies obschon der Bundesrat bei der Festsetzung der Kontingente die touristischen Bedürfnisse der einzelnen Kantone berücksichtigt. Insbesondere im Bereich der Zweit- und Ferienwohnungen hat sich damit die Lex Friedrich als griffiges Instrument erwiesen.

Das BewG gestattet den **Kantonen**, durch Gesetz den Erwerb von Zweit- und Ferienwohnungen sowie von Wohneinheiten in Apparthotels weitgehend **einzuschränken**[47]. Die Kantone können insbesondere eine Bewilligungssperre einführen, den Erwerb von Ferienwohnungen nur im Rahmen von Stockwerkeigentum zulassen oder auf das Baurecht, das Wohnrecht oder die Nutzniessung beschränken. Sie können ferner iSd. Siedlungspolitik bestimmen, dass in Überbauungen der Ausländeranteil am gesamten Wohnraum nur bis zu einer bestimmten Quote zugelassen wird[48]. Eine Besonderheit besteht darin, dass der Gesetzgeber den Gemeinden direkt die Möglichkeit gibt, die genannten Einschränkungen von sich aus einzuführen, dies notfalls gegen den Willen des Kantons. Beispielsweise kann eine Gemeinde sich von der kantonalen Liste der Fremdenverkehrsorte streichen lassen, wenn sie der Auffassung ist, der Anteil an ausländischen Ferienwohnungseigentümern dürfe nicht weiter wachsen.

---

[43] *Huber,* aaO, S. 12.

[44] Siehe Ziff. 6 hiernach.

[45] Art. 11 BewG, gilt auch für Einheiten in Apparthotels. Für die Jahre 1997 und 1998 beträgt die Höchstzahl 1.420 Einheiten (AS 1996 2117).

[46] BfJ, Entwicklung und Ausschöpfung der kantonalen Kontingente 1985–1995, 30. 12. 96; ferner Botschaft 1994.

[47] Sämtliche Kantone haben von dieser Kompetenz Gebrauch gemacht.

[48] Vgl. Art. 13 BewG.

Der Erwerb einer Zweit- oder Ferienwohnung unterliegt einer **Flächenbeschränkung**: Die Nettowohnfläche darf idR 100 m^2 nicht übersteigen; sie bestimmt sich in diesem Rahmen nach dem Bedarf des Erwerbers und, soweit sie die Wohnung regelmässig mitbenutzen, seiner engsten Angehörigen. Die Grenze für begründeten Mehrbedarf liegt bei 200 m^2. Für Zweit- und Ferienwohnungen, die nicht im Stockwerkeigentum stehen, darf die Gesamtfläche des Grundstückes 1000 m^2 idR nicht übersteigen[49].

6. Verfahrensfragen

Während nach altem Recht in fast allen Fällen grundsätzlich eine Bewilligung der zuständigen kantonalen Lex Friedrich Behörde notwendig war, um den Grundstückerwerb eines Ausländers im Grundbuch einzutragen, sind mit der Revision 1997 die Grundbuch- und Handelsregisterämter (allenfalls auch die Steigerungsbehörden) selbst angehalten, in den Fällen des bewilligungsfreien Erwerbs eine beschränkte materielle Prüfung des Eintragungsgesuches vorzunehmen[50].

Im Falle von **Betriebsstätten** muss der ausländische Erwerber dem Grundbuchamt nachweisen, dass das zu erwerbende Grundstück für die Ausübung einer wirtschaftlichen Tätigkeit eines Unternehmens dient. Soweit dieses Grundstück noch nicht überbaut ist, wird eine schriftliche Erklärung unter Angabe des Zweckes verlangt. Sind Landreserven vorhanden, prüft das Grundbuchamt, ob die zulässige Fläche nicht überschritten wird. Handelt es sich beim Erwerber um eine ausländische Gesellschaft, verweigert das Handelsregisteramt eine Anmeldung nur dann, wenn die Gesellschaft den Erwerb von oder den Handel mit Wohnungen (nach Statuten oder tatsächlich) bezweckt.

Steht eine **Hauptwohnung** zur Diskussion, muss der Erwerber mindestens eine gültige Aufenthaltsbewilligung zur Wohnsitznahme (Ausländerausweis B[51]) vorweisen und schriftlich erklären, dass er das Grundstück als Hauptwohnung erwerben will. Das Grundbuchamt prüft ferner, ob die Fläche des Grundstückes 2000 m^2 nicht übersteigt.

Insgesamt dürfte die revidierte Lex Friedrich eine spürbare Reduktion der Verfahrenszeiten und damit des administrativen Aufwandes bringen, weil künftig in der Mehrzahl der Fälle eine Bewilligung gar nicht mehr notwendig sein wird. Kann die Bewilligungspflicht jedoch nicht ohne weiteres ausgeschlossen werden, sind Grundbuch- und Handelsregisterämter befugt, das

---

[49] Art. 10 Abs. 2 und 3 BewV. Die Formulierung „in der Regel" lässt, je nach den Umständen im Einzelfall, auch den Erwerb eines Grundstückes zu, das grösser als 1.000 m^2 ist: Zu einer herrschaftlichen Villa gehört zumeist auch entsprechender Umschwung. Dh. die Grundstücksgrösse steht zu der darauf erstellten Liegenschaft in einem derartigen Verhältnis, dass eine Abparzellierung aufgrund der geltenden Ausnützung rechtlich nicht möglich oder aber unangemessen wäre; vgl. *Mühlebach/ Geissmann,* Kommentar, aaO S. 236.

[50] Art. 18 a und b BewV.

[51] Art. 5 Abs. 2 BewG.

Verfahren auszusetzen und den Erwerber an die Bewilligungsbehörden zu verweisen[52]. Dem Erwerber wird eine Frist von 30 Tagen eingeräumt, um die Bewilligung einzuholen oder durch Feststellungsverfügung der kantonalen Bewilligungsbehörde den Nachweis zu erbringen, dass er keiner Bewilligung bedarf. Die Verfügungen der Bewilligungsbehörde sowie der Grundbuch- und Handelsregisterämter können bei den zuständigen kantonalen Beschwerdeinstanzen angefochten werden[53].

7. Umgehungstatbestände[54]

Es erstaunt nicht, dass in der Vergangenheit immer wieder versucht wurde, das BewG zu umgehen[55]. Das Bundesgericht hatte verschiedentlich Gelegenheit, sich mit Umgehungssachverhalten zu befassen[56]. Nachfolgend soll auf einige Möglichkeiten hingewiesen werden, welche nach der Revision 1997 denkbar sind. Es ist jedoch darauf hinzuweisen, dass bezüglich der neuen Regelungen jegliche Praxis fehlt. Diese wird sich erst im Laufe der Zeit ergeben.

7.1. Horten von Bauland

Im Fall der **Betriebstätte-Grundstücke** ist zunächst auf das **Horten von Bauland** hinzuweisen. Selbst wenn solche Grundstücke in der Gewerbe-, Dienstleistungs- oder Industriezone liegen, gilt der Erwerb als verbotene Kapitalanlage. Das Leerstehenlassen von betrieblichen Bauten, die mittelfristig nicht mehr der Ausübung einer wirtschaftlichen Tätigkeit dienen, sind nur dann als Bauland zu betrachten, wenn es sich um unbrauchbare oder total umzubauende Bausubstanz handelt[57]. Auch das Erstellen von **Wohnungen** auf einem Betriebsstätte-Grundstück ist untersagt. Wohnungen können

---

52 Die Verweisung an die Bewilligungsbehörde ist keine selbständig anfechtbare Verfügung (vgl. BGE 101 Ib 441, E. 1 b).

53 Art. 18 BewG; das Rechtsmittelverfahren bleibt unverändert.

54 Art. 12 Buchst. c BewG bestimmt, dass eine Bewilligung auf jeden Fall verweigert wird, wenn versucht wird, das BewG zu umgehen. Eine Gesetzesumgehung besteht gem. Lehre und Bundesgericht darin, dass der Wortlaut einer Verbotsnorm beachtet, ihr Sinn dagegen missachtet wird (BGE 104 II 206 E. b, zit. im BGE 114 Ib 15). Vorliegend gilt dies für Rechtsgeschäfte, welche einem Ausländer, der nicht im Besitz einer Bewilligung ist, eigentümerähnliche Stellung an einem Grundstück in der Schweiz verschafft.

55 Umgehungen erfolgten insbesondere über die Aktiengesellschaft; vgl. dazu ausführlich *Bomio Gianni,* Das Feststellungsverfahren bei der AG gem. dem Bundesgesetz über den Erwerb von Grundstücken durch Personen im Ausland, Diss. Basel 1990, S. 320ff. Der Autor beschreibt Umgehungen beim eigentlichen Grundstückserwerb, bei der Finanzierung, bei der Gründung der AG, beim Abschluss von Mietverträgen, etc.

56 ZB BGE 107 Ib 12ff., 107 Ib 20ff., 112 II 1ff., 113 Ib 289ff., 114 Ib 11ff., 115 Ib 102ff.

57 Gem. Auskunft des Bundesamtes für Justiz, Sektion Erwerb von Grundstücken durch Personen im Ausland.

jedoch dann erstellt bzw. miterworben werden, wenn sie betriebsnotwendig sind, eine Abtrennung vom Betriebsgrundstück praktisch nicht möglich oder unverhältnismässig wäre oder wenn sie räumlich und nach ihrem Wert von untergeordneter Bedeutung sind[58].

7.2. Immobilien- und Holdinggesellschaften

Im Lichte des bewilligungsfreien Erwerbs von Betriebsstätte-Grundstücken ist das Problem der **Immobiliengesellschaft** besonders zu erwähnen. Nach neuem Recht sind nur noch Beteiligungen an Wohnbau-Immobiliengesellschaften bewilligungspflichtig. Infolgedessen sind Beteiligungen an Immobiliengesellschaften, deren Zweck alles andere als der Wohnungsbau ist, bewilligungsfrei. Bei gemischten Immobiliengesellschaften dürfte es darauf ankommen, ob die Betriebsstätten-Grundstücke wertmässig in der Bilanz überwiegen. Im Einzelfall werden die Grundbuchämter daher den wahren Zweck einer Immobiliengesellschaft durch entsprechende Fragen und Bestätigungen durch den Erwerber zu ergründen haben, was nicht immer leicht sein dürfte. Ähnliche Überlegungen sind bezüglich der Holdinggesellschaften am Platz. Im Sinne einer Gesamtbetrachtung wird es darauf ankommen, ob die **Holdinggesellschaft** bzw. die ganze Gruppe als Immobiliengesellschaft im engeren Sinne[59] gilt. Ist der bewilligungspflichtige Immobilienanteil einer Holdinggesellschaft gesamthaft unbedeutend, sollte der Erwerb einer Beteiligung an einer solchen Immobiliengesellschaft bewilligungsfrei erfolgen können.

7.3. Mehrere Hauptwohnungen

Unter der alten Gesetzgebung konnten einem ausländischen Erwerber einer **Hauptwohnung** Auflagen[60] gemacht werden, zB dass das Grundstück immer zu dem Zweck verwendet wird, der im Bewilligungsverfahren geltend gemacht wurde. Dies ist nach neuem Recht nun nicht mehr möglich, weil der Erwerb einer Hauptwohnung grundsätzlich bewilligungsfrei ist. Da die Veräusserungspflicht nun wegfällt, besteht die Möglichkeit, dass ein ausländischer Erwerber seine Hauptwohnung nach einer gewissen Zeit aufgibt und zB infolge Arbeitsplatzwechsels in einem anderen Kanton eine neue Hauptwohnung erwirbt. Die alte Hauptwohnung behält und vermietet er; er kann auch eine allfällig nicht überbaute Fläche des Grundstückes voll nutzen, vermieten oder veräussern. Damit kommt der ausländische Erwerber zu einer an sich verbotenen Kapitalanlage im Wohnungsbereich[61]. Der neue

---

[58] BfJ Wegleitung, Ziff. 31.2.

[59] Dh. vorwiegend im bewilligungspflichtigen Wohnungsbau (inkl. Ferien- und Zweitwohnungen sowie Apparthotels) tätig.

[60] Art. 14 BewG, Art. 11 BewV.

[61] In der Wegleitung des BfJ an die Grundbuchämter vom 24. 10. 97 fehlt in Ziff. 42 unter den kumulativ erforderlichen Voraussetzungen für den Grundbucheintrag der Nachweis, dass der Erwerber nicht bereits in einem anderen Kanton Eigentümer einer Hauptwohnung ist. Allfälligen diesbezüglichen Erklärungen gegenüber dem Grundbuchamt kommt ohnehin kein Urkundencharakter zu.

Art. 25 Abs. 1 BewG, der eine nachträgliche Bewilligungspflicht vorsieht, falls gegenüber Behörden über Tatsachen, die für die Bewilligungspflicht von Bedeutung waren, unrichtige oder unvollständige Angaben gemacht wurden, dürfte eine derartige Gesetzesumgehung nicht verhindern. Wie wollte man dem Ausländer die Absicht dazu nachweisen?

7.4. Treuhandgeschäfte

Bereits unter altem Recht waren sog. **Treuhandgeschäfte** stets bewilligungspflichtig: Als Personen im Ausland gelten auch Schweizer Bürger und in der Schweiz niedergelassene Ausländer sowie juristische Personen und vermögensfähige Gesellschaften ohne juristische Persönlichkeit mit Sitz in der Schweiz, wenn sie ein Grundstück für Rechnung von Personen im Ausland erwerben[62]. Treuhandgeschäfte haben in diesem Zusammenhang den grossen Nachteil, dass der schweizerische Treuhänder sachenrechtlich Eigentümer des Grundstücks bzw. aktienrechtlich Eigentümer der Anteile einer Immobiliengesellschaft wird. Der ausländische „Hintermann" ist lediglich an einen Treuhandvertrag gebunden, der nur obligatorische Wirkung entfaltet. Hinzu kommt, dass der schweizerische Strohmann gegenüber der Bewilligungsbehörde unwahre Behauptungen, ja gar Falschbeurkundungen bzw. Urkundenfälschung vornehmen muss, damit das Treuhandverhältnis nicht aufgedeckt wird[63]. Strohmanngeschäfte sind zwar nicht leicht erkennbar, doch sind sie nach der Gesetzesrevision nur noch für den bewilligungspflichtigen Grundstückserwerb von Bedeutung, also für Ferien- und Zweitwohnungen sowie Wohneinheiten in Aparthotels.

Fazit: Infolge der fehlenden Praxis in der Anwendung der revidierten Lex Friedrich ist zu empfehlen, im Zweifelsfalle vorgängig bei der kantonalen Bewilligungsbehörde eine Feststellungsverfügung zu erwirken. Es handelt sich um eine Bestätigung, dass der geplante Erwerb eines Grundstückes oder einer Beteiligung an einer Immobiliengesellschaft nicht der Bewilligungspflicht unterliegt[64].

8. Unwirksamkeit und Nichtigkeit des Grundstückerwerbs

Rechtsgeschäfte, die für ihre Gültigkeit einer Bewilligung bedürfen, sind ohne rechtskräftige Bewilligung wirkungslos. Wird die Bewilligung verweigert, wird das Rechtsgeschäft nichtig und nicht bloss anfechtbar. Über jedem

---

[62] Art. 5 Abs. 1 Buchst. d BewG.

[63] Vgl. *Bomio,* aaO, S. 325. Strohmanngeschäfte sind aufgrund der inhärenten Risiken idR kostspielig und haben bei Aufdeckung Nichtigkeit des Grundstückserwerbs zur Folge.

[64] Gem. dem neuen Art. 25 Abs. 1bis BewG kann im übrigen die Bewilligungspflicht nachträglich von Amtes wegen festgestellt werden, wenn der Erwerber einer zuständigen Behörde, dem Grundbuchverwalter oder dem Handelsregisterführer über Tatsachen, die für die Bewilligungspflicht von Bedeutung sind, unrichtige oder unvollständige Angaben gemacht hat.

nicht bewilligungspflichtigen Grundstückserwerb von Personen im Ausland hängt damit zumindest theoretisch das Damoklesschwert einer nachträglichen Feststellung, dass der Erwerb bewilligungspflichtig gewesen wäre, die Bewilligung jedoch verweigert worden wäre. Ein solches Rechtsgeschäft wäre somit von Amtes wegen nichtig und heilt nicht. In Zweifelsfällen sollte daher die Frage, ob ein bewilligungspflichtiger oder bewilligungsfreier Erwerb vorliegt, rechtskräftig entschieden werden[65].

9. Zusammenfassung

Der Grundstückerwerb durch Personen im Ausland hat die schweizerische Öffentlichkeit während Jahrzehnten bewegt. Auch in Zukunft ist aber damit zu rechnen, dass Fragen im Zusammenhang mit dem ausländischen Anteil an der Wohnbevölkerung mit dem Grundstückerwerb in emotioneller Weise in Verbindung gebracht werden. Andererseits hat die Immobilienkrise der 90er Jahre in Verbindung mit dem Zusammenwachsen Europas einer gewissen Ernüchterung Platz gemacht, was Hoffnung aufkommen lässt. Mit der Revision 1997 der Lex Friedrich ist ein entscheidender Schritt in Richtung einer Liberalisierung des schweizerischen Immobilienmarktes getan worden: Betriebsstätten und Hauptwohnungen können seit dem 1. Oktober 1997 bewilligungsfrei erworben werden. Ausländische Investoren werden dies mit Erleichterung zur Kenntnis nehmen, handelt es sich doch um einen weiteren massgebenden Standortvorteil. Die Gesetzesänderung wird für die kantonalen Behörden und Gerichte ohne Zweifel zur Herausforderung. Es bleibt zu hoffen, dass die künftige Praxis das geänderte Gesetz im Geiste der Deregulierung anwendet.

II. Die Grundstücksveräusserung: Grundstückgewinn- und Handänderungssteuern[66]

1. Die Grundstückgewinnsteuer (GGSt.)

1.1. Charakter der GGSt., Steuerhoheit und Steuerföderalismus

Bei der GGSt. handelt es sich um eine Objekt- bzw. Sondersteuer auf den Kapitalgewinn aus unbeweglichem Privatvermögen natürlicher Personen[67].

---

[65] *Huber,* aaO, S. 17.

[66] Vgl. im folgenden *Fischer Thomas,* Steuerratgeber für Hauseigentümer, Zürich 1997, sowie *Bolanz Max* und *Reinhart Matthias,* Der persönliche Steuerplaner (CASH-Tip Steuer), Zürich 1997; *Mühlemann Daniel* und *Müller Fritz,* Steuern und Kapitalanlage, Steuerhandbuch für den privaten Kapitalanleger, Zürich 1994, S. 35 ff. Ferner hat der Autor seine Erfahrung als Mitglied der Abgaberechtlichen Kammer des Verwaltungsgerichtes des Kantons Zug einfliessen lassen.

[67] Kapitalgewinne aus der Veräusserung von zum Geschäftsvermögen gehörenden Immobilien (Selbständigerwerbender oder juristische Person) unterliegen sowohl bei der direkten Bundessteuer als auch in den meisten Kantonen der ordentlichen Einkom-

Sie ist am Ort der gelegenen Sache geschuldet. Sämtliche Kantone, nicht jedoch der Bund, erheben eine GGSt., allerdings nach unterschiedlichen Systemen[68]. Die Höhe der übrigen Einkünfte haben keinen Einfluss auf den Steuersatz der GGSt.; auch die bei der normalen Einkommenssteuer möglichen Abzüge bleiben unberücksichtigt.

1.2. Gegenstand der GGSt.

Besteuert wird der Gewinn aus der Veräusserung von Grundstücken oder Teilen davon. Ebenso als Veräusserung gilt jede einmalige Entschädigung für die dingliche Belastung von Grundstücken (zB Baurecht, Kaufrecht). Steuerpflichtig ist der Veräusserer. Damit eine GGSt. erhoben werden kann, müssen drei Voraussetzungen gegeben sein, nämlich

- ein Gewinn, soweit er nicht steuerbefreit[69] ist,
- ein Grundstück, das die Hand wechselt, und
- eine Handänderung.

1.3. Der Grundstückgewinn

Der Grundstückgewinn ist die Differenz zwischen dem Verkaufserlös und dem Anlagewert (dh. ursprünglicher Kaufpreis[70] plus wertvermehrende Aufwendungen[71] abzüglich gesetzlich erlaubte Gewinnungskosten[72]).

---

mens- bzw. Gewinnbesteuerung. Ob eine Liegenschaft zum Geschäfts- oder Privatvermögen gehört, beurteilt sich im Einzelfall nach der Tatsache, ob sie mehrheitlich geschäftlich oder privat genutzt wird. Demgegenüber sind Kapitalgewinne, welche eine natürliche Person aus der Veräusserung von beweglichem Vermögen erzielt, beim Bund wie auch bei allen Kantonen steuerfrei. Vorbehalten bleibt eine etwaige Gewerbsmässigkeit.

[68] Nicht nur die Steuersätze, sondern auch die progressiv ausgestalteten, von der Besitzesdauer abhängigen Tarife sind von Kanton zu Kanton verschieden (je länger die Besitzesdauer, desto geringer der Steuersatz). So beträgt die GGSt. bei einem Gewinn von CHF 500.000 und einer Besitzesdauer von 20 Jahren in Sitten (Kanton Wallis) CHF 200.000, während in Bellinzona (Kanton Tessin) nur CHF 34.080 geschuldet sind; vgl. *Bolanz/Reinhart,* aaO, S. 248.

[69] Von der GGSt. befreit sind idR Handänderungen infolge Erbgangs oder Schenkung, da diese der Erbschafts- oder Schenkungssteuer unterliegen. In einigen wenigen Kantonen sind Handänderungen nach sehr langer Besitzesdauer steuerbefreit (AG, VS, GE, GL, vgl. *Fischer,* aaO, S. 158.

[70] Zum ursprünglichen Kaufpreis gehören auch Zusatzleistungen im Zeitpunkt des Erwerbs, zB kapitalisierte Nutzungsrechte, sämtliche Handänderungskosten (Abgaben, Gebühren, Steuern, Kosten für die Errichtung von Grundpfandrechten und Verträgen, Maklerprovisionen für den Kauf).

[71] Aufwendungen und Investitionen, die zur Wertvermehrung der Liegenschaft führen, zB Bauten und Umbauten. Was als wertvermehrend gilt, wird von Kanton zu Kanton verschieden definiert.

[72] Die beim Verkauf anfallenden Handänderungssteuern, Gebühren für die öffentliche Beurkundung, Bewilligungs- und Anwaltskosten, Maklerprovisionen für den Verkauf, Insertions- und Prospektkosten, ferner allfällige Freibeträge, eventuell Verlustverrechnung.

1.4. Das Grundstück

Die Definition des Grundstücks richtet sich nach dem Zivilrecht: Gem. Art. 655 ZGB sind Grundstücke iSd. Gesetzes Liegenschaften, die ins Grundbuch aufgenommenen selbständigen und dauernden Rechte (zB Baurechte, Quellenrechte, Wasserrechte und andere Dienstbarkeiten), Bergwerke sowie Miteigentumsanteile. Nebst den zivilrechtlichen wird auch an wirtschaftliche Sachverhalte angeknüpft, zB die Veräusserung einer Mehrheitsbeteiligung an einer Immobiliengesellschaft[73].

1.5. Die Handänderung

Unter Handänderung versteht man jene privat- und öffentlich-rechtlichen Vorgänge, welche die Übertragung oder Aufspaltung des Eigentums oder der tatsächlichen bzw. wirtschaftlichen Verfügungsgewalt an einem Grundstück zum Gegenstand haben[74]. Der Normalfall ist eine zivilrechtliche Eigentumsübertragung nach ZGB und OR, dh. ein gültiger Kaufvertrag, ein Erbgang, ein Tausch oder ein Schenkungsvertrag bildet die Grundlage für den Grundbucheintrag. Auch die Einbringung einer Liegenschaft in eine Kapitalgesellschaft, Genossenschaft oder Personengesellschaft löst Grundstückgewinnsteuern aus. Bei der wirtschaftlichen Handänderung fehlt die zivilrechtliche oder grundbuchliche Eigentumsübertragung; der Nachweis, dass eine steuerbare wirtschaftliche Handänderung erfolgt ist, liegt bei der Steuerbehörde[75].

1.6. Der Steueraufschub bei Ersatzbeschaffung eines Eigenheims[76]

Das Bundesgesetz über die Steuerharmonisierung[77] sieht vor, dass bei der Veräusserung von selbst bewohntem Grundeigentum keine GGSt. erhoben wird, sofern der Erlös in angemessener Frist[78] für eine gleichgenutzte Ersatzliegenschaft in der Schweiz[79] verwendet wird. Entsprechende kantonale

---

[73] Siehe Ziff. 1.7.

[74] *Fischer,* aaO, S. 153.

[75] Zu den steuerbaren wirtschaftlichen Handänderungen gehören ua. die sog. **Kettengeschäfte,** bei denen in den Zwischenstufen lediglich auf die Veräusserung zielende obligatorische, nicht aber dingliche Berechtigungen eingeräumt werden. Ein Kettengeschäft liegt vor, wenn A ein Kaufrecht an der ihm gehörenden Liegenschaft an B überträgt. Dieser überträgt das Kaufrecht anschliessend gegen Entschädigung an C, der später die Liegenschaft von A erwirbt. Der Übertrag des Kaufrechtes von A auf B und von B auf C wird beide Male als Verkauf besteuert, nicht aber die Ausübung des Kaufrechtes durch C, vgl. *Fischer,* aaO, S. 154.

[76] Nicht anwendbar auf Zweit- und Ferienwohnungen.

[77] Bundesgesetz über die Harmonisierung der direkten Steuern der Kantone und Gemeinden (StHG) vom 14. Dezember 1990, SR 642.14.

[78] Bislang gibt es keine einheitliche kantonale Praxis bezüglich der „angemessenen Frist". Steueraufschub wird idR gewährt, sofern der Veräusserungserlös innerhalb von drei bis vier Jahren nach dem Verkauf in eine neue, selbst bewohnte Liegenschaft investiert wird.

[79] Die Ersatzbeschaffung im Ausland ist im StHG nicht geregelt. Es ist davon auszugehen, dass die kantonalen Vorschriften in solchen Fällen keinen Steueraufschub,

Gesetzesbestimmungen sind bis im Jahre 2001 zu erlassen[80]. Bereits heute ist die Ersatzbeschaffung von selbstbewohntem Wohneigentum in vielen Kantonen privilegiert. Der Steueraufschub wird aber nur bei Ersatzbeschaffung im gleichen Kanton gewährt[81].

1.7. Die Veräusserung einer Immobiliengesellschaft

Eine Immobiliengesellschaft im engeren Sinne liegt dann vor, wenn ihr Zweck ausschliesslich oder überwiegend darin besteht, den Wert ihres Grundbesitzes zu steigern oder diesen als sichere oder nutzbringende Kapitalanlage zu nutzen[82]. Eine der GGSt. unterliegende wirtschaftliche Handänderung erfolgt dann, wenn die Gesellschaftsanteile ganz oder mehrheitlich veräussert werden bzw. sich die wirtschaftliche Beherrschung ändert. Schwierigkeiten bereitet oft die Frage, ob es sich bei der zu veräussernden Gesellschaft um eine Betriebs- oder eine Immobiliengesellschaft handelt. Wenn der statutarische und tatsächliche Zweck im Betrieb einer Handels-, Fabrikations- oder Dienstleistungsunternehmung besteht und der Besitz einer Liegenschaft eher zufällig und damit Nebenzweck ist, liegt eine Betriebsgesellschaft vor, deren Veräusserung nicht der GGSt. unterliegt. Eine Betriebsgesellschaft, die ihren Betrieb aufgegeben bzw. verkauft hat und nur noch Liegenschaften hält, gilt idR als Immobiliengesellschaft.

2. Die Handänderungssteuer

2.1. Charakter der Handänderungssteuer

Die Handänderungssteuer ist eine sog. Rechtsverkehrssteuer und wird aufgrund ihres engen sachlichen Zusammenhangs mit der GGSt oft als „Zwillingssteuer" bezeichnet. Mit anderen Worten: Handänderungssteuer und GGSt fallen idR zusammen an[83]. Fast alle Kantone[84] erheben Handänderungssteuern, nicht aber der Bund.

2.2. Gegenstand und Bemessung der Handänderungssteuer

Steuerobjekt ist der entgeltliche und unentgeltliche Eigentumsübergang von Rechten an Grundstücken infolge Kaufvertrag, Schenkung, Erbgang, Tausch, Zwangsverwertung etc. Wie bereits bei der Grundstückge-

---

eventuell lediglich eine bescheidene Steuerermässigung gewähren werden (zB wenn Rentner ihren Wohnsitz nach Spanien oder Südfrankreich verlegen).

[80] Art. 12 Abs. 3 Buchst. e StHG.

[81] Im Sinne einer Übergangsbestimmung, da ab 1. Januar 2002 das StHG anzuwenden ist.

[82] *Fischer,* aaO, S. 155.

[83] Von der Handänderungssteuer zu unterscheiden ist die Handänderungsgebühr als Entgelt für die Dienstleistung der öffentlichen Verwaltung, zB für die Eintragung in ein öffentliches Register.

[84] Ausnahmen: Die Kantone Glarus und Schaffhausen erheben nur Grundbuchgebühren, vgl. *Fischer,* aaO, S. 185.

winnsteuer erwähnt[85], werden auch bei der Handänderungssteuer nicht nur die zivilrechtlichen, sondern auch die wirtschaftlichen Handänderungen erfasst[86]. Ferner wird oft die Überführung von Gesamteigentum in Miteigentum und umgekehrt mit der Handänderungssteuer belegt. Das gleiche gilt für die Errichtung von Grundpfandrechten. Der Staatsstruktur der Schweiz entsprechend wuchert auch hier der Föderalismus[87].

Als Bemessungsgrundlage gilt grundsätzlich der Kaufpreis, bei dessen Fehlen der amtliche Kataster- oder Steuerwert oder der Verkehrswert. Selbstverständlich variieren auch die Steuersätze von Kanton zu Kanton; sie bewegen sich zwischen 0.5% und 3%.

2.3. Steuerbefreite Handänderungen

Je nach Kanton können Handänderungen infolge Erbgangs oder unter engen Verwandten, infolge Tausch, Schenkung, Zwangsverwertung, Güterzusammenlegung, Unternehmensumstrukturierungen (Umwandlung, Zusammenschluss, Aufteilung) etc. von der Handänderungssteuer befreit sein[88].

3. Zusammenfassung

Grundstückgewinn- und Handänderungssteuern sind kantonale Steuern. Ihre rechtliche und tatsächliche Ausgestaltung ist sehr vielfältig. Es wird empfohlen, sich im konkreten Einzelfall an die zuständigen Behörden zu wenden oder die Dienste eines lokalen Anwalts oder Notars in Anspruch zu nehmen.

---

[85] Vgl. S. 268.

[86] Eine wirtschaftliche Handänderung liegt zB dann vor, wenn eine Mehrheit an einer Immobilien-AG erworben wird.

[87] *Fischer,* aaO, S. 188 ff., gibt eine detaillierte tabellarische Übersicht nach Kantonen bzw. Gemeinden, ebenso *Bolanz/Reinhart,* aaO, S. 238 ff.

[88] Ebenda, S. 192 ff.

L. Niederlassungs- und Aufenthaltsrecht

Roland Staub

Übersicht

I. Einleitung

Aufenthaltsbewilligungen für die Schweiz sind begehrt, aber schwierig zu erhalten. Dies erklärt sich daraus, dass Ende 1998 die ausländische Wohnbevölkerung in der Schweiz einen Anteil von 19% der Bevölkerung erreicht hat, wobei der Ausländeranteil im Kanton Zürich gar 21,1% betrug. In absoluten Zahlen ausgedrückt waren Ende 1998 1.347.911 Ausländer in der Schweiz wohnhaft. Davon besassen 1.001.317 Personen eine Niederlassungsbewilligung und 346.594 Ausländer waren im Besitze einer Jahresbewilligung. Nicht eingerechnet in diese Zahlen sind die ca. 25.000 ausländischen Funktionäre, die 27.819 Saisonniers (per Ende August 1999), die 76.546 Asylbewerber sowie die 22.090 Ausländer (Ende 1998), welche eine Bewilligung besassen, welche weniger als ein Jahr gültig war.

Der Anteil der in der Schweiz wohnhaften Ausländer hat sich gegenüber 1997 um 0,53% erhöht, dh. um 7.118 Personen.

II. Aufenthalt und Erwerbstätigkeit

1. Aufenthaltsbewilligung

1.1. Bewilligungsrecht

Grundsätzlich braucht jeder Ausländer, der keine Niederlassungsbewilligung besitzt, für Aufenthalt und Erwerbstätigkeit in der Schweiz eine Aufenthaltsbewilligung.

Auch Eigentümer schweizerischer Grundstücke brauchen eine Aufenthaltsbewilligung, falls sie sich länger als für die Dauer des bewilligungsfreien Aufenthalts in der Schweiz aufhalten wollen. Mit dem Erwerb einer schweizerischen Liegenschaft durch einen Ausländer ist somit keine Aufenthaltsbewilligung verbunden, obwohl der Erwerb einer schweizerischen Liegenschaft durch einen Ausländer ebenfalls einer Bewilligung bedarf.

Selbst wenn die Voraussetzungen für die Erteilung einer Bewilligung erfüllt sind, besteht kein Anspruch auf Erteilung einer Aufenthaltsbewilligung, denn die Aufenthaltsbewilligung ist keine feststellende Polizeierlaubnis, sondern stellt einen konstitutiven Verwaltungsakt dar.

Die Erteilung einer Aufenthaltsbewilligung liegt allein im freien Ermessen der zuständigen Behörden. Dieses freie Ermessen wird auch nicht beeinflusst durch Massnahmen wie zB Grundstückserwerb, Wohnungsmiete, Abschluss eines Arbeitsvertrags oder eine Geschäftsgründung oder Beteiligung.

Die Aufenthaltsbewilligung ist zunächst auf ein Jahr befristet. Mit der Zeit kann sie für mehrere Jahre ausgestellt werden, um schliesslich in eine (unbefristete) Niederlassungsbewilligung umgewandelt zu werden.

Die Bewilligungsbezeichnungen sind:

„A“: Saisonniers
„B“: Jahresaufenthalter

„C“: Niedergelassene
„Ci“: Erwerbstätige Ehepartner und Kinder von Angehörigen ausländischer Vertretungen oder von staatlichen Organisationen
„F“: Vorläufig Aufgenommene
„G“: Grenzgänger
„L“: Kurzfristige Erwerbstätigkeit und andere vorübergehende Aufenthalte
„N“: Asylbewerber

1.2. Umfang der Aufenthaltsbewilligung

Die Aufenthaltsbewilligung berechtigt den Ausländer, sich in der Schweiz aufzuhalten. Es wird keine gesonderte Arbeitsbewilligung erteilt. Die Erlaubnis, in der Schweiz eine Arbeitstätigkeit auszuüben kann von der Aufenthaltsbewilligung umfasst sein. Eine Aufenthaltsbewilligung ist somit entweder eine Bewilligung, die nur zum Aufenthalt berechtigt, oder sie umfasst zugleich eine Bewilligung zur Erwerbstätigkeit.

Wenn im Einzelfall nicht anders verfügt, gilt die Aufenthaltsbewilligung nur für den Kanton, für den sie ausgestellt wurde.

Aufenthaltsbewilligungen zur Erwerbstätigkeit werden idR nur für einen bestimmten Beruf und für eine bestimmte Arbeitsstelle ausgestellt.

Die Geltungsdauer von Aufenthaltsbewilligungen ist unterschiedlich. Eine Jahresbewilligung gilt grundsätzlich ein Jahr. Kurzaufenthalterbewilligungen gelten für weniger als ein Jahr bis zu längstens 18 Monaten. Die Saisonbewilligung erlaubt Saisonniers, sich längstens neun Monate in der Schweiz aufzuhalten. Stagiaires können eine Bewilligung von längstens 18 Monaten erhalten.

1.3. Bewilligungsfreier Aufenthalt ohne Erwerbstätigkeit

Ausländer, die keinem Visumszwang unterstehen, können sich immerhin für kurze Zeit auch ohne Bewilligung in der Schweiz aufhalten. Die Dauer des erlaubten bewilligungslosen Aufenthalts ist dabei abhängig vom Aufenthaltszweck.

Der bewilligungsfreie Aufenthalt ist nur zulässig für Ausländer, die rechtmässig in die Schweiz eingereist sind. Je nach dem Zweck ihrer Einreise können sich diese Ausländer ohne behördliche Bewilligung für längstens acht Tage bzw. drei Monate in der Schweiz aufhalten (ohne Erwerbstätigkeit). Sie haben sich vor Ablauf dieser Fristen bei der Fremdenpolizeibehörde des Aufenthaltsortes zur Regelung ihrer Anwesenheit anzumelden. Auch diejenige Person, die dem Ausländer Unterkunft gewährt, unterliegt dieser Meldepflicht. Ein solcher bewilligungsfreier Aufenthalt begründet keinen Wohnsitz in der Schweiz.

1.4. Touristischer Aufenthalt

Als Touristen gelten Personen, die in der Schweiz keine auf Erwerb gerichtete Tätigkeit ausüben. Dabei ist unerheblich, ob die Tätigkeit entgeltlich oder unentgeltlich erfolgt. Bei Touristen handelt es sich um Personen, die entweder die Schweiz bereisen und kennenlernen möchten oder sich zur Erholung hier aufhalten. Ausserdem darf davon ausgegangen werden, dass der touristische Aufenthalt von Anfang an bloss für eine begrenzte Zeit geplant ist.

Touristen dürfen sich während drei Monaten in der Schweiz aufhalten, ohne dass sie um eine besondere behördliche Bewilligung nachsuchen müssen. Vor Ablauf des dritten Monats haben sie sich bei der Fremdenpolizei anzumelden. Innerhalb von zwölf Monaten kann ein Ausländer allerdings mehrmals als Tourist in die Schweiz einreisen, wenn er sich innerhalb dieses Zeitraumes für nicht mehr als insgesamt sechs Monate in der Schweiz aufhält.

2. Der auf Erwerbstätigkeit gerichtete Aufenthalt

2.1. Bewilligungspflicht

Jede Erwerbstätigkeit eines Ausländers in der Schweiz ist bewilligungspflichtig.

2.2. Definitionen der Erwerbstätigkeit

Als Erwerbstätigkeit gilt jede „normalerweise" auf Erwerb gerichtete unselbständige Tätigkeit (Bewilligungen für selbständige Tätigkeiten werden idR nicht erteilt). Dies gilt selbst dann, wenn die Tätigkeit unentgeltlich ausgeübt wird. Somit gilt auch die Tätigkeit als Lehrling, Praktikant, Volontär, Sportler, Sozialhelfer, Künstler, Au-pair-Angestellte als Erwerbstätigkeit.

Handlungen, die mit der Verwaltung des eigenen Vermögens verbunden sind, stellen keine Erwerbstätigkeit dar, sofern diese Handlungen weder einen gewerbsmässigen noch einen ausgeprägt spekulativen Charakter aufweisen.

2.3. Erfordernis der Zusicherung

Nur wer eine Zusicherung der Aufenthaltsbewilligung besitzt, darf zum Stellenantritt in die Schweiz einreisen. Bei Ausländern, die ein Visum brauchen, tritt dieses an die Stelle der Zusicherung. IdR wird die Zusicherung vom Arbeitgeber beantragt und dem ausländischen Arbeitnehmer an seinem ausländischen Wohnsitz zugestellt. Daraufhin kann die Anreise zum Stellenantritt erfolgen.

Die Gültigkeitsdauer der Zusicherung beträgt für Saisonbewilligungen sechs Wochen und Jahresbewilligungen in der Regel drei Monate.

Eine Behörde, die ihre Zusicherung zurücknimmt, hat nach Treu und Glauben abzuwägen zwischen dem Interesse des Ausländers daran, dass sich die Behörde an ihre Zusicherung hält, und dem öffentlichen Interesse an der rechtsgleichen Erteilung fremdenpolizeilicher Bewilligungen (BGE 102 1 b 97).

2.4. *Dauer des bewilligungsfreien Aufenthalts*

Vor Stellenantritt und innerhalb von acht Tagen nach ihrer Einreise haben sich ausländische Arbeitnehmer bei den Behörden ihres Wohnorts zu melden. Die Arbeit darf erst aufgenommen werden, nachdem die Aufenthaltsbewilligung zur Ausübung einer Erwerbstätigkeit erteilt wurde.

Ausländer, die zur Ausübung einer sonstigen Erwerbstätigkeit ohne Stellenantritt in die Schweiz einreisen, haben sich ebenfalls innerhalb von acht Tagen bei der Fremdenpolizei des Aufenthaltsorts anzumelden. Während dieser Anmeldefrist dürfen sie sich immerhin ohne besondere behördliche Bewilligung in der Schweiz aufhalten und hier tätig werden. Der bewilligungsfreie Aufenthalt von acht Tagen kann über einen Zeitraum von drei Monaten verteilt werden. In 90 Tagen sind somit bewilligungsfreie Aufenthalte zur Erwerbstätigkeit ohne Stellenantritt von insgesamt acht Tagen möglich. Es gibt einzelne Gruppen von Erwerbstätigen, die anstelle einer Anmeldefrist von acht Tagen einer solchen von drei Monaten unterstehen. Hierbei handelt es sich um Journalisten, die ausschliesslich in Gasthöfen und Pensionen wohnen und nicht zur Übersiedlung eingereist sind. Das gleiche gilt für Grosshandelsreisende von Firmen im Ausland, sofern zwischen ihrem Heimatstaat und der Schweiz ein Handelsvertrag besteht. Da sowohl Deutschland als auch die Schweiz Partner des „Genfer Abkommens zur Vereinfachung der Zollformalitäten“ vom 3. 11. 1923 sind, können deutsche Grosshandelsreisende ohne Bewilligung für drei Monate in der Schweiz tätig sein.

2.5. *Einreise zur Übersiedlung*

Wer zur Übersiedlung in die Schweiz einreist, hat wie derjenige, der zur Ausübung einer sonstigen Erwerbstätigkeit ohne Stellenantritt einreist, vor Ablauf von acht Tagen nach der Einreise die Anmeldung bei der Fremdenpolizei vorzunehmen.

2.6. *Dienstpersonal*

Dienstpersonal wie Chauffeure und Krankenwärter, das den Dienstherrn nur zu vorübergehendem Aufenthalt in die Schweiz begleitet, untersteht den für diesen geltenden Anmeldevorschriften. Somit ist ein Aufenthalt von bis zu drei Monaten bewilligungsfrei möglich, wenn der Dienstherr als Tourist in der Schweiz weilt.

2.7. *Bewilligungsarten*

2.7.1. Jahresbewilligung

Die Jahresbewilligung (Aufenthaltsbewilligung Ausweis B) wird Ausländern erteilt, die für die Dauer von mehreren Jahren oder für unbestimmte Dauer in der Schweiz bleiben und weder eine saisonale Tätigkeit ausüben noch Grenzgänger sind.

Die Gültigkeitsdauer der ersten Jahresbewilligung beträgt ein Jahr. In den ersten fünf Jahren des Aufenthalts muss die Bewilligung jährlich neu beantragt werden. Danach alle zwei Jahre.

Die Jahresaufenthalterbewilligung wird durch das Bundesamt für Industrie, Gewerbe und Arbeit („BIGA“) erteilt.

2.7.2. Kurzaufenthalterbewilligung

Ausländer, die sich für eine Erwerbstätigkeit von mehr als 4 bis maximal 6 bzw. 18 Monaten in der Schweiz aufhalten möchten (zB Au-pair-Angestellte), können um eine Kurzaufenthalterbewilligung nachsuchen. IdR gelten Kurzaufenthalterbewilligungen für längstens sechs Monate. Das BIGA kann Bewilligungen für 18 Monate erteilen an

- Au-pair-Angestellte
- für Weiterbildungsaufenthalte im Gesundheitswesen
- Fachleute mit Lehr- oder Forschungsaufträgen
- Montage- und Bauequipen für einzelne befristete Montagen oder Bauvorhaben
- Qualifizierte Fachleute, die vorübergehend in einem Unternehmen ausserordentliche Aufgaben erfüllen müssen.

2.7.3. Saisonbewilligung

Saisonbewilligungen (Ausweis A) sind für diejenigen Ausländer bestimmt, die in einem Saisonbetrieb tätig sind. Als Saisonbetriebe gelten Betriebe, die nur während bestimmter Jahreszeiten geöffnet sind, sowie Betriebe, die das ganze Jahr geöffnet sind und regelmässig eine oder mehrere deutliche Beschäftigungsspitzen aufweisen. Im Vordergrund stehen Betriebe der Bauwirtschaft, des Gastgewerbes und der Landwirtschaft.

Saisonbewilligungen werden für höchstens neun Monate erteilt. Saisonniers müssen sich im Kalenderjahr insgesamt mindestens drei Monate im Ausland aufhalten.

Saisonbewilligungen werden grundsätzlich nur an Angehörige der Staaten der EFTA und der EU erteilt.

2.7.4. Grenzgängerbewilligung

Grenzgänger sind Ausländer, welche meist vollzeitlich und meist auch ganzjährig innerhalb der schweizerischen Grenzzone erwerbstätig sind. Sie behalten jedoch ihren Wohnsitz in der benachbarten ausländischen Grenzzone bei und kehren täglich dorthin zurück.

Die Grenzgängerbewilligung wird für höchstens ein Jahr erteilt, kann aber verlängert werden.

Bei der Grenzgängerbewilligung handelt es sich nicht um eine Aufenthaltsbewilligung, denn die Grenzgängerbewilligung erlaubt nur die Arbeitstätigkeit, nicht aber den über die Arbeitszeit hinausgehenden Aufenthalt in der Schweiz.

Grenzgängerbewilligungen sind daher nicht kontingentiert.

2.7.5. Stagiairebewilligung

Stagiaires sind Personen zwischen 18 und 30 Jahren, die ihre Berufsausbildung abgeschlossen haben und in der Schweiz für längstens 18 Monate ihre beruflichen und sprachlichen Kenntnisse erweitern möchten. Rechtsgrundlage für die Erteilung von Bewilligungen an Stagiaires sind zwischenstaatliche Vereinbarungen. Jede dieser Vereinbarungen sieht eine zahlenmässige Begrenzung von Stagiairebewilligungen pro Jahr vor. Mit Deutschland wurde eine Höchstzahl von 500 Stagiairebewilligungen pro Kalenderjahr vereinbart.

2.8. Kontingentsystem

Zur Regelung der Zahl der in der Schweiz erwerbstätigen Ausländer legt der schweizerische Bundesrat jedes Jahr ein nach verschiedenen Kategorien gegliedertes Maximalkontingent fest. Das Kontingentsjahr dauert 12 Monate und beginnt jährlich am 1. November.

Arbeitsbewilligungen dürfen nur im Rahmen des Maximalkontingents ausgestellt werden.

Ausländer, die zur Erwerbstätigkeit in die Schweiz einreisen, unterliegen daher einer Zulassungsbegrenzung. Die Zulassungsbegrenzung gilt auch für Ausländer, die ihren Wohnsitz im Ausland haben, aber in der Schweiz erwerbstätig sind. Für einige Gruppen von Personen gelten die Zulassungsvorschriften nur beschränkt, dh gewisse Ausländer benötigen zwar für ihre Erwerbstätigkeit eine entsprechende Aufenthaltsbewilligung, diese kann aber ausserhalb des Kontingents erteilt werden. Dazu gehören:

- Liechtensteinische Landesbürger;
- von der Schweiz anerkannte Flüchtlinge und Staatenlose;
- ausländische Ehegatten von Schweizern oder Schweizerinnen sowie deren Kinder;
- ausländische Ehegatten und die ledigen Kinder unter 18 Jahren, welche die Aufenthaltsbewilligung aufgrund der Bestimmungen über den Familiennachzug erhalten haben;
- ehemalige Schweizer Bürger.

Nicht den Begrenzungsvorschriften unterliegen:

- Angehörige diplomatischer und ständiger Missionen und konsularischer Posten

2.8.1. Grundsatz für die Erteilung von Bewilligungen

Die Erteilung von Bewilligungen richtet sich nach den folgenden Gesichtspunkten:

- Nachweis des privaten Interesses, dh. idR der Nachweis der Notwendigkeit des Beizuges des gesuchstellenden Ausländers für eine bestimmte Funktion im Betrieb des gesuchstellenden Arbeitgebers.
- Die Erteilung der beantragten Bewilligung muss in einem im Einzelfall zu definierenden Sinn im öffentlichen Interesse liegen (zB Erhöhung der Steuerkraft, Schaffung oder Sicherung von Arbeitsplätzen etc.).

2.8.2. Vorrang der inländischen Arbeitnehmer

Inländische Arbeitnehmer haben grundsätzlich Vorrang vor ausländischen Arbeitnehmern. Die Einreise ausländischer Arbeitnehmer wird daher auf das arbeitsmarktlich notwendige Minimum beschränkt. Auf Verlangen hat ein Arbeitgeber nachzuweisen, dass er alle zumutbaren Anstrengungen unternommen hat, um eine Arbeitskraft auf dem inländischen Arbeitsmarkt zu finden. Seit November 1991 gilt eine Prioritätsregelung, die erstmals einreisenden Arbeitnehmern aus Staaten der EFTA und EU bessere Aussichten einräumt, eine Aufenthaltsbewilligung zu erhalten.

3. Aufenthaltsbewilligung ohne Erwerbstätigkeit

Auch Ausländer, die in der Schweiz keine Erwerbstätigkeit ausüben, unterliegen der dreimonatigen Anmeldefrist.

Ausländer wie zB Schüler, Studenten, Rentner, die zum Zweck eines Aufenthalts ohne Erwerbstätigkeit in die Schweiz einreisen, müssen sich vor Ablauf des dritten Monats ihrer Anwesenheit anmelden. Nach dieser Zeit benötigen sie eine Aufenthaltsbewilligung. Reisen sie wiederholt in die Schweiz ein, können sie sich innert zwölf Monaten bewilligungsfrei für höchstens sechs Monate in der Schweiz aufhalten, wobei die jeweiligen Aufenthalte drei Monate nicht überschreiten dürfen.

Die im folgenden aufgeführten Personen können eine Aufenthaltsbewilligung erhalten, wenn sie länger als drei Monate in der Schweiz bleiben möchten. Andere nicht erwerbstätige Ausländer können nur bei Vorliegen wichtiger Gründe eine Aufenthaltsbewilligung erhalten.

3.1. Rentner

Ein ausländischer Rentner erhält eine Aufenthaltsbewilligung, wenn er:

1. älter als 60 Jahre ist;
2. eine enge Beziehung zur Schweiz aufweist;
3. keine Erwerbstätigkeit in der Schweiz oder im Ausland ausübt;
4. den Lebensmittelpunkt in die Schweiz verlegen möchte und
5. über die notwendigen finanziellen Mittel verfügt. Ob ausreichende finanzielle Mittel vorliegen wird wahlweise beurteilt und ist kantonal verschieden.

3.2. Schüler

Schüler können eine Aufenthaltsbewilligung erhalten, wenn sie:

1. eine öffentliche oder private Ganztagesschule besuchen;
2. die Schulleitung bestätigt, dass der Schüler die Schule besuchen kann;
3. der Schüler über die notwendigen finanziellen Mittel verfügt und damit für seine Betreuung gesorgt ist und
4. es als sicher erscheint, dass der Schüler nach Beendigung des Schulbesuchs wieder ausreist.

3.3. Studenten

Ausländische Studenten erhalten eine Aufenthaltsbewilligung für Studienzwecke, wenn:

1. sie in der Schweiz ein Hochschulstudium absolvieren wollen;
2. die Hochschule bestätigt, dass der ausländische Student das Studium aufnehmen kann;
3. der ausländische Student über die notwendigen Mittel verfügt und
4. es als gesichert erscheint, dass der ausländische Student nach Beendigung seines Studiums wieder ausreist.

3.4. Pflege- und Adoptivkinder

Ausländer, welche die zivilrechtlichen Voraussetzungen für die Aufnahme von Pflegekindern oder für die Adoption erfüllen, können eine Aufenthaltsbewilligung erhalten.

3.5. Kurgäste

Kurgäste erhalten eine Aufenthaltsbewilligung, wenn:

1. es mittels ärztlicher Zeugnisse erwiesen ist, dass ein Kuraufenthalt notwendig ist;
2. die Kur in einer Kuranstalt durchgeführt wird;
3. die Kur unter ärztlicher Aufsicht durchgeführt wird;
4. der Kurgast über die notwendigen finanziellen Mittel verfügt.

3.6. Familiennachzug

Einem Ausländer mit Bewilligung zur Erwerbstätigkeit (ausgenommen Saisonniers, Kurzaufenthalter, Stagiaires, Studenten, Patienten, Kurgäste) kann gestattet werden, den Ehepartner und die ledigen Kinder unter 18 Jahren, für die er zu sorgen hat, – zunächst ohne Bewilligung zur Erwerbstätigkeit – in die Schweiz nachzuziehen.

4. Die Beendigung des Aufenthalts

4.1. Der Ablauf der Bewilligung

Wird nach Ablauf der Bewilligungsdauer die Aufenthaltsbewilligung nicht verlängert bzw. erneuert, verliert sie ihre Gültigkeit.

4.1.1. Aufgabe des Aufenthalts

Meldet sich ein Ausländer ab oder gibt er seinen tatsächlichen Aufenthalt in der Schweiz auf, verliert seine Aufenthaltsbewilligung ihre Gültigkeit. Als Aufgeben des tatsächlichen Aufenthaltes gilt ein ununterbrochener Aufenthalt im Ausland von länger als sechs Monaten.

4.1.2. Widerruf der Aufenthaltsbewilligung

Hat der Ausländer die Aufenthaltsbewilligung durch falsche Angaben erschlichen oder werden mit der Bewilligung verbundene Bedingungen nicht erfüllt, kann die Aufenthaltsbewilligung widerrufen werden.

4.1.3. Die Ausweisung

Wird ein Ausländer wegen eines Verbrechens oder Vergehens in der Schweiz gerichtlich bestraft oder ist es erwiesen, dass er weder gewillt noch fähig ist, sich in die geltende Ordnung der Schweiz einzufügen, oder fällt er der öffentlichen Ordnung in erheblichem Masse zur Last, so kann er trotz gültiger Bewilligung aus der Schweiz ausgewiesen werden. Es ist möglich, eine befristete Ausweisung auszusprechen. Die Ausweisung muss aber mindestens zwei Jahre betragen.

4.1.4. Landesverweisung

Wird ein Ausländer in der Schweiz wegen einer erheblichen Straftat verurteilt, kann er durch den Richter für begrenzte oder unbegrenzte Zeit des Landes verwiesen werden. Diese durch den Strafrichter ausgesprochene Massnahme ist unabhängig von der fremdenpolizeilichen Ausweisung. Verzichtet ein Richter beispielsweise auf eine Landesverweisung, so kann der Ausländer trotzdem von den Fremdenpolizeibehörden ausgewiesen werden.

III. Die Niederlassungsbewilligung

1. Erteilung der Niederlassungsbewilligung

1.1. Die Niederlassungsbewilligung

Die Niederlassungsbewilligung (Ausweis C) gibt dem Ausländer das Recht der jederzeitigen Einreise in die Schweiz und zum unbefristeten Aufenthalt mit oder ohne (selbständige oder unselbständige) Erwerbstätigkeit.

1.2. Wartefrist

Ausländer, auch wenn sie auf Dauer in der Schweiz bleiben wollen, erhalten zunächst eine Aufenthaltsbewilligung, falls sie die Voraussetzungen dafür erfüllen. Das Bundesamt für Ausländerfragen legt die Frist fest, nach welcher dem Ausländer die Niederlassungsbewilligung erteilt werden kann. In der Regel erhält der Ausländer die Niederlassungsbewilligung frühestens nach einem zehnjährigen Aufenthalt in der Schweiz. Dieser Aufenthalt muss ordnungsgemäss und ununterbrochen gewesen sein, wobei ein Auslandaufenthalt von höchstens zehn Monaten zu einem seiner Natur nach vorübergehenden Zweck nicht als Unterbruch gilt.

1.3. Verkürzte Wartefrist

Die Staatsangehörigen der meisten europäischen Länder haben nach einem ordnungsgemässen und ununterbrochenen Aufenthalt in der Schweiz von fünf Jahren einen Rechtsanspruch auf Erteilung der Niederlassungsbewilligung. Seit dem 1. Juni 1991 gilt dies auch für deutsche Staatsangehörige.

Eine verkürzte Wartefrist gilt auch für einen Ausländer, der sich aus einem seiner Natur nach vorübergehenden Grunde in der Schweiz aufhält:

1. Ausländische Professoren
2. Ledige Kinder aus einer Ehe zwischen einem ausländischen Ehegatten und einem Schweizer Bürger erhalten in der Praxis die Niederlassungsbewilligung ohne Wartefrist.

2. Dauer der Niederlassungsbewilligung

Die Niederlassungsbewilligung ist unbefristet gültig.

Die Niederlassungsbewilligung wird aber jeweils nur für eine Laufzeit (bzw. Kontrollfrist) von höchstens drei Jahren ausgestellt. Dies dient der Kontrolle, ob der Niedergelassene sich noch in der Schweiz aufhält.

Wird eine Niederlassungsbewilligung durch falsche Angaben oder wissentliches Verschweigen wesentlicher Tatsachen erschlichen, kann sie widerrufen werden.

Die Niederlassungsbewilligung erlischt mit der Abmeldung oder mit der Aufgabe des tatsächlichen Aufenthaltes in der Schweiz. Der Aufenthalt gilt bei einem ununterbrochenen Auslandaufenthalt von mehr als sechs Monaten als tatsächlich aufgegeben. Auf Gesuch hin kann diese Frist auf bis zu zwei Jahre verlängert werden.

Teil III
Anhang

Steuerharmonisierungsgesetz (StHG)

(Bundesgesetz über die Harmonisierung der direkten Steuern der Kantone und Gemeinden)

vom 14. Dezember 1990 (Stand am 6. April 1999) (AS **1991** 1256)

Die Bundesversammlung der Schweizerischen Eidgenossenschaft,
gestützt auf Artikel 42^{quinquies} der Bundesverfassung[1],
nach Einsicht in eine Botschaft des Bundesrates vom 25. Mai 1983[2],
beschliesst:

Erster Titel: Allgemeine Bestimmungen

Art. 1 Zweck und Geltungsbereich

(1) Dieses Gesetz bestimmt die von den Kantonen zu erhebenden direkten Steuern und legt die Grundsätze fest, nach denen die kantonale Gesetzgebung zu gestalten ist.

(2) Das Gesetz gilt auch für die Gemeinden, soweit ihnen das kantonale Recht die Steuerhoheit für vorgeschriebene Steuern der Kantone gemäss Artikel 2 Absatz 1 einräumt.

(3) Soweit es keine Regelung enthält, gilt für die Ausgestaltung der Kantons- und Gemeindesteuern das kantonale Recht. Sache der Kantone bleibt insbesondere die Bestimmung der Steuertarife, Steuersätze und Steuerfreibeträge.

Art. 2 Vorgeschriebene direkte Steuern

(1) Die Kantone erheben folgende Steuern:

a) eine Einkommens- und eine Vermögenssteuer von den natürlichen Personen;
b) eine Gewinn- und eine Kapitalsteuer von den juristischen Personen;
c) eine Quellensteuer von bestimmten natürlichen und juristischen Personen;
d) eine Grundstückgewinnsteuer.

(2) Die Kantone können bestimmen, dass die Grundstückgewinnsteuer allein von den Gemeinden erhoben wird.

Zweiter Titel: Steuern der natürlichen Personen

1. Kapitel: Steuerpflicht

Art. 3 Steuerpflicht aufgrund persönlicher Zugehörigkeit

(1) Natürliche Personen sind aufgrund persönlicher Zugehörigkeit steuerpflichtig, wenn sie ihren steuerrechtlichen Wohnsitz im Kanton haben oder wenn sie sich im Kanton, ungeachtet vorübergehender Unterbrechung, bei Ausübung

---

[1] SR **101**.
[2] BBl **1983** III 1.

einer Erwerbstätigkeit während mindestens 30 Tage, ohne Ausübung einer Erwerbstätigkeit während mindestens 90 Tage aufhalten.

(2) Einen steuerrechtlichen Wohnsitz im Kanton hat eine Person, wenn sie sich hier mit der Absicht dauernden Verbleibens aufhält oder wenn ihr das Bundesrecht hier einen besonderen gesetzlichen Wohnsitz zuweist.

(3) Einkommen und Vermögen der Ehegatten, die in rechtlich und tatsächlich ungetrennter Ehe leben, werden ohne Rücksicht auf den Güterstand zusammengerechnet. Einkommen und Vermögen von Kindern unter elterlicher Gewalt werden dem Inhaber dieser Gewalt zugerechnet. Erwerbseinkommen der Kinder sowie Grundstückgewinne werden selbständig besteuert.

Art. 4 Steuerpflicht aufgrund wirtschaftlicher Zugehörigkeit

(1) Natürliche Personen ohne steuerrechtlichen Wohnsitz oder Aufenthalt im Kanton sind aufgrund wirtschaftlicher Zugehörigkeit steuerpflichtig, wenn sie im Kanton Geschäftsbetriebe oder Betriebsstätten unterhalten, Grundstücke besitzen, nutzen, vermitteln oder damit handeln.

(2) Natürliche Personen ohne steuerrechtlichen Wohnsitz oder Aufenthalt in der Schweiz sind aufgrund wirtschaftlicher Zugehörigkeit steuerpflichtig, wenn sie:

a) im Kanton eine Erwerbstätigkeit ausüben;
b) als Mitglieder der Verwaltung oder Geschäftsführung von juristischen Personen mit Sitz oder Betriebsstätte im Kanton Tantiemen, Sitzungsgelder, feste Entschädigungen oder ähnliche Vergütungen beziehen;
c) Gläubiger oder Nutzniesser von Forderungen sind, die durch Grund- oder Faustpfand auf Grundstücken im Kanton gesichert sind;
d) Pensionen, Ruhegehälter oder andere Leistungen erhalten, die aufgrund eines früheren öffentlichrechtlichen Arbeitsverhältnisses von einem Arbeitgeber oder einer Vorsorgeeinrichtung mit Sitz im Kanton ausgerichtet werden;
e) Leistungen aus schweizerischen privatrechtlichen Einrichtungen der beruflichen Vorsorge oder aus anerkannten Formen der gebundenen Selbstvorsorge erhalten;
f) für Arbeit im internationalen Verkehr an Bord eines Schiffes oder eines Luftfahrzeuges oder bei einem Transport auf der Strasse Lohn oder andere Vergütungen von einem Arbeitgeber mit Sitz oder Betriebsstätte im Kanton erhalten.

Art. 5 Steuererleichterungen

Die Kantone können auf dem Wege der Gesetzgebung für Unternehmen, die neu eröffnet werden und dem wirtschaftlichen Interesse des Kantons dienen, für das Gründungsjahr und die neun folgenden Jahre Steuererleichterungen vorsehen. Eine wesentliche Änderung der betrieblichen Tätigkeit kann einer Neugründung gleichgestellt werden.

Art. 6 Besteuerung nach dem Aufwand

(1) Natürliche Personen, die erstmals oder nach mindestens zehnjähriger Landesabwesenheit steuerrechtlichen Wohnsitz oder Aufenthalt in der Schweiz nehmen und hier keine Erwerbstätigkeit ausüben, haben das Recht, bis zum Ende der laufenden Steuerperiode anstelle der Einkommens- und Vermögenssteuer eine Steuer nach dem Aufwand zu entrichten.

(2) Sind diese Personen nicht Schweizer Bürger, so kann ihnen das Recht auf Entrichtung der Steuer nach dem Aufwand auch weiterhin zugestanden werden.

(3) Die Steuer wird nach dem Aufwand des Steuerpflichtigen und seiner Familie bemessen und nach dem ordentlichen Steuertarif (Art. 11 Abs. 1) berechnet. Sie muss aber mindestens gleich hoch angesetzt werden wie die nach dem ordentlichen Tarif berechneten Steuern vom gesamten Bruttobetrag:

a) des in der Schweiz gelegenen unbeweglichen Vermögens und von dessen Einkünften;
b) der in der Schweiz gelegenen Fahrnis und von deren Einkünften;
c) des in der Schweiz angelegten beweglichen Kapitalvermögens, mit Einschluss der grundpfändlich gesicherten Forderungen, und von dessen Einkünften;
d) der in der Schweiz verwerteten Urheberrechte, Patente und ähnlichen Rechte und von deren Einkünften;
e) der Ruhegehälter, Renten und Pensionen, die aus schweizerischen Quellen fliessen;
f) der Einkünfte, für die der Steuerpflichtige aufgrund eines von der Schweiz abgeschlossenen Abkommens zur Vermeidung der Doppelbesteuerung gänzliche oder teilweise Entlastung von ausländischen Steuern beansprucht.

2. Kapitel: Einkommenssteuer

1. Abschnitt: Einkünfte

Art. 7 Grundsatz

(1) Der Einkommenssteuer unterliegen alle wiederkehrenden und einmaligen Einkünfte, insbesondere solche aus unselbständiger und selbständiger Erwerbstätigkeit, aus Vermögensertrag, eingeschlossen die Eigennutzung von Grundstücken, aus Vorsorgeeinrichtungen sowie aus Leibrenten.

(1a) Ein bei der Rückgabe von Beteiligungsrechten im Sinne von Artikel 4a des Bundesgesetzes vom 13. Oktober 1965[3] über die Verrechnungssteuer an die Kapitalgesellschaft oder Genossenschaft erzielter Vermögensertrag gilt in dem Jahr als realisiert, in welchem die Verrechnungssteuerforderung entsteht (Art. 12 Abs. 1 und 1bis des BG vom 13. Okt. 1965 über die Verrechnungssteuer)[4].

(2) Einkünfte aus Leibrenten und andere wiederkehrende Einkünfte aus Wohnrecht, Nutzniessung oder Verpfründung sind zu 60 Prozent steuerbar, wenn die Leistungen, auf denen der Anspruch beruht, ausschliesslich vom Steuerpflichtigen erbracht worden sind. Den Leistungen des Steuerpflichtigen sind die Leistungen von Angehörigen gleichgestellt; dasselbe gilt für Leistungen Dritter, wenn der Steuerpflichtige den Anspruch durch Erbgang, Vermächtnis oder Schenkung erhalten hat.

(3) Einkünfte aus Anteilen an Anlagefonds (Art. 20 Abs. 1 zweiter Satz) sind steuerbar, soweit die Gesamterträge des Anlagefonds die Erträge aus direktem Grundbesitz übersteigen.

---

[3] SR **642.21**.

[4] Eingefügt durch Ziff. I 2 des BG vom 10. Okt. 1997 über die Reform der Unternehmensbesteuerung 1997, in Kraft seit 1. Jan. 1998 (AS **1998** 669 677; BBl **1997** II 1164).

(4) Steuerfrei sind nur:

a) der Erlös aus Bezugsrechten, sofern die Vermögensrechte zum Privatvermögen gehören;

b) Kapitalgewinne auf beweglichem Privatvermögen; vorbehalten bleibt Artikel 12 Absatz 2 Buchstaben a und d;

c) Vermögensanfall infolge Erbschaft, Vermächtnis, Schenkung oder güterrechtlicher Auseinandersetzung;

d) Vermögensanfall aus rückkaufsfähiger privater Kapitalversicherung, ausgenommen aus Freizügigkeitspolicen;

e) Kapitalzahlungen, die bei Stellenwechsel vom Arbeitgeber oder von Einrichtungen der beruflichen Vorsorge ausgerichtet werden, wenn sie der Empfänger innert Jahresfrist zum Einkauf in eine Einrichtung der beruflichen Vorsorge oder zum Erwerb einer Freizügigkeitspolice verwendet;

f) Unterstützungen aus öffentlichen oder privaten Mitteln;

g) Leistungen in Erfüllung familienrechtlicher Verpflichtungen, ausgenommen die vom geschiedenen, gerichtlich oder tatsächlich getrenntlebenden Ehegatten erhaltenen Unterhaltsbeiträge sowie die Unterhaltsbeiträge, die ein Elternteil für die unter seiner elterlichen Gewalt stehenden Kinder erhält;

h)[5] der Sold für Militär- und Schutzdienst sowie das Taschengeld für Zivildienst;

i) Zahlungen von Genugtuungssummen;

k) Einkünfte aufgrund der Bundesgesetzgebung über Ergänzungsleistungen zur Alters-, Hinterlassenen- und Invalidenversicherung.

Art. 8 Selbständige Erwerbstätigkeit

(1) Zu den steuerbaren Einkünften aus selbständiger Erwerbstätigkeit zählen auch alle Kapitalgewinne auf Geschäftsvermögen aus Veräusserung, Verwertung, buchmässiger Aufwertung, Privatentnahme oder aus Verlegung in ausländische Betriebe oder Betriebsstätten; ausgenommen sind Gewinne aus Veräusserung von land- und forstwirtschaftlichen Grundstücken, soweit der Veräusserungserlös die Anlagekosten übersteigt. Artikel 12 Absatz 4 bleibt vorbehalten.

(2) Als Geschäftsvermögen gelten alle Vermögenswerte, die ganz oder vorwiegend der selbständigen Erwerbstätigkeit dienen.

(3) Stille Reserven werden nicht besteuert, wenn die Steuerpflicht in der Schweiz fortbesteht, keine buchmässige Aufwertung stattfindet und die bisher für die Einkommenssteuer massgeblichen Werte übernommen werden, bei:

a) Umwandlung in eine andere Personenunternehmung oder in eine juristische Person, wenn der Geschäftsbetrieb unverändert weitergeführt wird und die Beteiligungsverhältnisse grundsätzlich gleich bleiben;

b) Unternehmungszusammenschluss durch Übertragung sämtlicher Aktiven und Passiven auf eine andere Personenunternehmung oder auf eine juristische Person;

c) Aufteilung einer Personenunternehmung durch Übertragung von in sich geschlossenen Betriebsteilen auf andere Personenunternehmungen oder auf juri-

---

[5] Fassung gemäss Anhang Ziff. 8 des Zivildienstgesetzes vom 6. Okt. 1995, in Kraft seit 1. Okt. 1996 (SR **824.0**).

stische Personen, wenn die übernommenen Geschäftsbetriebe unverändert weitergeführt werden.

(4) Beim Ersatz von Gegenständen des betriebsnotwendigen Anlagevermögens können die stillen Reserven innert angemessener Frist auf ein Ersatzobjekt mit gleicher Funktion übertragen werden; ausgeschlossen ist die Übertragung auf Vermögen ausserhalb der Schweiz.

2. Abschnitt: Abzüge

Art. 9 Allgemeines

(1) Von den gesamten steuerbaren Einkünften werden die zu ihrer Erzielung notwendigen Aufwendungen und die allgemeinen Abzüge abgerechnet. Zu den notwendigen Aufwendungen gehören auch die mit dem Beruf zusammenhängenden Weiterbildungs- und Umschulungskosten.

(2) Allgemeine Abzüge sind:

a) die Schuldzinsen;

b) die Renten und dauernden Lasten; hat der Rentenschuldner eine Gegenleistung erhalten, so kann er seine Leistungen erst dann in Abzug bringen, wenn der Gesamtbetrag der bezahlten Renten den Wert der Gegenleistung übersteigt;

c) die Unterhaltsbeiträge an den geschiedenen, gerichtlich oder tatsächlich getrenntlebenden Ehegatten sowie die Unterhaltsbeiträge an einen Elternteil für die unter dessen elterlicher Gewalt stehenden Kinder, nicht jedoch Leistungen in Erfüllung anderer familienrechtlicher Unterhalts- oder Unterstützungspflichten;

d) die gemäss Gesetz, Statut oder Reglement geleisteten Einlagen, Prämien und Beiträge zum Erwerb von Ansprüchen aus der Alters-, Hinterlassenen- und Invalidenversicherung und aus Einrichtungen der beruflichen Vorsorge;

e) Einlagen, Prämien und Beiträge zum Erwerb von vertraglichen Ansprüchen aus anerkannten Formen der gebundenen Selbstvorsorge, bis zu einem bestimmten Betrag;

f) die Prämien und Beiträge für die Erwerbsersatzordnung, die Arbeitslosenversicherung und für die obligatorische Unfallversicherung;

g) die Einlagen, Prämien und Beiträge für die Lebens-, die Kranken- und die nicht unter Buchstabe f fallende Unfallversicherung sowie die Zinsen von Sparkapitalien des Steuerpflichtigen und der von ihm unterhaltenen Personen, bis zu einem nach kantonalem Recht bestimmten Betrag, der pauschaliert werden kann;

h) die Krankheits-, Unfall- und Invaliditätskosten des Steuerpflichtigen und der von ihm unterhaltenen Personen, soweit der Steuerpflichtige die Kosten selber trägt und diese einen vom kantonalen Recht bestimmten Selbstbehalt übersteigen;

i) die freiwilligen Zuwendungen an juristische Personen mit Sitz in der Schweiz, die im Hinblick auf öffentliche oder auf ausschliesslich gemeinnützige Zwekke von der Steuerpflicht befreit sind, bis zu einem nach kantonalem Recht bestimmten Ausmass;

k) ein Abzug vom Erwerbseinkommen, das ein Ehegatte unabhängig vom Beruf, Geschäft oder Gewerbe des andern Ehegatten erzielt, bis zu einem nach kantonalem Recht bestimmten Betrag; ein gleichartiger Abzug ist zulässig bei erheblicher Mitarbeit eines Ehegatten im Beruf, Geschäft oder Gewerbe des andern Ehegatten.

(3) Bei Grundstücken im Privatvermögen können die Kantone Abzüge für Umweltschutz, Energiesparen und Denkmalpflege vorsehen. In diesen Fällen gilt folgende Regelung:

a) Bei den Investitionen, die dem Energiesparen und dem Umweltschutz dienen, bestimmt das Eidgenössische Finanzdepartement in Zusammenarbeit mit den Kantonen, wie weit sie den Unterhaltskosten gleichgestellt werden können.
b) Die nicht durch Subventionen gedeckten Kosten denkmalpflegerischer Arbeiten sind abziehbar, sofern der Steuerpflichtige solche Massnahmen aufgrund gesetzlicher Vorschriften, im Einvernehmen mit den Behörden oder auf deren Anordnung hin vorgenommen hat.

(4) Andere Abzüge sind nicht zulässig. Vorbehalten sind die Kinderabzüge und andere Sozialabzüge des kantonalen Rechts.

Art. 10 Selbständige Erwerbstätigkeit

(1) Als geschäfts- oder berufsmässig begründete Kosten werden namentlich abgezogen:

a) die ausgewiesenen Abschreibungen des Geschäftsvermögens;
b) die Rückstellungen für Verpflichtungen, deren Höhe noch unbestimmt ist, oder für unmittelbar drohende Verlustrisiken;
c) die eingetretenen und verbuchten Verluste auf dem Geschäftsvermögen;
d) die Zuwendungen an Vorsorgeeinrichtungen zugunsten des eigenen Personals, sofern jede zweckwidrige Verwendung ausgeschlossen ist.

(2) Vom durchschnittlichen Einkommen der Bemessungsperiode (Art. 15 Abs. 2) können Verlustüberschüsse aus höchstens drei vorangegangenen Bemessungsperioden abgezogen werden, soweit sie bei der Berechnung des steuerbaren Einkommens der Vorjahre nicht berücksichtigt werden konnten.

(3) Mit Leistungen Dritter, die zum Ausgleich einer Unterbilanz im Rahmen einer Sanierung erbracht werden, können auch Verluste verrechnet werden, die in früheren Geschäftsjahren entstanden und noch nicht mit Einkommen verrechnet werden konnten.

3. Abschnitt: Steuerberechnung

Art. 11

(1) Für verheiratete Personen, die in rechtlich und tatsächlich ungetrennter Ehe leben, muss die Steuer im Vergleich zu alleinstehenden Steuerpflichtigen angemessen ermässigt werden. Die gleiche Ermässigung gilt auch für verwitwete, getrennt lebende, geschiedene und ledige Steuerpflichtige, die mit Kindern oder unterstützungsbedürftigen Personen zusammenleben und deren Unterhalt zur Hauptsache bestreiten. Das kantonale Recht bestimmt, ob die Ermässigung in Form eines frankenmässig begrenzten Prozentabzuges vom Steuerbetrag oder

durch besondere Tarife für alleinstehende und verheiratete Personen vorgenommen wird.

(2) Gehören zu den Einkünften Kapitalabfindungen für wiederkehrende Leistungen, so wird die Steuer unter Berücksichtigung der übrigen Einkünfte zu dem Satz berechnet, der sich ergäbe, wenn anstelle der einmaligen Leistung eine entsprechende jährliche Leistung ausgerichtet würde.

(3) Kapitalleistungen aus Vorsorgeeinrichtungen sowie Zahlungen bei Tod und für bleibende körperliche oder gesundheitliche Nachteile werden für sich allein besteuert. Sie unterliegen stets einer vollen Jahressteuer.

3. Kapitel: Grundstückgewinnsteuer

Art. 12

(1) Der Grundstückgewinnsteuer unterliegen Gewinne, die sich bei Veräusserung eines Grundstückes des Privatvermögens oder eines land- oder forstwirtschaftlichen Grundstückes sowie von Anteilen daran ergeben, soweit der Erlös die Anlagekosten (Erwerbspreis oder Ersatzwert zuzüglich Aufwendungen) übersteigt.

(2) Die Steuerpflicht wird durch jede Veräusserung eines Grundstückes begründet.

Den Veräusserungen sind gleichgestellt:

a) die Rechtsgeschäfte, die in bezug auf die Verfügungsgewalt über ein Grundstück wirtschaftlich wie eine Veräusserung wirken;
b) die Überführung eines Grundstückes sowie von Anteilen daran vom Privatvermögen in das Geschäftsvermögen des Steuerpflichtigen;
c) die Belastung eines Grundstückes mit privatrechtlichen Dienstbarkeiten oder öffentlich-rechtlichen Eigentumsbeschränkungen, wenn diese die unbechränkte Bewirtschaftung oder den Veräusserungswert des Grundstückes dauernd und wesentlich beeinträchtigen und dafür ein Entgelt entrichtet wird;
d) die Übertragung von Beteiligungsrechten des Privatvermögens des Steuerpflichtigen an Immobiliengesellschaften, soweit das kantonale Recht für diesen Fall eine Steuerpflicht vorsieht;
e) die ohne Veräusserung erzielten Planungsmehrwerte im Sinne des Raumplanungsgesetzes[6], sofern das kantonale Recht diesen Tatbestand der Grundstückgewinnsteuer unterstellt.

(3) Die Besteuerung wird aufgeschoben bei:

a) Eigentumswechsel durch Erbgang (Erbfolge, Erbteilung, Vermächtnis), Erbvorbezug oder Schenkung;
b)[7] Eigentumswechsel unter Ehegatten im Zusammenhang mit dem Güterrecht, sowie zur Abgeltung ausserordentlicher Beiträge eines Ehegatten an den Unterhalt der Familie (Art. 165 ZGB[8]) und scheidungsrechtlicher Ansprüche, sofern beide Ehegatten einverstanden sind;

---

[6] SR **700**.

[7] Fassung gemäss Anhang Ziff. 4 des BG vom 26. Juni 1998, in Kraft seit 1. Jan. 2000 (AS **1999** 1118 1144; BBl **1996** I 1).

[8] SR **210**.

c) Landumlegungen zwecks Güterzusammenlegung, Quartierplanung, Grenzbereinigung, Abrundung landwirtschaftlicher Heimwesen sowie bei Landumlegungen im Enteignungsverfahren oder drohender Enteignung;
d) vollständiger oder teilweiser Veräusserung eines land- oder forstwirtschaftlichen Grundstückes, soweit der Veräusserungserlös innert angemessener Frist zum Erwerb eines selbstbewirtschafteten Ersatzgrundstückes oder zur Harmonisierung der direkten Steuern der Kantone und Gemeinden Verbesserung der eigenen, selbstbewirtschafteten land- oder forstwirtschaftlichen Grundstücke verwendet wird;
e) Veräusserung einer dauernd und ausschliesslich selbstgenutzten Wohnliegenschaft (Einfamilienhaus oder Eigentumswohnung), soweit der dabei erzielte Erlös innert angemessener Frist zum Erwerb oder zum Bau einer gleichgenutzten Ersatzliegenschaft in der Schweiz verwendet wird.

(4) Die Kantone können die Grundstückgewinnsteuer auch auf Gewinnen aus der Veräusserung von Grundstücken des Geschäftsvermögens des Steuerpflichtigen erheben, sofern sie diese Gewinne von der Einkommens- und Gewinnsteuer ausnehmen oder die Grundstückgewinnsteuer auf die Einkommens- und Gewinnsteuer anrechnen. In beiden Fällen gilt:
a) die in den Artikeln 8 Absätze 3 und 4 und 24 Absatz 4 genannten Tatbestände sowie die Umwandlung von juristischen Personen in Personenunternehmungen sind bei der Grundstückgewinnsteuer als steueraufschiebende Veräusserung zu behandeln;
b) die Überführung eines Grundstückes sowie von Anteilen daran vom Privatvermögen ins Geschäftsvermögen darf nicht einer Veräusserung gleichgestellt werden.

(5) Die Kantone sorgen dafür, dass kurzfristig realisierte Grundstückgewinne stärker besteuert werden.

4. Kapitel: Vermögenssteuer

Art. 13 Steuerobjekt

(1) Der Vermögenssteuer unterliegt das gesamte Reinvermögen.

(2) Nutzniessungsvermögen wird dem Nutzniesser zugerechnet.

(3) Bei Anteilen an Anlagefonds (Art. 20 Abs. 1 zweiter Satz) ist die Wertdifferenz zwischen den Gesamtaktiven des Anlagefonds und dessen direktem Grundbesitz steuerbar.

(4) Hausrat und persönliche Gebrauchsgegenstände werden nicht besteuert.

Art. 14 Bewertung

(1) Das Vermögen wird zum Verkehrswert bewertet. Dabei kann der Ertragswert angemessen berücksichtigt werden.

(2) Die land- und forstwirtschaftlich genutzten Grundstücke werden zum Ertragswert bewertet. Das kantonale Recht kann bestimmen, dass bei der Bewertung der Verkehrswert mitberücksichtigt wird oder im Falle der Veräusserung oder Aufgabe der land- oder forstwirtschaftlichen Nutzung des Grundstückes ei-

ne Nachbesteuerung für die Differenz zwischen Ertrags- und Verkehrswert erfolgt. Die Nachbesteuerung darf für höchstens 20 Jahre erfolgen.

(3) Immaterielle Güter und bewegliches Vermögen (ausgenommen Wertschriften), die zum Geschäftsvermögen des Steuerpflichtigen gehören, werden zu dem für die Einkommenssteuer massgeblichen Wert bewertet.

5. Kapitel: Zeitliche Bemessung

Art. 15 Steuer- und Bemessungsperiode

(1) Die Steuern vom Einkommen und Vermögen werden für eine zweijährige Steuerperiode (zwei aufeinander folgende Kalenderjahre) festgesetzt und für jedes Steuerjahr (Kalenderjahr) erhoben.

(2) Für die Einkommenssteuer ist das durchschnittliche Einkommen der beiden der Steuerperiode vorangegangenen Kalenderjahre oder das durchschnittliche, auf zwölf Monate berechnete Ergebnis der in diesem Zeitraum abgeschlossenen Geschäftsjahre massgebend.

(3) Bei Beginn der Steuerpflicht wird das Einkommen bemessen:

a) im Falle des Zuzuges aus einem andern Kanton: nach Absatz 2 für Einkünfte aus unselbständiger Erwerbstätigkeit;
b) in allen übrigen Fällen: nach dem seit Beginn der Steuerpflicht erzielten, auf zwölf Monate berechneten Einkommen.

(4) Für die Vermögenssteuer sind Stand und Wert des Vermögens zu Beginn der Steuerperiode oder der Steuerpflicht massgebend. In der Schweiz gehandelte Wertpapiere mit Kurswert werden nach dem Durchschnitt der Kurse im letzten, dem Beginn der Steuerperiode oder der Steuerpflicht vorangehenden Monat bemessen.

(5) Besteht die Steuerpflicht nur während eines Teils der Steuerperiode, so wird der diesem Zeitraum entsprechende Betrag erhoben. In solchen Fällen bestimmt sich der Steuersatz für die Einkommenssteuer nach dem auf zwölf Monate berechneten Einkommen.

Art. 16 Fakultative einjährige Steuerperiode

Die Kantone sind frei, in Abweichung von Artikel 15 die Steuern vom Einkommen und Vermögen für eine einjährige Steuerperiode entsprechend einem Kalenderjahr festzulegen und zu erheben. In diesem Fall gelten die Vorschriften des 7. Titels (Art. 62–70).

Art. 17 Zwischenveranlagung

Eine Zwischenveranlagung für Einkommen und Vermögen wird durchgeführt bei:

a) Scheidung, gerichtlicher oder dauernder tatsächlicher Trennung der Ehegatten;
b) dauernder und wesentlicher Änderung der Erwerbsgrundlagen zufolge Aufnahme oder Aufgabe der Erwerbstätigkeit oder Berufswechsels;

c) Vermögensanfall von Todes wegen;
d) Änderung der für die Besteuerung im interkantonalen oder internationalen Verhältnis massgebenden Grundlagen.

Art. 18 Sonderveranlagungen

(1) Die bei Beendigung der Steuerpflicht oder bei Zwischenveranlagungen nicht oder noch nicht für eine volle Steuerperiode als Einkommen besteuerten Kapitalgewinne nach Artikel 8 Absatz 1, Kapitalabfindungen für wiederkehrende Leistungen, Einkünfte aus Lotterien und lotterieähnlichen Veranstaltungen, Entschädigungen für die Aufgabe oder Nichtausübung einer Tätigkeit oder für die Nichtausübung eines Rechtes unterliegen für das Steuerjahr, in der sie zugeflossen sind, gesamthaft einer vollen Jahressteuer zu dem Satz, der sich für diese Einkünfte allein ergibt. Die nach diesem Absatz besteuerten Einkünfte werden bei der ordentlichen Veranlagung nicht berücksichtigt. Bereits vorgenommene ordentliche Veranlagungen sind zu revidieren.

(2) Die Jahressteuer nach Absatz 1 und die Steuer auf Leistungen nach Artikel 11 Absatz 3 werden für die Steuerperiode festgesetzt, in der die entsprechenden Einkünfte zugeflossen sind. Werden im gleichen Steuerjahr mehrere Kapitalgewinne erzielt, so bestimmt sich der Steuersatz nach dem Gesamtgewinn.

Art. 19 Grundstückgewinne

Die Grundstückgewinnsteuer wird für die Steuerperiode festgesetzt, in der die Gewinne erzielt worden sind.

Dritter Titel: Steuern der juristischen Personen

1. Kapitel: Steuerpflicht

Art. 20 Steuerpflicht aufgrund persönlicher Zugehörigkeit

(1) Kapitalgesellschaften, Genossenschaften, Vereine, Stiftungen und die übrigen juristischenPersonen sind steuerpflichtig, wenn sich ihr Sitz oder ihre tatsächliche Verwaltung im Kanton befindet. Den übrigen juristischen Personen gleichgestellt sind die Anlagefonds mit direktem Grundbesitz im Sinne von Artikel 31 Absatz 2 Buchstabe a des Bundesgesetzes vom 1. Juli 1966[9] über die Anlagefonds.

(2) Juristische Personen, ausländische Handelsgesellschaften und andere ausländische Personengesamtheiten ohne juristische Persönlichkeit werden den inländischen juristischen Personen gleichgestellt, denen sie rechtlich oder tatsächlich am ähnlichsten sind.

Art. 21 Steuerpflicht aufgrund wirtschaftlicher Zugehörigkeit

(1) Juristische Personen mit Sitz oder mit tatsächlicher Verwaltung ausserhalb des Kantons sind steuerpflichtig, wenn sie:

---

[9] [AS **1967** 115, **1971** 808 Ziff. III 3; SR **313.0** Anhang Ziff. 21. SR **951.31** Art. 73 Bst. a]. Siehe heute das BG vom 18. März 1994 (SR **951.31**).

a) Teilhaber an Geschäftsbetrieben im Kanton sind;
b) im Kanton Betriebsstätten unterhalten;
c) an Grundstücken im Kanton Eigentum, dingliche Rechte oder diesen wirtschaftlich gleichzuachtende persönliche Nutzungsrechte haben.

(2) Juristische Personen mit Sitz und tatsächlicher Verwaltung im Ausland sind ausserdem steuerpflichtig, wenn sie:

a) Gläubiger oder Nutzniesser von Forderungen sind, die durch Grund- oder Faustpfand auf Grundstücken im Kanton gesichert sind;
b) im Kanton gelegene Grundstücke vermitteln oder damit handeln.

Art. 22 Wechsel der Steuerpflicht

Bei Wechsel des Sitzes oder der tatsächlichen Verwaltung innerhalb der Schweiz bleibt die Steuerpflicht hinsichtlich der Gewinn- und Kapitalsteuer für das laufende Steuerjahr am bisherigen Steuerort unverändert.

Art. 23 Ausnahmen

(1) Von der Steuerpflicht sind nur befreit:

a) der Bund und seine Anstalten nach Massgabe des Bundesrechtes;
b) der Kanton und seine Anstalten nach Massgabe des kantonalen Rechts;
c) die Gemeinden, die Kirchgemeinden und die anderen Gebietskörperschaften des Kantons und ihre Anstalten nach Massgabe des kantonalen Rechts;
d) die Einrichtungen der beruflichen Vorsorge von Unternehmen mit Wohnsitz, Sitz oder Betriebsstätte in der Schweiz und von ihnen nahestehenden Unternehmen, sofern die Mittel der Einrichtung dauernd und ausschliesslich der Personalvorsorge dienen;
e) die inländischen Sozialversicherungs- und Ausgleichskassen, insbesondere Arbeitslosen-, Krankenversicherungs-, Alters-, Invaliden- und Hinterlassenenversicherungskassen, mit Ausnahme der konzessionierten Versicherungsgesellschaften;
f) die juristischen Personen, die öffentliche oder gemeinnützige Zwecke verfolgen, für den Gewinn und das Kapital, die ausschliesslich und unwiderruflich diesen Zwecken gewidmet sind. Unternehmerische Zwecke sind grundsätzlich nicht gemeinnützig. Der Erwerb und die Verwaltung von wesentlichen Kapitalbeteiligungen an Unternehmen gelten als gemeinnützig, wenn das Interesse an der Unternehmenserhaltung dem gemeinnützigen Zweck untergeordnet ist und keine geschäftsleitenden Tätigkeiten ausgeübt werden;
g) die juristischen Personen, die kantonal oder gesamtschweizerisch Kultuszwecke verfolgen, für den Gewinn und das Kapital, die ausschliesslich und unwiderruflich diesen Zwecken gewidmet sind;
h) die ausländischen Staaten für ihre ausschliesslich dem unmittelbaren Gebrauch der diplomatischen und konsularischen Vertretungen bestimmten Liegenschaften, unter Vorbehalt des Gegenrechts.

(2) Die Kantone können überdies konzessionierte Verkehrsunternehmen ganz oder teilweise von den Steuern befreien, wenn die verkehrspolitische Bedeutung des Unternehmens und dessen finanzielle Lage es rechtfertigen.

(3) Die Kantone können auf dem Wege der Gesetzgebung für Unternehmen, die neu eröffnet werden und dem wirtschaftlichen Interesse des Kantons dienen, für das Gründungsjahr und die neun folgenden Jahre Steuererleichterungen vorsehen. Eine wesentliche Änderung der betrieblichen Tätigkeit kann einer Neugründung gleichgestellt werden.

(4) Die in Absatz 1 Buchstaben d–g genannten juristischen Personen unterliegen jedoch in jedem Fall der Grundstückgewinnsteuer. Die Bestimmungen über Ersatzbeschaffungen (Art. 8 Abs. 4), über Abschreibungen (Art. 10 Abs. 1 Bst. a), über Rückstellungen (Art. 10 Abs. 1 Bst. b) und über den Verlustabzug (Art. 10 Abs. 1 Bst. c) gelten sinngemäss.

2. Kapitel: Gewinnsteuer

1. Abschnitt: Steuerobjekt

Art. 24 Allgemeines

(1) Der Gewinnsteuer unterliegt der gesamte Reingewinn. Dazu gehören auch:

a) der der Erfolgsrechnung belastete, geschäftsmässig nicht begründete Aufwand;
b) die der Erfolgsrechnung nicht gutgeschriebenen Erträge, Kapital-, Liquidations- und Aufwertungsgewinne;
c) die Zinsen auf verdecktem Eigenkapitel (Art. 29 Abs. 3).

(2) Kein steuerbarer Gewinn entsteht durch:

a) Kapitaleinlagen von Mitgliedern von Kapitalgesellschaften und Genossenschaften einschliesslich Aufgelder und Leistungen *à fonds perdu:*
b) Verlegung des Sitzes, der Verwaltung, eines Geschäftsbetriebes oder einer Betriebsstätte in einen andern Kanton, soweit keine Veräusserungen oder buchmässigen Aufwertungen vorgenommen werden;
c) Kapitalzuwachs aus Erbschaft, Vermächtnis oder Schenkung.

(3) Stille Reserven werden nicht besteuert, wenn die Steuerpflicht in der Schweiz fortbesteht, keine buchmässige Aufwertung stattfindet und die bisher für die Gewinnsteuer massgeblichen Werte übernommen werden, bei:

a) Umwandlung in eine andere Kapitalgesellschaft oder Genossenschaft, wenn der Geschäftsbetrieb unverändert weitergeführt wird und die Beteiligungsverhältnisse grundsätzlich gleich bleiben;
b) Unternehmungszusammenschluss durch Übertragung sämtlicher Aktiven und Passiven auf eine andere Kapitalgesellschaft oder Genossenschaft (Fusion nach Art. 748–750 OR[10] oder Geschäftsübernahme nach Art. 181 OR);
c) Aufteilung einer Unternehmung durch Übertragung von in sich geschlossenen Betriebsteilen auf andere Kapitalgesellschaften oder Genossenschaften, wenn die übernommenen Geschäftsbetriebe unverändert weitergeführt werden.

(3a) Überträgt eine Kapitalgesellschaft oder Genossenschaft, die nicht unter Artikel 28 Absatz 2 oder 3 fällt, eine Beteiligung auf eine ausländische Konzerngesellschaft, so wird für die Differenz zwischen dem Gewinnsteuerwert und

---

[10] SR **220**.

dem Verkehrswert der Beteiligung die Besteuerung aufgeschoben. Der Steueraufschub entfällt, wenn die übertragene Beteiligung an einen konzernfremden Dritten veräussert wird, wenn die Gesellschaft, deren Beteiligungsrechte übertragen wurden, ihre Aktiven und Passiven in wesentlichem Umfang veräussert oder wenn sie liquidiert wird[11].

(4) Die Bestimmungen über Ersatzbeschaffungen (Art. 8 Abs. 4), über Abschreibungen (Art. 10 Abs. 1 Bst. a), über Rückstellungen (Art. 10 Abs. 1 Bst. b) und über den Verlustabzug (Art. 10 Abs. 1 Bst. c) gelten sinngemäss.

(5) Leistungen, welche gemischtwirtschaftliche, im öffentlichen Interesse tätige Unternehmen überwiegend an nahestehende Personen erbringen, sind zum jeweiligen Marktpreis, zu den jeweiligen Gestehungskosten zuzüglich eines angemessenen Aufschlages oder zum jeweiligen Endverkaufspreis abzüglich einer angemessenen Gewinnmarge zu bewerten; das Ergebnis eines jeden Unternehmens ist entsprechend zu berichtigen.

Art. 25 Aufwand

(1) Zum geschäftsmässig begründeten Aufwand gehören auch:

a) die eidgenössischen, kantonalen und kommunalen Steuern, nicht aber Steuerbussen;
b) die Zuwendungen an Vorsorgeeinrichtungen zugunsten des eigenen Personals, sofern jede zweckwidrige Verwendung ausgeschlossen ist;
c) die freiwilligen Zuwendungen bis zu einem nach kantonalem Recht bestimmten Ausmass an juristische Personen mit Sitz in der Schweiz, die im Hinblick auf öffentliche oder auf ausschliesslich gemeinnützige Zwecke von der Steuerpflicht befreit sind;
d) die Rabatte, Skonti, Umsatzbonifikationen und Rückvergütungen auf dem Entgelt für Lieferungen und Leistungen sowie zur Verteilung an die Versicherten bestimmte Überschüsse von Versicherungsgesellschaften.

(2) Vom Reingewinn der Steuerperiode können Verluste aus höchstens sieben der Steuerperiode (Art. 31 Abs. 2) vorangegangenen Geschäftsjahren abgezogen werden, soweit sie bei der Berechnung des steuerbaren Reingewinns dieser Jahre nicht berücksichtigt werden konnten.

(3) Mit Leistungen zum Ausgleich einer Unterbilanz im Rahmen einer Sanierung, die nicht Kapitaleinlagen im Sinne von Artikel 24 Absatz 2 Buchstabe a sind, können auch Verluste verrechnet werden, die in früheren Geschäftsperioden entstanden und noch nicht mit Gewinnen verrechnet werden konnten.

Art. 26 Gewinn von Vereinen, Stiftungen und Anlagefonds

(1) Die Mitgliederbeiträge an die Vereine und die Einlagen in das Vermögen der Stiftungen werden nicht zum steuerbaren Gewinn gerechnet.

(2) Von den steuerbaren Erträgen der Vereine können die zur Erzielung dieser Erträge erforderlichen Aufwendungen in vollem Umfang abgezogen werden, andere Aufwendungen nur insoweit, als sie die Mitgliederbeiträge übersteigen.

---

[11] Eingefügt durch Ziff. I 2 des BG vom 10. Okt. 1997 über die Reform der Unternehmensbesteuerung 1997, in Kraft seit 1. Jan. 1998 (AS **1998** 669 677; BBl **1997** II 1164).

(3) Die Anlagefonds (Art. 20 Abs. 1) unterliegen der Gewinnsteuer für den Ertrag aus direktem Grundbesitz.

2. Abschnitt: Steuerberechnung

Art. 27 Allgemeines

(1) Kapitalgesellschaften und Genossenschaften werden nach dem gleichen Tarif besteuert.

(2) Allfällige Minimalsteuern auf Ersatzfaktoren werden an die Gewinn- und Kapitalsteuern angerechnet.

Art. 28 Besondere Fälle

(1) Ist eine Kapitalgesellschaft oder Genossenschaft zu mindestens 20 Prozent am Grund- oder Stammkapital anderer Gesellschaften beteiligt oder macht ihre Beteiligung an solchem Kapital einen Verkehrswert von mindestens 2 Millionen Franken aus, so ermässigt sich die Gewinnsteuer im Verhältnis des Nettoertrages aus diesen Beteiligungen zum gesamten Reingewinn. Der Nettoertrag entspricht dem Ertrag dieser Beteiligungen abzüglich des darauf entfallenden Finanzierungsaufwandes und eines Beitrages von 5 Prozent zur Deckung des Verwaltungsaufwandes; der Nachweis des effektiven Verwaltungsaufwandes bleibt vorbehalten. Als Finanzierungsaufwand gelten Schuldzinsen sowie weiterer Aufwand, der wirtschaftlich den Schuldzinsen gleichzustellen ist[12].

(1 a) Die Kantone können die Ermässigung auf Kapitalgewinne auf Beteiligungen sowie die Erlöse aus dazugehörigen Bezugsrechten ausdehnen. In diesem Fall werden Kapitalgewinne bei der Berechnung der Ermässigung nur berücksichtigt, soweit der Veräusserungserlös die Gestehungskosten übersteigt und wenn die veräusserte Beteiligung mindestens 20 Prozent des Grund- und Stammkapitals der anderen Gesellschaft ausmacht und als solche während mindestens eines Jahres im Besitze der Kapitalgesellschaft oder Genossenschaft war. Wertberichtigungen sowie Abschreibungen auf den Gestehungskosten von Beteiligungen von mindestens 20 Prozent werden dem steuerbaren Gewinn zugerechnet, soweit sie nicht mehr begründet sind[13].

(2) Kapitalgesellschaften und Genossenschaften, deren statutarischer Zweck zur Hauptsache in der dauernden Verwaltung von Beteiligungen besteht und die in der Schweiz keine Geschäftstätigkeit ausüben, entrichten auf dem Reingewinn keine Steuer, sofern die Beteiligungen oder die Erträge aus den Beteiligungen längerfristig mindestens zwei Drittel der gesamten Aktiven oder Erträge ausmachen. Erträge aus schweizerischem Grundeigentum solcher Gesellschaften und Genossenschaften werden zum ordentlichen Tarif besteuert. Dabei werden die einer üblichen hypothekarischen Belastung entsprechenden Abzüge gewährt.

---

[12] Fassung gemäss Ziff. I 2 des BG vom 10. Okt. 1997 über die Reform der Unternehmensbesteuerung 1997, in Kraft seit 1. Jan. 1998 (AS **1998** 669 677; BBl **1997** II 1164).

[13] Eingefügt durch Ziff. I 2 des BG vom 10. Okt. 1997 über die Reform der Unternehmensbesteuerung 1997, in Kraft seit 1. Jan. 1998 (AS **1998** 669 677; BBl **1997** II 1164).

(3) Kapitalgesellschaften, Genossenschaften und Stiftungen, die in der Schweiz eine Verwaltungstätigkeit, aber keine Geschäftstätigkeit ausüben, entrichten die Gewinnsteuer wie folgt:

a) Erträge aus Beteiligungen im Sinne von Absatz 1 sowie Kapital- und Aufwertungsgewinne auf solchen Beteiligungen sind steuerfrei;

b) die übrigen Einkünfte aus der Schweiz werden ordentlich besteuert;

c) die übrigen Einkünfte aus dem Ausland werden nach der Bedeutung der Verwaltungstätigkeit in der Schweiz ordentlich besteuert;

d) der geschäftsmässig begründete Aufwand, der mit bestimmten Erträgen und Einkünften in wirtschaftlichem Zusammenhang steht, wird vorher abgezogen. Verluste auf Beteiligungen im Sinne von Buchstabe a können nur mit Erträgen gemäss Buchstabe a verrechnet werden[14].

(4) Kapitalgesellschaften und Genossenschaften, deren Geschäftstätigkeit überwiegend auslandsbezogen ist und die in der Schweiz nur eine untergeordnete Geschäftstätigkeit ausüben, entrichten die Gewinnsteuer gemäss Absatz 3. Die übrigen Einkünfte aus dem Ausland gemäss Absatz 3 Buchstabe c werden nach Massgabe des Umfangs der Geschäftstätigkeit in der Schweiz besteuert[15].

(5) Von der Ermässigung der Gewinnsteuer nach den Absätzen 2–4 sind Einkünfte und Erträge ausgeschlossen, wenn hiefür eine Entlastung von ausländischen Quellensteuern beansprucht wird und der Staatsvertrag die ordentliche Besteuerung in der Schweiz voraussetzt[16].

(6) Andere Ausnahmen von der ordentlichen Steuerberechnung gemäss Artikel 27 sind nicht zulässig.

3. Kapitel: Kapitalsteuer

Art. 29 Steuerobjekt; im allgemeinen[17]

(1) Gegenstand der Kapitalsteuer ist das Eigenkapital.

(2) Das steuerbare Eigenkapital besteht:

a) bei Kapitalgesellschaften und Genossenschaften aus dem einbezahlten Grund- oder Stammkapital, den offenen und den aus versteuertem Gewinn gebildeten stillen Reserven;

b) bei juristischen Personen nach Artikel 28 Absätze 2 und 3 aus dem einbezahlten Grund- oder Stammkapital, den offenen Reserven und jenem Teil der stillen Reserven, der im Falle der Gewinnbesteuerung aus versteuertem Gewinn gebildet worden wäre;

c) bei Vereinen, Stiftungen und den übrigen juristischen Personen aus dem Reinvermögen, wie es nach den Bestimmungen für die natürlichen Personen berechnet wird.

(3) ...[18]

[14–16] Fassung gemäss Ziff. I 2 des BG vom 10. Okt. 1997 über die Reform der Unternehmensbesteuerung 1997, in Kraft seit 1. Jan. 1998 (AS **1998** 669 677; BBl **1997** II 1164).

[17] Fassung gemäss Ziff. II des BG vom 7. Okt. 1994, in Kraft seit 1. Jan. 1995 (AS **1995** 1449; BBl **1994** II 357).

[18] Aufgehoben durch Ziff. II des BG vom 7. Okt. 1994 (AS **1995** 1449; BBl **1994** II 357).

Art. 29a[19] Steuerobjekt; verdecktes Eigenkapital

Das steuerbare Eigenkapital von Kapitalgesellschaften und Genossenschaften wird um den Teil des Fremdkapitals erhöht, dem wirtschaftlich die Bedeutung von Eigenkapital zukommt.

Art. 30 Steuerberechnung

Kapitalgesellschaften und Genossenschaften werden nach dem gleichen Tarif besteuert.

4. Kapitel: Zeitliche Bemessung

Art. 31

(1) Die Steuern vom Reingewinn und vom Eigenkapital werden für jede Steuerperiode festgesetzt und erhoben.

(2) Als Steuerperiode gilt das Geschäftsjahr. Die Steuerpflichtigen müssen in jedem Kalenderjahr, ausgenommen im Gründungsjahr, einen Geschäftsabschluss mit Bilanz und Erfolgsrechnung erstellen. Umfasst ein Geschäftsjahr mehr oder weniger als zwölf Monate, so bestimmt sich der Steuersatz für die Gewinnsteuer nach dem auf zwölf Monate berechneten Reingewinn.

(3) Der steuerbare Reingewinn bemisst sich nach dem Ergebnis der Steuerperiode.

(4) Das steuerbare Eigenkapital bemisst sich nach dem Stand am Ende der Steuerperiode.

Vierter Titel: Quellensteuern für natürliche und juristische Personen

1. Kapitel: Natürliche Personen mit steuerrechtlichem Wohnsitz oder Aufenthalt im Kanton

Art. 32 Geltungsbereich

(1) Ausländische Arbeitnehmer, welche die fremdenpolizeiliche Niederlassungsbewilligung nicht besitzen, im Kanton jedoch steuerrechtlichen Wohnsitz oder Aufenthalt haben, werden für ihr Einkommen aus unselbständiger Erwerbstätigkeit einem Steuerabzug an der Quelle unterworfen. Dieser tritt an die Stelle der im ordentlichen Verfahren zu veranlagenden Steuern. Vorbehalten bleibt die ordentliche Veranlagung nach Artikel 34 Absatz 2.

(2) Ehegatten, die in rechtlich und tatsächlich ungetrennter Ehe leben, werden im ordentlichen Verfahren veranlagt, wenn einer der Ehegatten das Schweizer Bürgerrecht oder die Niederlassungsbewilligung besitzt.

(3) Die Quellensteuer wird von den Bruttoeinkünften berechnet und erstreckt sich auf alle Einkünfte aus unselbständiger Erwerbstätigkeit, eingeschlossen die Nebeneinkünfte und Naturalleistungen, sowie auf die Ersatzeinkünfte.

---

[19] Eingefügt durch Ziff. II des BG vom 7. Okt. 1994, in Kraft seit 1. Jan. 1995 (AS **1995** 1449; BBl **1994** II 357).

Art. 33 Ausgestaltung des Steuerabzuges

(1) Der Steuerabzug wird entsprechend den für die Einkommenssteuer natürlicher Personen geltenden Steuersätzen festgesetzt und umfasst die eidgenössischen, kantonalen und kommunalen Steuern.

(2) Der Steuerabzug für die in rechtlich und tatsächlich ungetrennter Ehe lebenden Ehegatten, die beide erwerbstätig sind, trägt ihrem Gesamteinkommen Rechnung.

(3) Berufskosten, Versicherungsprämien sowie der Abzug für Familienlasten und bei Erwerbstätigkeit beider Ehegatten werden pauschal berücksichtigt.

Art. 34 Vorbehalt der ordentlichen Veranlagung

(1) Die der Quellensteuer unterliegenden Personen werden für Vermögen und für Einkommen, das dem Steuerabzug an der Quelle nicht unterworfen ist, im ordentlichen Verfahren veranlagt.

(2) Betragen die dem Steuerabzug an der Quelle unterworfenen Bruttoeinkünfte des Steuerpflichtigen oder seines Ehegatten, der in rechtlich und tatsächlich ungetrennter Ehe lebt, in einem Kalenderjahr mehr als den vom kantonalen Recht festgelegten Betrag, so wird eine nachträgliche Veranlagung durchgeführt. Die an der Quelle abgezogene Steuer wird dabei angerechnet.

2. Kapitel: Personen ohne Steuerrechtlichen Wohnsitz oder Aufenthalt in der Schweiz

Art. 35 Geltungsbereich

(1) Dem Steuerabzug an der Quelle unterworfen werden, wenn sie keinen steuerrechtlichen Wohnsitz oder Aufenthalt in der Schweiz haben:

a) Arbeitnehmer für ihr aus unselbständiger Tätigkeit im Kanton erzieltes Erwerbseinkommen;

b) Künstler, Sportler und Referenten für Einkünfte aus ihrer im Kanton ausgeübten persönlichen Tätigkeit, eingeschlossen die Einkünfte und Entschädigungen, die nicht dem Künstler, Sportler oder Referenten, sondern einem Dritten zufliessen, der seine Tätigkeit organisiert hat;

c) Mitglieder der Verwaltung oder der Geschäftsführung von juristischen Personen mit Sitz oder mit tatsächlicher Verwaltung im Kanton für die ihnen ausgerichteten Tantiemen, Sitzungsgelder, festen Entschädigungen und ähnlichen Vergütungen;

d) Mitglieder der Verwaltung oder der Geschäftsführung ausländischer Unternehmungen mit Betriebsstätten im Kanton für die ihnen zu Lasten dieser Betriebsstätten ausgerichteten Tantiemen, Sitzungsgelder, festen Entschädigungen und ähnlichen Vergütungen;

e) Gläubiger und Nutzniesser von Forderungen, die durch Grund- oder Faustpfand auf Grundstücken im Kanton gesichert sind, für die ihnen ausgerichteten Zinsen;

f) Rentner, die aufgrund eines früheren öffentlichrechtlichen Arbeitsverhältnisses von einem Arbeitgeber oder einer Vorsorgekasse mit Sitz im Kanton Pensionen, Ruhegehälter oder andere Vergütungen erhalten, für diese Leistungen;
g) im Ausland wohnhafte Empfänger von Leistungen aus schweizerischen privatrechtlichen Einrichtungen der beruflichen Vorsorge oder aus anerkannten Formen der gebundenen Selbstvorsorge für diese Leistungen;
h) Arbeitnehmer, die für Arbeit im internationalen Verkehr an Bord eines Schiffes oder eines Luftfahrzeuges oder bei einem Transport auf der Strasse Lohn oder andere Vergütungen von einem Arbeitgeber mit Sitz oder Betriebsstätte im Kanton erhalten für diese Leistungen.

(2) Der Steuerabzug tritt an die Stelle der im ordentlichen Verfahren zu veranlagenden Steuern des Bundes, des Kantons und der Gemeinde.

Art. 36 Ausgestaltung des Steuerabzuges

(1) In den Fällen von Artikel 35 Absatz 1 Buchstaben a und h wird die Quellensteuer nach den Vorschriften der Artikel 32 und 33 erhoben.

(2) In den Fällen von Artikel 35 Absatz 1 Buchstabe b wird die Quellensteuer von den Bruttoeinkünften nach Abzug der Gewinnungskosten erhoben.

(3) In den Fällen von Artikel 35 Absatz 1 Buchstaben c–g wird die Quellensteuer von den Bruttoeinkünften berechnet.

3. Kapitel: Pflichten des Schuldners der steuerbaren Leistung

Art. 37

(1) Der Schuldner der steuerbaren Leistung (Art. 32 und 35) haftet für die Entrichtung der Quellensteuer. Er ist verpflichtet:

a) die geschuldete Steuer bei Fälligkeit seiner Leistung zurückzubehalten oder vom Steuerpflichtigen einzufordern;
b) dem Steuerpflichtigen eine Bestätigung über den Steuerabzug auszustellen;
c) die Steuern der zuständigen Steuerbehörde abzuliefern.

(2) Der Steuerabzug ist auch dann vorzunehmen, wenn der Steuerpflichtige in einem andern Kanton steuerpflichtig ist.

(3) Der Schuldner erhält eine Bezugsprovision.

4. Kapitel: Interkantonales Verhältnis

Art. 38

(1) Die Kantone leisten einander bei der Erhebung der Quellensteuer unentgeltliche Amts- und Rechtshilfe. Die nach Artikel 37 Absatz 2 bezogene Quellensteuer wird dem Kanton überwiesen, der zur Besteuerung befugt ist.

(2) Die Verpflichtung des Schuldners zum Steuerabzug richtet sich nach dem Recht des Kantons, in welchem der Schuldner Sitz oder Betriebsstätte hat.

(3) Der Steuerpflichtige wird nach dem Recht des Kantons besteuert, der zur Besteuerung befugt ist. Die von einem ausserkantonalen Schuldner abgezogene

und überwiesene Steuer wird an die geschuldete Steuer angerechnet; zuviel bezogene Steuern werden zurückerstattet, zuwenig bezogene Steuern nachgefordert.

Fünfter Titel: Verfahrensrecht

1. Kapitel: Verfahrensgrundsätze und Veranlagungsverfahren

Art. 39 Amtspflichten

(1) Die mit dem Vollzug der Steuergesetze betrauten Personen sind zur Geheimhaltung verpflichtet. Vorbehalten bleibt die Auskunftspflicht, soweit hiefür eine gesetzliche Grundlage im Bundesrecht oder im kantonalen Recht besteht.

(2) Die Steuerbehörden erteilen einander kostenlos die benötigten Auskünfte und gewähren einander Einsicht in die amtlichen Akten. Ist eine Person mit Wohnsitz oder Sitz im Kanton aufgrund der Steuererklärung auch in einem andern Kanton steuerpflichtig, so gibt die Veranlagungsbehörde der Steuerbehörde des andern Kantons Kenntnis von der Steuererklärung und von der Veranlagung.

(3) Die Behörden des Bundes, der Kantone, Bezirke, Kreise und Gemeinden erteilen den mit dem Vollzug der Steuergesetze betrauten Behörden auf Ersuchen hin alle Auskünfte, die für die Anwendung dieser Gesetze erforderlich sind. Sie können diese Behörden von sich aus darauf aufmerksam machen, wenn sie vermuten, dass eine Veranlagung unvollständig ist.

Art. 40 Verfahrensrechtliche Stellung der Ehegatten

(1) Ehegatten, die in rechtlich und tatsächlich ungetrennter Ehe leben, üben die nach diesem Gesetz dem Steuerpflichtigen zukommenden Verfahrensrechte und -pflichten gemeinsam aus.

(2) Sie unterschreiben die Steuererklärung gemeinsam. Ist die Steuererklärung nur von einem der beiden Ehegatten unterzeichnet, so wird dem nicht unterzeichnenden Ehegatten eine Frist eingeräumt. Nach deren unbenutztem Ablauf wird die vertragliche Vertretung unter Ehegatten angenommen.

(3) Rechtsmittel und andere Eingaben gelten als rechtzeitig eingereicht, wenn ein Ehegatte innert Frist handelt.

Art. 41 Verfahrensrechte des Steuerpflichtigen

(1) Der Steuerpflichtige kann die Akten, die er eingereicht oder unterzeichnet hat, einsehen. Die übrigen Akten stehen ihm nach Ermittlung des Sachverhaltes offen, soweit nicht öffentliche oder private Interessen entgegenstehen.

(2) Die vom Steuerpflichtigen angebotenen Beweise müssen abgenommen werden, soweit sie geeignet sind, die für die Veranlagung erheblichen Tatsachen festzustellen.

(3) Veranlagungsverfügungen werden dem Steuerpflichtigen schriftlich eröffnet und müssen eine Rechtsmittelbelehrung enthalten. Andere Verfügungen und Entscheide sind ausserdem zu begründen.

Art. 42 Verfahrenspflichten des Steuerpflichtigen

(1) Der Steuerpflichtige muss alles tun, um eine vollständige und richtige Veranlagung zu ermöglichen.

(2) Er muss auf Verlangen der Veranlagungsbehörde insbesondere mündlich oder schriftlich Auskunft erteilen, Geschäftsbücher, Belege und weitere Bescheinigungen sowie Urkunden über den Geschäftsverkehr vorlegen.

(3) Natürliche Personen mit Einkommen aus selbständiger Erwerbstätigkeit und juristische Personen müssen der Steuererklärung die unterzeichneten Jahresrechnungen (Bilanzen, Erfolgsrechnungen) der Steuerperiode oder, wenn eine kaufmännische Buchhaltung fehlt, Aufstellungen über Aktiven und Passiven, Einnahmen und Ausgaben sowie Privatentnahmen und -einlagen beilegen.

Art. 43 Bescheinigungspflicht Dritter

(1) Dritte, die mit dem Steuerpflichtigen in einem Vertragsverhältnis stehen oder standen, müssen ihm das gemeinsame Vertragsverhältnis und die beiderseitigen Ansprüche und Leistungen bescheinigen.

(2) Reicht der Steuerpflichtige die Bescheinigung trotz Mahnung nicht ein, so kann die Steuerbehörde diese vom Dritten einfordern. Das gesetzlich geschützte Berufsgeheimnis bleibt gewahrt.

Art. 44 Auskunftspflicht Dritter

Gesellschafter, Miteigentümer und Gesamteigentümer müssen auf Verlangen den Steuerbehörden über ihr Rechtsverhältnis zum Steuerpflichtigen Auskunft erteilen.

Art. 45 Meldepflicht Dritter

Den Veranlagungsbehörden müssen für jede Steuerperiode eine Bescheinigung einreichen:

a) die juristischen Personen über die den Mitgliedern der Verwaltung und anderer Organe ausgerichteten Leistungen; Stiftungen reichen zusätzlich eine Bescheinigung über die ihren Begünstigten erbrachten Leistungen ein;
b) die Einrichtungen der beruflichen Vorsorge und der gebundenen Selbstvorsorge über die den Vorsorgenehmern oder Begünstigten erbrachten Leistungen;
c) die einfachen Gesellschaften und Personengesellschaften über alle Verhältnisse, die für die Veranlagung der Teilhaber von Bedeutung sind, insbesondere über ihren Anteil an Einkommen und Vermögen der Gesellschaft;
d) die Anlagefonds über die Verhältnisse, die für die Besteuerung des direkten Grundbesitzes und dessen Erträge massgeblich sind.

Art. 46 Veranlagung

(1) Die Veranlagungsbehörde prüft die Steuererklärung und nimmt die erforderlichen Untersuchungen vor.

(2) Abweichungen von der Steuererklärung gibt sie dem Steuerpflichtigen spätestens bei der Eröffnung der Veranlagungsverfügung bekannt.

(3) Hat der Steuerpflichtige trotz Mahnung seine Verfahrenspflichten nicht erfüllt oder können die Steuerfaktoren mangels zuverlässiger Unterlagen nicht einwandfrei ermittelt werden, so nimmt die Veranlagungsbehörde die Veranlagung nach pflichtgemässem Ermessen vor.

Art. 47 Verjährung

(1) Das Recht, eine Steuer zu veranlagen, verjährt fünf Jahre, bei Stillstand oder Unterbrechung der Verjährung spätestens 15 Jahre nach Ablauf der Steuerperiode.

(2) Steuerforderungen verjähren fünf Jahre, nachdem die Veranlagung rechtskräftig geworden ist, bei Stillstand oder Unterbrechung der Verjährung jedoch spätestens zehn Jahre nach Ablauf des Jahres, in dem die Steuern rechtskräftig festgesetzt worden sind.

Art. 48 Einsprache

(1) Gegen die Veranlagungsverfügung kann der Steuerpflichtige innert 30 Tagen nach Zustellung bei der Veranlagungsbehörde schriftlich Einsprache erheben.

(2) Eine Veranlagung nach pflichtgemässem Ermessen kann der Steuerpflichtige nur wegen offensichtlicher Unrichtigkeit anfechten. Die Einsprache ist zu begründen und muss allfällige Beweismittel nennen.

(3) Im Einspracheverfahren hat die Veranlagungsbehörde die gleichen Befugnisse wie im Veranlagungsverfahren.

(4) Die Veranlagungsbehörde entscheidet gestützt auf die Untersuchung über die Einsprache. Sie kann alle Steuerfaktoren neu festsetzen und, nach Anhören des Steuerpflichtigen, die Veranlagung auch zu dessen Nachteil abändern.

Art. 49 Verfahren bei Erhebung der Quellensteuer

(1) Der Steuerpflichtige und der Schuldner der steuerbaren Leistung müssen auf Verlangen über die für die Erhebung der Quellensteuer massgebenden Verhältnisse Auskunft erteilen.

(2) Wird der Steuerabzug bestritten, so erlässt die Veranlagungsbehörde eine Verfügung über Bestand und Umfang der Steuerpflicht. Der Betroffene kann dagegen Einsprache erheben.

(3) Hat der Schuldner der steuerbaren Leistung den Steuerabzug nicht oder ungenügend vorgenommen, so verpflichtet ihn die Veranlagungsbehörde zur Nachzahlung. Der Rückgriff des Schuldners auf den Steuerpflichtigen bleibt vorbehalten.

(4) Hat der Schuldner der steuerbaren Leistung einen zu hohen Steuerabzug vorgenommen, so muss er dem Steuerpflichtigen die Differenz zurückzahlen.

2. Kapitel: Rekursverfahren

Art. 50

(1) Der Steuerpflichtige kann gegen den Einspracheentscheid innert 30 Tagen nach Zustellung bei einer von der Steuerbehörde unabhängigen Justizbehörde schriftlich Rekurs erheben.

(2) Der Rekurs ist zu begründen. Es können alle Mängel des angefochtenen Entscheides und des vorangegangenen Verfahrens gerügt werden.

(3) Der Steuerpflichtige und die kantonale Steuerverwaltung können den Rekursentscheid an eine weitere verwaltungsunabhängige kantonale Instanz ziehen, wenn das kantonale Recht dies vorsieht.

3. Kapitel: Änderungen rechtskräftiger Verfügungen und Entscheide

Art. 51 Revision

(1) Eine rechtskräftige Verfügung oder ein rechtskräftiger Entscheid kann auf Antrag oder von Amtes wegen zugunsten des Steuerpflichtigen revidiert werden:

a) wenn erhebliche Tatsachen oder entscheidende Beweismittel entdeckt werden;

b) wenn die erkennende Behörde erhebliche Tatsachen oder entscheidende Beweismittel, die ihr bekannt waren oder bekannt sein mussten, ausser acht gelassen oder in anderer Weise wesentliche Verfahrensgrundsätze verletzt hat;

c) wenn ein Verbrechen oder ein Vergehen die Verfügung oder den Entscheid beeinflusst hat.

(2) Die Revision ist ausgeschlossen, wenn der Antragsteller als Revisionsgrund vorbringt, was er bei der ihm zumutbaren Sorgfalt schon im ordentlichen Verfahren hätte geltend machen können.

(3) Das Revisionsbegehren muss innert 90 Tagen nach Entdeckung des Revisionsgrundes, spätestens aber innert zehn Jahren nach Eröffnung der Verfügung oder des Entscheides eingereicht werden.

(4) Für die Behandlung des Revisionsbegehrens ist die Behörde zuständig, welche die fragliche Verfügung oder den fraglichen Entscheid erlassen hat.

Art. 52 Rechnungsfehler und Schreibversehen

Rechnungsfehler und Schreibversehen in rechtskräftigen Verfügungen und Entscheiden können innert fünf Jahren nach der Eröffnung auf Antrag oder von Amtes wegen von der Behörde berichtigt werden, der sie unterlaufen sind.

Art. 53 Nachsteuer

(1) Ergibt sich aufgrund von Tatsachen oder Beweismitteln, die der Steuerbehörde nicht bekannt waren, dass eine Veranlagung zu Unrecht unterblieben oder eine rechtskräftige Veranlagung unvollständig ist, oder ist eine unterbliebene oder unvollständige Veranlagung auf ein Verbrechen oder Vergehen gegen die Steuerbehörde zurückzuführen, so wird die nicht erhobene Steuer samt Zins als Nachsteuer eingefordert. Wegen ungenügender Bewertung allein kann keine Nachsteuer erhoben werden.

(2) Das Recht, ein Nachsteuerverfahren einzuleiten, erlischt zehn Jahre nach Ablauf der Steuerperiode, für die eine Veranlagung zu Unrecht unterblieben oder eine rechtskräftige Veranlagung unvollständig ist.

(3) Das Recht, die Nachsteuer festzusetzen, erlischt 15 Jahre nach Ablauf der Steuerperiode, auf die sie sich bezieht.

4. Kapitel: Inventar

Art. 54

(1) Nach dem Tode eines Steuerpflichtigen wird ein amtliches Inventar aufgenommen. Die Inventaraufnahme kann unterbleiben, wenn anzunehmen ist, dass kein Vermögen vorhanden ist.

(2) In das Inventar wird das am Todestag bestehende Vermögen des Erblassers, seines in ungetrennter Ehe lebenden Ehegatten und der unter seiner elterlichen Gewalt stehenden minderjährigen Kinder aufgenommen.

(3) Tatsachen, die für die Steuerveranlagung von Bedeutung sind, werden festgestellt und im Inventar vorgemerkt.

Sechster Titel: Steuerstrafrecht

1. Kapitel: Verletzung von Verfahrenspflichten und Steuerhinterziehung

Art. 55 Verletzung von Verfahrenspflichten

Wer einer Pflicht, die ihm nach den Vorschriften des Gesetzes oder nach einer aufgrund dieses Gesetzes getroffenen Anordnung obliegt, trotz Mahnung vorsätzlich oder fahrlässig nicht nachkommt, wird mit Busse bis zu 1000 Franken, in schweren Fällen oder bei Rückfall bis zu 10 000 Franken bestraft.

Art. 56 Steuerhinterziehung

(1) Wer als Steuerpflichtiger vorsätzlich oder fahrlässig bewirkt, dass eine Veranlagung zu Unrecht unterbleibt oder dass eine rechtskräftige Veranlagung unvollständig ist,
wer als zum Steuerabzug an der Quelle Verpflichteter vorsätzlich oder fahrlässig einen Steuerabzug nicht oder nicht vollständig vornimmt,
wer vorsätzlich oder fahrlässig eine unrechtmässige Rückerstattung oder einen ungerechtfertigten Erlass erwirkt, wird mit einer Busse entsprechend seinem Verschulden bestraft, die einen Drittel bis das Dreifache, in der Regel das Einfache der hinterzogenen Steuer beträgt; bei Selbstanzeige kann die Busse bis auf einen Fünftel der hinterzogenen Steuer ermässigt werden.

(2) Wer Steuern zu hinterziehen versucht, wird mit einer Busse bestraft, die zwei Drittel der bei vollendeter Begehung auszufällenden Busse beträgt.

(3) Wer zu einer Steuerhinterziehung anstiftet, Hilfe leistet oder als Vertreter des Steuerpflichtigen vorsätzlich eine Steuerhinterziehung bewirkt oder an einer solchen mitwirkt, wird ohne Rücksicht auf die Strafbarkeit des Steuerpflichtigen mit Busse bestraft und haftet solidarisch für die hinterzogene Steuer. Die Busse beträgt bis zu 10000 Franken, in schweren Fällen oder bei Rückfall bis zu 50000 Franken.

(4) Wer als Erbe, Erbenvertreter, Testamentsvollstrecker oder Dritter Nachlasswerte, für deren Bekanntgabe er im Inventarverfahren verpflichtet ist, verheimlicht oder beiseite schafft, in der Absicht, sie der Inventaraufnahme zu ent-

ziehen, sowie wer hierzu anstiftet, Hilfe leistet oder eine solche Tat begünstigt, wird ohne Rücksicht auf die Strafbarkeit des Steuerpflichtigen mit einer Busse bis zu 10000 Franken, in schweren Fällen oder bei Rückfall bis zu 50 000 Franken bestraft. Der Versuch einer Verheimlichung oder Beiseiteschaffung von Nachlasswerten ist ebenfalls strafbar. Die Strafe kann milder sein als bei vollendeter Begehung.

Art. 57 Besondere Fälle

(1) Werden zum Vorteil einer juristischen Person Verfahrenspflichten verletzt, Steuern hinterzogen oder Steuern zu hinterziehen versucht, so wird die juristische Person gebüsst. Die handelnden Organe oder Vertreter können zudem nach Artikel 56 Absatz 3 bestraft werden.

(2) Werden im Geschäftsbereich einer juristischen Person Teilnahmehandlungen (Anstiftung, Gehilfenschaft, Mitwirkung) an Steuerhinterziehungen Dritter begangen, so ist Artikel 56 Absatz 3 auf die juristische Person anwendbar.

(3) Die Erben des Steuerpflichtigen, der eine Steuerhinterziehung nach Artikel 56 Absatz 1 begangen hat, haften ohne Rücksicht auf eigenes Verschulden für die rechtskräftig festgesetzten Bussen solidarisch bis zum Betrag ihres Anteils am Nachlass mit Einschluss der Vorempfänge. Ist das Hinterziehungsverfahren beim Tod des Steuerpflichtigen noch nicht rechtskräftig abgeschlossen, oder ist es erst nach dem Tode des Steuerpflichtigen eingeleitet worden, so entfällt die Erhebung einer Busse, sofern die Erben an der unrichtigen Versteuerung kein Verschulden trifft und sie das ihnen Zumutbare zur Feststellung der Steuerhinterziehung getan haben.

(4) Der in rechtlich oder tatsächlich ungetrennter Ehe lebende Steuerpflichtige wird nur für die Hinterziehung seiner eigenen Steuerfaktoren gebüsst. Jedem Ehegatten steht der Nachweis offen, dass die Hinterziehung seiner Steuerfaktoren durch den andern Ehegatten ohne sein Wissen erfolgte oder dass er ausserstande war, die Hinterziehung zu verhindern. Gelingt dieser Nachweis, wird der andere Ehegatte wie für die Hinterziehung eigener Steuerfaktoren gebüsst.

Art. 58 Verjährung der Strafverfolgung

(1) Die Strafverfolgung wegen Verletzung von Verfahrenspflichten verjährt zwei Jahre und diejenige wegen versuchter Steuerhinterziehung vier Jahre nach dem rechtskräftigen Abschluss des Verfahrens, in dem die Verfahrenspflichten verletzt oder die versuchte Steuerhinterziehung begangen wurde.

(2) Die Strafverfolgung wegen vollendeter Steuerhinterziehung verjährt zehn Jahre nach dem Ablauf der Steuerperiode, für die der Steuerpflichtige nicht oder unvollständig veranlagt wurde oder der Steuerabzug an der Quelle nicht gesetzmässig erfolgte (Art. 56 Abs. 1), oder zehn Jahre nach Ablauf des Kalenderjahres, in dem eine unrechtmässige Rückerstattung oder ein ungerechtfertigter Erlass erwirkt wurde (Art. 56 Abs. 1) oder Nachlasswerte im Inventarverfahren verheimlicht oder beiseite geschafft wurden (Art. 56 Abs. 4).

(3) Die Verjährung wird durch jede Strafverfolgungshandlung gegenüber dem Steuerpflichtigen oder gegenüber einer der in Artikel 56 Absatz 3 genannten Personen unterbrochen. Die Unterbrechung wirkt sowohl gegenüber dem Steu-

erpflichtigen wie gegenüber diesen andern Personen. Mit jeder Unterbrechung beginnt die Verjährungsfrist von neuem zu laufen; sie kann aber insgesamt nicht um mehr als die Hälfte ihrer ursprünglichen Dauer verlängert werden.

2. Kapitel: Steuervergehen

Art. 59 Steuerbetrug

(1) Wer zum Zwecke der Steuerhinterziehung gefälschte, verfälschte oder inhaltlich unwahre Urkunden zur Täuschung gebraucht,
wer als zum Steuerabzug an der Quelle Verpflichteter abgezogene Steuern zu seinem oder eines andern Nutzen verwendet,
wird mit Gefängnis oder mit Busse bis zu 30000 Franken bestraft.

(2) Die Bestrafung wegen Steuerhinterziehung bleibt vorbehalten.

(3) Die allgemeinen Bestimmungen des Strafgesetzbuches[20] sind anwendbar, soweit das Gesetz nichts anderes vorschreibt.

Art. 60 Verjährung der Strafverfolgung

(1) Die Strafverfolgung der Steuervergehen verjährt nach Ablauf von zehn Jahren, seitdem der Täter die letzte strafbare Tätigkeit ausgeführt hat.

(2) Die Verjährung wird durch jede Strafverfolgungshandlung gegenüber dem Täter, dem Anstifter oder dem Gehilfen unterbrochen. Die Unterbrechung wirkt gegenüber jeder dieser Personen. Mit jeder Unterbrechung beginnt die Verjährungsfrist neu zu laufen; sie kann aber insgesamt nicht um mehr als fünf Jahre hinausgeschoben werden.

Art. 61 Verfahren und Vollzug

Das Strafverfahren und der Strafvollzug richten sich nach kantonalem Recht, soweit Bundesrecht nichts anderes bestimmt. Entscheide der letzten kantonalen Instanz unterliegen der Nichtigkeitsbeschwerde an das Bundesgericht.

Siebter Titel: Einjährige Veranlagung für die natürlichen Personen

Art. 62 Geltungsbereich

Die Bestimmungen dieses Kapitels gelten für Kantone, die die Steuer für die natürlichen Personen gemäss Artikel 16 veranlagen.

Art. 63 Steuerperiode

(1) Die Steuern vom Einkommen und Vermögen werden für jede Steuerperiode festgesetzt und erhoben.

(2) Als Steuerperiode gilt das Kalenderjahr.

(3) Besteht die Steuerpflicht nur während eines Teils der Steuerperiode, so wird die Steuer auf den in diesem Zeitraum erzielten Einkünften erhoben. Dabei bestimmt sich der Steuersatz für regelmässig fliessende Einkünfte nach dem auf zwölf Monate berechneten Einkommen; nicht regelmässig fliessende Einkünfte unterliegen der vollen Jahressteuer, werden aber für die Satzbestimmungen nicht in ein Jahreseinkommen umgerechnet. Artikel 11 Absatz 3 bleibt vorbehalten.

---

[20] SR **311.0**.

Art. 64 Bemessung des Einkommens

(1) Das steuerbare Einkommen bemisst sich nach den Einkünften in der Steuerperiode.

(2) Für die Ermittlung des Einkommens aus selbständiger Erwerbstätigkeit ist das Ergebnis des in der Steuerperiode abgeschlossenen Geschäftsjahres massgebend.

(3) Steuerpflichtige mit selbständiger Erwerbstätigkeit müssen in jeder Steuerperiode einen Geschäftsabschluss erstellen.

Art. 65 Grundstückgewinne

Die Grundstückgewinnsteuer wird für die Steuerperiode festgesetzt, in der die Gewinne erzielt worden sind.

Art. 66 Bemessung des Vermögens

(1) Das steuerbare Vermögen bemisst sich nach dem Stand am Ende der Steuerperiode oder der Steuerpflicht.

(2) Für Steuerpflichtige mit selbständiger Erwerbstätigkeit und Geschäftsjahren, die nicht mit dem Kalenderjahr übereinstimmen, bestimmt sich das steuerbare Geschäftsvermögen nach dem Eigenkapital am Ende des in der Steuerperiode abgeschlossenen Geschäftsjahres.

(3) Erbt der Steuerpflichtige während der Steuerperiode Vermögen, so wird dieses erst von dem Zeitpunkt an dem übrigen Vermögen zugerechnet, in dem es anfällt. Absatz 4 gilt sinngemäss.

(4) Besteht die Steuerpflicht nur während eines Teils der Steuerperiode, so wird der diesem Zeitraum entsprechende Betrag erhoben.

Art. 67 Verlustverrechnung

Verluste aus höchstens sieben der Steuerperiode (Art. 63) vorangegangenen Geschäftsjahren können abgezogen werden, soweit sie bei der Berechnung des steuerbaren Einkommens dieser Jahre nicht berücksichtigt werden konnten.

Art. 68 Wechsel der Steuerpflicht

Bei Wechsel des steuerrechtlichen Wohnsitzes innerhalb der Schweiz bleibt die Steuerpflicht hinsichtlich der Einkommens- und Vermögenssteuer für das laufende Steuerjahr am bisherigen Steuerort unverändert.

Art. 69[21] Wechsel der zeitlichen Bemessung für die natürlichen Personen

(1) Die Einkommenssteuer der natürlichen Personen für die erste Steuerperiode(n) nach dem Wechsel gemäss Artikel 16 wird nach neuem Recht veranlagt.

(2) Ausserordentliche Einkünfte, die in der Steuerperiode vor dem Wechsel oder in einem Geschäftsjahr erzielt werden, das in dieser Periode abgeschlossen wird, unterliegen für das Steuerjahr, in dem sie zugeflossen sind, einer vollen

---

[21] Fassung gemäss Ziff. I des BG vom 9. Okt. 1998, in Kraft seit 1. Jan. 1999 (AS **1999** 1310; BBl **1998** 4929 4951).

Jahressteuer; vorbehalten bleibt Artikel 11 Absätze 2 und 3. Aufwendungen, die mit der Erzielung der ausserordentlichen Einkünfte unmittelbar zusammenhängen, können abgezogen werden.

(3) Als ausserordentliche Einkünfte gelten insbesondere Kapitalleistungen, aperiodische Vermögenserträge, Lotteriegewinne sowie ausserordentliche Erträge aus selbständiger Erwerbstätigkeit.

(4) Die in der Steuerperiode vor dem Wechsel angefallenen ausserordentlichen Aufwendungen sind zusätzlich abzuziehen. Der Kanton bestimmt, wie der Abzug vorgenommen wird. Dieser erfolgt:

a) von den der Steuerperiode vor dem Wechsel zugrundegelegten steuerbaren Einkommen, wenn am 1. Januar des Jahres n eine Steuerpflicht im Kanton besteht; bereits rechtskräftige Veranlagungen werden zugunsten der steuerpflichtigen Person revidiert.
b) beim Wechsel von der zweijährigen Steuerperiode, von den für die Steuerperioden n und n+1 zugrundegelegten steuerbaren Einkommen, solange die Steuerpflicht im Kanton besteht; oder
c) beim Wechsel von der einjährigen Steuerperiode, von dem für die Steuerperiode n zugrundegelegten steuerbaren Einkommen, solange die Steuerpflicht im Kanton besteht.

(5) Als ausserordentliche Aufwendungen gelten:

a) Unterhaltskosten für Liegenschaften, soweit diese jährlich den Pauschalabzug übersteigen;
b) Beiträge des Versicherten an Einrichtungen der beruflichen Vorsorge für den Einkauf von Beitragsjahren;
c) Krankheits-, Unfall-, Invaliditäts-, Weiterbildungs- und Umschulungskosten, soweit diese die bereits berücksichtigten Aufwendungen übersteigen.

(6) Die kantonalen Steuerbehörden ermitteln das im Betrieb eingesetzte eigene Kapital von Selbständigerwerbenden und das Vermögen von Nichterwerbstätigen vor dem Wechsel nach Artikel 16 und melden diese den Ausgleichskassen.

(7) Bei einem Wechsel nach Artikel 16 gelten die Absätze 1–6 ab 1. Januar 1999. Vorbehalten bleiben die kantonalen Verfahren zum Wechsel der zeitlichen Bemessung, die von Absatz 1 abweichen und am 1. Januar 1999 in Kraft stehen.

Art. 70 Bericht und Antrag auf Vereinheitlichung der zeitlichen Bemessung

Nach Ablauf der Frist nach Artikel 72 Absatz 1 erstattet der Bundesrat der Bundesversammlung Bericht und stellt Antrag auf Vereinheitlichung der zeitlichen Bemessung.

Achter Titel: Schlussbestimmungen

1. Kapitel: Durchführung durch die Kantone

Art. 71 Mitwirkung

(1) Die Kantone vollziehen dieses Gesetz in Zusammenarbeit mit den Bundesbehörden.

(2) Die Kantone erteilen den zuständigen Bundesbehörden sämtliche für die Durchführung dieses Gesetzes nötigen Auskünfte und beschaffen ihnen die erforderlichen Unterlagen.

(3) Für die Steuererklärungen und die dazugehörigen Beilagen werden für die ganze Schweiz einheitliche Formulare verwendet.

Art. 72 Anpassung der kantonalen Gesetzgebungen

(1) Unter Vorbehalt von Artikel 16 passen die Kantone ihre Gesetzgebung innert acht Jahren nach Inkrafttreten dieses Gesetzes den Vorschriften der Titel 2–6 an.

(2) Nach Ablauf dieser Frist findet das Bundesrecht direkt Anwendung, wenn ihm das kantonale Steuerrecht widerspricht.

(3) Die Kantonsregierung erlässt die erforderlichen vorläufigen Vorschriften.

Art. 72a[22] Anpassung der kantonalen Gesetzgebung an die Änderung

(1) Die Kantone passen ihre Gesetzgebung innert fünf Jahren nach Inkrafttreten der Änderung vom 10. Oktober 1997 den geänderten Artikeln 7 Absatz 1bis, 24 Absatz 3bis und 28 Absätze 1 und 3–5 an.

(2) Nach Ablauf dieser Frist gilt die Regelung nach Artikel 72 Absatz 2.

Art. 73 Beschwerde

(1) Entscheide der letzten kantonalen Instanz, die eine in den Titeln 2–5 und 6 in Kapitel 1 geregelte Materie betreffen, unterliegen der Verwaltungsgerichtsbeschwerde an das Bundesgericht.

(2) Beschwerdebefugt sind die Steuerpflichtigen, die nach kantonalem Recht zuständige Behörde und die Eidgenössische Steuerverwaltung.

(3) Erweist sich die Beschwerde als begründet, so hebt das Bundesgericht den Entscheid auf und weist die Sache zur neuen Beurteilung an die Vorinstanz zurück.

2. Kapitel: Vollzug und Änderung des geltenden Rechts

Art. 74 Vollzugsbestimmungen

Der Bundesrat erlässt die Vollzugsbestimmungen.

Art. 75 Änderung des AHV-Gesetzes

Das Bundesgesetz über die Alters- und Hinterlassenenversicherung[23] wird wie folgt geändert:

Art. 50 Abs. 1bis ...

---

[22] Eingefügt durch Ziff. I 2 des BG vom 10. Okt. 1997 über die Reform der Unternehmensbesteuerung 1997, in Kraft seit 1. Jan. 1998 (AS **1998** 669 677; BBl **1997** II 1164).

[23] SR **831.10**. Die hiernach aufgeführte Änd. ist eingefügt in der genannten V.

3. Kapitel: Übergangsbestimmungen

Art. 76 Leistungen aus Militärversicherung

Artikel 47 Absatz 2 des Bundesgesetzes vom 20. September 1949[24] über die Militärversicherung ist hinsichtlich der Renten und Kapitalleistungen, die nach Inkrafttreten dieses Gesetzes zu laufen beginnen oder fällig werden, nicht anwendbar.

Art. 77 Reingewinnsteuer

(1) Die Reingewinnsteuer der juristischen Personen für die erste Steuerperiode nach dem Wechsel der zeitlichen Bemessung wird nach altem und nach neuem Recht provisorisch veranlagt. Ist die nach neuem Recht berechnete Steuer höher, so wird diese, andernfalls die nach altem Recht berechnete Steuer geschuldet. Vorbehalten bleibt die Besteuerung ausserordentlicher Erträge nach altem Recht.

(2) Soweit in den Fällen von Absatz 1 das im Kalenderjahr n zu Ende gehende Geschäftsjahr in das Kalenderjahr n-l zurückreicht, wird die Steuer für diesen Zeitraum nach altem Recht festgesetzt und auf die für den gleichen Zeitraum nach neuem Recht berechnete Steuer angerechnet; ein Überschuss wird nicht zurückerstattet.

Art. 78 Arrest

Die Kantone können Sicherstellungsverfügungen der zuständigen kantonalen Steuerbehörden den Arrestbefehlen nach Artikel 274 des Schuldbetreibungs- und Konkursgesetzes (SchKG)[25] gleichstellen. Der Arrest wird vom zuständigen Betreibungsamt vollzogen. Die Arrestaufhebungsklage nach Artikel 279 SchKG ist nicht zulässig.

4. Kapitel: Referendum und Inkrafttreten

Art. 79

(1) Dieses Gesetz untersteht dem fakultativen Referendum.

(2) Der Bundesrat bestimmt das Inkrafttreten.

Datum des Inkrafttretens: 1. Januar 1993[26].

---

[24] [AS **1949** 1671, **1956** 759, **1959** 303, **1964** 253, **1968** 563, **1972** 897 Art. 15 Ziff. 1, **1982** 1676 Anhang Ziff. 5 2184 Art 116, **1990** 1882 Anhang Ziff. 9, **1991** 362 Ziff. II 414. SR **833.1** Anhang Ziff. 1].

[25] SR **281.1**.

[26] BRB vom 3. Juni 1991 (AS **1991** 1286).

Übersicht 1: Steuerbelastung Einkommmen

Kanton	Approximative Steuersätze: Einkommensteuer[1] Bruttoarbeitseinkommen			
	Fr. 50.000	Fr. 100.000	Fr. 300.000	Fr. 1.000.000
Zürich	5	11	25	36
Bern	9	16	30	38
Luzern	9	16	29	34
Uri	6	12	26	31
Schwyz	6	10	21	25
Obwalden	8	14	24	29
Nidwalden	5	10	21	25
Glarus	7	13	27	33
Zug	4	8	19	23
Freiburg	8	15	30	35
Solothurn	6	15	31	38
Basel-Stadt	8	16	30	38
Baselland	7	14	28	37
Schaffhausen	7	14	28	37
Appenzell-A.-Rh.	8	13	26	30
Appenzell-I.-Rh.	6	11	23	28
St. Gallen	7	14	28	35
Graubünden	5	12	27	33
Aargau	7	13	29	36
Thurgau	7	14	29	37
Tessin	5	13	30	38
Waadt	7	14	29	38
Wallis	7	13	29	34
Neuenburg	8	16	31	36
Genf	6	16	32	41
Jura	9	17	31	40

[1] Steuersubjekt: Verheirateter, unselbständig Erwerbender, Alleinverdiener, ohne Kinder

Steuerobjekt: Bruttoarbeitseinkommen

Bemessungsgrundlage: Bruttoarbeitseinkommen gemäss Lohnausweis, gekürzt um standardisierte Abzüge für Sozialversicherungs-, Pensionskassen- und übrige Versicherungsbeiträge, Berufsauslagen sowie gesetzliche Freibeträge

Steuersatz:	Belastung in % des Bruttoarbeitseinkommens durch Bundes-, Kantons-, Gemeinde- und Kirchensteuern im Steuerjahr 1999. Gewichteter kantonaler Durchschnitt; die Belastung in der steuergünstigsten/steuerungünstigsten Gemeinde kann je nach Kanton 5–20% niedriger/höher liegen.

Quelle: Steuerbelastung in der Schweiz – Natürliche Personen nach Gemeinden 1999; herausgegeben von der Eidgenössischen Steuerverwaltung, Bern 2000 (eigene Auswertung).

Übersicht 2: Steuerbelastung Vermögen

Kanton	Approximative Steuersätze: Vermögensteuer[1] Reinvermögen			
	Fr. 100.000	Fr. 500.000	Fr. 1.000.000	Fr. 10.000.000
Zürich	–	1	2	6
Bern	–	4	5	7
Luzern	3	6	6	7
Uri	–	3	4	6
Schwyz	–	3	4	4
Obwalden	2	4	4	4
Nidwalden	1	2	2	2
Glarus	1	4	5	5
Zug	–	3	3	4
Freiburg	4	6	7	7
Solothurn	–	4	5	6
Basel-Stadt	–	4	6	9
Baselland	–	4	6	8
Schaffhausen	–	3	6	7
Appenzell-A.-Rh.	–	4	4	5
Appenzell-I.-Rh.	–	3	4	4
St. Gallen	–	4	5	6
Graubünden	1	3	4	6
Aargau	1	4	5	6
Thurgau	2	4	5	7
Tessin	–	3	4	6
Waadt	3	6	7	8
Wallis	2	4	5	7
Neuenburg	1	5	7	7
Genf	-	4	6	10
Jura	2	4	5	8

[1] Steuersubjekt: Verheirateter, Erwerbsfähiger, ohne Kinder
Steuerobjekt: Reinvermögen
Bemessungsgrundlage: Reinvermögen gekürzt um gesetzliche Freibeträge
Steuersatz: Belastung in ‰ des Reinvermögens durch Kantons-, Gemeinde- und Kirchensteuern (keine Vermögensteuer auf Ebene des Bundes)

im Steuerjahr 1999. Gewichteter kantonaler Durchschnitt; die Belastung in der steuergünstigsten/steuerungünstigsten Gemeinde kann je nach Kanton 5–30% niedriger/höher liegen.

Quelle: Steuerbelastung in der Schweiz – Natürliche Personen nach Gemeinden 1999; herausgegeben von der Eidgenössischen Steuerverwaltung, Bern 2000 (eigene Auswertung).

Übersicht 3: Steuerbelastung Gewinn/Kapital

Kanton	Approximative Steuerbelastung: Gewinn- und Kapitalsteuern[1] Gesamtbelastung in % des Gewinnes (vor Steuern) einer AG/GmbH			
	Rendite 4%[2]	Rendite 8%[2]	Rendite 20%[2]	Rendite 50%[2]
Zürich	24	22	26	26
Bern	25	21	23	24
Luzern	28	24	22	21
Uri	27	23	25	24
Schwyz	26	22	23	22
Obwalden	26	23	21	21
Nidwalden	24	22	21	21
Glarus	25	23	26	25
Zug	18	15	18	17
Freiburg	24	21	27	26
Solothurn	24	23	25	26
Basel-Stadt	28	24	26	26
Baselland	33	25	26	27
Schaffhausen	24	23	25	26
Appenzell-A.-Rh.	32	27	24	23
Appenzell-I.-Rh.	27	23	21	20
St. Gallen	22	21	22	25
Graubünden	28	25	24	26
Aargau	27	24	24	24
Thurgau	26	22	23	23
Tessin	34	29	26	25
Waadt	25	23	27	28
Wallis	28	25	27	27
Neuenburg	27	29	33	32
Genf	32	28	26	25
Jura	32	27	24	23

[1] Steuersubjekt: AG/GmbH, ohne Beteiligungen (für die eine Steuerentlastung beansprucht werden könnte)

Steuerobjekt: Reingewinn resp. Eigenkapital (Grundkapital erhöht um offene Reserven sowie versteuerte stille Reserven)

Belastungssatz: Belastung in % des Gewinnes (vor Steuern durch Bundes-, Kantons-, Gemeinde- und (in einigen Kantonen) Kirchensteuern im Steuerjahr 1999. Die

Angaben beziehen sich auf den jeweiligen Kantonshauptort; die Belastung in der steuergünstigsten/steuerungünstigsten Gemeinde kann je nach Kanton 5–30% niedriger/höher liegen. In einigen Kantonen (Solothurn, Schaffhausen, St. Gallen, Thurgau) hängt die Belastung von der Ausschüttungsquote ab; die Angaben beruhen hier auf der Annahme einer Ausschüttung in Höhe von 4,5% des Eigenkapitals, höchstens aber 70% des Gewinnes. Die im Kanton Genf erhobene Gewerbesteuer bleibt unberücksichtigt.

[2] Gewinn (vor Steuern) in % des Eigenkapitals. Die Angaben beziehen sich auf ein Eigenkapital von Fr. 2.000.000.

Quelle: Steuerbelastung in der Schweiz – Natürliche Personen nach Gemeinden 1999; herausgegeben von der Eidgenössischen Steuerverwaltung, Bern 2000 (eigene Auswertung).

Verzeichnis der Autoren

Jürg *Brand,* Fürsprecher und diplomierter Steuerexperte
IAW Institut für Abgabe- und Wirtschaftsrecht AG
Aegeristrasse 25
CH – 6300 Zug

Jörg R. *Bühlmann,* Fürsprecher
IAW Institut für Abgabe- und Wirtschaftsrecht AG
Waisenhausplatz 14
CH – 3011 Bern

Dr. Alexander *Filli,* Advokat und Notar
Holzach, Safarik & Partner
Dufourstrasse 11
CH – 4052 Basel

Dr. oec. HSG Peter A. *Henggeler*
Waldhofstrasse 21
CH – 6314 Unterägeri

Roger *Iff*
Iff Consulting
Schaffhauserstrasse 355
CH – 8050 Zürich

Andreas *Kolb,* Rechtsanwalt
Eidgenössische Steuerverwaltung
Eigerstrasse 65
CH – 3003 Bern

Daniel *Lüthi,* Notar
Pestalozzi, Gmur & Patry
Löwenstrasse 1
CH – 8001 Zürich

Dr. Adrian *Plüss,* Rechtsanwalt
IAW Institut für Abgabe- und Wirtschaftsrecht AG
Talstrasse 82
CH – 8022 Zürich

Dr. Frantisek J. *Safarik,* diplomierter Steuerexperte
Holzach, Safarik & Partner
Dufourstrasse 11
CH – 4052 Basel

Roland *Staub,* Rechtsanwalt
c/o Fa. Citco (Swiss)
Weinplatz 10
CH – 8022 Zürich

Marianne *Volonté,* Rechtsanwältin
Riva Caccia 1 d
CH – 6900 Lugano

Dr. Jörg *Weigell,* Rechtsanwalt und Fachanwalt für Steuerrecht
Maximiliansplatz 5
D – 80333 München
und
IAW Institut für Abgabe- und Wirtschaftsrecht AG
Talstrasse 82
CH – 8022 Zürich

Stichwortverzeichnis